216fu Foto: AdP

Dieter Schulze

Insel Fuerteventura

„Eine Oase in der Wüste der Zivilisation"

Miguel de Unamuno

Impressum

Dieter Schulze
Insel Fuerteventura
erschienen im
Reise Know-How Verlag Peter Rump GmbH
Osnabrücker Str. 79, 33649 Bielefeld

6., neu bearbeitete und komplett aktualisierte Auflage 2010

Gestaltung
Umschlag: G. Pawlak, P. Rump (Layout); C. Kouperman (Realisierung)
Inhalt: G. Pawlak (Layout), Angelika Schneidewind (Realisierung)
Karten: Thomas Buri
Fotos: siehe Fotonachweis S. 407
Titelfoto: der Autor
Bildbearbeitung: der Verlag

Lektorat: Caroline Tiemann
Lektorat (Aktualisierung): Christina Kouperman

Druck und Bindung: Media Print, Paderborn

ISBN 978-3-8317-1950-1
Printed in Germany

Dieses Buch ist erhältlich in jeder Buchhandlung Deutschlands, der Niederlande, Österreichs, Belgiens und der Schweiz. Bitte informieren Sie Ihren Buchhändler über folgende Bezugsadressen:

Deutschland
Prolit GmbH, Postfach 9, D-35461 Fernwald (Annerod)
sowie alle Barsortimente

Schweiz
AVA-buch 2000, Postfach, CH-8910 Affoltern

Österreich
Mohr Morawa Buchvertrieb GmbH, Sulzengasse 2, A-1230 Wien

Niederlande, Belgien
Willems Adventure, willemsadventure.nl

Wer im Buchhandel trotzdem kein Glück hat, bekommt unsere Bücher auch über unseren
Büchershop im Internet: www.reise-know-how.de

Wir freuen uns über Kritik, Kommentare und Verbesserungsvorschläge, gern per E-Mail an info@reise-know-how.de.

Alle Informationen in diesem Buch sind vom Autor mit größter Sorgfalt gesammelt und vom Lektorat des Verlages gewissenhaft bearbeitet und überprüft worden. Da inhaltliche und sachliche Fehler nicht ausgeschlossen werden können, erklärt der Verlag, dass alle Angaben im Sinne der Produkthaftung ohne Garantie erfolgen und dass Verlag wie Autor keinerlei Verantwortung und Haftung für inhaltliche und sachliche Fehler übernehmen. Die Nennung von Firmen und ihren Produkten und ihre Reihenfolge sind als Beispiel ohne Wertung gegenüber anderen anzusehen. Qualitäts- und Quantitätsangaben sind rein subjektive Einschätzungen des Autors und dienen keinesfalls der Bewerbung von Firmen oder Produkten.

003fu Foto: gs

Vorwort

Fuerteventura, das Armenhaus Spaniens – wäre man früher freiwillig auf diese Insel gefahren? „Dieses Skelett aus Erde, felsige Eingeweide, die aus der Tiefe des Meeres emporstiegen; Vulkanruinen, rötliches, vom Durst gepeinigtes Gerippe – und doch, welche Schönheit!" Die dramatische Beschreibung mit dem überraschenden Finale stammt vom Poeten *Unamuno*, einem der vielen, die im 20. Jahrhundert aufgrund ihrer unbequemen Ansichten nach Fuerteventura verbannt wurden.

Heute kommen jede Woche tausende von Fremden hierher – doch nicht gezwungen, sondern freiwillig. Sie haben eine andere Schönheit vor Augen als der spanische Dichter, denn sie sind „Flüchtlinge" des kalten Nordens: Für sie ist *Fuerte*, wie sie es nennen, das ideale Badeparadies: feiner, goldgelber Strand, so weit das Auge reicht, kristallklares Wasser und fast jeden Tag Sonne. Wo in Europa kann man besser strandwandern, tauchen und surfen? Und mag inzwischen auch viel gebaut worden sein, so findet hier doch jeder sein einsames Plätzchen – Fuerte ist die am dünnsten besiedelte aller kanarischen Inseln.

In diesem Urlaubshandbuch soll beides vorgestellt werden: die herrliche Küste ebenso wie das urwüchsige Hinterland, jene ockerfarbene Mischung von Andalusien und afrikanischer Wüste. Die Reise geht durch Dörfer und grüne Oasen, Lavatäler und wellige Schluchten, ein geruhsames Spiel von Lichtern und Farben. Mit seinen weiten Ebenen und archaischen Windmühlen ist Fuerte der Gegenpol zur Welt der Reklame und des kulturellen Allerlei. Für diese Insel braucht man Zeit, viel Zeit. Und wer sich auf sie einlässt, beginnt vielleicht zu zweifeln an dem, was ihm tagtäglich zugemutet wird: die Bewegung im Takt, der gebügelte Anzug, das gezähmte Gefühl ...

Das Buch will dem Leser dabei helfen, auf der „Insel des ewigen Sommers" erlebnisreiche Wochen zu verbringen. Eine Fülle von praktischen Informationen ermöglicht es, die Insel auf eigene Faust zu entdecken. Leser erhalten fundierte Empfehlungen, wie man preiswert Urlaub macht, wo man gut wohnen und am besten essen kann. Mit den schönsten Landschaften machen neun Wander-, drei Rad- und einige Mietwagentouren vertraut: Sie führen durch Palmenhaine und enge Schluchten, zu Salzgärten, Lagunen und flirrenden Dünen.

Ich wünsche Ihnen eine gute Reise!

Dieter Schulze, Frühjahr 2010

Inhalt

Hauptstadt und Umgebung

Malpaís und raue Küste

Der Süden

Exkurse

Wandern auf Fuerteventura

Ausflug Lanzarote

Anhang

Hinweis: Die **fett gedruckten Orte** sind die bedeutendsten der Regionen. Dort finden sich auch Infokästen mit Angaben zu Busverbindungen, Touristeninformationen, Banken, Gesundheitszentren etc.

Die neun schönsten Wanderungen

Kartenverzeichnis

Inselkarten

Übersichtskarten

Ortspläne

Wanderkarten

217fu Foto: PdF

Urlaubsziel
Fuerteventura

Das starke Abenteuer

Fuerteventura ist die am weitesten östlich gelegene Insel des kanarischen Archipels. Nur 100 Kilometer liegt der „schwarze" Kontinent entfernt – ein Katzensprung, mögen sich die Sahauris denken, die im Süden Marokkos leben und davon träumen, im Boot überzusetzen. Doch der Weg ist ihnen versperrt - denn mögen es auch Berber gewesen sein, die als erste auf die Kanaren gekommen sind: Heute gehört die Inselgruppe zu Europa und bildet eine Festung gegen Afrika.

Auf der Weltkarte des Mallorquiners *Angelino Dulcert* (1339) waren die Kanarischen Inseln erstmals verzeichnet. **La forte ventura,** „das starke Abenteuer", ist da erkennbar, nördlich davon die *Insula de Vecchi marini* (Insel der Seegreise) und die *Insula de Lanzarotus Marocelus* (Lanzarote). Bis heute ist die Herkunft des Namens nicht geklärt, aber man nimmt an, dass es Sklavenjäger waren, die ihn erfanden. Später wurde *ventura* mit dem spanischen *venturoso* in Verbindung gebracht: das konnte sowohl „stürmisch" heißen als auch „glücklich, vom Schicksal begünstigt".

Die Bewohner haben das anders gesehen. Sie erlebten die Conquista, den Sklavenhandel und die Überfälle von Piraten, sahen sich aufgrund von Hungersnot und Dürre zur Emigration gezwungen. In Volksliedern besang man Fuerteventura als Armenhaus der Kanaren, eine „Insel der Verlorenen". Kein Wunder, dass aufmüpfige Geister, Radikalliberale und Kommunisten hierher abgeschoben wurden – die Ländereien Fuerteventuras galten als *tierras sin retorno* („land of no return").

Immer wieder versuchten sich die **Majoreros,** so werden die Inselbewohner genannt, durch den Anbau landwirtschaftlicher und anderer Exportgüter aus der Armut zu befreien: mit Kalk, Salzkraut und dem Farbstoff der Koschenille. Doch es waren stets nur Hoffnungsträger für kurze Zeit, die hier produzierten Stoffe wurden anderswo

218fu Foto: PdF

durch billigere, künstlich hergestellte ersetzt. So waren die Bewohner stets aufs Neue zum Kampf ums nackte Überleben gezwungen. Noch unter der Herrschaft *Francos* (1936–75) lebten die Einheimischen mehr schlecht als recht von Fischfang und Ziegenhaltung.

Das sollte sich erst mit der Entdeckung der Insel durch die Touristen und dem politisch-kulturellen Anschluss an Europa ändern. Der Besucherboom der letzten Jahrzehnte hat der Bevölkerung auf breiter Ebene unverhofften Wohlstand beschert. Doch viele Majoreros bleiben weiterhin vorsichtig; sie mögen dem Glücksversprechen, das ihnen die Tourismusindustrie verheißt, nicht so recht trauen. Tatsächlich muss es schwer für die Älteren

Seite 12/13:
Corralejo im Norden der Insel bietet kilometerlange, feinsandige Dünenstrände, an denen jeder noch ein einsames Plätzchen findet

Leuchtturm bei Las Playitas

sein, die Ironie des Schicksals zu begreifen: Just das, was früher Grund ihres Elends war (Regenmangel, Sonne und feiner Sand), soll nun die Quelle ihres Reichtums sein? Doch die Jüngeren sind auf den neuen „Abenteuer-Zug" aufgesprungen. Was sollen sie auf Land und Hof – in den Touristenzentren der Küste lässt sich das Geld bedeutend schneller verdienen: als Kellner, Koch und Surfspezialist, in einigen Jahren vielleicht gar als Hotelmanager. Inzwischen lockt das Abenteuer des Gelderwerbs auch immer mehr Spanier vom Festland. Sie kommen aus den strukturschwachen Gebieten wie Galicien und Extremadura, Facharbeiter reisen aus Katalonien und dem Baskenland an. Seit 1975 hat sich die Einwohnerzahl vervielfacht und inzwischen die 100.000er-Marke überschritten.

Sonne pur und kräftiger Passat

Ein **kahler Gebirgszug** durchzieht fast die gesamte, über 100 Kilometer lange Insel. Er reicht vom 689 Meter hohen Muda im Norden bis zum 807 Meter aufragenden Pico de la Zarza im Süden. Die Hügel sind sanft geschwungen und verlaufen parallel zur vorherrschenden nordöstlichen Windrichtung.

Das erklärt, weshalb die Bauern so verzweifelt und die Touristen glücklich sind. Denn der **Nordostpassat,** der auf dem Meer noch eine Luftfeuchtigkeit von über 70% besitzt, wird von keinem Bergmassiv aufgehalten, ist nur wenig zum Aufsteigen und zu Nebelbildung gezwungen. So ist Fuerteventura neben Lanzarote die Insel mit den **geringsten Niederschlägen** der Kanaren: nur 150 Millimeter pro Quadratmeter und Jahr. Der einzige stärkere Regen fällt im Rahmen der seltenen Südwestwetterlagen. Für die Urlauber be-

Mittlere tägliche Maximum- und Minimumtemperaturen in °C

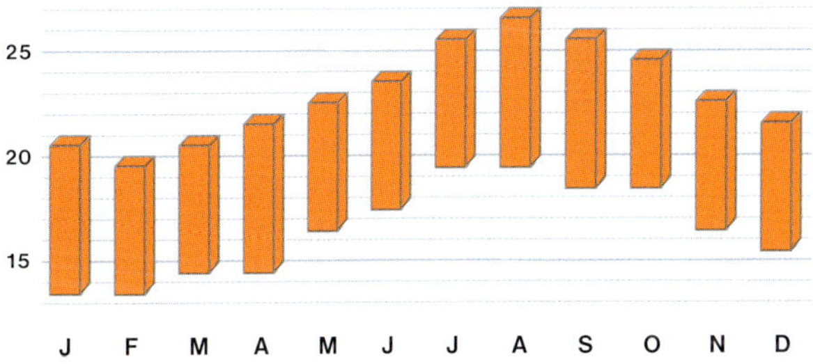

Wassertemperaturen in °C

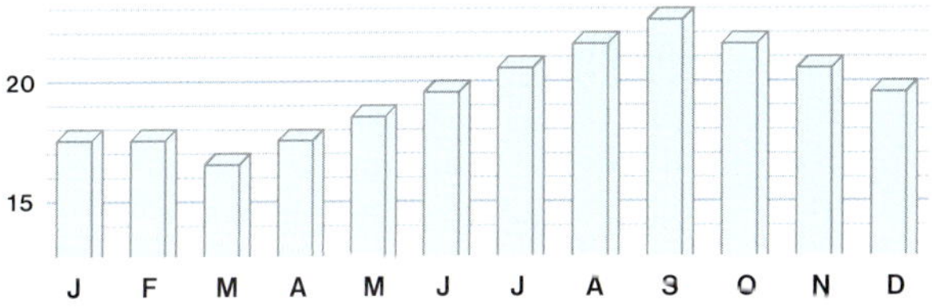

Sonnenstunden pro Tag

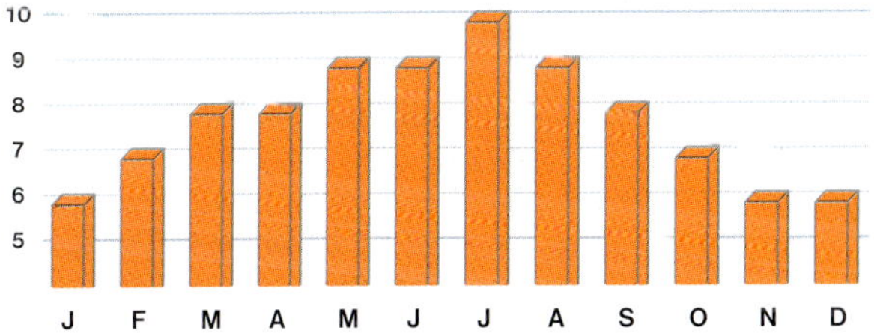

Regentage pro Monat

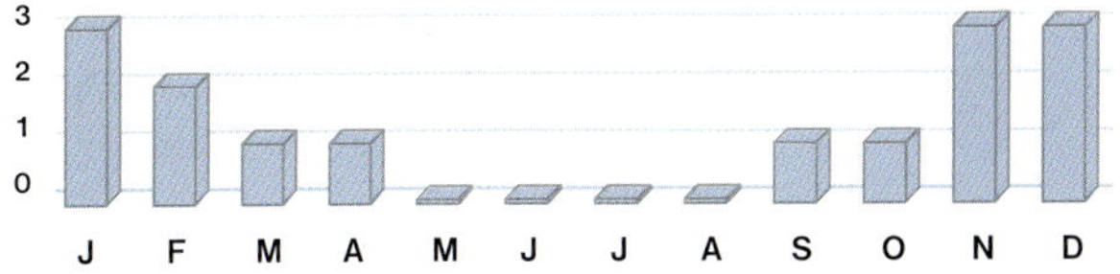

deutet das ein nahezu ungestörtes Sonnenvergnügen. Die Tagestemperaturen liegen das ganze Jahr über bei **20–28°C,** auch nachts ist es mit 12–20°C angenehm mild. Der starke, meist aus nordöstlicher Richtung wehende Wind sorgt dafür, dass man es nie als zu heiß empfindet. Nur wenn der Wind mal auf Ost oder Südost schwenkt, kann kontinentale Hitze nach Fuerte vorstoßen und die Temperaturen steigen auf über 35°C an. Die Canarios sprechen dann vom „Calima": Der herangewehte rotgraue Wüstenstaub kann so dicht werden, dass der Flugverkehr eingestellt werden muss.

Kilometerlange weiße Strände

Fuerteventura ist für Freunde von Sonne, Sand und Meer das unübertroffene Reiseziel. Die Strände sind feinsandig und hell, das Wasser ist kristallklar, schimmert hellblau und türkis. Zwar bildeten sich, wo es am schönsten ist, touristische Ferienzentren, doch zum Glück stehen auf Fuerte fast alle Playas unter Naturschutz und das spanische Küstengesetz sorgt dafür, dass ein 100 Meter breiter Küstensaum nicht bebaut werden darf.

Überblick

Die gesamte **Ostseite** von Corralejo bis Morro Jable ist brandungs- und strömungsarm, weshalb man in Küstennähe gefahrlos baden kann. Kilometerlange, flach ins Meer führende Strände erstrecken sich südlich von Corralejo und längs der Halbinsel Jandía im Süden: Wer es rein deutsch liebt, wählt Jandía, bunter gemischt ist die Szene im Norden. Für Familien mit Kleinkindern empfiehlt sich Caleta de Fustes, eine vor Brandung geschützte Bucht südlich des Flughafens.

Romantisch und rau geht es an den Stränden der dem Wind ausgesetzten **Westküste** zu. Nur über Piste erreichbar sind Cofete und die Playas de Barlovento, Zaubernamen für jeden Fuerte-

Fuerteventuras Küste

Küstenlänge: 326 km
Steilküste: 165 km
Felsküste: 80 km
Kiesstrand: 20 km
Sandstrand: 55 km
Hafenanlagen: 6 km

Fan. Allerdings ist das Baden dort aufgrund reißender Strömung sehr gefährlich – schon manch ein geübter Schwimmer wurde aufs offene Meer gezogen und kam nie mehr zurück. Gleiches gilt für die weiter nördlich folgenden, dunkelsandigen Lavabuchten.

Nordküste

El Cotillo: Die kilometerlangen, naturbelassenen Strände südlich des Ortes sind vor allem bei Surfern beliebt. Aufgrund hoher Wellen und starker Unterströmung ist hier vom Baden abzuraten. Ganz anders die Situation nördlich von El Cotillo auf dem Weg zum Leuchtturm (Faro de Tostón): An den *Playas de El Cotillo* mit ihren tief eingeschnittenen Sandbuchten ist das Baden ungefährlich, in den türkis schimmernden Lagunen kann man wie im schönsten Pool baden.

Majanicho: Teilweise bebaute, weit ins Land ragende Bucht mit kleinem Sandstrand. Östlich und westlich davon tummeln sich Surfer.

Corralejo: Die beiden hellsandigen Ortsstrände liegen an einer malerischen Promenade mit Terrassenlokalen. Doch nicht sie bilden die Hauptattraktion, sondern die sich östlich der Stadt anschließenden, sieben Kilometer langen Dünenstrände *Playas de Corralejo*. Weißer, weicher Sand fällt flach ab ins kristallklare Meer, in der Ferne sieht man die Nachbarinseln Lobos und Lanzarote. Die Strände stehen unter Naturschutz; je weiter man sich vom Ort entfernt, desto einsamer sind sie. Außer Windsurfern kommen auch Taucher hierher; an einigen Abschnitten hat sich FKK durchgesetzt.

219fu Foto: AdP

Türkisfarbenes, transparentes Wasser: Fuertes Markenzeichen

Isla de Lobos: Die *Playa de la Concha*, der „Muschelstrand", liegt wind- und brandungsgeschützt in einer tief eingeschnittenen Bucht auf der Corralejo vorgelagerten Felsinsel. Er ist mit puderfeinem weißen Sand bedeckt und naturbelassen.

Ostküste

Puerto del Rosario: Fünf Kilometer nördlich der Hauptstadt liegt die *Playa de Lajas*, ein 700 Meter langer, dunkelsandiger Strand, der bei Einheimischen beliebt ist. Auch die drei Kilometer südlich von Puerto del Rosario liegende *Playa Blanca* wird fast ausschließlich von den Stadtbewohnern besucht: ein langer, heller Sandstrand, bei dem allerdings mit Fluglärm zu rechnen ist.

Caleta de Fustes: Größter Touristenort an der Ostküste und vor allem bei Familien mit Kindern beliebt. Die 800 Meter lange, hellsandige *Playa del Castillo* liegt in einer halbrunden Bucht, die weit vorspringende Hafenmole schützt vor der Brandung. Für eine schmucke Kulisse sorgen der Festungsturm und der angrenzende Yachthafen. Südwärts entstanden künstlich aufgeschüttete Badebuchten, z.B. die schöne *Playa de Guirra*.

Pozo Negro: Von schwarzen Klippen eingerahmte, 300 Meter lange Kiesbucht mit mehreren Fischlokalen.

Las Playitas: Vor dem Hotelkomplex wurde auf fast 1 km Länge ein Sandstrand aufgeschüttet. Die Dorfbewohner begnügen sich mit der *Cala de las Playas*, einem dunklen Kiesstrand.

Gran Tarajal: Der pechschwarze, über 500 Meter lange Sandstrand wird von einer städtischen Promenade mit mehreren Fischrestaurants gesäumt.

Giniginámar: Die *Playa de Giniginámar* lockt mit einem knapp 600 Meter langen, dunklen Kiesstrand in einer immer noch untouristischen Bucht.

Tarajalejo: Die *Playa de Tarajalejo*, ein teils dunkler, teils heller Kiessandstrand, ist etwa einen Kilometer lang und liegt an der Mündung einer weiten Schlucht. Trotz der angeschlossenen

Feriensiedlung kommt Gedränge nicht auf, dank eines Felsriffs gibt es keine Brandung.

La Lajita: Der dunkle Kiesstrand füllt sich vor allem im Sommer mit vielen Einheimischen.

Südküste

Matas Blancas: Am Anfang der Halbinsel Jandía: ein einsamer, aber nur kiesiger, einen Kilometer langer Kiessandstrand, erreichbar über eine 300 Meter lange, vom Ort abzweigende Piste.

Costa Calma: Die *Playa Costa Calma* bildet den Auftakt zu einer schier endlosen Reihe von Stränden (*Playas de Sotavento* = Leeseite), die sich auf einer Länge von 18 Kilometern bis Morro Jable erstrecken. Am Nordrand von Costa Calma ist der Strand noch recht schmal, wird aber schnell breiter und wirft sich landeinwärts zu einem hohen Dünenwall auf. Der Sand ist weiß und weich, flach fällt er ins türkis schimmernde Meer ab. Man kann Liegen und Sonnenschirme ausleihen, urige Beachbars bieten Erfrischungen an.

Los Gorriones: Die vier Kilometer lange *Playa Barca* ist das Schmuckstück der Küste: Bei Ebbe bildet sich eine weit ins Meer ragende Wattfläche heraus, bei Flut entsteht eine flache Lagune, in der man herrlich planschen und auf einer Sandbank, weit von der Küste entfernt, „übers Meer" laufen kann. In der Lagune proben Surfanfänger ihre ersten Manöver, jenseits der Nehrung tummeln sich die Cracks; dort werden auch jeden Sommer die Ausscheidungswettkämpfe der Surf-Weltmeisterschaft ausgetragen. Eine an die Surfschule angeschlossene Beachbar sorgt fürs leibliche Wohl.

Risco del Paso: Herrlicher Strand am Südende der Nehrung mit riesigen Dünen. Hier befindet sich auch eine Filiale der Surfschule mit Lokal.

Esquinzo / Las Gaviotas: Die 1,5 Kilometer lange *Playa de Esquinzo*, die südwärts in die *Playa de Butihondo* übergeht, hat gleichfalls herrlich weißen Sand. Auch hier sorgen Strandbars für Stärkung.

Jandía: Im Bereich der größten Ferienstadt Fuerteventuras trägt der feinsandige und hier auch breite Strand den Namen *Playa del Matorral*. Die Hotels bleiben in gebührendem Abstand, denn die davor liegenden Sandhügel und Salzwiesen stehen unter Naturschutz. Die Playa ist bewacht und wird picobello sauber gehalten, außerdem gibt es mehrere Info-Stellen, Bars und sanitäre Einrichtungen, Liegestuhl- und Sonnenschirmverleih.

Morro Jable: In dem ehemaligen Fischerdorf gibt es einen schmalen Sandstrand an der von Bars und Lokalen gesäumten Promenade. Oberhalb des neuen Hafens zweigt eine Schotterpiste zur Punta de Jandía und nach Cofete ab. Von dieser erreicht man über holprige Fahrwege kleine, wunderbar abgelegene Buchten und Strände (⇨Puertito de la Cruz).

Westküste

Cofete: Einsamkeit pur an der hellen, feinsandigen *Playa de Cofete* und den nordöstlich angrenzenden Stränden *Playas de Barlovento* (= Luvseite). Zwölf Kilometer erstrecken sie sich am Fuße einer sanft ansteigenden Gebirgskette; weiße Wellenstaffeln branden an die einsame, durch versprengte Felsen gegliederte Küste. Ein toller Ort für ausgedehnte Strandspaziergänge, aufgrund der starken Unterströmungen sollte man aber nie weit hinausschwimmen. Nur mit Jeep erreichbar!

La Pared: Nur im Sommer kann man an der *Playa del Viejo Rey*, einem hellsandigen, 800 Meter langen Strand südlich des Ortes, ohne großes Risiko baden. Weiter nördlich, erreichbar über die „Restaurantpiste", erstreckt sich die aufgrund der Strömungen gefährlichere *Playa de la Pared* in einer 250 Meter langen und von niedrigen Klippen flankierten Bucht: ein toller Ort für Sonnenuntergänge.

Ajuy: Die *Playa de los Muertos*, der „Strand der Toten", ist schwarzsandig und über 200 Meter lang. Nördlich führt ein romantischer Küstenweg zu zerklüfteten Kalksteinterrassen.

Aguas Verdes: Die *Playa del Valle* ist mit dunklem Kiesel bedeckt, über den wilde Wellen rollen.

Zwar schön zum Anschauen, aber nicht zum Schwimmen.

Los Molinos: Zum kleinen Fischerort gehört ein knapp 200 Meter langer, sichelförmiger Kiessandstrand mit einer vorgelagerten Lagune.

Tindaya: Zehn Kilometer südwestlich des Ortes, nur über eine Holperpiste erreichbar, liegt zwischen schwarzen Lavazungen die *Playa de Janubio,* ein einsamer und breiter, 200 Meter langer Sandstrand.

Palmenoasen in der Wüste

Aufgrund der schwachen Wolkenbildung ist die Vegetation selbst an der Nordseite spärlich. Und wenn es auf Fuerte wirklich mal regnet, dann meist nur kurz und heftig. Die Wassermassen graben sich ins poröse Gestein und schwemmen die fruchtbare Erde ins Meer, was die Verwüstung der Landschaft fördert.

Palmen Stolze Palmen gedeihen einzig noch dort, wo es Grundwasser gibt. In Vega de Río Palmas, einem Tal, das schon in den Chroniken des 15. Jahrhunderts gepriesen wurde, bilden **kanarische Dattelpalmen** eine üppige Oase. Aber auch im Barranco de la Madre del Agua (bei Ajuy), der einzigen Schlucht, wo das ganze Jahr über Wasser fließt, gibt es einen herrlichen Hain. Anderenorts ist es nicht gut um die Palmen bestellt. Man sieht sie noch in Valle de Santa Inés und Pájara, in Betancuria und Gran Tarajal, doch jedes Jahr werden es weniger, aufgrund des Wassermangels sterben sie ab.

Euphorbien Unter den extremen klimatischen Bedingungen haben sich nur die widerstandsfähigsten, gegen die sengende Sonne gewappneten Pflanzen behaupten können. Am auffälligsten ist die **Kandelaber-Wolfsmilch** *(euphorbia canariensis),* eine

220fu Foto:AdP

Unterwegs im Niemandsland

kaktusähnliche, bis zu vier Meter hohe Pflanze mit stark verdickten Sprossen. In ihrem dornigen Geäst wuchern andere Pflanzen – bestens geschützt vor den gefräßigen Ziegen. Gleichfalls zur Familie der Euphorbien gehört die **Jandía-Wolfsmilch** *(euphorbia handiensis)*, die man nur auf der gleichnamigen Halbinsel, nirgends sonst auf der Welt sieht. Sie ist bis zu 80 Zentimeter groß, ihre gedrungenen Sprossen enthalten eine hautreizende Milch, die nur langsam verdunstet und so die Pflanze vor Austrocknung schützt.

Importpflanzen

Von den eingeführten Arten blieb der **Feigenkaktus** *(opuntia)* erhalten. Als Wirtspflanze der Koschenille-Laus, die man zu einem karminroten Farbstoff zerrieb, wurde er in der zweiten Hälfte des 19. Jahrhunderts in großem Stil angebaut, vor allem rund um Antigua und Agua de Bueyes. Heute ist – weiter südlich bei Tiscamanita – ein 18 Hektar großes Feld von **Aloe Vera** bedeckt. Aus ihren gebogenen Blättern wird ein in der Kosmetikindustrie begehrter Saft destilliert (⇨Exkurs „Aloe Vera – Wunderpflanze der Antike“). Strelitzien und Bougainvilleen, die auf künstliche Bewässerung angewiesen sind, gibt es nur in den Touristenorten.

Reptilien

Nirgendwo stößt der Wanderer auf giftige Schlangen und Skorpione, wohl aber auf Eidechsen. Auf den Ostinseln Lanzarote und Fuerteventura gibt es drei endemische, d.h. nur hier anzutreffende Eidechsenarten. Ein bekannter Nachtjäger ist der handgroße **Kanarische Mauergecko** *(Tarentola angustimentalis)*. Mit etwas Glück darf man ihn im Apartment als „Haustier“ begrüßen: Haftlamellen an seinen Füßen ermöglichen es ihm, in Windeseile über die Zimmerdecke zu huschen; seine überproportional großen Augen helfen ihm beim Insektenfang im Dunklen. Die **Haría-Eidechse** *(Gallotia atlantica)* ist mit 30 Zentimetern bedeutend länger. Im fortgeschrittenen Alter hat sie grünblaue Flecken am Körper, ihr Schwanz ist doppelt so lang wie Körper und Kopf zusammen. Nur selten noch sieht man den **Purpuarien-Skink** *(Chalcides polylepis occidentalis)*, der sich mit seinem rötlichen, bis zu 30 Zentimeter langen Panzer gern in Gesteinsritzen versteckt.

Säugetiere

Mit dem Menschen kam auch eine Reihe von Säugetieren auf die Insel. Die Ureinwohner brachten aus Afrika **Schaf** und **Ziege,** die Konquistadoren importierten **Esel** und **Dromedar.** Um der Jagdlust zu frönen, führten sie das **Kaninchen** ein. Dem marokkanischen **Wanderigel** gelang im 19. Jahrhundert der „Sprung" auf die Insel, 1965 tat es ihm das possierliche **Atlashörnchen** nach: Inzwischen hat es sich so rasch vermehrt, dass es zur Jagd freigegeben wurde.

Vögel

Vögel überspringen alle natürlichen Barrieren. Wer freilich nach dem gelb gefiederten, trillernden Kanarienvogel Ausschau hält, wird enttäuscht. Dieser ist eine deutsche Züchtung und mit dem kanarischen, eher unauffälligen *Serinus canaria* nur entfernt verwandt. Dafür begegnet man auf Fuerteventura anderen interessanten, seltenen Arten. Fündig wird man auf der Halbinsel Jandía und vor allem an der Nordküste. Von der gut getarnten **Kanarischen Kragentrappe** (⇨Exkurs „Die Wüste lebt – die Dunas de Corralejo") gibt es weltweit nur noch etwa 400 Exemplare – die meisten von ihnen leben in den Dünen von Corralejo, wo auch das **Sandflughuhn** und der **Wüstengimpel** Schutz fanden. Dem **Fischadler,** mit einer Flügelspannweite von 1,50 Meter der größte Vogel der Kanaren, begegnet man am ehesten auf der Felsinsel Lobos: Mit seinen Krallen und stachelbewehrten Zehensohlen greift er sich die an der Meeresoberfläche schwimmenden Fische. Häufiger sieht man den **Gelbschnabel-Sturmtaucher,** leicht erkennbar an seinen langen Flügeln – oben dunkel, unten hell.

Die Ziege – das Wappentier Fuerteventuras

„Haben die Viecher es wirklich verdient, dass sie jedes Jahr mit 200 Euro pro Kopf und Nase subventioniert werden?“ Die Hobby-Ökologin aus dem Westerland ist empört: „Schauen Sie, wie die alles kahl fressen: Gierig stürzen sie sich auf jeden irgendwo hervorlugenden Halm!“ An die 50.000 Ziegen soll es auf Fuerteventura geben, auf zwei Inselbewohner jeweils eine. Da verwundert es nicht, dass man überall ihren meckernden Gesichtern begegnet: Man sieht sie an der Hauptstraße und in kargen Tälern, selbst an einsamen Stränden lugen sie um die Ecke und mustern die Fremden mit neugierigem Blick.

Auf ihre Ziegen möchten die Bewohner Fuerteventuras nicht verzichten. Seit die ersten Siedler vor über 2500 Jahren von Afrika übersetzten, waren die Tiere stets mit von der Partie – ein Garant fürs Überleben auf der wüstenhaften Insel. Ob Milch oder Fleisch, Haut oder Horn: alles von ihnen war verwertbar. Gar übersinnliche Kräfte sprach man den Tieren zu. Blieb einmal der Regen aus, wurden die Zicklein von den Muttertieren getrennt – das darauf einsetzende herzzerreißende Jammern sollte die Götter barmherzig stimmen und die Wolken zum Abregnen bringen.

Drei Arten von Ziegen werden unterschieden: *Jairas* heißen sie, wenn sie ungewöhnlich viel Milch geben und deshalb den Hof nicht verlassen dürfen. *Cabras de gando* werden die Herdentiere genannt, die abends vom Hirten zum Melken zusammengetrieben werden. Frei sind nur die *cabras de costa*. Monatelang streifen sie durch die Landschaft und lechzen nach dem Winterregen, der dafür sorgt, dass sich an den Hängen ein grüner Flaum bildet. Sie werden nicht gemolken, sondern erst zur Schlachtzeit von Hirtenhunden aufgespürt. Zwar sind sie kleiner als die Hausziegen, doch ihr Fleisch ist ärmer an Fett und äußerst schmackhaft – als Sonntagsbraten sind sie hoch geschätzt.

Übrigens kann man auf der Speisekarte noch zwei weitere Ziegenvarianten entdecken: *Cabrito* ist das „Milchlamm“ – noch ganz jung, nur von der Milch der Mutter genährt; *Baifo*, ein Wort aus altkanarischer Zeit, bezeichnet gleichfalls ein junges Tier, doch ihm beginnen bereits die Hörner zu wachsen.

Feste und Folklore

Einfallende Piraten, ausbleibender Regen, Hunger und Durst: den Schutzheiligen sei Dank, dass diese Gefahren gebannt sind! Kaum einen Monat gibt es, in dem nicht irgendwo auf der Insel ein Volksfest zur Teilnahme einlädt. Denn jeder Ort hat mindestens einen Heiligen, dem es zu huldigen gilt: Ana, Carmen und María, Sebastián, Marcos und Buenaventura – so lauten ihre wohlklingenden Namen.

Die **Fiesta** beginnt fast immer mit einer Messe und einer Prozession. Die Heiligenfigur verlässt ihren angestammten Platz in der Kirche und lässt sich durchs Dorf tragen, wird begleitet von Männern und Frauen, Eseln und Kamelen – bei wichtigen Festen ist auch eine Ziegenherde dabei. Der Zug wird untermalt von archaischer Musik, wie man sie bei einer christlichen Prozession nicht erwartet. Ältere Frauen tragen am Hals ein aus Knochen gefertigtes Glockenspiel, dem sie mit einem kleinen Stock dumpfe Töne entlocken. Dazu erklingen die Schläge von Kastagnetten und ein monotoner Singsang, der seine hypnotische Wirkung auf die Festteilnehmer nicht verfehlt. Doch wäre es falsch, sich die Fiesta als düstere Trauerveranstaltung vorzustellen. Auf die Prozession folgt das weltliche Vergnügen: ein bunter Veranstaltungsreigen, der sich oft tagelang ausdehnt und alles einschließt, was den Bewohnern Spaß macht – Sport und Spektakel, Tanz und Gesang.

Die Fiestas bieten Besuchern auch eine gute Möglichkeit, kanarische **Folklore** kennen zu lernen. Die Ortsgruppen treten in ihren typischen Trachten auf und tanzen zu traditioneller, meist von lateinamerikanischen Rhythmen beeinflusster Musik. Balladenartige Gesänge erzählen von Liebe und Leidenschaft, Emigration und Tod. Zu den besten Ensembles zählen die von Antigua und La Oliva, beliebtester Timple-Spieler ist *Domingo Rodríguez* alias *El Colorao*.

Die schönsten Inselfeste

In der folgenden Übersicht sind die bedeutendsten Fiestas zusammengefasst, ergänzt um Feiertage und Festivals. Die Termine sind mit gewisser Vorsicht zu lesen, denn nicht selten verlegt der Bürgermeister die Feierlichkeiten auf das vorangehende oder nachfolgende Wochenende, um auch den auf den Nachbarinseln lebenden Majoreros die Teilnahme zu ermöglichen. Den aktuell gültigen Festtagskalender *(calendario de fiestas)* bekommt man bei der Touristeninformation in Puerto del Rosario.

- **1. Januar:** *Año Nuevo*. Die Inselbewohner versammeln sich auf auf dem Dorfplatz, vernaschen zu jedem Glockenschlag eine Weintraube und trinken Sekt. Anschließend gibt es in allen größeren Orten ein Feuerwerk.
- **5./6. Januar:** *Cabalgata de los Reyes Magos*. Am Vorabend zum 6. Januar ziehen *Balthasar, Melchior* und *Caspar,* die **Heiligen drei Könige** aus dem Morgenland, auf ihren Kamelen durch die großen Orte der Insel: Corralejo und Puerto del Rosario, Antigua und Betancuria, Tuineje und Morro Jable. Festlich gekleidet und gut gelaunt werfen sie Bonbons in die Menge, manchmal reichen sie auch

221fu Foto: PdF

Gofio-Kugeln und Wein. Am nächsten Tag erhalten alle Kinder, die im letzten Jahr brav waren, ihre „Weihnachtsgeschenke" und präsentieren sie stolz auf Straßen und Plätzen.

● **20. Januar:** *Fiesta de San Sebastián.* Patronatsfest in La Oliva.

● **21. Januar:** *Fiesta de Santa Inés.* In Valle de Santa Inés spielen die besten Folkloregruppen auf.

● **Januar/Februar:** *Festival de Música de Canarias.* Im Rahmen des Internationalen Musikfestivals kommen renommierte Ensembles ins Auditorium von Puerto del Rosario.

● **2. Februar:** *Fiesta de Nuestra Señora de la Candelaria.* Das Gemeindestädtchen La Oliva und Gran Tarajal ehren ihre Schutzheilige mit einer farbenprächtigen Prozession.

● **28. Februar:** *Fiesta del Agua.* In der Gemeinde von Antigua wird der Regen beschworen: Mit einem immergleichen, fast hypnotischen Klopfen auf Ziegenknochen sollen die sich über den Bergen ballenden Wolken zum Abregnen gebracht werden. Das Fest findet in Agua de Bueyes oder Valles de Ortega statt.

● **Februar/März:** *Fiesta de Carnaval.* **Karneval** wird vor allem in Puerto del Rosario gefeiert – ein zweiwöchiger Ausnahmezustand mit Maskenbällen und schrill-buntem Umzug, der Wahl einer „Königin" und Salsa nonstop. Und wenn am Aschermittwoch, der hier meist auf ein Wochenende fällt, die „Sardine" verbrannt wird, ist noch längst nicht alles vorbei. Von der Hauptstadt zieht der Carnaval weiter nach Corralejo und Morro Jable, nach Antigua und Gran Tarajal – viele Majoreros sind gleich mehrmals dabei.

● **19. März:** *Fiesta de San José.* Der Josefstag ist zugleich kanarischer Vatertag.

● **März/April:** *Festival de Blues.* Meist eine Woche vor Ostern treffen sich in Corralejo Blues-Musiker aus mehreren Ländern und heizen den Touristen ein.

Semana Santa. **Ostern** im Fackelschein, mit Weihrauch und düsteren Trommelwirbeln – die Umzüge von Puerto del Rosario beschwören den Geist der Inquisition. Mitglieder geistlicher Bruderschaften ziehen im grauen Mantel durch die Stadt und verbergen ihr Gesicht unter einer spitzhaubigen Kapuze. „Büßer" sind gleichfalls mit von der Partie, kasteien sich mit Peitsche und Geißel. Die Passion Christi wird auf der Hauptstraße nachgespielt, auch die Kreuzigung bleibt den Zuschauern nicht erspart. Offizielle Feiertage sind Gründonnerstag *(Jueves Santo),* Karfreitag *(Viernes Santo)* und Ostersonntag *(Domingo de Pascua),* nicht aber der Ostermontag.

Kein Fest ohne Tanz

- **April:** *Feria Agrícola y Ganadera*. Landwirtschaftsmesse auf der staatlichen Granja Experimental in Pozo Negro mit der Prämierung der schönsten Esel, Schafe und Ziegen.
- **1. Aprilsonntag:** *Fiesta de San Vicente Ferrer*. Patronatsfest in Villaverde.
- **3. Aprilsamstag:** *Fiesta de Nuestra Señora de la Inmaculada Concepción*. Patronatsfest in La Lajita.
- **25. April:** *Fiesta de San Marcos*. Patronatsfest in Tiscamanita.
- **1. Mai:** *Día del Trabajo*. Am Tag der Arbeit bleiben alle Geschäfte geschlossen. Fällt er auf einen Sonntag, wird er auf den Montag verlegt.
- **4. Mai:** *Fiesta de Santa Mónica*. Patronatsfest in Tefía.
- **2. Maisonntag:** *Fiesta de Sagrado Corazón de María*. Patronatsfest in Tarajalejo.
- **13. Mai:** *Fiesta de Nuestra Señora de Fátima*. Bauern aus der ganzen Umgebung pilgern zur winzigen Kapelle von La Asomada und nach La Lajita.
- **15. Mai:** *Fiesta de San Isidro Labrador*. Fest zu Ehren des Schutzherrn der Landwirtschaft in Triquivijate. Und weil es so schön war, wiederholt man es in etwas kleinerem Rahmen am zweiten Augustsonntag.
- **30. Mai:** *Día de Canarias*. Am Tag der Kanarischen Inseln wird die blau-gelb-weiße Regionalflagge gehisst, die freie Zeit verbringt man mit der Familie beim Picknick.
- **Mai:** *Feria Insular de Artesanía*. Zur **Kunsthandwerksmesse** kommen Töpfer, Schnitzer, Weber und Sticker vom ganzen Archipel nach Antigua und präsentieren ihre Werke zum Verkauf. Begleitet wird das Fest von Folklore, kana-

222fu Foto: PdF

rischem Ringkampf und Stockfechten. Am späten Abend wird das Tanzbein geschwungen.

- **Mai/Juni:** *Fiesta de Corpus Christi.* **Fronleichnam** wird prachtvoll in Szene gesetzt, vor allem die Hauptstadt lohnt einen Besuch: Der Kirchplatz von Puerto del Rosario wird schon am Vorabend mit einem bunten Teppich aus Blumen und gefärbtem Salz geschmückt, über den die Prozession hinwegschreitet.
- **13. Juni:** *Fiesta de San Antonio de Padua*. Der hl. *Antonius* wird gleich an mehreren Orten der Insel geehrt, besonders eindrucksvoll in Toto und Lajares.
- **3. Junisonntag:** *Fiesta de Nuestra Señora de la Salud.* Patronatsfest in Tuineje.
- **24. Juni:** *Fiesta de San Juan.* Die Sommersonnenwende, die schon die heidnischen Ureinwohner Fuerteventuras feierten, wurde in die christliche Zeit hinübergerettet: An vielen Orten der Insel entzündet man Feuer, besonders prächtig sind sie in der Hauptstadt und in den Gemeindestädten sowie in Cofete, Ajuy, El Matorral, Tiscamanita und Vallebrón.
- **29. Juni:** *Fiesta de San Pedro el Pescador*. Patronatsfest in Guisguey und Las Playitas.
- **2. Juli:** *Fiesta de Nuestra Señora de la Regla*. Patronatsfest in Pájara.
- **14. Juli:** *Fiesta de San Buenaventura*. Viele Majoreros strömen nach Betancuria, um an die endgültige Eingliederung der Insel ins Königreich Kastilien (1454) zu erinnern. Die einen feiern das Datum und tragen das verstaubte **Banner der Conquista** durch die Gassen der Stadt, die anderen üben sich im schüchternen Protest.
- **16. Juli:** *Fiesta de Nuestra Señora del Carmen.* In Küstenorten wie Corralejo, Morro Jable, Salinas del Carmen und Giniginámar wird die Schutzpatronin der Fischer mit einer farbenprächtigen **Bootsprozession** geehrt.
- **26. Juli:** *Fiesta de Santa Ana*. Patronatsfest in Casillas del Ángel.
- **Letzter Julisamstag:** *Fiesta de San Benito*. Patronatsfest in La Pared.
- **Ende Juli:** *Campeonato Mundial de Windsurfing*. Die **Weltelite der Surfer** trifft sich in Playa Barca und gibt eine Probe ihres akrobatischen Könnens. Parallel zum Wettbewerb gibt es am Strand viele kulturelle Veranstaltungen und Spiele.
- **Juli–Oktober:** *Vela Latina*. Fast an jedem Wochenende finden in den Häfen von Corralejo und Puerto del Rosario die Ausscheidungsrennen der Vela Latina, der traditionellen Form der Bootsregatta, statt.

Likör aus Kaktusfrüchten – wird gern bei Festen „gekippt“

- **4. August:** *Fiesta de Santo Domingo*. Patronatsfest in Tetir.
- **5. August:** *Fiesta de la Virgen de la Peña*. Patronatsfest in Vega de Río Palmas.
- **8. August:** *Fiesta de San Martín*. Patronatsfest in El Roque, einem Vorort von El Cotillo.
- **15. August:** *Fiesta de Nuestra Señora de la Concepción*. Patronatsfeste in Llanos de la Concepción und Tindaya.
- **16. August:** *Fiesta de San Roque*. Patronatsfest in Valles de Ortega.
- **3. Augustsonntag:** *Fiesta de San Marcos*. Patronatsfest in Tiscamanita.
- **2. Augusthälfte:** *Fiesta de la Juventud*. Festwoche der Jugend in Gran Tarajal.
- **22. August:** *Fiesta de Nuestra Señora del Buen Viaje*. Der Schutzheiligen der „Guten Reise" wird im Fischerdorf El Cotillo ein großes Fest bereitet.
- **24. August:** *Fiesta de San Bartolomé*. Pilgerwallfahrt nach Valle de Santa Inés.
- **28. August:** *Fiesta de San Agustín*. Patronatsfest in Tefía.
- **September:** *Open Internacional de Pesca de Altura*. Hochseeangelturnier in Gran Tarajal, an dem sich etwa 100 Boote aus ganz Spanien beteiligen. Es gilt, die größte Menge an Thun- und Schwertfisch zu fangen, der Blaue Merlin ist als Beute besonders geschätzt.
- **1. Septembersonntag:** *Fiesta de San Roque*. Patronatsfest in Villaverde.
- **8. September:** *Fiesta de Nuestra Señora de Antigua*. Patronatsfest in Antigua.
- **1. Sonntag nach dem 8. September:** *Fiesta de Nuestra Señora de Guadalupe*. Patronatsfest in Agua de Bueyes.
- **3. Septembersonntag:** *Romería de la Peña*. Im Palmendorf Vega de Río Palmas wird das **Fest der Felsjungfrau,** das wichtigste Kirchenfest Fuerteventuras, gefeiert. In einer nächtlichen Prozession pilgern tausende Bewohner aus allen Teilen der Insel zur Kapelle der Heiligen. Am nächsten Tag folgen Tanz und Folklore sowie sportliche Wettkämpfe.
- **Mitte September:** *El Pulpito*. Zweiwöchiges Fest der Fischer in Puertito de la Cruz mit Musik, Tanz und Sport.
- **20. September:** *Fiesta de Nuestra Señora de los Dolores*. Patronatsfest in La Caldereta.
- **24. September:** *Fiesta de Nuestra Señora de la Merced*. Patronatsfest in El Time (nahe Puerto del Rosario).
- **Letzter Septembersonntag:** *Romería de la Matilla*. Prozession in Valles de Ortega.
- **7. Oktober:** *Fiesta de la Virgen del Rosario*. Eines der großen Inselfeste feiert man in der Hauptstadt zu Ehren der **Rosenkranzmadonna.** Die Figur der Schutzheiligen wird zusammen mit dem „betrübten Christus" und dem hl. Christopherus durch Puerto del Rosario getragen.
- **12. Oktober:** *Romería de Nuestra Señora del Pino*. Fest mit großer Prozession von der Hauptstadt nach Puerto Lajas.

- **12. Oktober:** *Día de la Hispanidad*. Spanischer Nationalfeiertag, der auf den Kanaren gemischte Gefühle hervorruft: Man gedenkt der Eroberung der Neuen Welt und preist die spanische Kultur als zivilisationsbringende Kraft.
- **12. Oktober:** *Fiesta de la Virgen de la Peña del Mar.* Großes Fest rund um den Hafen von Caleta de Fustes.
- **13. Oktober:** *Jurada de San Miguel Arcángel*. Der hl. Erzengel *Michael* ist der Schutzherr von Tuineje und lässt sich zwei Wochen lang feiern. Man dankt ihm dafür, dass er die Stadt am 13. Oktober 1740 vor den Korsaren gerettet hat. Die **Schlacht von Tamasite** wird am Originalschauplatz in historischen Kostümen nachgespielt.
- **19. Oktober:** *Fiesta de San Pedro Alcántara*. Patronatsfest in Ampuyenta.
- **November:** *Festival de los Cohetes*. Im Naturpark der Dünen von Corralejo lassen Teilnehmer aus aller Welt ihre Drachen fliegen. Wichtigste „Stars" sind die bis zu vier Meter hohen Rokaku-Drachen aus Japan.
- **1. November:** *Todos los Santos*. Außer Blumenläden bleiben zu Allerheiligen alle Geschäfte geschlossen. Man pilgert zu den Gräbern der Vorfahren, legt Kränze nieder und entzündet Kerzen.
- **13. November:** *Fiesta de San Diego de Alcalá*. Der einzige Heilige, den Fuerteventura hervorgebracht hat, war ein wundertätiger Franziskanermönch. Ihm zu Ehren wird in Gran Tarajal ein mehrtägiges Fest gefeiert.
- **27. November:** *Fiesta de la Milagrosa*. Patronatsfest in Lajares.
- **30. November:** *Procesión en honor de San Andrés*. Jahrhundertelang war dies der wichtigste Tag im Festkalender Fuerteventuras: Der Regenheilige *Andreas* wurde um Wasser angefleht, um die kommende Ernte zu sichern. Zwar gibt es heute Wasserentsalzungsanlagen, doch vor allem in Tetir will man es sich mit dem hl. *Andreas* nicht verderben.
- **6. Dezember:** *Día de la Constitución Española*. Der Tag der spanischen Verfassung ist mit dem gleichfalls arbeitsfreien 8. Dezember ein guter Vorwand für die längste *puente* (Brücke) des Jahres: Viele Canarios schaffen es, gleich mehrere Tage der Arbeit fernzubleiben und auf Reisen zu gehen.
- **8. Dezember:** *Fiesta de Nuestra Señora de la Inmaculada Concepción*. Mariä Empfängnis – mit Prozessionen an vielen Orten der Insel, u.a. in Betancuria und La Lajita.
- **24./25. Dezember:** *Fiesta de la Navidad*. **Weihnachten** auf Fuerteventura: Tannenbäume am Strand, Jingle-Bell-Songs im Supermarkt und Kaufrausch in der Hauptstadt. Am Heiligabend trifft sich die Familie zum Festmahl, um anschließend zur Mitternachtsmesse zu gehen. In vielen Kirchen werden schöne Krippen aufgestellt, in Antigua und Tiscamanita Szenen aus Bethlehem nachgespielt.

Altkanarische Kultur

Kultplätze auf spektakulären Gipfeln und in den Boden versenkte Häuser, Felszeichnungen und Fruchtbarkeitsidole: Dies ist das Erbe der **Mahoreri,** wie sich die prähispanischen Bewohner der Insel nannten. Aufgrund archäologischer Funde und sprachwissenschaftlicher Studien nimmt man an, dass die Altkanarier von den **nordwestafrikanischen Berbern** abstammen. Diese These wird auch durch Ortsnamen wie Tindaya, Tefía und Tetir unterstrichen. Nachdem die Mahoreri vermutlich ab 500 v. Chr. vom heutigen Marokko auf die Insel übersetzten, lebten sie vom Rest der Welt isoliert und unterhielten selbst zu den in Sichtweite gelegenen Nachbarinseln keinen Kontakt. Bis heute ist unklar, wie sie die Inseln erreichten. Da sie offenbar keine Boote besaßen, geht man davon aus, dass sie von Römern deportiert wurden.

Bei der Ankunft der **Konquistadoren** (1402) gab es auf der Insel zwei durch eine Mauer getrennte Reiche: Maxorata im Norden und die

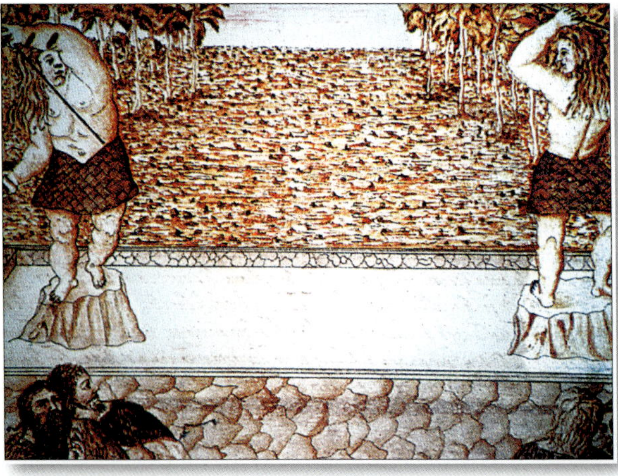

307fu Foto: gs

Halbinsel Jandía im Süden (doch Vorsicht: Die Mauerreste, auf die heutige Wanderer an der Landenge von Jandía stoßen, haben nachweislich nichts mit der alten Grenzmauer zu tun!). Das Stammeshaupt *Guise* herrschte über Maxorata, Häuptling *Ayose* über die Halbinsel Jandía. Daneben bekleideten zwei Frauen einflussreiche Positionen: *Tamonante* war die oberste Richterin der Insel, *Tibiabin* die Hohepriesterin.

Sofern man den Chronisten von „Le Canarien" (1402) Glauben schenken darf, waren die Berberstämme in heftige Konflikte verstrickt. Diese waren vor allem in den natürlichen Unterschieden von Nord und Süd begründet: Der Süden war zwar kleiner an Fläche, aber reicher an Vegetation; dem über 800 m aufragenden Gebirgszug entsprangen die meisten Quellen der Insel. Dies weckte den Neid der Nordbewohner. Wiederholt entzündeten sich Konflikte um die Weidegründe für die „30.000 Ziegen" der Insel. „Die beiden Könige", heißt es, „haben sich mehrfach bekriegt; so viele Tote gab es, dass die Bewohner sehr geschwächt sind."

Die Chronisten verwiesen freilich auch auf die äußere Bedrohung, der die Altkanarier nicht erst mit der Ankunft der Normannen ausgesetzt waren. „Männer wie Frauen sind auffallend groß. Aber es gibt nicht mehr viele, denn mehrfach wurden sie gefangen genommen und in fremde Länder verschleppt." Seit der geografischen Verortung der Insel auf einer Weltkarte (1339) waren wiederholt Sklavenjäger von der Iberischen Halbinsel auf die Kanaren gekommen, um Bewohner auf dem **Sklavenmarkt** von Sevilla zu verkaufen.

Altkanarier, wie sie die Europäer sahen (aus einer Chronik von 1590)

Zur Zeit der Conquista gab es wahrscheinlich weniger als 3000 Insulaner auf Fuerteventura. Sie lebten in kleinen Siedlungen in der Nähe von Quellen und bauten sich runde Häuser mit bis zu zehn Metern Durchmesser, die zum Schutz vor dem Wind halb in den Boden versenkt waren; als Dach dienten große, in Kuppelform angeordnete Steinplatten. Eine rekonstruierte Siedlung von *casas hondas* (tiefen Häusern) kann man bei Pozo Negro, eine Hirtenhütte am Calderón Hondo besichtigen. Das Gipfelplateau des Tindaya (Zutritt nur mit Sondergenehmigung des Umweltamts in Puerto del Rosario!) ist mit mehr als 200 fußabdruckähnlichen Felszeichnungen übersät: Vermutlich handelt es sich um eine symbolische Inbesitznahme des 397 m hohen Berges, auf dem sich die Mahoreri den Göttern besonders nahe fühlten. **Archäologische Funde** sind im Museum von Betancuria ausgestellt, so auch die in der Cueva de los Ídolos entdeckten Fruchtbarkeitsidole, die den Fortbestand des Stammes beschwören sollten.

Im Januar 1405, nach drei Jahren erbitterten Widerstands, ergaben sich die Inselbewohner den normannischen Konquistadoren. Erst kapitulierte der Häuptling von Maxorata, dann auch der Herrscher von Jandía. Mahoreri, die sich der Eingliederung widersetzten, wurden versklavt, die übrigen christianisiert. Gut hundert Jahre später, im Jahr 1514, durften die wenigen noch verbliebenen Altkanarier ihre **rechtliche Gleichstellung mit den Spaniern** feiern. Den Verfall ihrer Sprache und Kultur hielt das freilich nicht auf – im Laufe des 16. Jahrhunderts gingen diese endgültig verloren.

Die Eroberer gehen an Land –
aus der Chronik „Le Canarien“

Geschichtlicher Überblick

Erste Kontakte

um 2000 v. Chr. **Berber aus Nordwestafrika** besiedeln die Kanarischen Inseln in mehreren Schüben. Da sie keinen Kontakt zur übrigen Welt haben und schriftliche Zeugnisse aus jener Zeit fehlen, ist über die Frühgeschichte der Bewohner nur wenig bekannt.

ab 1100 v. Chr. **Phönizische Seefahrer** erkunden den Ostatlantik und laufen dabei möglicherweise auch die Kanarischen Inseln an.

um 800 v. Chr. Die antiken Schriftsteller **Homer** und **Hesiod** berichten von paradiesischen Inseln jenseits der Straße von Gibraltar.

25 v. Chr. Der römische Vasall *König Juba II. von Mauretanien* entsendet ein Expeditionskorps zum Archipel. Nachzulesen ist dies in der „Naturgeschichte“ des Historikers *Plinius d. Ä.* (23–79 n. Chr.), der die geografische Lage der Inseln relativ genau wiedergibt.

2. Jh. n. Chr. Der alexandrinische Geograf *Ptolemäus* verortet den Rand der Welt an den Kanarischen Inseln. El Hierro markiert die Westgrenze der damaligen Welt, durch sie wird der Nullmeridian gezogen.

4. Jh. n. Chr. Mit dem Zerfall des Römischen Reiches geraten die Kanarischen Inseln aus dem Blickfeld der Europäer.

999 Dem **Araber** *Ben Farroukh* gelingt die **Wiederentdeckung** der Kanarischen Inseln, doch verknüpfen sich hiermit keine Eroberungsabsichten.

Die Zeit der Eroberung

1336 *Lancelotto Malocello,* ein Genueser in portugiesischen Diensten, landet auf der später nach ihm benannten Insel Lanzarote, die 1339 auf der Landkarte des Mallorquiners *Angelino Dulcert* eingetragen wird. Die Nachbarinsel trägt den Namen **La forte Ventura** (Fuerteventura).

ab 1341 Die iberischen Königreiche **Portugal, Kastilien** und **Aragonien** rivalisieren um den Besitz des kanarischen Archipels und entsenden mehrere Expeditionen. Fuerteventura ist zu dieser Zeit in ein größeres Nord- und ein kleineres Südreich geteilt, denen jeweils ein Stammesfürst vorsteht. Sklavenjäger nehmen zahlreiche Bewohner gefangen und verkaufen sie auf dem Markt in Sevilla.

1344 Auch die **Kirche** meldet Besitzansprüche an. Papst *Clemens VI.* verleiht den Königstitel an den „herrenlosen" Inseln seinem Günstling *Luis de la Cerda,* Sohn des enterbten *Alfons von Kastilien.* Der Besitztitel am Archipel geht damit laut christlicher Rechtsauffassung auf die kastilische Krone über. *Luis de la Cerda* hat jedoch die Inseln nie selbst betreten. Ab 1351 werden **Missionare** entsandt.

1402 **Jean de Béthencourt,** normannischer Adliger in kastilischen Diensten, erobert Lanzarote und darf sich daraufhin mit dem Titel „König der Kanarischen Inseln" schmücken. Während er zum kastilischen Hof zurückreist, um Verstärkung für die Unterwerfung der übrigen Inseln anzufordern, unternimmt sein Stellvertreter *Gadifer de la Salle* einen ersten Landeversuch auf Fuerteventura. Von Ajuy (Puerto de la Peña) stoßen die Truppen ins Inselinnere vor.

1404–05 *Béthencourt* besetzt Fuerteventura, gründet im fruchtbaren Inselzentrum den Ort **Betancuria** und macht ihn zur Hauptstadt der Insel. Die Eroberung wird auf El Hierro ausgedehnt, doch der Versuch, auch die übrigen Inseln einzunehmen, scheitert. *Béthencourt* kehrt nach Frankreich zurück und überlässt die Verwaltung seinem Neffen.

ab 1418 Der Archipel wird in den folgenden 36 Jahren mehrfach verkauft und getauscht, ist vorübergehend auch in **portugiesischem Besitz.**

Feudalherrschaft

1454 Für fast 400 Jahre gehen die Ostinseln Fuerteventura und Lanzarote in den Besitz des **andalusischen Adelsclans Herrera** über. Die Bauern müssen ihm ein Fünftel aller Einkünfte abtreten, ein weiteres Zehntel geht an die geistliche Obrigkeit. Wichtigste Einkommensquelle der Feudalherren wird der Sklavenhandel: Von geschützten Buchten starten Expeditionen nach Nordwestafrika. Berber und Schwarzafrikaner werden auf dem Markt von Gran Canaria gewinnbringend verkauft, teilweise auch zur Arbeit auf den Gütern des Inselherrn eingesetzt.

1474 Die Heirat von *Isabella von Kastilien* und *Ferdinand von Aragonien* markiert eine wichtige Etappe bei der **Herausbildung des spanischen Staates:** Die vormals um die iberische Vormachtstellung konkurrierenden Königreiche vereinigen sich.

1479 Der Papst als internationale Rechtsinstanz teilt den Atlantik zwischen den aufstrebenden Kolonialmächten Spanien und Portugal auf. Im Vertrag von Alcâcovas wird der kanarische Archipel endgültig Spanien zugesprochen; im Gegenzug erhält Portugal die westafrikanische Küste und alle sonstigen atlantischen Inseln.

1483–96 Die spanische Krone schaltet sich direkt in die Conquista der Kanaren ein und erobert nacheinander die noch heidnischen Inseln Gran Canaria (1483), La Palma (1492) und Teneriffa (1496).

ab 1500 Dank extensiven Weizenanbaus gilt Fuerteventura zusammen mit Lanzarote als **„Kornkammer der Kanaren"**, während auf den fruchtbareren Nachbarinseln lukrative Exportprodukte wie Zucker und Wein angebaut werden. Doch da auf den „königlichen" Inseln die Steuerlast erheblich geringer und die Gerichtsbarkeit weniger willkürlich ist als auf den „adligen" Ostinseln, versuchen Bewohner Fuerteventuras immer wieder, auf die westlichen Nachbarinseln zu flüchten.

1514 Die Altkanarier werden den spanischen Siedlern rechtlich gleichgestellt.

ab 1550 Für die Sklavenrazzien auf dem schwarzen Kontinent müssen die Bewohner Fuerteventuras einen hohen Preis zahlen: Bei berberischen Revanche-Attacken, die sich über das gesamte Jahrhundert erstrecken, werden nicht nur Dörfer verwüstet, sondern auch viele Bewohner verschleppt.

1593

Der berberische Korsar *Morato Arráez* brandschatzt die Inselhauptstadt Betancuria und raubt zahlreiche Bewohner nebst Schafen und Ziegen.

ab 1595

Die europäischen Großmächte kämpfen um Kolonien, Stützpunkte und Schifffahrtswege. Die Kanaren, „Herzstück imperialer Kommunikation" des spanischen Reiches, werden immer wieder von englischen, französischen und holländischen Korsaren angegriffen. Am stärksten betroffen sind die „königlichen" Inseln Gran Canaria, Teneriffa und La Palma.

17. Jh.

Dürre und Hungersnöte treiben viele Bewohner in die **Emigration.** Die seit der Conquista betriebene Abholzung des Jandía-Massivs und die Überweidung der Insel durch Ziegen führen zu Erosion und zum Fortschwemmen des fruchtbaren Bodens.

035fu Foto: gs

1675 Der Inselherrscher verlegt seine Residenz nach Teneriffa und überlässt die Geschäfte einem Verwalter.

18. Jh. Das wirtschaftliche Machtzentrum verschiebt sich von der Iberischen Halbinsel in den Nordseeraum. England und Holland, bald auch Frankreich dominieren den internationalen Handel.

1708 Der in La Oliva stationierte Militäroberst *(Coronel)* übernimmt die Zivilmacht, sein Amt wird erblich.

1720–23 Ein Drittel der Bevölkerung flieht vor der **Hungersnot** nach Gran Canaria und Teneriffa.

1740 Bei Tuineje werden zwei Angriffe englischer Korsaren erfolgreich abgewehrt.

1741–43 Die spanische Krone lässt bei El Cotillo und Caleta de Fustes Festungstürme errichten.

Ende 18. Jh. *Barrilla*, ein zur Herstellung von Soda benötigtes Salzkraut, wird wichtigstes Exportgut. Auch gebrannter Kalk wird in größeren Mengen ausgeführt.

1815 Die vorübergehende Liberalisierung auf dem spanischen Festland zeigt auf dem Archipel keine Wirkung. Eine Bauernrebellion der Majoreros wird von herbeigerufenen Truppen aus Teneriffa niedergeschlagen.

1834 Im Dezember 1834 wird Antigua vorübergehend Inselhauptstadt, muss aber schon im Juli des darauffolgenden Jahres den Rang an La Oliva, den Sitz der *Coroneles*, abtreten.

1837 In ganz Spanien wird die **Feudalherrschaft abgeschafft:** Fuerteventura ist fortan nicht mehr im Besitz einer Adelsfamilie, sondern – wie zuvor schon die „königlichen" Inseln – direkt der spanischen Krone unterstellt.

Aufschwung und Niedergang

1852 Den kanarischen Häfen wird der **Freihandelsstatus** gewährt; d.h. von Zoll- und Steuerschranken befreit, werden sie als internationaler Warenumschlagplatz interessant.

ab 1854 Fuerteventura erlebt dank des Exports von **Farbstoff** aus zerriebenen Koschenille-Kaktusläusen einen kurzen wirtschaftlichen Aufschwung. Doch die Euphorie währt nur knapp 30 Jahre, da man in der europäischen Textil- und Kosmetikindustrie rasch Wege findet, die natürlichen durch synthetische, billigere Farben zu ersetzen.

1859 Königin *Isabella II.* löst die Institution des Militärobersten in La Oliva auf.

1860 Der Hafenort **Puerto de Cabras** (ab 1957 **Puerto del Rosario**) wird neue Inselhauptstadt.

ab 1880 Der Freihandel lockert die ökonomischen Bande zum Mutterland. Die als Industrie- und Handelsmacht weltweit dominierenden **Briten** können sich als führende Wirtschaftskraft auf dem Archipel etablieren. Sie nutzen ihn als Zwischenstopp auf dem Weg in ihre neuen westafrikanischen Kolonien. Auf Fuerteventura führen sie den Anbau von Tomaten ein.

1898 Nach dem Verlust der letzten Kolonien Spaniens in Übersee (Kuba, Puerto Rico, Philippinen) bemühen sich Deutschland, Frankreich und Belgien vergeblich um den Kauf der Kanarischen Inseln als eines attraktiven Stützpunkts zur Sicherung der Handelsrouten und zur Erschließung Afrikas.

1912 Durch die Einrichtung des **Cabildo Insular** (Inselrat) erhält Fuerteventura begrenzte Selbstverwaltungsrechte.

ab 1914 Der U-Boot-Krieg im Ostatlantik führt zu einer totalen Isolation der Kanarischen Inseln von der Außenwelt.

ab 1918 Der wirtschaftliche Einfluss der Briten geht zurück, die spanische Regierung bemüht sich um Reintegration der „vergessenen Inseln".

1924 Fuerteventura wird zur **„Insel der Verbannten":** Während der Diktatur *Primo de Riveras,* später auch unter der *Francos* werden aufmüpfige Geister auf die Wüsteninsel abgeschoben. Der bekannteste von ihnen ist der Rektor der Universität Salamanca *Miguel de Unamuno.*

1936 Der nach Teneriffa strafversetzte General *Franco* unternimmt am 18. Juli einen **Staatsstreich** gegen die demokratisch gewählte republikanische Regierung in Madrid. Mit den ihm loyalen Truppen aus den spanischen Kolonien Nordwestafrikas marschiert er auf der Iberischen Halbinsel ein. Dies ist der Beginn eines dreijährigen **Bürgerkriegs,** der mit dem Sieg *Francos* endet. Auf Fuerteventura regt sich kaum Widerstand, Gefolgsleute Francos übernehmen sofort die Kontrolle.

1940–44 Spanien erklärt sich im Zweiten Weltkrieg für neutral. Doch kommt es mit der deutschen Regierung zu Geheimabsprachen, denen zufolge Spanien bei der Einnahme der britischen Kronkolonie Gibraltar militärische Hilfe leisten soll (Militärplan Felix-Isabella).

ab 1945 Unter der Herrschaft *Francos* werden die Kanarischen Inseln stärker an das „Mutterland" angebunden. Auf Fuerteventura werden **Talsperren** gebaut und der Anbau von Sisalagaven für die Garnindustrie gefördert. Allerdings reichen diese Maßnahmen nicht aus, um die Insel aus der Armut zu befreien: Zahlreiche Majoreros **emigrieren** und suchen ihr Heil in **Venezuela.**

Tourismus-Ära

ab 1960 Die Franco-Regierung gewährleistet politische und fiskalische Rahmenbedingungen, aufgrund derer sich ausländische Investoren sichere Profite ausrechnen dürfen. Auf den Kanarischen Inseln kommt es zu einem gewaltigen Bauboom, es entstehen riesige **Touristenzentren.**

1966 Auf Fuerteventura sind die touristischen Anfänge bescheiden. Das erste Hotel in Jandía (Casa Atlántica) wird von einem Deutschen gebaut, wenig später entstehen Anlagen in Corralejo.

1975 Nach dem Tod *Francos* leitet sein Nachfolger König *Juan Carlos I.* den **Demokratisierungsprozess** ein. Die Kolonie Spanisch-Westsahara wird aufgegeben, neuer Standort der dort abgezogenen Fremdenlegion wird die Hauptstadt Fuerteventuras. Die Inbetriebnahme einer ersten **Meerwasserentsalzungsanlage** macht den Weg frei für die forcierte touristische Erschließung.

1979 Seitens der NATO wird der Aktionsradius vom Nordpol bis zum Äquator ausgedehnt, der kanarische Archipel ausdrücklich ihrem Sicherheitsbereich unterstellt.

1980 Die **Fremdenlegionäre,** die etwa ein Viertel der Bevölkerung stellen, führen sich wie die Herren der Insel auf und schrecken selbst vor der Ausschaltung unliebsamer Politiker nicht zurück. In Puerto del Rosario kommt es zu Straßenschlachten, doch Madrid zieht die Soldaten nicht ab.

1982 Die Kanarischen Inseln erhalten ein **Autonomiestatut,** dürfen im Bereich von Kultur und Wissenschaft relativ selbständig handeln. Auf Fuerteventura wird verstärkt in den Tourismus investiert; die Reederei Fred Olsen richtet einen **täglichen Fährverkehr** zwischen Corralejo und Playa Blanca auf Lanzarote ein. Mit den Dünen von Corralejo und der vorgelagerten Insel Lobos wird erstmals ein Gebiet unter **Naturschutz** gestellt.

1986 Spanien wird Vollmitglied von **NATO und EG** (später EU). Es profitiert von ausländischen Investitionen und EU-Subventionen, die dem Land einen ungeahnten Wohlstandsschub bescheren: Das „Armenhaus Europas" wird zum Modell gelungener Modernisierung. Auf Fuerteventura wird der Tourismus wichtigster Wirtschaftszweig, zahlreiche Pisten werden asphaltiert und neue Entsalzungsanlagen gebaut.

1991–95 Der kanarische Archipel profitiert von den Kriegen im Irak und auf dem Balkan, zählt zu den „touristischen Kriegsgewinnlern" (SZ).

1995–2000 Die EU vergibt **Gelder in Milliardenhöhe** für „ultraperiphere Regionen". Auf Fuerteventura fließt das Geld in den Bau von Straßen, es entstehen landeskundliche Museen und der Aussichtspunkt *Morro Velosa*. Im Süden ist „Qualitätstourismus" angesagt. Gebaut werden Vier- und Fünfsternehotels, später auch Golfplätze.

2001–05 Der von der Regierung erlassene touristische Baustopp (Moratorium) wird in den Ferienorten ignoriert.

2005–08 Immer mehr Afrikaner versuchen, mit Booten das „gelobte Land" (Canarias) zu erreichen, werden dort aber nicht mit offenen Armen empfangen. Viele Kanarier möchten nicht daran erinnert werden, dass bis ins 20. Jahrhundert zahlreiche Mitglieder ihrer Familien gleichfalls zur Emigration in andere Länder gezwungen waren.

2009 Fuerteventura wird UNESCO-Biosphärenreservat.

2010 Dank der Billigflieger kommen wieder mehr Touristen nach Fuerte.

Steckbrief Fuerteventura

- **Lage:** im Südosten des kanarischen Archipels, ca. 100 km vom afrikanischen Festland entfernt, zwischen dem 28. und 29. nördlichen Breitengrad und dem 13. und 15. westlichen Längengrad.
- **Entstehung:** Vor etwa 40 Mio. Jahren führen unterseeische Eruptionen auf den ozeanischen Ausläufern der afrikanischen Kontinentalplatte zum Aufbau eines Inselsockels. 20 Mio. Jahre später beginnt Fuerteventura über die Meeresoberfläche hinauszuwachsen und ist damit die älteste aller kanarischen Inseln. Der letzte Vulkanausbruch ereignet sich ca. 5000 v. Chr.
- **Höchster Berg:** Pico de la Zarza, 807 m
- **Fläche:** 1664 km²
- **Ausdehnung:** knapp 100 km lang und maximal 30 km breit.
- **Küstenlänge:** 326 km, davon 55 km Sandstrand.
- **Einwohner:** 101.000, davon ca. 15 % Ausländer; etwa 60 % der Bewohner sind nicht auf der Insel geboren.
- **Bevölkerungsdichte:** 61 Einwohner pro km²
- **Hauptstadt:** Puerto del Rosario, 30.000 Einwohner
- **Religion:** vorwiegend römisch-katholisch.
- **Wappentier** (inoffiziell): Ziege, spanisch *cabra*. Die knapp 50.000 Tiere sind mit einem ins Ohr implantierten „Personalausweis" ausgestattet.
- **Verwaltung:** Die Kanarischen Inseln bilden innerhalb Spaniens eine autonome Region (vergleichbar mit den Bundesländern in Deutschland). Sie ist in zwei Provinzen aufgeteilt: Fuerteventura gehört seit 1927 mit Gran Canaria und Lanzarote zur Ostprovinz Las Palmas de Gran Canaria; Teneriffa bildet mit Gomera, La Palma und El Hierro die Westprovinz Santa Cruz de Tenerife. Jede Insel wird von einem Inselrat, dem *Cabildo Insular*, verwaltet; dieser überwacht die Arbeit der *Ayuntamientos*, der Bürgermeisterämter der Gemeinden.
- **Exportgüter:** Ziegenkäse und in geringem Umfang Tomaten.
- **Tourismus:** Etwa 60% der Urlauber kommen aus Deutschland, Österreich und der Schweiz; Ferienzentren gibt es in Corralejo und auf der Halbinsel Jandía, Pensionen und Apartments auch in vielen kleineren Orten, Landhäuser in Antigua und Pájara.
- **Zeit:** Westeuropäische Zeit (= Mitteleuropäische Zeit minus 1 Std.)

223fu Foto: PCRE

Praktische Reisetipps von A bis Z

Anreise

Mit dem Flugzeug

Buchtipp:
Praxis-Ratgeber „Fliegen ohne Angst“,
Reise Know-How Verlag, Bielefeld

Fast alle Besucher kommen mit dem Flugzeug nach Fuerteventura. Der internationale Flughafen von Puerto del Rosario wird von allen größeren Städten Deutschlands, Österreichs und der Schweiz angeflogen. Sind alle Direktflüge ausgebucht, kann man auch versuchen, Fuerteventura über eine der Nachbarinseln anzusteuern – von Gran Canaria gibt es täglich mehrere Anschlussflüge nach Puerto del Rosario. Von Lanzarote geht es ab Flughafen mit Bus oder Taxi nach Playa Blanca, von wo nahezu stündlich **Fähren** nach Corralejo im Norden Fuerteventuras übersetzen.

Ein Hin- und Rückflug kostet je nach Saison, Flughafen und Gesellschaft zwischen 250 und 650 €, am günstigsten fliegt man außerhalb der Schulferien. Die meisten Flüge bieten AirBerlin (www.airberlin.com), TuiFly (www.tuifly.com) und Condor (www.condor.com), doch bekommen sie zunehmend Konkurrenz von Billigfliegern wie RyanAir (www.ryanair.com). Kinder unter zwei Jahren ohne Sitzplatzanspruch fliegen meist für 10 % des Erwachsenenpreises, Kinder von 2 bis 11 Jahren erhalten je nach Airline unterschiedliche Ermäßigungen.

Buchtipp:
Praxis- Ratgeber „Clever buchen, besser fliegen“,
Reise Know-How Verlag, Bielefeld

Buchen kann man Nur-Flüge ebenso wie Pauschalarrangements in fast allen Reisebüros und natürlich auch im Internet. Im E-Mail-Newsletter, den man kostenlos anfordern kann, machen die Ferienflieger auf Sonderaktionen aufmerksam. Restplätze zu ermäßigtem Preis bieten ab etwa 14 Tage vor Abflug mehrere auf das Last-Minute-Geschäft spezialisierte Internet-Agenturen an. Dazu gehören:

Seite48/49: Kitesurfer vor dem Start

Gute Aussicht im Flieger

Wer die schönste Aussicht genießen möchte, wählt einen Fensterplatz in Flugrichtung links. Bei typischer Flugroute und klarer Sicht sieht man die Alpen, die Straße von Gibraltar und anschließend die afrikanische Küste. Beim Rückflug müsste man entsprechend versuchen, rechts zu sitzen!

Last Minute im Internet

- www.ltur.com
- www.de.lastminute.com
- www.5vorflug.de
- www.restplatzboerse.at
- www.fluege.de
- www.billig-flieger-vergleich.de
- www.swoodoo.de

Ankunft auf Fuerte

Der moderne **Flughafen von Fuerteventura** (wird zurzeit ausgebaut) liegt im Osten der Insel, sechs Kilometer südlich der Hauptstadt Puerto del Rosario. In der Kofferhalle rollt auf einem der Bänder (bitte auf Fluganzeige achten) das Gepäck an. Am Ausgang der Halle werden Pauschalreisende von der örtlichen Reiseleitung empfangen und zu ihren Bussen geleitet, brauchen sich fortan um (fast) nichts mehr zu kümmern.

Wer auf eigene Faust unterwegs ist, hat den Transfer zum Urlaubsort selbst zu organisieren. In der Ankunftshalle befinden sich neben der Touristeninformation auch mehrere **Autovermietungen** sowie Büros von Flug- und Reisegesellschaften. Vor dem Hallenausgang warten **Linienbusse** (3/10) und **Taxis.**

- **Flughafen:** Aeropuerto de Fuerteventura, El Matorral s/n, Tel. 928860600, www.aena.es.
- **Touristeninformation:** Oficina de Información del Patronato de Turismo, Tel. 928860604, www.fuerteventuraturismo.com, tgl. 8–20 Uhr.

Kleines „Flug-Know-how“

Ohne gültigen Reisepass oder Personalausweis kommt man nicht an Bord. Bei innereuropäischen Flügen muss man mindestens **60 Minuten vor Abflug** am Schalter der Airline eingecheckt haben. Späteres Erscheinen kann die Verweigerung der Beförderung nach sich ziehen. Einige Fluggesellschaften bieten für frühe Abflüge die Möglichkeit, bereits am Vorabend einzuchecken. Sitzplatzreservierungen bei Buchung sind möglich, aber oft mit Zusatzkosten verknüpft. Größere Beinfreiheit bieten die Sitzplätze am Notausgang; die Sitze in der ersten Reihe werden meist an Touristen mit Kindern vergeben. Ungestört schlafen kann man vor allem am Fenster, „spazieren gehen“ am besten vom Randplatz. Im vorderen Teil des Flugzeugs bis etwa zu den Tragflächen spürt man die Bewegungen der Maschine weniger: Reisende mit Flugangst fühlen sich dort sicherer.

Bei **Billigtickets,** die ein festes Datum beinhalten, gibt es keine Änderungsmöglichkeit bezüglich des Flugtermins. Wenn man den Flug verpasst, hat man Pech gehabt. Nur noch selten sind die Mitarbeiter der entsprechenden Airline bereit, Sie aus Kulanz auf die nächste freie Maschine umzubuchen. Anders ist es mit normalen Tickets: Hier kann der Flugtermin (sofern Plätze frei sind) innerhalb der Geltungsdauer verschoben werden, wofür freilich Gebühren anfallen. Geht ein Ticket verloren, das schon rückbestätigt wurde, hat man gute Chancen, einen Ersatz dafür zu erhalten. Einige Airlines kassieren dafür aber noch einmal 50–100 € und bei manchen läuft gar nichts mehr. Gut ist es, deutlich lesbare Fotokopien des Tickets zu machen und bei einer Vertrauensperson zu hinterlegen. Das hilft enorm bei einer Neuausstellung des Tickets.

Gepäck darf man in der Economy-Class meist bis zu 20 kg pro Person einchecken, bei den Billigfliegern evtl. weniger. Zusätzlich kann jeder Fluggast ein Handgepäck bis zu 7 kg mit den Höchstmaßen 56 x 45 x 25 cm mit an Bord nehmen. Wird die Freigepäckrate bis zu 5 kg überschritten, wird oft ein Auge zugedrückt. Theoretisch könnten Gäste der Fluglinie dann aber bereits zur Kasse gebeten werden. Übersteigt das Gepäck die Gewichtsgrenze, ist die Airline nicht verpflichtet, das Gepäck auf dem gleichen Flug zu befördern, und man trägt die Mehrkosten für die Versendung als Frachtgut oder die Zulassung als Übergepäck. Als solches werden meist 5–9 € pro Kilo berechnet. Beim Kauf des Tickets sollte man sich über die Bestimmungen der Airline informieren.

Aus **Sicherheitsgründen** sind Taschenmesser, Nagelfeilen und Scheren im aufzugebenden Gepäck zu verstauen. Findet man sie bei der Kontrolle im Handgepäck, werden sie weggeworfen. Darüber hinaus gilt, dass leicht entzündliche Gase und entflammbare Stoffe nichts im Passagiergepäck zu suchen haben.

Flüssigkeiten sowie wachs- und gelartige Stoffe (wie Kosmetik- und Toilettenartikel, Sprays, Shampoos, Cremes, Zahnpasta, Suppen) dürfen nur mit an Bord genommen werden, sofern sie die Höchstmenge von 100 ml nicht überschreiten und in einem durchsichtigen, wiederverschließbaren Plastikbeutel verpackt sind, der maximal einen Liter Fassungsvermögen hat. Von den Einschränkungen ausgenommen sind Babynahrung und verschreibungspflichtige Medikamente sowie alle Flüssigkeiten/Getränke/Gels, die nach der Fluggastkontrolle z.B. in Travel-Value-Shops erworben wurden.

Sondergepäck (sperrige Gepäckstücke) muss bei der Fluggesellschaft 1–4 Wochen im Voraus angemeldet werden. Golfgepäck wird meist kostenlos befördert, sofern es nicht mehr als 30 kg wiegt. Dagegen ist die Beförderung von Fahrrädern, Tauchausrüstung, Flugdrachen und Surfbrettern fast immer mit Zusatzkosten verknüpft. Für die sichere Verpackung hat man selber zu sorgen. Das Personal am Check-in-Schalter erwartet, dass der Fahrradlenker parallel zum Rahmen steht und die Pedalen nach innen gedreht oder abmontiert sind; die Luft ist aus den Reifen herauszulassen. Wer Kratzer am kostbaren Drahtesel vermeiden will, holt sich im Fahrradladen einen speziellen Karton (meist gratis). Noch vor Reiseantritt sollte man in Erfahrung bringen, ob der Veranstalter bereit ist, das sperrige Gepäck im Transferfahrzeug zu befördern (vgl. hierzu die Ausführungen im Kap. „Ankunft auf Fuerte“). In der Vergangenheit kam es vor, dass „aus sicherheitstechnischen Gründen“ der Transport verweigert wurde und sich der Gast selber um die Beförderung von Fahrrad und Surfbrett zu kümmern hatte. Sollte statt des gebuchten Bustransfers ein Taxitransfer zum Urlaubsort nötig sein, muss der Urlauber die entstehenden Kosten tragen!

Die **Bestätigung des Rückfluges** ist bei einigen Airlines immer noch obligatorisch. So erfährt der Passagier auch von evtl. Änderungen der Abflugzeit. Ruft man nicht an, kann es passieren, dass die Buchung im Computer der Airline gestrichen wird. Bei Billigtickets ist dann der Anspruch auf Beförderung verwirkt, ansonsten verfällt das Ticket erst mit Überschreiten der Gültigkeitsdauer. Steht die Rufnummer zur Rückbestätigung nicht auf dem Ticket, sollte man sie sich bei Mitarbeitern der Airline am Flughafen oder im Hotel geben lassen.

Autofahren

Einige Tage genießt man den herrlichen Strand und das Meer, doch dann braucht man Abwechslung und will schauen, was für Überraschungen die Insel sonst noch zu bieten hat. Viele Veranstalter verkaufen Touren in bequemen Bussen, doch wenn man nie lange bleiben kann, wo man sich wohl fühlt, ist das Vergnügen getrübt. Das öffentliche Busnetz ist leider auch nicht optimal ausgebaut, gut ist nur die Verbindung entlang der Ostküste zur Hauptstadt. Da scheint das **Mietauto** doch die bessere Wahl: aussteigen, wo's einem beliebt, einen Spaziergang machen, dazu ein Foto von einem Atlashörnchen, Einkehr in der Dorfbar und ein überwältigender Ausblick auf die westliche Steilküste ... Also los geht's – nur nicht zu schnell, denn immerhin gibt es über 50.000 muntere Ziegen, die frei auf der Insel herumlaufen!

Karte

Die Straßen Fuerteventuras sind in einem guten Zustand, zwischen Costa Calma und Jandía entstand eine autobahnähnliche Straße mit zwei großen Talbrücken. Eine weitere Autobahn soll schon bald Puerto del Rosario mit Corralejo im Norden der Insel verbinden; dabei wird der Naturpark „Dunas de Corralejo" weiträumig umfahren.

Bei den Touristenbüros vor Ort gibt es eine kostenlose **Inselkarte,** die den Urlaubern gute Dienste leistet. Wem diese nicht reicht, der kann sich vor Ort in Buchhandlungen und Souvenirshops weitere Karten besorgen.

Mietwagen

Viele Pauschalurlauber buchen einen Wagen bereits in Deutschland, meist direkt über den Reiseveranstalter, wobei die Selbstbeteiligung für Vollkasko- und Diebstahlversicherung häufig entfällt. Autos können aber auch problemlos auf Fuerteventura gemietet werden, und zwar überall dort, wo es Geschäftsleute und Touristen gibt: also am Flughafen, in der Hauptstadt und in allen Ferienzentren der Ostküste.

Wer auf Fuerteventura ein Auto mieten will, muss mindestens **21 Jahre** alt und schon ein Jahr im Besitz eines gültigen Führerscheins sein. Personalausweis und **nationaler Führerschein** sind bei Abschluss des Mietvertrages vorzulegen. Bevor man jedoch den Vertrag unterschreibt, sollte man das Fahrzeug gründlich in Bezug auf Reifenprofil sowie Lenkung, Bremse und Kupplung prüfen. Auch sollte man nachschauen, ob Seitenspiegel und Scheibenwischer in Ordnung sind und ob sich ein Ersatzreifen sowie zwei Warndreiecke im Gepäckraum befinden. Im Vertrag ist zu vermerken, wie voll der Tank bei Rückgabe des Fahrzeugs zu sein hat (sollte identisch sein mit dem aktuellen Stand der Tankanzeige).

Ein **Preisvergleich** zwischen den örtlichen Anbietern lohnt. Viele Verleihfirmen locken mit solidem Grundpreis, überraschen den Kunden dann jedoch mit unangenehm hohen Steuer- und Versicherungskosten. Da die Verträge auf Spanisch abgeschlossen und nur selten übersetzt werden, nutzen die Vermieter gern einige Hintertürchen, um sich aus der Haftung zu stehlen. Die eingebaute Klausel, dass Schäden auf nichtasphaltierten Straßen versicherungsrechtlich nicht gedeckt sind, erscheint angesichts des Zustands einiger Pisten (z.B. nach Cofete) durchaus gerechtfertigt; wenn aber diese Beschränkung auch für Geländewagen gelten soll, so ist dies inakzeptabel. Rabatt wird meist bei einer Miete ab drei Tagen gewährt, noch preiswerter ist es, Autos auf Wochenbasis zu mieten. Zu den besonders zuverlässigen und preisgünstigen kanarischen Anbietern zählt die Firma CICAR; hier zahlt man für einen Kleinwagen für eine Woche ca. 180 € inkl. Versicherung.

- **CICAR,** Tel. 928822900, info@cicar.com; Büros am Flughafen, in Corralejo, Caleta de Fustes und Jandía.

010fu Foto: gs

Jeep

Großer Beliebtheit erfreuen sich die **Jeep Safaris** – „leider", sagen die Umweltschützer. Unter Führung eines Reiseleiters jagt man zum Missfallen vieler Inselbewohner auf ungepflasterten Wegen durch die Halbwüste und entdeckt „urige Dörfer". Teilnehmer benötigen Pullover und warme Kleidung gegen den oft erstaunlich kühlen Bergwind, zugleich Sonnenschutz und Trinkwasser.

Die **Miete eines Jeeps** ist nur für wenige Strecken sinnvoll, insbesondere für die Tour nach Cofete und zur Villa Winter. Achten Sie bitte darauf, dass das Fahrzeug nie mit Salzwasser in Berührung kommt und bedenken Sie, dass der extreme Geländegang sehr viel Benzin schluckt!

Benzin

Volltanken heißt: „¡Lleno, por favor!". Der Preis für Superbenzin liegt bei knapp 1 € pro Liter und ist

Für die Pistentour nach Cofete benötigt man einen Jeep

damit erheblich niedriger als etwa in Deutschland oder auf dem spanischen Festland. Tankstellen öffnen zwischen 7 und 9 Uhr und schließen zwischen 20 und 22 Uhr; an Sonn- und Feiertagen haben sie bis auf Ausnahmen geschlossen. Vor allem bei Fahrten in die einsame Bergwelt ist darauf zu achten, dass der Tank gut gefüllt ist!

Verkehrsregeln

In Spanien werden Verkehrsverstöße mit hohen **Geldstrafen** geahndet; wer zuviel Alkohol im Blut hat, muss gar mit dem Entzug des Führerscheins rechnen. Hier die wichtigsten Vorschriften:

- **Vorfahrt:** An stark befahrenen Straßen wurden vielerorts kreisähnliche Verteiler angelegt, die Urlaubern erhebliche Probleme bereiten. Beim Linksabbiegen von der Hauptstraße muss man rechts in den Halbkreis einschwenken, der entgegen dem Uhrzeigersinn zur quer verlaufenden Hauptstraße führt, an ihr auf jeden Fall stoppen, um sie anschließend frontal zu kreuzen. Kommt man dagegen von einer Nebenstraße und will links in die Hauptstraße abbiegen, so fährt man im Bogen bis zu dieser heran und stoppt; dann unbedingt geradeaus, also die Hauptstraße kreuzen und links in den Halbkreis hinein; dort wieder die rechte Spur zum Einordnen in die Hauptstraße wählen und vor dem Einfahren abermals stoppen!
- **Höchstgeschwindigkeit:** innerhalb geschlossener Ortschaften 50 km/h (mindestens 25 km/h), auf Überlandstraßen 90 km/h (mindestens 45 km/h), auf Straßen mit mehr als einer Fahrspur in jeder Richtung 100 km/h (mindestens 50 km/h).
- **Park- bzw. absolutes Halteverbot:** gelbe bzw. rote Kennzeichnung am Bordstein.
- **Gebührenpflichtiges Parken** (Automat): blaue Markierung am Bordstein.
- **Überholverbot:** 100 m vor Kuppen und auf Straßen, die nicht mindestens 200 m zu überblicken sind.
- **Anschnallpflicht:** innerhalb und außerhalb geschlossener Ortschaften; für Kinder unter drei Jahren sind Kindersitze vorgeschrieben; Kinder über drei Jahren sollten, sofern sie keine 1,50 m groß sind, auf einer Rückhaltevorrichtung sitzen.
- **Alkoholgrenze:** 0,5 Promille.
- **Telefonieren:** nur mit Freisprechanlage.
- **Tanken:** Handy, Autoradio und Motor müssen ausgestellt sein.
- **Abschleppen:** privat nicht erlaubt, nur von Unternehmen mit Lizenz *(grúa)*.

- **Warndreieck/Westenpflicht:** Im Falle einer Panne oder eines Unfalls sind vor und hinter dem Fahrzeug Warndreiecke aufzustellen; der Fahrer verlässt das Fahrzeug mit reflektierender gelber oder orangener Warnweste (Euronorm EN 471).

Unfall

Nach einem Unfall ist die Verleihfirma zu verständigen. Wurde eine Person verletzt, sollte unbedingt die Polizei (Guardia Civil) gerufen werden. Über die **Notrufnummer 112** erreicht man die Zentrale für alle Notfälle (auch deutschsprachig). Über Computer wird der Standort des Anrufers verortet und der nächstpositionierte Notarzt- bzw. Polizeiwagen verständigt.

Es empfiehlt sich in jedem Fall, die KFZ-Nummern der Beteiligten sowie deren Namen, Anschrift und Versicherung aufzuschreiben. Leider hört man bei Unfällen immer häufiger, dass Ausländer im Nachteil sind, auch wenn sie keine Schuld tragen. Rat in Notsituationen geben die Automobilclubs ihren Mitgliedern. Hier die **Notrufnummern** der wichtigsten Automobilclubs:

- **ADAC,** Tel. 0049-89-222222, www.adac.de.
- **ÖAMTC,** Tel. 0043-1-71199-0, www.oeamtc.at.
- **TCS,** Tel. 0041-22-4172220, www.tcs.ch.

Behinderte unterwegs

Wer auf Fuerteventura Urlaub machen möchte, sollte vor Antritt der Reise aktuelle Infos bei der **Bundesarbeitsgemeinschaft des Klubs Behinderter und ihrer Freunde e.V.** in Mainz einholen (Tel. 06131-225514). Der Verein hat eine Broschüre herausgegeben, in der alle Reiseveranstalter mit Angeboten für behinderte Reisende aufgelistet sind. Leider sind auf Fuerteventura nur die neueren Anlagen auf die Bedürfnisse von Behinderten eingestellt. Dazu gehören die beiden Robinson-Clubs, die Hotels von Riu, Elba und Atlantis.

Diplomatische Vertretungen

Spanische Botschaften

- **Botschaft des Königreichs Spanien,** Lichtensteinallee 1, 10787 Berlin, Tel. 030-2540070, Fax 25799557, www.spanischebotschaft.de.
- **Botschaft des Königreichs Spanien,** Argentinierstr. 34, 1040 Wien, Tel. 01-5055788, Fax 5055788125, www.mae.es/embajadas/viena.
- **Botschaft des Königreichs Spanien,** Kalcheggweg 24, 3006 Bern, Tel. 031-3505252, Fax 3505255, www.mae.es/embajadas/berna.

Konsulate auf den Kanaren

In den Konsulaten auf den Kanarischen Inseln bekommt man Hilfe in unangenehmen Lebenslagen. So wird beim **Verlust des Passes** ein Ersatz-Reiseausweis ausgestellt, ist das **Geld weg,** werden Kontakte mit Freunden vermittelt oder es wird – gegen Rückzahlungsverpflichtung – ein Überbrückungsgeld gezahlt. Auch hilft man, z.B. im Falle einer Festnahme, bei der Suche nach einem Übersetzer oder Anwalt. Im Sterbefall benachrichtigt das Konsulat die Hinterbliebenen und ist bei der Erledigung der Formalitäten vor Ort behilflich.

Auf Fuerteventura gibt es kein deutsches Konsulat, doch kommt der deutsche Konsul etwa alle drei Monate von Gran Canaria herüber und legt zwei „Sprechstunden" ein: Ort und Termin werden mehrere Wochen im Voraus in der Zeitschrift „infoCanarias" mitgeteilt. Im Notfall wendet man sich direkt an die Konsulatsabteilungen auf Gran Canaria:

- **Deutsches Konsulat,** Calle Albareda 3-2° (nahe Parque Santa Catalina), Las Palmas de Gran Canaria, Tel. 928 491880, Fax 928262731, www.las-palmas.diplo.de, Mo–Fr 9–12 Uhr.
- **Österreichisches Konsulat,** Hotel Eugenia Victoria, Av. Gran Canaria 26, Playa del Inglés, Tel. 928762500, Fax 928762260, Mo–Fr 10–12 Uhr.
- **Schweizer Konsulat,** Edificio de Oficinas Local 1, 35107 Playa de Tarajalillo (Bahía Feliz), Tel. 928157979, Fax 928157900, Mo–Fr 10–12 Uhr.

Einkaufen und Mitbringsel

Die Preise haben sich denen in Mitteleuropa angenähert, auch fernab der Touristenzentren macht man nur noch selten ein „Schnäppchen". Deutlich billiger sind immer noch **Tabak und Zigaretten,** ein bisschen günstiger Parfüms und Spirituosen. Der weitgehend auf die Hauptstadt begrenzte **Winterschlussverkauf** beginnt nach dem Dreikönigstag und dauert ganze zwei Monate; viele Canarios warten zwei Wochen, bis die *rebajas* auf die *rebajas* (Rabatte auf die Rabatte) angeboten werden. Geschäfte in Touristenorten, die das ganze Jahr über mit der Aufschrift *Ofertas Especiales* (Sonderangebote) locken, lohnen nur selten einen Besuch. Auch die so genannten Duty-free-Läden am Flughafen sind oft teurer als viele „normale" Geschäfte.

Selbstversorger

Selbstversorger fahren zum Einkaufen in die Orte der Einheimischen. Eine kleine **Markthalle** gibt es in Puerto del Rosario und Morro Jable, gut sortierte **Supermärkte** außer in der Hauptstadt auch in

224fu Foto: PdF

Gran Tarajal und Tarajalejo, Corralejo und Morro Jable. **Deutsche Wurstwaren** aus eigener Herstellung bekommt man in Triquivijate.

Einkaufszentren In allen Ferienstädten findet man *Centros Comerciales* (abgekürzt C.C.). In diesen groß angelegten, basarähnlichen Zentren soll Einkaufen ein Vergnügen sein – darum finden sich neben Läden, Souvenirshops und Boutiquen auch Lokale, Kneipen und Spielhallen.

Wochen- und Bauernmärkte Wochenmärkte finden jeweils vormittags statt: montags und freitags am Ortsrand von **Corralejo,** donnerstags am Shopping Center in **Jandía,** samstags in **Caleta de Fustes** und sonntags sowohl in **Costa Calma** als auch im *Centro Comercial Campanario* in **Corralejo.** Das Angebot ist häufig identisch, man kann afrikanische und spanische Waren „erhandeln", bunt bedruckte Stoffe, Ledergürtel und Taschen, Schmuck und Tonwaren – selbstverständlich sind auch gute Sachen dabei, doch im Schnitt mag die Besucher das Angebot eher enttäuschen: zu viel Kitsch, zu wenig handwerkliche Kunst!

Eine gute Alternative sind die Bauernmärkte, wo man Obst und Gemüse frisch vom Erzeuger bekommt. Der zurzeit beliebteste „Mercado Agrícola" findet am Sonntagvormittag in **La Lajita** nahe dem Tierpark statt, andernorts, so in Puerto del Rosario, sind die Märkte noch nicht fest etabliert.

Kunsthandwerk Wer in den Norden Fuerteventuras kommt, sollte einen Abstecher nach Lajares unternehmen. Viele Frauen des Ortes haben sich in einer Genossenschaft zusammengeschlossen und stellen schön bestickte **Tücher und Tischdecken,** Korb-, Flecht- und Töpferwaren her. Im Bergland kann man am besten in Betancuria (Tienda Santa María, Centro

Archaische, von Hand geformte Keramik

Insular de Artesanía), in Antigua (Centro de Artesanía) und in Tefía (Tienda del Museo Etnográfico) einkaufen. Direkt vom Hersteller bekommt man dort **Web- und Keramikarbeiten** sowie aus Palmblättern geflochtene **Hüte und Körbe.**

Timple

Auf allen Dorffesten wird es mindestens einen Musiker geben, der die *timple* spielt: ein viersaitiges Lauteninstrument, das an eine **Miniaturgitarre** erinnert und dessen heller Klang fast jedes Lied begleitet. Ein Majorero hat es mit seinen Kompositionen inzwischen zu Ruhm in Frankreich, Spanien und Lateinamerika gebracht: *Domingo Rodríguez* alias *El Colorao*, von dem in Souvenirläden mehrere CDs zu kaufen sind.

Aloe Vera

Aus der dickblättrigen blassgrünen Pflanze Aloe Vera wird ein Extrakt gewonnen, der reich an Vitaminen und Mineralien ist. In Tiscamanita (⇨Exkurs „Aloe Vera – Wunderpflanze der Antike“) wird daraus **Naturkosmetik** gezaubert: Tinkturen, die sprödem Haar Glanz verschaffen und Elixiere, die müde Füße munter machen. Die Creme schützt vor Faltenbildung, das Öl vor Austrocknung der Haut. Die Produkte von Aloelixir sind in vielen Läden erhältlich.

Tipps zur Reisevorbereitung

- Prüfen Sie, ob Ihre **Personaldokumente** noch gültig sind!
- Fertigen Sie **Kopien** von Personalausweis und Führerschein an!
- Denken Sie an ausreichenden **Krankenversicherungsschutz!**
- Notieren Sie **Konto-, Kredit- und Scheckkartennummern** sowie die Telefonnummern, mit denen Sie bei Verlust oder Diebstahl sofort eine Sperrung veranlassen können!
- Nehmen Sie zur Sicherheit so viel **Bargeld** mit, wie Sie für die ersten zwei Aufenthaltstage brauchen!

Einreisebestimmungen

Dokumente

Bürger aus Deutschland und Österreich benötigen zur Einreise einen gültigen **Personalausweis** oder Reisepass und können unbegrenzt lange auf den Kanarischen Inseln bleiben. Schweizer benötigen für einen Aufenthalt bis zu drei Monaten eine nationale Identitätskarte – wollen sie länger bleiben, müssen sie ein Visum bei der spanischen Botschaft beantragen. Auch **Kinder** brauchen einen eigenen Ausweis (ab 10 Jahren mit Lichtbild und eigenhändig unterschrieben).

Hinweis: Der neu eingeführte elektronische Reisepass mit integriertem Computerchip und Fingerabdrücken ist für alle Bürger ab zwölf Jahren vorgeschrieben. Die bis 2007 ausgestellten Ausweise bleiben jedoch bis zum Ablauf der eingetragenen Frist gültig.

Wer auf Fuerteventura ein Auto mieten möchte, sollte seinen **Führerschein** nicht vergessen. Das Mindestalter für das Mieten eines Autos beträgt 21 Jahre. Nur wer mit eigenem Fahrzeug auf die Insel gekommen ist, benötigt die grüne Versicherungskarte

Tiere

Es ist wohl keine so kluge Idee, Tiere nach Fuerteventura mitzunehmen – in fast allen Unterkünften und Restaurants sind sie unerwünscht. Wer dennoch auf seinen Vierbeiner nicht verzichten kann, benötigt einen **EU-Heimtierausweis,** worin Kennzeichnungsnummer, Name, Alter, Rasse und Geschlecht vermerkt sind und von einem Arzt die gültige Tollwutimpfung bescheinigt wird. Die Impfung muss mindestens einen Monat und maximal zwölf Monate vor Ankunft erfolgt sein. Meist wird bei Charterflügen das Gewicht des Hundes mit dem Freigepäck verrechnet: Hat man mehr als 20 Kilogramm Gepäck, zahlt man – analog zum normalen Übergepäck – einen Aufpreis von ca. 5 € pro Kilogramm. Darüber hinaus muss das Tier mit einem Microchip oder übergangsweise bis zum Juli 2011 mit einer lesbaren Tätowierung gekennzeichnet sein.

Artenschutz

Exemplare von Tier- und Pflanzenarten, die vom Aussterben bedroht sind, dürfen nicht ein- und ausgeführt werden. Auch für Deutschland und Spanien ist das Washingtoner Artenschutzabkommen verbindlich. Die „Fibel zum Artenschutz" verschickt das Referat Öffentlichkeitsarbeit im Bundesumweltministerium auf Anfrage kostenlos.

Zoll

Bei der Einreise werden EU-Bürger nicht kontrolliert, bei der Rückreise gelten aufgrund der steuerlichen Sonderstellung auf den Kanarischen Inseln bis auf Weiteres die bekannten Mengenbeschränkungen:

- **Tabakwaren** (für Personen ab 17 Jahren): 200 Zigaretten oder 100 Zigarillos oder 50 Zigarren oder 250 g Tabak.
- **Alkoholische Getränke** (für Personen ab 17 Jahren): 1 Liter über 22 Vol.-% (CH: 15 Vol.-%) oder 2 Liter bis 22 Vol.-% (CH: Vol.-%).
- **Andere Waren** (für Personen ab 15 Jahren): nach Deutschland 500 g Kaffee, nach Österreich zusätzlich 100 g Tee; (ohne Altersbeschränkung): 50 g Parfüm und 0,25 Liter Eau de Toilette sowie Waren bis zu 175 € bzw. 300 SFr. pro Person.

Nähere Informationen:

- **Deutschland:** www.zoll.de oder beim Zoll-Infocenter, Tel. 069-469976-00.
- **Österreich:** www.bmf.gv.at oder beim Zollamt Villach, Tel. 04242-33233.
- **Schweiz:** www.ezv.admin.ch oder bei der Zollkreisdirektion Basel, Tel. 061-2871111.

Essen und Trinken

Nach dem erfrischenden Bad über den heißen Sand zur **Strandbar** zu laufen – für viele eine der schönsten Nebensächlichkeiten des Urlaubs. *Chiringuitos* – so nennt man die beliebten Holzbuden, die längs des Jandía-Strandes alle ein bis zwei Kilometer in den Sand gebaut wurden. Meist wird hier schnelle Küche in Form von Salaten und kleinen Snacks, Sangría und frisch gepresstem Saft geboten: kein kulinarischer Höhenflug, doch garantiert gute Stimmung – Kontaktaufnahme gratis und das Gefühl, das Leben genießen zu können, befreit von Etikette und Zwang.

Wem's hier nicht schmeckt, der findet anderes. Jenseits des Strandes gibt es eine bunte Mischung aller wichtigen Küchen dieser Welt und auch in den Hotels hat man sich auf „internationalen" Geschmack eingestellt. Spanisch und italienisch, indisch und chinesisch, französisch und deutsch – jeden Tag etwas Neues, für Abwechslung ist gesorgt.

Doch nicht immer leicht ist es, ein typisch **kanarisches Restaurant** aufzuspüren. Vielerorts muss man die Ferienzentren verlassen, um Lokale der Einheimischen zu finden. Wer sich nicht sicher ist, ob ihm die deftige Kost der Insulaner zusagt,

225fu Foto: PdF

Reisetipps A–Z

startet mit einer kleinen „Probiermahlzeit“: An der Bar, wo auch die Canarios sitzen, bestellt man eine *tapa* (Appetithappen) oder die etwas größere *media ración* (halbe Portion) und zeigt dabei auf eines der vielen in der Vitrine ausgestellten Gerichte. Das mag eine Art Kartoffelsalat sein *(ensaladilla)*, vielleicht aber auch Tintenfisch *(pulpo)* oder Huhn *(pollo)*, gefüllte Paprika *(pimientos rellenos)* oder Fleisch in Soße *(carne en salsa)*. Bei Bedarf wird das Essen in der Mikrowelle aufgewärmt und alsdann auf einem kleinen Teller serviert. Vielleicht macht's Appetit auf mehr!

Essenszeiten

Die Bars sind schon zum Frühstück *(desayuno)* geöffnet, hier essen die Majoreros ihr Sandwich und stärken sich mit einem Schluck Kaffee. Das Mittagessen *(almuerzo)* beginnt nicht vor 13 Uhr, das Abendessen *(cena)* nicht vor 19.30 Uhr. In den Ferienstädten freilich, wo die Einheimischen in der Minderheit sind, werden die Öffnungszeiten den Bedürfnissen der Touristen angepasst. Dort wird das Abendessen oft schon ab 18 Uhr serviert, viele Restaurants sind von 12 bis 24 Uhr durchgehend geöffnet.

Gastronomisches Glossar

Vor allem in abgelegenen Berg- und Küstendörfern gibt es nach wie vor keine mehrsprachigen **Speisekarten.** In der kleinen Sprachhilfe im Anhang findet sich ein „Wörterbuch“ mit allen wichtigen gastronomischen Begriffen, die einem auf Speisekarten begegnen.

Typische Speisen

Eintopf

Keine kanarische Speisekarte ohne den obligatorischen Eintopf: In den Bergdörfern ist dieser meist so reichhaltig, dass man davon allein gut satt werden kann. Die einfache Variante heißt *potaje* und besteht aus Gemüse, darunter Kürbis und Süßkartoffel, Linsen, Zucchini und Mais. Das Sonntagsgericht unter den Suppen ist der *puchero*, der aus

nicht weniger als sieben Gemüsesorten und ebenso vielen Fleischvarianten besteht. Wahrscheinlich ist auch Rind- und Hammelfleisch dabei, dazu *chorizo*, eine pikante Blut- und Paprikawurst. Viele Freunde hat die *ropa vieja* (alte Wäsche): ein typisches Resteessen mit Kichererbsen, dem klein geschnittene Paprikaschoten, frischer Thymian und ein Schuss Wein die nötige Würze verleihen.

Gofio

Gofio, sagte einmal der Schriftsteller *Benito Armas,* verzaubere die Sinne der Insulaner, „ihre Seele sehnt sich nach ihm". Das meist aus **gerösteten Weizen und Gerste** gewonnene Mehl ist eines der wenigen kulinarischen Überbleibsel der

Alle Reifegrade auf einen Blick: links der junge tierno, daneben geräucherter ahumado und rechts der reife curado mit Paprikahaut

Preiskategorien

Um dem Leser eine Vorstellung zu vermitteln, wie teuer die in diesem Buch vorgestellten Restaurants sind, wurden sie in drei Preisklassen unterteilt. Die Preise gelten für ein **Hauptgericht mit Nachspeise oder Getränk.**

- **untere Preisklasse** €: bis 15 Euro
- **mittlere Preisklasse** €€: 15–25 Euro
- **obere Preisklasse** €€€: 25–35 Euro
- **Luxusklasse** €€€€: ab 35 Euro

Altkanarier. Es besitzt mehr Nährwert als Fleisch, ist reich an Vitamin A und C sowie an Eisen, Magnesium und Zink. Gofio wird mit Wasser, Milch oder Suppe verrührt, je nach Gusto aber auch mit zerdrückten Bananen, Honig, Käse und Wein – der Fantasie sind keine Grenzen gesetzt. Mit dem Trend zur gesunden Naturkost wurde es in den letzten Jahren zum klassenübergreifenden Nationalgericht aufgewertet.

Fisch

Eine kritische Vorbemerkung: Nicht immer ist der Fisch *(pescado)*, der auf Fuerte auf den Tisch kommt, frisch. Bei stürmischem Wetter fahren die Boote nicht hinaus, da wird dem Gast gern etwas Tiefgekühltes vorgesetzt. Es empfiehlt sich deshalb, vor jedem Essen zu fragen, welche Fischsorten an diesem Tag wirklich frisch *(fresco)*, also erst vor wenigen Stunden gefangen worden sind. In den edleren Restaurants kann man sich den zum Verzehr bestimmten Fisch auch direkt im Aquarium aussuchen.

Beliebtester Fisch der Kanaren ist die rot schimmernde *vieja* aus der Familie der Papageifische. Die „Alte", wie sie übersetzt heißt, hat weißes, herrlich zartes Fleisch und schmeckt ein wenig nach Karpfen. Oft stehen auch die fettarme *merluza* (Seehecht) und der kräftige *mero* (Zackenbarsch) auf der Karte, natürlich auch der dunkle, festfleischige *atún* (Thunfisch). Die Zubereitungsart von Fisch ist denkbar einfach. Meist kommt er *a la plancha* auf den Tisch, d.h. auf heißer Metallplatte gebraten und so sparsam gewürzt, dass sein Eigengeschmack voll zur Geltung kommt. Natürlich werden auch frische **Meeresfrüchte** serviert. *Lapas* (Napfschnecken), *percebes* (Entenmuscheln) und *mejillones* (Miesmuscheln) werden von den Klippen der Westküste abgeschabt, während *gambas* (Garnelen) und *langostinos* (Königskrabben) in afrikanischen Gewässern gefangen werden.

Fleisch

Eine gute Alternative zu Fisch ist das Fleisch von **Ziege** und **Lamm.** Vor allem am Wochenende, wenn Einheimische die Ausflugslokale bevölkern, kann man davon ausgehen, dass es bestens zubereitet ist. Meist wird es *en adobo,* in einer würzigen Essigtunke, gebeizt oder *al salmorejo* mariniert, wobei außer Knoblauch auch süßer und scharfer Paprika, Rosmarin und Thymian zum Einsatz kommen. Je nach Gusto wird das Fleisch anschließend gebraten, gegrillt oder gekocht.

Beilagen

Beliebte Beilage zu jedem Mahl sind *papas arrugadas*: runzlige **Kartöffelchen mit Salzkruste,** die in eine grüne oder rote **Mojo-Soße** getunkt werden. *Mojo verde,* die „grüne" Variante, besteht aus reichlich Knoblauch, frischem Koriander und Kreuzkümmel, die in einem Mörser zerstampft und mit Olivenöl sowie einem Schuss Essig angereichert werden. Sehr viel pikanter ist *mojo rojo,* die „rote" Variante, auch bekannt unter der Bezeichnung *mojo picón* (scharfe Soße): Hier verzichtet man auf Koriander und rührt in die Teufelstunke Paprika und Pepperoni ein!

Salat ist nicht unbedingt der Glanzpunkt der kanarischen Küche. Doch immerhin gibt es hier die kleinen Inseltomaten, die als die aromatischsten der Welt gepriesen werden. Dazu bekommt man die saftigen, in schwarzer Vulkanasche gereiften Zwiebeln aus Lanzarote sowie Gurken und Avocados aus Gran Canaria.

Nachspeisen

Wer das Essen mit etwas Süßem abschließen will, hat die Wahl zwischen „spanischen" und „kanarischen" Süßspeisen. Vom Festland importiert sind *flan* (Karamelpudding) und *mousse au chocolat* (Schokoladenmousse); echt kanarisch ist Gofio-Eis, das mit *bienmesabe*, einer zähflüssigen Masse aus zermahlenen Mandeln, Eigelb und Zucker, beträufelt wird.

Vom Winde gewürzt – köstlicher Käse

Etwa **50.000 Ziegen** bevölkern die Insel, aus ihrer Milch wird hervorragender Käse *(queso majorero)* gewonnen. Auf künstliche Fermente wird dabei verzichtet – was möglich ist, weil es auf den Kanaren als einziger Region Europas das gefürchtete Bangfieber nicht gibt. Als eines der wenigen Molkereiprodukte Spaniens darf sich der Fuerteventura-Käse mit dem begehrten staatlichen Gütesiegel *denominación de origen* schmücken. Er wird auf alle übrigen Kanarischen Inseln exportiert und schmeckt so gut, dass jeder Canario davon sechs Kilogramm jährlich verspeist – nirgends auf der Welt ist der Käsekonsum höher!

Die Herstellung von Käse erfolgt nach stets gleicher, archaischer Prozedur: Nachdem die Tiere im Morgengrauen gemolken worden sind, wird der noch warmen Milch das Lab eines Jungtiers versetzt. Schon nach einer Stunde beginnt sie zu gerinnen: Die Molke trennt sich von der weißen, quarkähnlichen Masse, die nun mit der Hand in eine runde Gussform gepresst wird. Diese wird von zwei gerillten Brettchen zusammengehalten, damit über die kleinen Kanäle weitere Molke abfließen kann. Danach wird der nun feste Laib von allen Seiten mit Meersalz eingerieben, manchmal zusätzlich mit Paprika und Gofiomehl bestäubt – das verlangsamt die Austrockung und schützt vor Fliegen. In einem „Käfig" aus Bambusrohr wird der Käse dem scharfen Fuerte-Wind ausgesetzt, der ihm zusätzliche Würze verleiht. Je länger er lagert, desto härter und herzhafter wird er. Nach nur einem Tag hat man frischen *tierno*: schnittfest und weiß. Vier Wochen danach ist er *semicurado*: halbgereift und gelblich getönt, cremig und leicht säuerlich. Eine sechsmonatige Lagerzeit macht ihn schließlich zum *curado*: scharf wie Parmesan, reif und steinhart.

Getränke

Zum Essen trinkt man **Mineralwasser,** das meist aus der Firgas-Quelle auf Gran Canaria stammt.

Einheimisches **Bier** kommt aus Teneriffa (*Cerveza Dorada*) oder Gran Canaria (*Cerveza Tropical*). Die bekanntesten Marken vom Festland sind *Cruz Campo, San Miguel* und *Mahou.* Offenes Bier bestellt man als *caña* (kleines Bier) oder *jarra* (großes Bier), alkoholfreies Bier als *cerveza sin alcohol.*

Wein bekommt man immer noch zu einem relativ günstigen Preis: Gute Weißweine vom spanischen Festland sind *Campo Viejo* und *Torres,* vorzügliche Rotweine stammen aus dem Rioja-Gebiet. Daneben werden auch kanarische Tropfen angeboten. Mit mehr als 90 verschiedenen Rebsorten ist der Archipel eines der vielseitigsten Anbaugebiete der Welt. Auf der Wüsteninsel selbst wird kein Wein erzeugt, die meisten Tropfen kommen von der Nachbarinsel Lanzarote. Die kleine, aus Kreta eingeführte Malvasier-Traube hat sich dem dortigen Lavaboden am besten angepasst. Der weiße Malvasier wird in verschiedenen Geschmacksnuancen serviert: vom trockenen *seco,* der sich bestens als Begleiter zu Fisch eignet, bis zum süßen *dulce,* der als Dessertwein geschätzt ist.

Gern trinkt man nach dem Essen noch eine Tasse **Kaffee.** Wer einen schwarzen Espresso möchte, fragt nach *café solo,* der mit viel Zucker getrunken wird. Ist ihm Milch beigemischt, spricht man von *cortado,* wobei sich der Kellner vielleicht danach erkundigt, ob man ihn *natural* (mit H-Milch) oder *con leche condensada* (mit Büchsenmilch) bevorzugt. Manchmal bestellen Kanarier auch *cortado largo* im großen Glas, der sehr viel mehr Milch enthält als der normale Milchkaffee *café con leche.* Auch beliebt ist *carajillo,* ein kleiner Schwarzer mit einem großen Schuss Brandy – meist der Marke Veterano.

Geldfragen

Währung

Auch in Spanien ist der **Euro** (ausgesprochen: e-**u**-ro) die gültige Währung. Bürger der Schweiz müssen weiterhin die Wechselmodalitäten ertragen. Der Umtausch von Banknoten sowie die Einlösung von Travellerschecks sind bei allen Banken und Sparkassen möglich. Außerhalb der üblichen Schalterstunden (Mo–Fr 9–14, Sa 9–13 Uhr) können auch die **Geldautomaten** *(telebancos)* in Anspruch genommen werden, an denen mit der Maestro-/EC-Karte Geld im Rahmen der festgesetzten Höchstbeträge abgehoben werden kann.

Kreditkarten

Die auf den Kanaren gängigsten Kreditkarten sind **Visa** und **Mastercard.** Sie werden von allen größeren Hotels und Restaurants, Geschäften und Autovermietungen akzeptiert. Innerhalb der EU darf die ausgebende Bank für das bargeldlose Zahlen per Kreditkarte keine Gebühr erheben; dagegen wird für Schweizer ein Entgelt von ca. 1–2 % des Umsatzes berechnet. Die Barauszahlung per Kreditkarte sollte nach der Brüsseler Preisverordnung im EU-Ausland nicht mehr kosten als im Inland, doch in der Praxis wird das Kreditkartenkonto je nach ausgebender Bank mit bis zu 5,5 % der Abhebungssumme belastet (am Bankschalter meist teurer als am Geldautomaten). Merke: Für Bargeldabhebungen ist die EC-Karte günstiger!

Checkliste für Kreditkarten

- Bitte prüfen, bis wann die Karte gültig ist!
- Geheimnummer (PIN) auswendig lernen, damit Bargeld an Automaten abgehoben werden kann!
- Vorder- und Rückseite der Karte fotokopieren und die 16-stellige Kartennummer notieren!
- Die Fotokopien getrennt von der Karte aufbewahren, damit man diese bei eventuellem Verlust sperren lassen kann!
- Auch den Namen des kartenausgebenden Geldinstituts notieren!
- Sperren lassen: Für deutsche Maestro/EC- und Kreditkarten gilt die einheitliche **Sperrnummer** 0049-116116, im Ausland zusätzlich 0049-3040504050. Österreicher und Schweizer müssen vor der Reise die für sie geltende Sperrnummer bei der zuständigen Bank erfragen.

Richtwerte für Preise

Unterkunft

- Pension, DZ pro Tag ab 30 €
- Apartment, 2 Pers. ab 40 €
- Hotel, DZ ab 60 €
- Landhaus, 2 Pers. ab 70 €

Strand und Sport

- Liegestuhl pro Tag 3,50–5 €
- Leihsurfbrett pro Woche 180 €
- Geführte Tageswanderung 25–40 €
- Tennis pro Stunde 10–12 €

Verkehrsmittel

- Linienbus Puerto del Rosario – Corralejo 3 €
- Linienbus Puerto del Rosario – El Cotillo 3,85 €
- Linienbus Puerto del Rosario – Caleta de Fustes 1,30 €
- Linienbus Puerto del Rosario – Morro Jable 8,85 €
- Taxi Flughafen – Jandía/Morro Jable 84 €
- Taxi Flughafen – Corralejo 47 €
- Mietauto pro Tag ab 25 €
- Fahrrad pro Tag ab 10 €
- Super-Benzin, 1 l knapp 1 €

Im Lokal

- Kanarisches 3-Gang-Menü (*menú del día*) 8–15 €
- Fischplatte vom Grill 10–12 €
- Softdrinks ab 1,50 €
- Bier (0,3 l) 2,50 €
- Glas Wein (0,2 l) 2,50 €
- Kaffee mit Milch 2 €

Im Supermarkt

- Brötchen 0,35 €
- Milch (1 l) 1 €
- Wurst/Käse (100 g) ab 1 €
- Flasche Wein ab 2 €
- Wasserkanister (5 l) 1–1,50 €
- Zigaretten (200 Stück) ab 15 €

Preisermäßigung

Kinder von 3 bis 12 Jahren zahlen in Museen meist nur die Hälfte, bis 2 Jahre ist der Eintritt frei. Rabatt erhalten oft auch Studenten und ältere Personen ab 60 oder 65 Jahren.

Trinkgeld

In Restaurants sind 5–10% Trinkgeld üblich, freilich nur, wenn man mit der Bedienung wirklich zufrieden war.

Information

Aktuelles **Informationsmaterial** kann unter Tel. 06123-99134 oder Fax 9915134 angefordert werden. Auskünfte werden unter dieser Nummer nicht erteilt. Dafür sind allein die Büros des Spanischen Fremdenverkehrsamts zuständig.

Fremdenverkehrsämter

- **Spanisches Fremdenverkehrsamt,** Kurfürstendamm 63, 10707 Berlin, Tel. 030-8826543, Fax 8826661, berlin@tourspain.es.
- **Spanisches Fremdenverkehrsamt,** Grafenberger Allee 100, Kutscherhaus, 40237 Düsseldorf, Tel. 0211-6803981, Fax 6803985, dusseldorf@tourspain.es.
- **Spanisches Fremdenverkehrsamt,** Myliusstr. 14, 60323 Frankfurt, Tel. 069-725038 , Fax 725313, frankfurt@tourspain.es.
- **Spanisches Fremdenverkehrsamt,** Postfach 151940, 80051 München, Tel. 089-5307460, Fax 53074620, munich@tourspain.es.
- **Spanisches Fremdenverkehrsamt,** Walfischgasse 8 Nr. 14, 1010 Wien, Tel. 01-5129580, Fax 5129581, viena@tourspain.es.
- **Spanisches Fremdenverkehrsamt,** Seefeldstr. 19, 8008 Zürich, Tel. 044-2536050, Fax 2526204, zurich@tourspain.es.

Vor Ort

Auf Fuerteventura erhält man aktuelle Pläne und Broschüren beim *Patronato de Turismo,* dem Fremdenverkehrsamt in der Hauptstadt Puerto del Rosario. Weitere Informationsbüros *(oficinas de turismo)* gibt es in Corralejo, El Cotillo, Caleta de Fustes, Gran Tarajal und Jandía. Die Adressen und Telefonnummern finden sich in der Kurzinfo zur jeweiligen Stadt.

Presse

Deutsche Zeitungen und Zeitschriften kommen in Fuerteventura meist mit einem Tag Verspätung an. Man findet sie am Flughafen sowie in den Zeitungsläden und Supermärkten der Ferienorte. Für Residenten kommt alle 14 Tage die „Fuerteventura Zeitung“ mit vielen Werbeannoncen heraus. Die auf Gran Canaria gedruckte „Info Canarias“ erscheint auf Wochenbasis und enthält eine Sonderseite zu Fuerteventura mit touristischen Tipps.

Internet

Man erwarte nicht zu viel von „Fuerteventura im Internet" – die meisten Autoren der Websites scheinen nur an der Frage interessiert: „Wie viel zahlt mir der touristische Betrieb, wenn über den Eintrag auf meiner Homepage eine Buchung erfolgt?" Darum präsentieren sie ausschließlich jene Veranstalter und Hoteliers, die an bezahlter Werbung interessiert sind. Websites, auf denen das Informationsinteresse im Vordergrund steht, sind rar.

Allgemein

- **www.fuerteventuraturismo.com:** Das Fremdenverkehrsamt informiert über Geschichte und Kultur der Insel, Verkehrsmittel, Unterkünfte und Restaurants, Einkaufstipps und Aktivangebote. Sehr gut: die wöchentliche Agenda!
- **www.fuerteventuralive.de:** Außer der üblichen „Urlaubsplanung", d.h. der Vermittlung von Unterkünften und Mietautos, gibt es eine Präsentation der wichtigsten Inselorte und Infos zu den Stränden.
- **www.fuerteventura-infos.de:** Wissenswertes für Urlaub, Leben und Arbeiten auf Fuerteventura; Hotelbewertungen und Reisetipps.
- **www.wikivoyage.org/de/Fuerteventura:** Vieles scheint auf dieser Seite aus Reisebüchern zusammengetragen. Auch Fehler wurden übernommen, so ist die American Star schon lange kein Ausflugsziel mehr!
- **www.fuerteventura-infos.de:** Im OpenHolidayGuide des Fuerte Fan Magazins kann man Reisetipps und Hotelbewertungen lesen, in akutellen Veranstalterkatalogen blättern u.v.m. Daneben gibt's nützliche Strandinfos, Gezeitentabellen und Windstatistiken. Doch da der Herausgeber des Magazins seine Zeitschrift gern auch in Hotels, Läden und Tankstellen verkaufen will, sind die auf der Website gesammelten Inhalte und Preise nicht immer auf dem neuesten Stand.
- **www.fuerteventuramagazinehoy.com:** Monatlich neu erscheinendes Online-Magazin mit aktuellen Artikeln und Werbung, Busfahrplan und Gezeitenkalender.
- **www.fuerteonline.com:** Das Fuerteventura-Portal wirbt mit einem Reiseführer, der die Buspläne leider nur unzureichend wiedergibt, stellt Hotels, Restaurants und Sportanbieter vor, alle deutlich benannt als Werbeartikel.
- **www.fuerteventura.com:** Touristische Infos aller Art zum Reiseziel Fuerte.

Unterkunft

- **wwww.acantur.es:** Vermietung von Landhäusern im Rahmen des Projekts Fuerteventura Rural (Asociación de Turismo Rural).

- **www.booking.com:** Online-Buchung, Hotelbewertung.
- **www.tripadvisor.de:** Hotelbewertungen, Tipps, Urlaubsfotos und Videos.

Essen und Trinken

- **www.larutadelbuenyantar.com/fuerteventura:** Ausgewählte Restauranttipps für die Insel Fuerteventura.

Medien

- **www.fuerteventurazeitung.de:** Auf dieser Homepage werden aktuelle und ältere Ausgaben der Fuerteventura Zeitung (früher Fuerte News) veröffentlich. Sie erscheint alle zwei Wochen neu und finanziert sich durch Werbung, veröffentlicht Artikel zu Inselneuheiten, Sport und Gastronomie, enthält die Gezeitentabelle, Hinweise auf die nächsten Konsularsprechtage u.v.m.
- **www.pocketmagcanarias.com:** Website des alle zwei Wochen erscheinenden Werbehefts „Pocket Mag Fuerteventura".
- **www.spiritoffuerteventura.com:** Online-Magazin der etwa vierteljährlich erscheinenden Inselzeitschrift mit Werbeanzeigen und interessanten Infos.

Verkehr

- **www.fredolsen.es:** Übersicht über alle Verkehrsverbindungen der Reederei Olsen auf dem kanarischen Archipel mit genauem Fahrplan.
- **www.naviera-armas.com:** Fährlinien des Unternehmens Armas.
- **www.bintercanarias.com:** Interinsulare Flüge mit der Gesellschaft Binter, Abfahrtszeiten und Preise.

Sonstiges

- **www.de.fuerteventura.com:** Auf dieser Seite findet man alle Google-Karten zu Fuerte auf einen Blick!
- **www.solitour.com/webcam:** Aktuelles Strandbild von Jandía/Morro Jable und Satellitenfoto mit Blick auf das Wetter.
- **www.rene-egli.com:** Filme vom World Cup und Pro Center, Live-Bilder vom Strand und dem Kite- und Windsurfgeschehen; Statistiken und Wetterdaten.
- **www.wetteronline.de/Spanien/Fuerteventura.htm:** Infos zum aktuellen Wetter auf Fuerteventura.

Hinweis

Die Online-Adressen der wichtigsten **Last-Minute-Anbieter** werden unter „Anreise" genannt, **Ferienhäuser und Apartments** unter „Unterkünfte". Sportlich Aktive finden Anlauf- und Online-Adressen in den Ortsbeschreibungen: **Taucher** in Corralejo, Caleta de Fustes, Costa Calma und Jandía, Surfer in Corralejo, Costa Calma und Los Gorriones, **Segler** in La Lajita und Costa Calma. **Internetcafés** gibt es auf Fuerteventura in Corralejo und El Cotillo, Costa Calma und Jandía.

Kinder

Weite, flach abfallende Strände gibt es an der Ostküste Fuerteventuras wie Sand am Meer: Die Kinder freut's, denn für sie heißt das Burgen bauen und mit Gleichaltrigen ins Wasser springen. Über fast 20 Kilometer erstreckt sich der Strand von Costa Calma bis Morro Jable. Besonderen Spaß bereiten die Riesendünen bei Los Gorriones, über die man lustvoll hinabwedelt; bei Ebbe verwandelt sich die vorgelagerte Lagune in ein riesiges Wattgebiet, in dem man Muscheln aller Art entdecken kann. Fast ebenso schön sind die Dünen in Corralejo hoch oben im Norden (auch gut, um Drachen steigen zu lassen), herrlich planschen lässt es sich in den schneeweißen Dünen von El Cotillo. Für **Kleinkinder** ist der Strand von Caleta de Fustes

014fu Foto: gs

am besten geeignet: Durch weit vorspringende Felsarme ist die Bucht fast geschlossen, weder Brandung noch Strömungen können sich ausbilden. Dazu gibt es dort gleich neben dem Strand einen beaufsichtigten Spielplatz, wo Kinder im Ballparadies hüpfen und mit Schlauchbooten fahren können.

Veranstalter

Alle großen Reiseunternehmen geben **Familienkataloge** heraus und bieten Sonderrabatt für Kinder, der je nach Reisezeit und Alter unterschiedlich hoch ausfällt. Kinder bis zu zwei Jahren fliegen meist für 10 % des Erwachsenenpreises, haben aber keinen Anspruch auf einen eigenen Sitzplatz. Kinder von 2 bis 11 Jahren erhalten je nach Airline unterschiedliche Ermäßigungen. Empfehlenswert ist die Buchung einer möglichst strandnahen Unterkunft, damit lange Anmarschwege entlang viel befahrener Straßen oder staubiger Wege entfallen.

Die attraktiven **„Kinderfestpreise"** erweisen sich bei genauem Hinschauen oft als Augenwischerei. Sie gelten in der Regel nur für ein einziges Kind und das auch nur zu ganz bestimmten Zeiten. Außerdem werden dann andere Rabatte, wie etwa Sparwochen, nicht mehr gewährt. Wer an der Grenze zu einem anderen Bundesland lebt, sollte prüfen, ob es sich lohnt, auf dortige Flughäfen auszuweichen, um die nach den Ferienzeiten gestaffelten Saisonzuschläge zu umgehen.

Miniclubs

Auf Fuerteventura haben sich viele Hotels und Apartmentanlagen auf die Bedürfnisse der Kleinen eingestellt: In Mini-, Kid- und Flipper-Clubs werden sie mit Spiel und Spaß bei Laune gehalten. „Die Kinder können toben, die Eltern ganz sie selbst sein" (Motto eines Veranstalters). Doch achten Sie auf die Zeiten! In den meisten Anlagen werden Kinder nur 3–4 Stunden am Tag betreut, fast rund um die Uhr dagegen in den Clubdörfern Aldiana (Las Gaviotas) und Robinson (Jandía und Esquinzo).

Barfuß auf Wanderschaft

Ein Vergnügen für die ganze Familie: Dünen- und Strandwanderungen auf Fuerteventura, im Norden ebenso schön wie im Süden! In **Corralejo** fährt man stadtauswärts zu den Riu-Hotels, die schon mitten im Naturpark „Dunas de Corralejo" stehen. Von dort geht man vor zur Küste und läuft dann am besten weglos weiter in Richtung Süden. Verirren kann man sich nicht, denn nach gut einer Stunde rückt die Straße FV-1 nah ans Meer heran und man darf sich entscheiden: Geht man auf gleichem Weg zurück oder kreuzt man die Straße und stapft dann parallel zu ihr durch die sich hoch auftürmenden Dünen?

Wer im Süden Urlaub macht, sollte die folgende Tour einplanen: von Risco del Gato, der „Katzenklippe" bei **Costa Calma** zu den Riesendünen von **Risco del Paso,** gut vier Stunden hin und zurück, unterwegs kann man in einem Strandlokal *(chiringuito)* eine Pause einlegen. Fast immer läuft man auf herrlichem Sand, nur kurzzeitig über Fels. Besonders aufregend ist die schmale und vier Kilometer lange, parallel zur Küste verlaufende Nehrung, auf die man noch vor Erreichen des Meliá-Hotels einbiegt: Auf einer Länge von vier Kilometern sieht man zur Linken das offene Meer und zur Rechten eine türkisfarbene Lagune, die sich bei Ebbe in eine große Wattlandschaft verwandelt. Am Risco del Paso (mit Surf Center) erreicht man wieder das „Festland", stärkt sich in der Bar des Surf Centers und läuft auf der Westseite der Lagune zurück!

Ausflüge

Sollte doch einmal Langeweile aufkommen, macht man mit den Eltern eine Entdeckungsfahrt über die Insel. Das wohl schönste „Ausflugslokal für Kinder" findet man in La Pared. Während die Eltern ihr Fischmahl auf der Terrasse des *Bahía* genießen, gleiten die Kinder vor ihren Augen durch eine **Riesen-Slalom-Rutsche** in einen Pool hoch über den Meeresklippen.

Ein großes Vergnügen bereitet auch der Besuch des Zoo im **Oasis Parque** (⇨La Lajita), wo man Shows mit Papageien, Greifvögeln und Seelöwen erleben kann. Hautnahen Kontakt zu Tieren haben Kinder beim **Ritt auf dem Kamel,** für den man leider extra zahlen muss. Mit Ächzen erhebt sich das Wüstenschiff, um Kinder in beachtlicher Höhe durch die karge Landschaft zu schaukeln.

Unterwegs bekommt man vielleicht auch die possierlichen **Atlashörnchen** zu Gesicht – 1965 wurden sie eingeführt und haben sich rasch vermehrt. Besonders oft sieht man sie an den Klippen von Las Gaviotas und im Tal von Vega de Río Palmas.

Im Boot

Bei ruhiger See bieten sich Bootsausflüge an. Von Corralejo schippern Schiffe zur **„Insel der Wölfe"** (Isla de los Lobos) hinüber, wo man einen Tag à la Robinson verbringt. Durch Panoramafenster von Glasbodenbooten kann man Fischschwärme beobachten, mit etwas Glück flitzt auch ein Engelshai vorbei. Auf den Meeresgrund taucht das U-Boot in Caleta de Fustes, wo man sich in **Unterwasserabenteuer** von *Jules Vernes* hineinversetzen kann. Nach der Fahrt dürfen die Kinder ins Oceanarium, um den in Aquarien schwimmenden Fischen ein paar Streicheleinheiten zu verpassen. Schiffsausflüge dürfen natürlich auch in Morro Jable nicht fehlen: Mit Windjammer, Kutter und Katamaran geht's hinaus auf die hohe See.

Kleidung

Normalerweise benötigt man nur Sommerkleidung, denn das ganze Jahr über herrschen Tagestemperaturen von über 20°C. Freilich kann es zwischen November und Mai durchaus einmal regnen und auch Tage mit kühlem Nordwind geben. Für das abendliche Vergnügen und die Ausflüge ins Bergland empfiehlt sich die Mitnahme etwas wärmerer Kleidung, eines Pullovers oder Anoraks. Wer im Sommer wandern will, sollte eine schützende Kopfbedeckung dabei haben.

Medizinische Versorgung

Krankenhaus

Gesetzlich krankenversicherte Patienten können sich kostenlos im **Krankenhaus** von Puerto del Rosario *(Hospital General de Fuerteventura)* und in den lokalen **Gesundheitszentren** *(Centros de Salud)* behandeln lassen. Vorzulegen sind der Personalausweis und die europäische Krankenversicherungskarte **EHIC** *(European Health Insurance Card)*, gültig für alle Länder der EU und die Schweiz. Die Telefonnummern und Adressen für Krankenhaus, Gesundheitszentren und private Arztpraxen finden sich in der Kurzinfo der jeweiligen Stadt.

Privat

Alle Ärzte, die außerhalb staatlicher Institutionen praktizieren, sind **Privatärzte.** Wer sich bei ihnen behandeln lässt, zahlt die Rechnung bar. Da ihre Erstattung im kassenüblichen Rahmen nicht garantiert ist, empfiehlt es sich, sich durch eine Aus-

Gesundheitstipps

- Lassen Sie sich von den Passatwinden nicht verleiten, die Intensität der Sonne zu unterschätzen. Wählen Sie vor allem an den ersten Urlaubstagen eine bewährte **Sonnenschutzcreme** und meiden Sie die Mittagshitze. Die Wasseroberfläche reflektiert die UV-Strahlen wie ein Spiegel und verstärkt ihre Wirkung.
- Tragen Sie keine normale Brille am Strand, sondern nur **Sonnenbrillen;** die Gläser haben die Wirkung einer Lupe und können Verbrennungen hervorrufen!
- Muten Sie Ihrem Körper an heißen Tagen **keine eiskalten Getränke** zu!
- Das **Leitungswasser** auf Fuerteventura ist nicht von bester Qualität und sollte nur zum Waschen, Kochen und Zähneputzen benutzt werden. Für Kaffee und Tee nur Wasser aus gekauften Flaschen bzw. 5- oder 8-Liter-Kanistern verwenden!
- Achten Sie bei **Durchfallerkrankungen** auf eine ausreichende Flüssigkeitszufuhr! Abgepackte Glukose-Elektrolyt-Mischungen sind im Handel erhältlich und gehören in jede Reiseapotheke.

landszusatzversicherung ohne Selbstbeteiligung gegen sämtliche Risiken abzusichern (⇨Versicherungen). **Deutsche Ärzte** *(médicos)* und **Zahnärzte** *(odontólogos)* haben sich in Corralejo, Costa Calma und Jandía niedergelassen.

Medikamente

Apotheken *(farmacias)* sind durch ein grünes Kreuz auf weißem Grund gekennzeichnet und öffnen zu den normalen Geschäftszeiten. Der Kauf von Medikamenten lohnt sich, sie sind durchweg preiswerter als in Deutschland. Viele sind auch ohne Rezept, allerdings oft unter anderem Namen erhältlich. Feiertags- und Nachtdienst *(farmacia de guardia)* sind an der Eingangstür der Apotheken angezeigt.

Nachtleben

Wer auch nach Mitternacht gern noch etwas erleben möchte, wohnt, wenn nicht in der Hauptstadt, in **Corralejo,** dem „internationalsten" Ort Fuerteventuras. Es gibt hier viele Kneipen und Discos, die vor allem am Wochenende brechend voll sind. Im Rock Café ist täglich Live-Musik angesagt, die schönsten Cocktails gibt es im Kiwi. Was die übrigen Ferienorte betrifft, so ist das Treiben in Jandía noch vergleichsweise bunt, in Caleta de Fustes, vor allem aber in Costa Calma ist das Nachtleben unterentwickelt.

Notfälle

Der **Notruf 112** ist eine Zentrale für alle Notfälle – Polizei, Arzt und Feuerwehr. Anrufe werden auch auf Deutsch beantwortet, der Anschluss ist rund um die Uhr besetzt. Wird der Reisepass oder Personalausweis gestohlen, muss man diesen bei der örtlichen Polizei melden und zwecks Beschaffung eines für den Rückflug nötigen Ersatzausweises Kontakt mit dem Konsulat aufnehmen. Auch in dringenden Notfällen, bei Vermisstensuche und

Todesfällen ist der Konsul um Hilfe bemüht (⇨„Diplomatische Vertretungen" und ⇨„Sicherheit").

Weitere wichtige Rufnummern:
- **Umweltbehörde** (Medio Ambiente): Tel. 928852106
- **Deutsche Rettungsflugwacht Stuttgart:** Tel. 0049-711-701070
- **Fernsprechauskunft national:** Tel. 11818
- **Fernsprechauskunft international:** Tel. 11825
- **Sperrung der Kreditkarte:** ⇨ „Geldfragen"

Öffnungszeiten

- **Banken:** meist Mo–Fr 9–14 Uhr, Sa 9–13 Uhr.
- **Post:** meist Mo–Fr 9–14 Uhr, Sa 9.30–12 Uhr.
- **Behörden/Fundbüro:** Mo–Fr 9–14 Uhr.
- **Geschäfte:** Supermärkte meist 9–20 Uhr, kleinere Läden Mo–Fr 9–13 und 17–20 Uhr, Sa 9–13 Uhr; in Touristengebieten sind Geschäfte oft auch am Sonntag geöffnet.
- **Kirchen:** meist nur während der Messe.

Im Hochsommer öffnen viele Geschäfte nur vormittags, die Banken bleiben samstags geschlossen und auch für Museen gelten eingeschränkte Öffnungszeiten.

Post

Briefmarken *(sellos)* bekommt man beim Postamt *(correos)* und in Tabakläden *(estancos),* oft auch an der Hotelrezeption. Bitte beachten, dass die Post generell nur vormittags geöffnet ist! Die offiziellen Briefkästen erkennt man an ihrer gelben Farbe, hier bitte immer nur Briefe einwerfen, die mit Marken der staatlichen Post frankiert sind. Anders frankierte Briefe werden nicht befördert. Die „Laufzeit" von Briefen beträgt meist 5–8 Tage, während der Weihnachtsferien zwei bis acht Wochen.

Man kann bei der Post auch Briefe erhalten. **Postlagernde Sendungen** (Zusatz: *lista de correos,* Nachname in Druckbuchstaben) werden zwei Wochen aufbewahrt. Beim Abholen den Ausweis nicht vergessen!

015fu Foto: gs

Routenvorschläge

In der folgenden Übersicht werden die landschaftlich reizvollsten Routen Fuerteventuras vorgestellt. Sie sind im Rahmen eines **Tagesausflugs** gut zu bewältigen. Zur Orientierung wurden die attraktiveren Orte **fett** markiert. Alle Strecken sind mit einem normalen **Pkw** gut zu befahren, nur für die Fahrt von Morro Jable nach Cofete sollte man einen Jeep mieten. Die Karte in der vorderen Umschlagklappe zeigt die Routen im Überblick.

Nordtour

00 km Corralejo (Hafenviertel, Dünenstrand)
13 km Lajares (Stickereischule, Mühlen)
21 km **El Cotillo** (Festungsturm, Lagunen)
38 km **La Oliva** (Casa de los Coroneles, Casa Mané)
41 km Villaverde (Ethnografisches Museum)
55 km Corralejo

Bergtour

Von Süden kommend:
00 km Costa Calma
36 km Tuineje (Pfarrkirche)
40 km Tiscamanita (Mühlenmuseum)
49 km **Antigua** (Freilichtmuseum mit schönster Mühle)
57 km **Betancuria** (Casa Santa María, Museen, Kirche)
63 km **Vega de Río Palmas** (Palmenoase, Kapelle)
73 km **Pájara** (Kirche mit Aztekenkunst)
83 km **Ajuy** (Fischlokale, Kalkterrassen)
118 km **La Pared** (Bahía La Pared)
126 km Costa Calma

Osttour

00 km Puerto del Rosario (Unamuno-Museum)
14 km Caleta de Fustes (Festungsturm)
18 km Las Salinas (Salzmuseum)
36 km Pozo Negro (altkanarisches Dorf)
58 km **Las Playitas** (Fischlokale)
75 km Gran Tarajal (Park und Promenade)
99 km Tarajalejo (Galerie, Lokale)
113 km Costa Calma

Südtour

00 km Morro Jable (Lokalmeile Alter Hafen)
20 km **Puertito de la Cruz** (Fischerdorf)
27 km Punta Pesebre (Blick auf Westküste)
48 km **Cofete** (Villa Winter, Strand)
68 km Morro Jable

Bei Vega de Río Palmas

Sehenswürdigkeiten

Noch vor gar nicht langer Zeit trieb man auf den Nachbarinseln Scherze über die „kulturlosen" *Majoreros*. In einem Spottlied über die Insel heißt es: „Im Ziegenhafen gibt es keine Ziegen, in Oliva keine Oliven und in Antigua nichts Antikes." Doch die Inselregierung scheint fest entschlossen, dieses Bild zu korrigieren. Man möchte unter Beweis stellen, dass man mehr ist als nur eine Strand- und Badeinsel, dass es auch hier Aussichtspunkte, Höhlen und historische Prachtbauten gibt, die man gesehen haben muss.

Seit 1996 fließen Fördergelder der EU nach Fuerteventura. Alte Häuser und Denkmäler werden

Auf den Spuren Don Quijotes – die Ruta de los Molinos

Überall sieht man sie: Mühlen mit „entblößten" Windrädern, stillgelegt und halb verfallen. Etwa 40 mögen es sein, die verstreut über Dörfer und Täler der Insel ihr charakteristisches Aussehen geben. In den letzten Jahren wurden einige von ihnen restauriert, EU-Fördermittel machten es möglich. Man findet sie vor allem in den weiten Ebenen, wo der Passat ungehindert hindurchfegen kann. Sie erinnern daran, dass Fuerteventura einst die Kornkammer der Kanaren war: Hier wurden Mais und Weizen zu feinem Mehl zermahlen, aus dem Gofio, das „Brot der Armen", hergestellt wurde. In einer Zeit, da es kaum Treffpunkte gab, war die Mühle der Ort, an dem geplaudert und geflirtet wurde, hier tauschte man Neuigkeiten aus und erfuhr Nachrichten aus der großen weiten Welt.

In Tiscamanita, wo den Mühlen ein eigenes Museum gewidmet wurde, kann man sich über den Unterschied zwischen einem konisch-männlichen *molino* und einer rechteckig-weiblichen *molina* schlau machen. Mühlen beiderlei Geschlechts findet man im Freilichtmuseum Tefía sowie in Lajares; männliche Prachtexemplare schmücken Antigua, Llanos de la Concepción und Puerto de Lajas. In die Routenvorschläge (s.o.) ist der Besuch einiger Mühlen integriert.

restauriert, die Insel erhält ihr charakteristisches Aussehen zurück. Auf der vom Tourismusamt propagierten *Ruta de los Molinos*, die in diesem Buch in die „Bergtour" integriert ist (⇨„Routenvorschläge"), lernt man einige der schönsten **Mühlen** kennen. Zugleich ist man stolz darauf, den Besuchern ein **Museums-Ensemble** *(Red de Museos)* präsentieren zu können. Die Museen sind über ganz Fuerteventura verteilt und veranschaulichen Geschichte und Kultur seiner Bewohner. Daneben gibt es gepflegte Kirchen vor allem in Betancuria und Pájara, Reminiszenzen an einen verbannten Schriftsteller und Zentren moderner Kunst in La Oliva (Casa Mané) und Puerto del Rosario (Centro de Arte Juan Ismael).

228fu Foto: gs

Mühle im Freilichtmuseum Antigua

Sicherheit

Buchtipp:
Praxis-Ratgeber „Schutz vor Gewalt und Kriminalität unterwegs",
REISE KNOW-HOW Verlag, Bielefeld

Das Wegreißen von Taschen und Kameras, Uhren und Halsketten kennt man auf dieser Insel nur aus dem Fernsehen, doch vom Risiko des **Diebstahls** bleibt auch das Ferienziel Fuerteventura nicht mehr verschont. Für Wertsachen und Dokumente, die in der Unterkunft verloren gehen, übernehmen Hotels bekanntermaßen keine Haftung, daher empfiehlt es sich, diese im **Safe** – gegen Quittung und Gebühr – zu deponieren.

Wer den Mietwagen unterwegs abstellt, sollte keine Gegenstände sichtbar im Auto liegen lassen. Auch an stark besuchten **Stränden** ist Vorsicht geboten. Es kann nicht ausgeschlossen werden, dass sich Langfinger unter die Badegäste mischen und genau registrieren, wann sich bestimmte Touristen ins Meer stürzen und ihre Gegenstände unbewacht zurücklassen. Am besten trifft man eine Übereinkunft mit den Strandnachbarn und löst einander beim Blick auf die Privatsachen ab.

Wird man trotz aller Vorsichtsmaßnahmen Opfer eines Diebstahls, so muss, um spätere Ansprüche bei der Versicherung geltend machen zu können, ein **Polizeiprotokoll** angefertigt werden. Wer kein Spanisch spricht, lässt sich, bevor die Meldung *(denuncia)* bei der Polizeistelle *(Guardia Civil)* erfolgt, beim Konsulat ein zweisprachiges Formblatt (Schadensmeldung) ausstellen. Wurde der Personalausweis gestohlen, so wird ein Ersatzausweis erst dann vom örtlichen Konsul ausgestellt, wenn diesem die Anzeige- und Verlustbestätigung der örtlichen Polizeibehörde (⇨Kurzinfos) vorliegt, dazu zwei Passfotos und möglichst auch eine Kopie des gestohlenen Ausweises.

Sport und Erholung

Mit seinen kilometerlangen, goldgelben Sandstränden ist Fuerteventura ein wahres **Badeparadies** – keine andere Kanareninsel kann mit ihr konkurrieren. An der Playa Barca, dem „Hawaii Europas", treffen sich die weltbesten **Surfer** und jene, die es werden wollen – in den Ferienorten kann man tauchen, segeln und zu Bootstouren starten.

Fuerte – auch eine Wanderinsel?

In den letzten Jahren haben sich immer mehr Urlauber in die herbe Schönheit Fuerteventuras, seine Vulkanlandschaft und das bergige Zentrum verliebt. Beim Fremdenverkehrsamt häufen sich die Anfragen nach *senderos turísticos*, markierten Wanderwegen in attraktiven Regionen. In diesem Buch werden im **Kapitel „Wanderungen"** neun abwechslungsreiche Touren vorgestellt. Zu den schönsten zählen der Weg durch eine grüne Palmenschlucht nach Ajuy, die Durchquerung der Halbinsel Jandía und die Umrundung der Insel Lobos.

Baden

Buchtipp:
Praxis-Ratgeber „Sicherheit im und auf dem Meer", Reise Know-How Verlag, Bielefeld

Baden ist an der Ostküste **das ganze Jahr über** möglich – die Wassertemperatur liegt auch im Winter bei 17–20°C. Dazu gibt es auf Fuerte so viele Sonnenstunden wie auf keiner anderen kanarischen Insel. Die Strände sind 55 Kilometer lang und vorwiegend hell – eine Übersicht über die schönsten findet sich im Kapitel „Urlaubsziel Fuerteventura".

Übrigens wird der Sand nicht, wie oft zu lesen ist, von der nahen Sahara herübergeweht, sondern stammt aus dem Meer: Feinste, von der Brandung zerriebene Partikelchen von Muscheln und anderem Meeresgetier werden an die Küste geschwemmt; bei Niedrigwasser trocknen sie und treiben landeinwärts. Doch auch ein paar dunkle Strände hat Fuerteventura zu bieten: Dort besteht der Sand aus Lava, die das Meer im Laufe der Zeit zu feinen Körnchen zermahlen hat.

FKK

Nacktbaden ist offiziell nicht erlaubt, wird aber vielerorts geduldet. Nicht nur an kleinen einsamen Playas, sondern auch an den Dünenstränden von Corralejo und Jandía gibt es Abschnitte, an denen die letzten Hüllen fallen dürfen. Das erste FKK-Resort der Insel ist das unter deutscher Leitung stehende Apartmenthaus Monte Marina in Esquinzo.

Wassersport

Tauchen

Dank des kristallklaren Wassers und der spektakulären Unterwasserlandschaft findet das Tauchen immer mehr Freunde. Die unter Wasser erkalteten Lavaströme bilden vielerorts ein **bizarres Ensemble von Grotten, Domen und Schluchten.** Ob bei Schnorcheltrips, Tauchgängen oder Night Dives – immer wieder entdeckt man herrliche Spots,

Risiken beim Baden

- Grundsätzlich sollte man beim Baden vorsichtig sein und **nie zu weit hinaus schwimmen!**
- Bei **hohen Wellen** geht man am besten per Kopfsprung ins Wasser: kurz bevor die Welle bricht ein- und unter ihr hindurchtauchen!
- Bei nahender **Ebbe** (*bajamar*, Flut = *pleamar*) wächst die Sogwirkung. Dazu kommt – unabhängig von den Gezeiten – die bestehende **Unterströmung** (*corriente de fondo*). An manch einem Küstenabschnitt ist der Sog so stark, dass man aufs offene Meer gezogen wird und nur schwer zum Ufer zurückkommt. Ein Tipp von Einheimischen: Man gebe dem Sog 100–200 m nach und versuche, sobald dieser an Stärke verliert, seitlich aus ihm herauszuschwimmen und an anderer Stelle das Ufer zu erreichen. Die **Gezeitentabellen** sind in der Zeitschrift „infocanarias" und in der Tageszeitung „La Provincia" abgedruckt.
- Im Frühjahr kann es geschehen, dass sich ein Geschwader **Portugiesischer Galeeren** der Küste nähert. Der Körper darf mit diesen blauen Quallen, erkennbar an ihren aufgeblähten Segeln, nicht in Berührung kommen: Ihre Nesselfäden verursachen Verbrennungen, manchmal auch Lähmungserscheinungen.
- An viel besuchten Stränden werden **Flaggen** gehisst, die man unbedingt beachten sollte. Bei Grün darf man ins Meer gehen, bei Gelb wird zu Vorsicht gemahnt, und bei Rot heißt es: Baden verboten!

Buchtipp:
Praxis-Ratgeber „Tauchen in warmen Gewässern“,
Reise Know-How Verlag, Bielefeld

an denen man handzahmen Zackenbarschen und scheuen Muränen, aber auch Delfinen und Barrakudas begegnet. Die schönsten und sichersten Reviere liegen an der Meerenge zwischen Fuerteventura und Lobos, südlich von Caleta de Fustes und vor dem Leuchtturm von Jandía. Nicht vergessen: Aufgrund der Druckunterschiede darf man binnen 24 Stunden vor dem Rückflug keinen Tauchgang mehr unternehmen!

Kurse vom Anfänger bis zum Divemaster bieten die **Tauchschulen** in Corralejo, Caleta de Fustes, Tarajalejo, Esquinzo, Las Gaviotas und Jandía (Infos bei der jeweiligen Ortsbeschreibung). Voraussetzung für die Teilnahme an geführten Tauchgängen und Kursen ist ein ärztliches Attest, das mindestens noch sechs Monate gültig ist. Die Tauchschulen verleihen Schnorchel, Maske und Flossen, auf Wunsch auch eine komplette Ausrüstung mit Anzug, Lampe und Sauerstoffflasche.

Top Dive Spots:
- **El Bajón del Río:** 18 m hinabreichender Kanal in der Meerenge vor Lobos, mittendrin bizarr geformte „Lavapilze“.
- **La Catedral:** nördlich von Ajuy, schwieriger Einstieg vom Lande (nur bei ruhiger See möglich), fischreiche Höhlen in 12 m Tiefe.
- **Las Salinas:** Unterwasserklippen, bis zu 40 m tief, üppig bewachsen mit Anemonen und schillernden Korallen.
- **Kleines und Großes Muränenriff:** direkt vor dem Leuchtturm von Jandía, 50 bzw. 100 m vom Strand entfernt; ersteres dicht bewachsen mit Zylinderrosen und Peitschenkorallen, letzteres mit steilen Unterwasserklippen und dem größten Reichtum an Fischen.

Wind- und Kitesurfen

Viel Wind und hohe Wellen: Auf Fuerte erfüllt sich der Traum aller Surfer, besonders an den **Playas de Sotovento** an der Südküste. Der von ihnen so geliebte Nordostpassat (ablandig an den Stränden zwischen Los Gorriones und Jandía) weht an etwa 300 Tagen pro Jahr: fast immer im Juni, Juli und August (mit durchschnittlich sechs Beaufort), aber nur etwa jeden zweiten Tag in den Wintermonaten. Als Topspot der Surfer gilt der Küsten-

069fu Foto: gs

abschnitt von Playa Barca bis über Risco del Paso hinaus, eine **Starkwindzone,** in der sich der Passat beschleunigt. Surfspezialist *René Egli* sagt, warum das so ist: „Der vorherrschende Nordostpassat wird auf Nordwest umgelenkt und muss sich zwischen zwei Bergzügen hindurchzwängen", was den Düseneffekt hervorruft. Noch ein Stück weiter südwärts, an der Playa Esquinzo, surfen die Cluburlauber von Robinson und Aldiana.

Wenn der launische Winterwind auf Osten schwenkt oder bei Tiefdruck gar einmal aus Südwesten weht, ist die richtige Zeit für die **Nordküste**

Tauchschule Felix in Jandía

gekommen. Ab November strömen die Surfer zu deren Starkwindrevieren. In der Fachzeitschrift „Surf" heißt es kühl: „Bergsteiger haben ihre Eigernordwand, Skirennfahrer ihre Streif, Surfer, denen vor nichts graut, fahren zur North Shore auf Fuerteventura." Man findet sie südlich vom Szeneort El Cotillo, an der Punta Blanca, in Majanicho und an der Punta de la Tiñosa (auch bekannt unter dem Namen „Schießplatz"). An all diesen Orten gibt es keine Rote-Kreuz-Station und weit und breit kein Rettungsboot. Sichere Bedingungen hat man erst wieder in Corralejo am Flag Beach Center. Die **Wellen** an der Nordküste sind bis in den März hinein **bis zu fünf Meter hoch,** also nur für „Könner" geeignet; von März bis Mai lässt die Brandung nach und es kommen die „Einsteiger" zum Zug. Die sind freilich schon keine Anfänger mehr: Letztere sieht man das ganze Jahr über an der Lagune der Playa Barca oder auch in der geschützten Bucht von Caleta de Fustes ...

Da es beim **Kitesurfen** nicht primär um Muskelkraft, sondern um kluge Koordination geht, sind bei diesem Sport auch viele Frauen dabei. Der Schweizer *René Egli,* seit vielen Jahren Vorreiter in Sachen Wind, betreibt an der Playa Barca eine eigene Kite-Schule: An Land wird man mit der Kraft des Lenkdrachens vertraut gemacht, dann lässt man sich im „Bodydrag" (ohne Board) vom Kite durchs Wasser ziehen, um zu guter Letzt den Wasserstart zu üben.

Ein kompletter Surf-Urlaub inkl. Boards, Segelpaletten und Kursen kann im Voraus gebucht werden, u.a. bei Sun and Fun, Neckermann und Kreutzer. Meist wohnt man dann im Hotel Sol Élite Los Gorriones direkt an der Playa Barca. In der angeschlossenen Surfschule kann man freilich auch als „Einzelreisender" Equipment ausleihen. Die **Telefonnummern und Adressen aller Surfschulen** von Fuerteventura finden sich im Info-Teil – bitte nachschlagen bei den Orten Costa Calma, Los Gorriones und Corralejo.

Zeitungsnotiz

„Erst vor einigen Wochen verunglückte wieder einer, erzählen die Surfer im bunt-schrillen Touristen-Treff Corralejo. Diesmal einer von ihnen, auf der Suche nach dem mächtigen Wind und der endlosen Welle. Sturmböen haben ihn vom Brett geschleudert, seine Reste trieben zwei Tage später an die Westküste.“ (Süddeutsche Zeitung)

Wellenreiten

„Wellenreiter“ sind Surfer, die sich auf einem kurzen Brett ohne Segel in stehender Haltung auf den Wellenkamm schwingen. Funboard wird ihr Brett genannt und tatsächlich ist für viele einheimische Jugendliche (auch junge Frauen sind darunter) dieser Sport zur Lieblingsbeschäftigung geworden.

Mehrere **Wellenreitschulen** konkurrieren um die Gunst der Gäste und leihen auch Bretter aus.

400fu Foto: PCRE

Sie befinden sich in Corralejo im Norden und am naturbelassenen Strand von La Pared im Südwesten. Schon Achtjährige können im Norden das Wellenreiten erlernen, in La Pared beträgt das Mindestalter zwölf Jahre. Wer zwischen Morro Jable und Costa Calma wohnt, kann sich im kostenlosen Shuttle-Bus morgens abholen lassen, abends wird er ins Hotel zurückgebracht.

Wasserski Mal erlaubt, dann wieder verboten: Jetski gab bzw. gibt es im Sporthafen von Caleta de Fustes und an der Hafenmole in Corralejo, vielleicht auch bald wieder am Strand von Jandía.

Segeln Im November, wenn die Winde günstig sind, starten viele Segler zur Abenteuerfahrt über den großen Teich. Wer mitsegeln will, erkundigt sich im Hafenbüro von Caleta de Fustes nach Angeboten. Dort bekommt man Infos zu Segelkursen und zum Chartern einer Yacht. Segelschulen gibt es auch in Tarajalejo und bei den Ferienclubs in Esquinzo, Las Gaviotas und Jandía.

Bootsausflüge Bei ruhiger See fahren **Ausflugsboote** von Morro Jable und Caleta de Fustes entlang der Südküste sowie von Corralejo zu den Nachbarinseln Lobos und Lanzarote.

Von allen drei Häfen sowie von Gran Tarajal (und wahrscheinlich bald auch von Tarajalejo) starten **Hochseeangeltouren.** Ausrüstung und Köder werden gestellt, vielleicht geht gar ein Hai ins Netz. Beste Fangzeit ist die Sommer- und Herbstperiode von Mai bis November. Die Reservierung erfolgt an der Hotelrezeption, in Reisebüros oder direkt im Hafen.

Wellen & Wind vor der Küste der Halbinsel Jandía

Rad fahren

Lange und einsame, meist nur leicht ansteigende Straßen, dazu herrliche Offroad-Pisten, vor allem im Norden und auf der Halbinsel Jandía – jedes Jahr kommen mehr Radfahrer auf die Insel und suchen das Erlebnis der Weite. Den ganzen Tag über weht eine erfrischende Brise, was allerdings fehlt, ist Schatten!

Wer sein eigenes Rad mitgenommen hat (⇨Anreise), sollte auch Ersatzteile, Werk- und Flickzeug dabeihaben. Radwege gibt es bislang keine; in öffentlichen Bussen wird der Drahtesel nicht, in Taxis nur gegen Aufpreis mitgenommen.

In fast allen Touristenorten besteht die Möglichkeit, ein Fahrrad auf Tages- oder Wochenbasis auszuleihen, so in Corralejo, Caleta de Fustes, Costa Calma, Los Gorriones, Esquinzo und Jandía. Unter den Bikestationen hat sich vor allem **Fuerte Bike** (z.B. im Ferienclub Aldiana, www.fuertebike.com) einen Namen gemacht. Hier kann man nicht nur bestens gewartete **Räder mieten,** sondern sich auch **Touren** anschließen. Diese werden von deutschsprachigen Guides geführt und über alle großen Hotels im Süden (Transfer inklusive) vermittelt. Für Einsteiger ist die Betancuria-Tour zu empfehlen: Mit Bus wird man zu den höchsten Punkten der Insel gefahren, von dort geht es bergab zur Westküste. Fortgeschrittene wählen die Vulcano-Tour nach Pozo Negro und Las Playitas.

Golf, Tennis und Reiten

„Golf“, so sagte *Sir Winston Churchill,* „ist ein Spiel, bei dem ein viel zu kleiner Ball mit völlig ungeeigneten Werkzeugen in ein viel zu kleines Loch befördert werden muß.“ 46 Gramm wiegt der Ball, der mit möglichst wenigen Schlägen in ein 100 bis 500 Meter entferntes, 10,8 Zentimeter großes Loch geschlagen werden muss. Damit ist nicht nur Körperkraft, sondern auch Köpfchen ge-

Die schönsten Radtouren

1. Nordküste: Vulkankegel und Lagunen

00 km Corralejo
10 km Majanicho
20 km Leuchtturm
24 km El Cotillo
33 km Lajares
45 km Corralejo

Anspruch: meist flach auf Offroad-Piste, aufgrund scharfkantiger Vulkansteine und sandiger Felder nur für Mountainbiker zu empfehlen.

Streckenverlauf: Nördlich des Busbahnhofs von Corralejo biegt man links in die nach Majanicho ausgeschilderte Holperpiste ein. Sie führt längs der Küste über das Fischernest Majanicho in Richtung Leuchtturm, ist teilweise stark versandet. Am nordwestlichsten Punkt der Insel, kurz vor dem Leuchttum, mündet die Piste in eine Asphaltstraße, die, vorbei an Lagunen (kurzer Sprung hinein!) nach El Cotillo (Szene-Treff!) führt. Über Lajares geht's – meist bei Gegenwind – durch eine weite Lavalandschaft nach Corralejo zurück.

2. Südküste: Felsige Halbwüste und Traumstrand

00 km Morro Jable
06 km Casas de Jorós
12 km Gabelung
20 km Cofete
40 km Morro Jable

Anspruch: lange Tour auf holpriger Erdpiste; bis zur Gabelung (100 m Höhe) schwach steigend, dann kurzer heftiger Anstieg auf 220 m und bergab zum Strand von Cofete.

Streckenverlauf: Von Morro Jable folgt man der zur Punta de Jandía ausgeschilderten Piste via Casas de Jorós. An der Gabelung hält man sich rechts und fährt bergauf zu einer Einsattelung (toller Blick auf Küste und weiße Strände!). Entlang steiler Bergflanken geht's hinab nach Cofete und weiter zum 1 km entfernten Strand bzw. landeinwärts zur legendären Villa Winter. Auf gleichem Weg nach Morro Jable zurück.

Variante: An der Gabelung Abstecher zum Südwestkap: über Puertito de la Cruz mit mehreren Lokalen zum Leuchtturm an der Punta de Jandía (10 km) und nördlich, vorbei an verwaister Fluglandepiste, zur Punta Pesebre (15 km).

3. In drei Tagen durchs Herzstück der Insel

00 km Puerto del Rosario
22 km Antigua
31 km Tiscamanita
35 km Tuineje
45 km Pájara
55 km Ajuy
75 km Vega de Río Palmas
80 km Betancuria
108 km Puerto del Rosario

Anspruch: Tour auf durchweg guten, asphaltierten Straßen. An den beiden ersten Tagen nur leichte Steigungen, am dritten Tag kräftiger Anstieg auf 645 m zum Mirador Morro Velosa, danach abwärts zur Hauptstadt.

Unterkunft: preiswerte Pensionen und Apartments in Antigua und Ajuy, ein teureres Landhotel in Pájara.

Streckenverlauf: Von Puerto del Rosario folgt man der anfangs öden FV-20 westwärts und biegt nach 7 km in Richtung Triquivijate ab. Man durchfährt ein einsames, langgestrecktes Tal mit ein paar Teichen (seltene Vögel!) und erreicht das hübsche Antigua mit Bars und Unterkünften. Am nächsten Tag geht's über das Windmühlendorf Tiscamanita und das verschlafene Tuineje nach Pájara (Kirche mit Aztekenkunst!), von dort malerische Abfahrt ins Küstendorf Ajuy mit Fischlokalen und Unterkunft. Am dritten Tag langer Aufstieg bis Pájara, dann durch eine malerische Gebirgslandschaft ins Palmendorf Vega de Río Palmas und zur ehemaligen Hauptstadt Betancuria (schönster Ort der Insel!). Noch ein paar steile Kehren bergauf – vorbei am Aussichtspunkt Mirador Morro Velosa (lohnender Abstecher!) – und dann in gemütlicher Abfahrt über Llanos de la Concepción nach Puerto del Rosario.

Alle Radtouren sind in der Karte im Umschlag vorn dargestellt.

fragt, kommt es doch darauf an, Gelände, Entfernung und Wind richtig zu beurteilen. Auf Fuerteventura gibt es vorerst vier Plätze, an denen man diesen Sport praktizieren kann: auf zwei 18-Loch-Golfplätzen in Caleta de Fustes, dem Golfplatz Vinamar am Ortseingang von Jandía sowie in der Academia de Golf in La Pared. Trainieren kann man im Club Aldiana (Las Gaviotas) und im Club Magic Life (Esquinzo).

Tennis wird in den Ferienclubs, aber auch in allen größeren Hotels und Apartmentanlagen angeboten. Einen guten Ruf genießt die Tennisschule Matchpoint mit Sitz in Esquinzo.

Reiten kann man am besten auf einer Finca nördlich von La Pared und im Centro de Ocios in Tarajalejo. Wer lieber ein Dromedar besteigt, fährt zum Kamelstall in La Lajita, für Kinder stehen Esel bereit. Zusätzliche Infos finden sich bei der jeweiligen Ortsbeschreibung.

Kanarischer Sport

Ringkampf

Fast so beliebt wie Fußball ist **Lucha Canaria,** der aus prähispanischer Zeit überlieferte kanarische Ringkampf. Jedes noch so kleine Dorf bringt einige *luchadores* hervor, Hochburgen des Sports sind Puerto del Rosario (mit dem Stadion gleich neben der Kirche), Gran Tarajal, Tarajalejo und Las Playitas. Bei dem Wettstreit stehen zwei je zwölf Mitglieder starke Gruppen einander gegenüber, früher ausschließlich Männer, heute auch Frauen. Die Kampfstätte ähnelt einer Arena; gerungen wird auf einer runden, mit Sand bedeckten Fläche, dem so genannten *terrero*. Barfüßig, nur mit Hemd und kurzer Hose bekleidet, treten sich die Kontrahenten gegenüber. Ihr Ziel ist es, den Gegner mit gekonnten Griffen aus dem Gleichgewicht zu bringen und ihn zweimal zu Boden zu zwingen; dabei sind Boxen, Schlagen und Würgen strikt verboten.

Stockfechten

In Sport- und Kulturvereinen wird **Juego del palo,** das in altkanarischen Traditionen wurzelnde Stockfechten, wiederbelebt. Ein langer, fester Stock diente einst den Hirten als Waffe und als Hilfsmittel, um Gräben und Felsbrüche zu überspringen. Beim heutigen Stockkampf versucht man, den Gegner mittels des Stabes aus dem Gleichgewicht zu bringen. Die Niederlage gilt als besiegelt, sobald der Sieger die Stirn des Widersachers mit der Stockspitze berührt.

Telefonieren

Die **Vorwahl** für Fuerteventura von Deutschland, Österreich und der Schweiz lautet 0034 für Spanien, dann folgt die neunstellige Nummer des Anschlussinhabers. Bei Gesprächen von Spanien ins Ausland wählt man 0049 für Deutschland, 0043 für Österreich und 0041 für die Schweiz, danach die Ortsvorwahl ohne Anfangsnull und die Rufnummer des Teilnehmers.

Man telefoniert am besten mit **Telefonkarten** *(tarjetas telefónicas)*, erhältlich auf der Post und in Tabakläden. Gespräche von 22 bis 6 Uhr sind günstiger. Die nationale **Fernsprechauskunft** ist unter der Nummer 11818, die internationale unter 11825 zu erreichen.

Mobiltelefon

Das eigene **Mobiltelefon** lässt sich in Fuerteventura problemlos nutzen. Wegen hoher Gebühren sollte man bei seinem Anbieter nachfragen oder auf dessen Website nachschauen, welcher der Roamingpartner günstig ist und diesen per **manueller Netzauswahl** voreinstellen. Nicht zu vergessen sind die **passiven Kosten,** wenn man von zu Hause angerufen wird (Mailbox abstellen!). Der Anrufer zahlt nur die Gebühr ins heimische Mobilnetz, die teure Rufweiterleitung ins Ausland zahlt der Empfänger. Besorgt man sich allerdings eine Prepaid-Karte *(tarjeta prepago)* und tauscht diese gegen die deutsche SIM-Karte (Handy muss lockfrei sein), zahlt man nichts für ankommende Anrufe. Günstig ist es auch, sich von vornherein auf **SMS** zu beschränken, der Empfang ist dabei in der Regel kostenfrei.

Wichtige Rufnummern

Unter dem Stichwort „Notfälle“ stehen wichtige Notrufnummern. Die Telefonnummern von Polizei, Krankenhaus, Gesundheitszentren und Ärzten finden sich in der Kurzinfo des jeweiligen Ortes.

Unterkunft

Pauschalurlaub

Die meisten Fuerteventura-Urlauber haben ein Pauschalarrangement mit Flug, Transfer und Unterkunft gebucht. Sie wohnen in den Ferienanlagen am Strand, großteils an der geschützten Ostseite der Insel. Die meisten Hotelzimmer und Apartments gibt es in Corralejo und Jandía, Costa Calma, Esquinzo und Caleta de Fustes (auch bekannt unter dem Namen „Costa Caleta"). Da sich die Veranstalter verpflichten, eine bestimmte Zahl von Betten oder gar alle anzumieten, erhalten sie von den Hoteliers günstige Konditionen – oft unter Listenpreis. Ein Teil des Gewinns wird an den Kunden in Form günstiger Angebote weitergegeben.

Fenster nach Süden

Tipp: In den Wintermonaten sollte man beim Einchecken im Hotel darauf achten, dass das Zimmer auf der Südseite liegt – nur die Mittagssonne wärmt die ansonsten meist **unbeheizten Räume!**

All inclusive

Etwa jeder zweite Fuerte-Tourist spielt laut Umfragen mit dem Gedanken, einen Urlaub „all inclusive" zu buchen. Wird mit diesem Etikett für die Teilnahme an der Reise geworben, so heißt dies freilich nicht, dass auf die Mitnahme von Bargeld zu verzichten ist. „Alles ist nie drin", meinten die Inspektoren von *Stiftung Warentest* nach Prüfung der Angebote zahlreicher Reiseveranstalter. Das Getränk zum Abendessen mag im Preis inbegriffen sein – stets aber bleibe einiges, das extra zu zahlen sei: z.B. Getränke aus der Minibar, Ausflüge oder bestimmte Sportangebote.

Clubs

Auf keiner kanarischen Insel gibt es so viele Ferienclubs wie auf Fuerteventura. Wer sich für sie

„Club" oder „Aktivhotel" – wer segelt im Wind des neuesten Trends?

Schon vor mehreren Jahren haben Clubs damit begonnen, sich „Aktivhotels" zu nennen oder ganz auf die Bezeichnung „Club" zu verzichten. Dieses Wort, flüsterten ihnen die Marktforscher ein, wirke auf viele potentielle Gäste heute eher abschreckend und lasse sie an „Trillerpfeifen-Animation" denken – dadurch aber werde der Umsatz gebremst. *Gisela Sökeland,* die Geschäftsführerin von Aldiana, hat das bestätigt: „Das Etikett Cluburlaub polarisiert. Die uns nicht kennen, haben Angst, zwangsanimiert zu werden."

Mit klugen Werbeslogans hat man es inzwischen verstanden, dieser Angst entgegenzuarbeiten und auch verstärkt wieder Familien anzulocken. „Urlaub unter Freunden" verspricht Aldiana, „Zeit für Gefühle" hat man bei Robinson. Dazu kommt die Aussicht auf „Select-Service", auf Luxus und Genuss – die neuen Requisiten eines eher sanfteren Zeitgeists, von dem man freilich nicht weiß, ob er sich bereits wieder überlebt hat. Die heutigen Clubs haben ein janusköpfiges Gesicht, die einstmals homogene Zielgruppe ist pluralistisch aufgefächert: Für die einen bedeuten Clubs immer noch Action und Sport, für die anderen eine Körperpflege ganz anderer Art, Wellness und „Renaissance der Sinne".

Doch was wird morgen gefragt sein? Schon machen sich die „Trendscouts" an die Youngsters heran und wollen herausfinden, wohin die Kunden von morgen abdriften. Werden sie sich durch den Cluburlaub zappen wie ihre Eltern durchs Fernsehen? Oder werden sie einem neuen Kult aufsitzen, den die Marktstrategen als „authentische" Kultur verkaufen – vielleicht nur das kopierend, was lange vor ihnen war? In jedem Fall ist sichergestellt, dass es „geheime" Wünsche nicht geben darf – sie gehören in die Verkaufspalette der touristischen Anbieter, bei ihnen ist, wer „Glück" sucht, bestens aufgehoben.

entscheidet, legt Wert auf ein umfassendes **Sport- und Unterhaltungsangebot,** in der Regel auch auf Action und Animation. Wichtig zu wissen: Je weiter man auf Fuerteventura nach Süden vorstößt, desto „deutscher" wird es. Die bekanntesten Clubs liegen auf der Halbinsel Jandía und sind zu über 90% mit deutschen Gästen belegt: so der Club Aldiana in Las Gaviotas und die Robinson Clubs in Esquinzo und Jandía.

Individualurlaub

Es gibt eine Reihe schöner Unterkünfte abseits der Touristenzentren, teils an der Küste, teils höher gelegen. Das Angebot reicht von Pensionen und Privatzimmern über Apartments bis zu einfachen Hotels und Landhäusern. In den Ortskapiteln werden die Unterkünfte detailliert vorgestellt.

Von Ort zu Ort

Urlaub von Ort zu Ort – und dies zu günstigen Preisen – ist auf Fuerteventura nicht leicht zu organisieren, denn außerhalb der Ferienstädte, wo die Unterkünfte oft exklusiv in der Hand von Reiseveranstaltern sind, ist die Auswahl an Quartieren begrenzt. **Erschwingliche Unterkünfte** findet man am ehesten in Corralejo, Lajares und El Cotillo, Ajuy und Antigua, Puerto del Rosario und Morro Jable.

Reservierung

Wer in einer Pension oder einem Hotel ohne Voranmeldung eintrifft, kann Pech haben – und dies nicht nur während der Weihnachts- und Osterferien. Es empfiehlt sich, mindestens zwei Tage im Voraus anzurufen und das Zimmer zu reservieren – ein paar Spanisch-Sprachkenntnisse erweisen sich da als nützlich (⇨Anhang). Die Vorwahl für Spanien lautet 0034, es folgt die Fax- oder Telefonnummer der gewünschten Unterkunft auf Fuerteventura.

Preiskategorien

Um dem Leser eine Vorstellung zu vermitteln, wie teuer die in diesem Buch vorgestellten Unterkünfte sind, wurden die Landhäuser und Hotels, Pensionen und Apartments in vier Preisklassen unterteilt. Die Preise gelten jeweils für ein **Doppelzimmer ohne Frühstück.** Für ein Einzelzimmer zahlt man in der Regel 70% des Preises für ein Doppelzimmer.

- **Untere Preisklasse** €: bis 40 Euro
- **Mittlere Preisklasse** €€: 40–80 Euro
- **Obere Preisklasse** €€€: 80–120 Euro
- **Luxuspreisklasse** €€€€: über 120 Euro

Urlaub im Landhaus

Alle Nachbarinseln bieten *Turismo Rural* (Urlaub auf dem Lande), nun will auch Fuerte von diesem Trend profitieren. In La Oliva, Antigua, Pájara, Casillas del Ángel, Triquivijate, La Asomada und Guisguey wurden bereits Landhäuser in kanarischem Stil restauriert und zu Unterkünften umgestaltet. Über das stets wachsende Angebot informiert man sich am besten auf den Internetseiten der auf Landurlaub spezialisierten Agenturen. Fast immer erfolgt die Vermietung der Häuser auf Wochenbasis.

Vor Ort

- **Fuerteventura Rural,** (Asociación de Turismo Rural, spanische Leitung), Tel. 902362502, www.acantur.es.

Deutsche Vermittler

- www.canariasreisen-bleidorn.de
- www.jankereisen.de
- www.finca-selection.de
- www.fincaferien.de
- www.lascasascanarias.com

Campingurlaub

Der einzige Campingplatz der Insel befindet sich bei **Tarajalejo,** 1,5 Kilometer von der Küste entfernt und inmitten eines staubigen Tals. Er ist Teil einer bescheidenen Freizeitanlage mit Pool und Restaurant und verfügt über 100 Stellplätze. Mag man auch vom Ambiente nicht begeistert sein, so ist dies doch die preiswerteste Art, auf Fuerte Urlaub zu machen: Eine Familie mit zwei Kindern zahlt inkl. Nebenkosten weniger als 40 € pro Tag.

„Wildes Zelten" ist offiziell nicht erlaubt, doch gibt es **Campingzonen** *(zonas de acampada)* ohne sanitäre Einrichtungen, wo man – allerdings nur zur Ferienzeit und gegen Zahlung einer Kaution – mit Genehmigung offizieller Stellen kostenlos zelten kann. Wer sein Lager im Naturpark der

502fu Foto: gs

Halbinsel Jandía (max. eine Woche) aufschlagen will, wendet sich an die Umweltbehörde in Puerto del Rosario.

Turismo Rural – Urlaub auf dem Land, auch auf Fuerteventura (Casa Isaítas in Pájara)

Verkehrsmittel

Bus

Busse *(guaguas)* sind auf Fuerteventura sehr preiswert. Die Gepäckstücke - leider keine Fahrräder - werden kostenlos befördert. Fast alle wichtigen Orte sind ans Liniennetz angeschlossen, doch werden sie oft nur ein- oder zweimal pro Tag angesteuert. Zu selten verkehren Busse etwa auf der landschaftlich reizvollen Strecke Pájara - Betancuria - La Oliva; gar nicht mit Bus erreichbar sind Orte wie Ajuy und Pozo Negro.

Fahrplan

Was mit Bus machbar ist, lässt sich mit Hilfe des abgedruckten Fahrplans ermessen. Details können sich ändern, darum empfiehlt es sich, die Angaben vor Ort zu überprüfen. Bei der Touristeninformation in Puerto del Rosario, Corralejo und Jandía bekommt man den neuesten Plan. Infos unter www.tiadhe.com/rutas.htm.

- **Linie 1:**

Puerto del Rosario - Antigua - **Morro Jable** (135 Min.)
Mo-Fr 6.30**, 7.30, 8.30, 9.30, 11.30, 12.30*, 13.30**, 14.30*, 15.30*, 16.30, 17.30, 19**, 20.30, 22.30 Uhr.
Sa 7**, 8.30, 9.30, 10.30, 11.30, 12.30, 13.30**, 14.30, 16, 19**, 20.30 Uhr.
So 9, 11, 12.15, 13.30, 14.30, 17, 19, 20.30 Uhr.
Morro Jable - Antigua - **Puerto del Rosario** (135 Min.)
Mo-Fr 6, 8, 9, 10, 11, 12, 13, 14*, 15.30, 16.30, 17.30, 19, 20, 22.30 Uhr.
Sa 6, 7, 8, 9.30, 11, 12.30, 14, 15.30, 16.30, 19, 22.30 Uhr.
So 8, 9.30, 11.30, 14, 15.30, 16.45, 19, 22.30 Uhr.
* fährt über Las Playitas
** fährt über Triquivijate

- **Linie 2:**

Puerto del Rosario - Tefía - Betancuria - **Vega de Río Palmas** (60 Min.)
Mo-Sa 11, 14.30, 18.30 Uhr.
Vega de Río Palmas - Betancuria - Tefía - **Puerto del Rosario** (60 Min.)
6.45 (Mo-Sa), 8.30 (nur So), 12.30, 16.30 Uhr.

- **Linie 3:**

Puerto del Rosario - Flughafen - Caleta de Fustes - **Las Salinas** (25 Min.)

Busnetz
6-7-8
Corralejo
6
7-8
El Cotillo
7
La Oliva
14
El Time
7-14
1-2-3-6-7-10-14-16
Puerto del Rosario
1-2-15
Aeroporte de Fuerteventura
3-10-16
2
Caleta de Fustes
Triquivijate
3
Antigua
Las Salinas
15
10-16
Betancuria
16
10
2
La Vega de Río Palmas
1-16
4-9-18
Tuineje
Pajara
11
9-11-18-16
4
12
Las Playitas
Gran Tarajal
12-16-18
11-25
La Lajita
La Pared
4
5
Costa Calma
1-4-5-9-10-25
0
10 km
1-4-5-9-10-25
Jandía
Morro Jable

Mo–Sa 6.30–24 Uhr etwa halbstündlich, So 7–24 Uhr nahezu stündlich*.
Las Salinas – Caleta de Fustes – Flughafen – **Puerto del Rosario** (25 Min.)
Mo–Sa 7–0.30 Uhr etwa halbstündlich, So 7.30–0.30 Uhr etwa stündlich*.
*Die ersten und letzten Busse starten bzw. enden in Caleta de Fustes.

- **Linie 4:**

Pájara – La Pared – Costa Calma – **Morro Jable** (90 Min.)
Mo–Sa 6.30 Uhr.
Morro Jable – Costa Calma – La Pared – **Pájara** (75 Min.)
Mo–Sa 16.15 Uhr.

- **Linie 5:**

Morro Jable – Costa Calma (45 Min.)
Mo–Sa 8.30–14.30 stündlich, 15, 16, 16.15, 17*, 18, 21, 0.15 Uhr.
So 9.30–13.30 stündlich, 15, 16, 16.15, 18, 21, 0.15 Uhr.
Costa Calma – Morro Jable (45 Min.)
Mo–Sa 9.30–15.30 stündlich, 16.40, 18*, 19.40, 23.10 Uhr.
So 7, 7.30, 10.30–14.30 stündlich, 16.40, 19.40, 23.10 Uhr.
* nur Sa
Hinweis: Auch die Linien 4, 9 und 25 verkehren auf dieser Strecke!

- **Linie 6:**

Corralejo – Parque Holandés – **Puerto del Rosario** (45 Min.)
Mo–Sa 7–22 Uhr alle 30–60 Min., So 7–22 Uhr stündlich.
Puerto del Rosario – Parque Holandés – **Corralejo** (45 Min.)
Mo–Sa 7–23 Uhr alle 30–60 Min., So 7–22 Uhr stündlich.

- **Linie 7:**

Puerto del Rosario – La Oliva – Corralejo – **El Cotillo** (60 Min.); tgl. 10, 14.15, 19 Uhr.
El Cotillo – Corralejo – La Oliva – **Puerto del Rosario** (70 Min.); tgl. 6.45, 12, 17 Uhr.

- **Linie 8:**

Corralejo – La Oliva – **El Cotillo** (50 Min.)
Tgl. 9–21 Uhr stündlich.
El Cotillo – La Oliva – **Corralejo** (50 Min.)
Tgl. 8–13 und 15–20 Uhr stündlich.

- **Linie 9:**

Pájara – Gran Tarajal – **Morro Jable** (100 Min.)
Tgl. 6.30 Uhr.
Morro Jable – Gran Tarajal – **Pájara** (95 Min.)
Tgl. 16 Uhr.

- **Linie 10:**
Puerto del Rosario – Flughafen – **Morro Jable** (75 Min.)
Mo–Sa 9, 13.45, 16, 18 Uhr, So 13, 18 Uhr.
Morro Jable – Flughafen – **Puerto del Rosario** (75 Min.)
Mo–Sa 6.30, 11.30, 13.30, 15.45 Uhr, So 9, 16 Uhr.

- **Linie 11:**
Tuineje – La Lajita (30 Min.)
Mo–Sa 8 Uhr.
La Lajita – Tuineje (30 Min.)
Mo–Sa 11.30, 16.15 Uhr.

- **Linie 12:**
Gran Tarajal – Las Playitas (10 Min.)
7.30–18.30 Uhr, So 8.30–18.30 Uhr etwa stündlich.
Las Playitas – Gran Tarajal (10 Min.)
Mo–Sa 6.45–18.15 Uhr, So 8.45–18.15 Uhr etwa stündlich.
Hinweis: Auch die Linien 16 und 18 verkehren auf dieser Strecke!

- **Linie 14:**
Puerto del Rosario – El Time (15 Min.)
Mo–Sa 8.15, 13.30 Uhr.
El Time – Puerto del Rosario (15 Min.)
Mo–Sa 8.30, 14 Uhr.

- **Linie 15:**
Puerto del Rosario – Triquivijate (20 Min.)
Mo–Sa 9 Uhr.
Triquivijate – Puerto del Rosario (20 Min.)
Mo–Sa 9.30 Uhr.
Hinweis: Auch Linie 1 verkehrt manchmal auf dieser Strecke!

- **Linie 16:**
Gran Tarajal – Tuineje – Antigua – Caleta de Fustes – **Puerto del Rosario**
Tgl. 6*, 8.30, 10.30,14.30* Uhr.
Puerto del Rosario – Caleta de Fustes – Antigua – Tuineje – **Gran Tarajal**
Tgl. 9.30, 15.15*, 17.30, 19.30* Uhr.
*nur Mo–Fr

- **Linie 18:**
Pájara – Gran Tarajal (30 Min.)
Mo–Fr 7.30, 12.30 (ab Tuineje), 13.15, 17.30 Uhr,
Sa 8.30, 12.45, 15.30, 17.30, So 8, 13.45 Uhr.
Gran Tarajal – Pájara (30 Min.)
Mo–Fr 12, 16.15*, 18.30**, Sa 13, 16.15*, 18.30**,
So 13**, 18.30** Uhr.
* Linie 11
** Via Las Lajitas

232fu Foto: SC

- **Linie 25:**

La Lajita – Morro Jable (60 Min.)
Tgl. 14, 16.30, 19.30, 23 Uhr.
Morro Jable – La Lajita
Tgl. 15, 18, 21, 0.15 Uhr.
Hinweis: Auch die Linien 1 und 9 verkehren auf dieser Strecke!

- **Weitere Busse im Süden:**

Zusätzlich gibt es zwischen Morro Jable (Puerto), Las Gaviotas und Playa de Esquinzo sowie zwischen Costa Calma, La Pared und La Lajita einen Busservice der Gemeinde. Haltestellen erkennt man an den gelbblauen Bordsteinkanten und der Straßenaufschrift „Bus".

Taxi

In allen Ortschaften gibt es Haltestellen für Taxis *(parada de taxi)*, wo man auch anrufen kann. Die Rufnummern für die Taxistände der einzelnen Gemeinden sind in den Infokästen angegeben.

Einige Taxis rechnen nach der offiziellen Preisliste *(lista de precios)* ab, andere sind mit Taxameter ausgerüstet. Der Grundpreis liegt bei ca. 2 €, pro gefahrenem Kilometer kommt etwa 1 € dazu (plus Flughafen-, Nacht- und Gepäckzuschlag).

Flug und Fähre zu den Nachbarinseln

Flug

Von Fuerteventura gibt es täglich mehr als zehn Direktflüge nach Gran Canaria (www.bintercanarias.es). Der Flughafen liegt im Osten der Insel, sechs Kilometer südlich der Hauptstadt Puerto del Rosario.

Fähre

Schnellfähren fahren von Morro Jable täglich, Schiffe von Puerto del Rosario 4 x wöchentlich nach **Gran Canaria.** Die Überfahrt dauert gut 2 Std. ab Morro Jable, 8 Std. ab Puerto del Rosario. Von Corralejo setzen Fähren fast stündlich nach **Lanzarote** über. Die Überfahrt nach Playa Blanca dauert 20–35 Minuten, Olsen bietet ab Playa Blanca kostenlosen Busanschluss nach Puerto del Carmen (s. Kapitel „Ausflug Lanzarote"). Die aktuellen **Abfahrtszeiten und Preise** erfährt man in den Reisebüros vor Ort oder online (⇨„Internet/Verkehr").

Verbrauchertipp

Wer sich im Hotel oder Restaurant oder auch bei der Autoverleihfirma schlecht behandelt fühlt, kann sich zur Wehr setzen. Oft reicht die bloße Frage nach dem Beschwerdebuch *(libro de reclamaciones)*, um Konfliktstoff im Handumdrehen aus der Welt zu schaffen. Alle touristischen Unternehmen sind in Spanien verpflichtet, das weiße Büchlein offen sichtbar auszuhängen. Auf Verlangen wird dem Gast ein nummeriertes Beschwerdeblatt ausgehändigt, das der Kritisierte innerhalb eines Monats der Tourismusbehörde zuleiten muss. Die Klage, die auch auf Deutsch verfasst sein darf, hat viel Gewicht, denn nach mehrmaligen Eintragungen droht dem Unternehmen Lizenzentzug.

Verkehrsmittel einmal anders ...

Versicherungen

Krankenversicherung

Wichtig ist vor allem der Krankenschutz. Mit der **europäischen Krankenversicherungskarte EHIC** *(European Health Insurance Card),* gültig für alle Länder der EU und die Schweiz, können sich Mitglieder einer gesetzlichen Krankenkasse kostenlos in den Gesundheitszentren und im Krankenhaus behandeln lassen (⇨„Medizinische Versorgung“). Freie Arztwahl hat man freilich nur, wenn man eine **private Zusatzversicherung** abgeschlossen hat. Reguläre Auslandskrankenversicherungen sind billig und können kurzfristig abgeschlossen werden, gelten allerdings nur für maximal zwei Monate. Für Versicherungen mit einer längeren Laufzeit zahlt man deutlich mehr. Und plant man eine mehr als sechsmonatige Reise, ist Vorsicht geboten: Meldet man sich korrekterweise bei der Einwohnerkontrolle ab, kündigen viele Krankenkassen den Versicherungsschutz!

Bei der Wahl der Versicherung sind **Leistungsunterschiede zu prüfen.** Besteht Vollschutz ohne Summenbegrenzung? Werden Zahnbehandlungen übernommen? Ist die Behandlung einer Krankheit, die schon vor Antritt der Reise bestand, am Urlaubsort abgedeckt? Zu klären ist auch, ob ein Rücktransport im Falle eines Unfalls oder einer schweren Krankheit übernommen wird bzw. an welche Bedingungen er geknüpft ist. Heißt es etwa, er sei „sinnvoll nach Meinung des Arztes“ oder aber, er sei „medizinisch notwendig“?

Gleichfalls wichtig ist die **automatische Verlängerung** der Versicherung bei verhinderter Rückreise im Krankheitsfall. Ansonsten gehen die u.U. enormen Behandlungskosten zu Lasten des Patienten!

Die Versicherungsgesellschaft sollte bei **Eintritt eines Notfalls** umgehend verständigt werden (deshalb Notfallnummer und Policenummer gut aufbewahren)! Will man die Auslagen erstattet bekommen, sind ausführliche **Quittungen** vorzulegen – mit Datum, Namen, Bericht über Art und Umfang der Behandlung sowie Betrag.

Andere Versicherungen

Aufgrund der vielen Ausschlussklauseln ist zu prüfen, ob es sich lohnt, weitere Versicherungen abzuschließen.So tritt die **Reiserücktrittsversicherung** nur in Kraft, wenn man vor der Reise einen schweren Unfall hat, gekündigt oder schwanger wird, nach Arbeitslosigkeit einen neuen Job bekommt, die Wohnung abgebrannt ist u.Ä. Höhere Gewalt in Form von Streiks, Terroranschlägen und Naturkatastrophen gilt hingegen nicht.

Die **Reisegepäckversicherung** lohnt kaum, da z.B. Gepäck, das bei Flugreisen verloren geht, in der Regel nur nach Kilopreis und ohnehin nur der Zeitwert nach Vorlage der Rechnung ersetzt wird. Kameraausrüstung und Laptop dürfen beim Flug nicht als Gepäck aufgegeben worden sein. Ebenfalls nicht versichert ist Gepäck im unbeaufsichtigt abgestellten Fahrzeug. So ist die Liste der Ausschlussgründe endlos. Überdies deckt die **Hausratsversicherung** Verluste bei Einbruch und Raub oft auch im Ausland. In jedem Fall muss der Versicherung als Schadensnachweis ein Polizeiprotokoll vorgelegt werden.

Eine **Privathaftpflichtversicherung** hat man in der Regel schon. Hat man eine **Unfallversicherung,** ist zu prüfen, ob diese im Fall plötzlicher Arbeitsunfähigkeit aufgrund eines Unfalls im Urlaub zahlt. Auch durch manche **Kreditkarten** oder eine Mitgliedschaft im Automobilclub ist man für bestimmte Fälle schon versichert. Die Versicherung über die Kreditkarte gilt jedoch meist nur für den Karteninhaber.

021fu Foto: gs

Der Norden

Überblick

Eine weite, mit **kegelförmigen Vulkanen** gespickte Ebene, die zur Küste hin in tief eingeschnittenen Buchten, weißsandigen Dünen und Lagunen ausläuft: So präsentiert sich der Norden seinen Besuchern. Er entstand vor 8000 Jahren, als sich Vulka-

ne aus dem Meeresboden erhoben und so viel Glut und Gestein spuckten, dass sich die Insel beträchtlich erweiterte. Schwarze Lavazungen preschten ins Meer vor und schufen die uns heute bekannte, abwechslungsreiche Küste. Streckenweise wurde sie von maritimem Sand verweht, der sich im Laufe der Zeit zu riesigen **Dünen** aufhäufte.

Touristischer Dreh- und Angelpunkt ist das Städtchen **Corralejo** mit vielen Bars und Discos in der Altstadt, Bade- und Surfmöglichkeiten an naturgeschützten Stränden. Ausflugsschiffe fahren zum Felseiland Lobos und nach Lanzarote, landeinwärts lohnt die Stadt **La Oliva** einen Besuch. Beste Adresse für Individualurlauber ist das Fischerdorf **El Cotillo,** wo es die schönsten Lagunen und die meisten Privatquartiere gibt; weiter nördlich entstehen freilich auch hier größere Ferienanlagen. Bleibt als „schützenswerte rustikale Zone" die weite Küste rund um **Majanicho:** ein interessantes Terrain für Wanderer und Radler, um „jungvulkanisches Malpaís", eine Lavalandschaft mit bizarren Buchten, zu erkunden.

Corralejo

Das einstige Fischerdorf am Nordzipfel Fuerteventuras hat sich zu einem beliebten Ferienort gemausert. Wer hier Urlaub macht, ist unternehmungslustig; er genießt das quirlige Treiben in den Straßen, das **Hafenambiente** mit den Fährschiffen und Yachten, die kilometerlangen **Dünenstrände** und vielleicht auch das spannende **Nachtleben.** Corralejo ist einer der wenigen Orte der Insel, in dem deutsche Besucher nicht den Ton angeben. Briten, Skandinavier und Italiener kommen gleichfalls hierher – ihnen allen gefällt es, nicht in einem abgeschiedenen Touristenghetto zu leben, sondern in einer spanisch-kanarischen, lebendigen Stadt.

Seite 114/115:
Planschrevier an der Playa de Corralejo, am Horizont die kleine Insel Lobos

Kurzinfo Corralejo

- **Touristeninformation:** Oficina de Información Turística, Muelle Chico, Av. Marítima 2, Tel. 928866 235, www.corralejograndesplayas.com, So geschl. Eine zweite Info-Stelle befindet sich am Hafen (Tel. 928537183, Sa/So geschl.).
- **Polizei:** Policía Local (mit Fundbüro), Paseo Atlántico 1, Tel. 928866107; Guardia Civil, Paseo Atlántico 5, Tel. 928867267.
- **Banken:** entlang der Av. del Carmen.
- **Post:** Calle García Morato s/n.
- **PLZ:** 35660
- **Internet:** Av. Grandes Playas, C.C. Cactus, Local 4, Tel. 928537191, ab 10 Uhr. Im Untergeschoss der von *Deb & Fred* geführten Bar.
- **Konsularsprechtage:** alle drei Monate im Hotel Tres Islas.
- **Gesundheitszentrum:** Centro de Salud, Av. Juan Carlos I 28, Tel. 928535480.
- **Zahnarzt:** Deutsche Zahnarztpraxis *(Clínica Dental),* Av. del Carmen 46, Tel. 928535174.
- **Apotheke:** Farmacia, Av. del Carmen 44.
- **Autovermietung:** CICAR, C.C. Atlántico, Av. del Carmen s/n, Tel. 928866413; Muelle, Tel. 928532661.
- **Taxi:** Hernán Cortes s/n (C.C. Atlántico), Tel. 928866108.
- **Minizug:** Der *Minitren* verbindet das Ortszentrum mit den Dünenstränden, doch ist der Betrieb z.Z. eingestellt.
- **Bus:** Vom Busbahnhof *(Estación de Guaguas)* in der Av. Juan Carlos I s/n starten Linienbusse nach Puerto del Rosario (Linien 6, 7), La Oliva, Lajares und El Cotillo (7, 8).

Der Ferienort bietet allen Service, den ein komfortgewohnter Mitteleuropäer erwartet: Bankautomaten und Internet-Cafés, stets verfügbare Taxis und geöffnete Läden rund um die Uhr. Weitere Vorteile kommen hinzu: Nur einen kurzen Bootstrip entfernt liegt **Lobos,** die „Insel der Wölfe" – und auch **Lanzarote,** das jenseits der Meerenge majestätisch aufragt, ist mit der Fähre in einer knappen halben Stunde erreicht. In diesem Ort

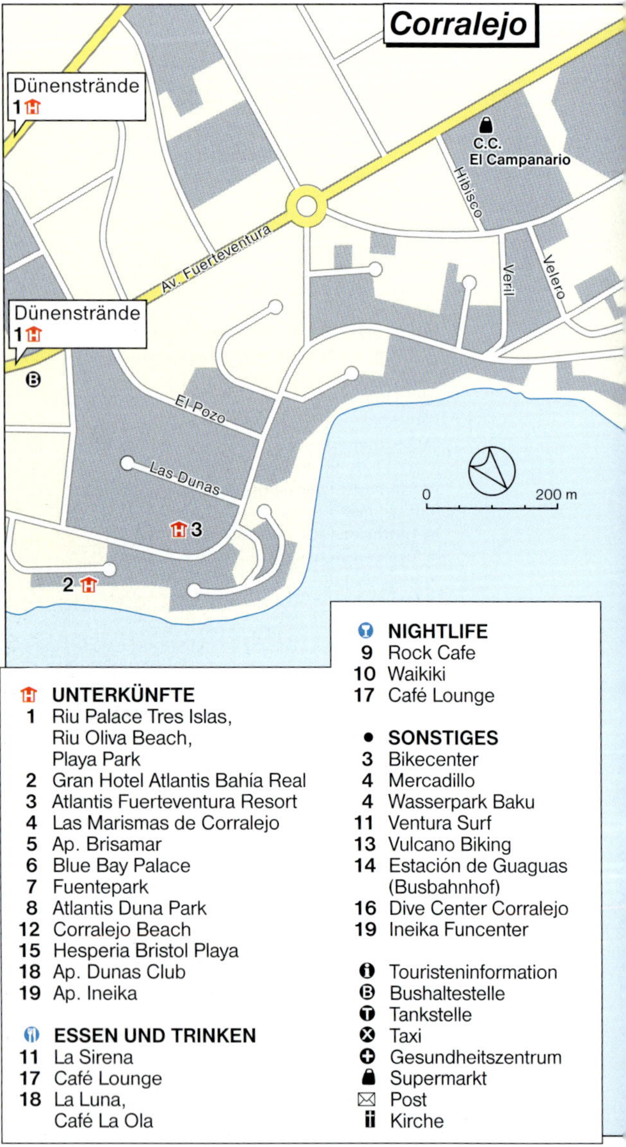

UNTERKÜNFTE
1 Riu Palace Tres Islas, Riu Oliva Beach, Playa Park
2 Gran Hotel Atlantis Bahía Real
3 Atlantis Fuerteventura Resort
4 Las Marismas de Corralejo
5 Ap. Brisamar
6 Blue Bay Palace
7 Fuentepark
8 Atlantis Duna Park
12 Corralejo Beach
15 Hesperia Bristol Playa
18 Ap. Dunas Club
19 Ap. Ineika

ESSEN UND TRINKEN
11 La Sirena
17 Café Lounge
18 La Luna, Café La Ola

NIGHTLIFE
9 Rock Cafe
10 Waikiki
17 Café Lounge

SONSTIGES
3 Bikecenter
4 Mercadillo
4 Wasserpark Baku
11 Ventura Surf
13 Vulcano Biking
14 Estación de Guaguas (Busbahnhof)
16 Dive Center Corralejo
19 Ineika Funcenter

Touristeninformation
Bushaltestelle
Tankstelle
Taxi
Gesundheitszentrum
Supermarkt
Post
Kirche

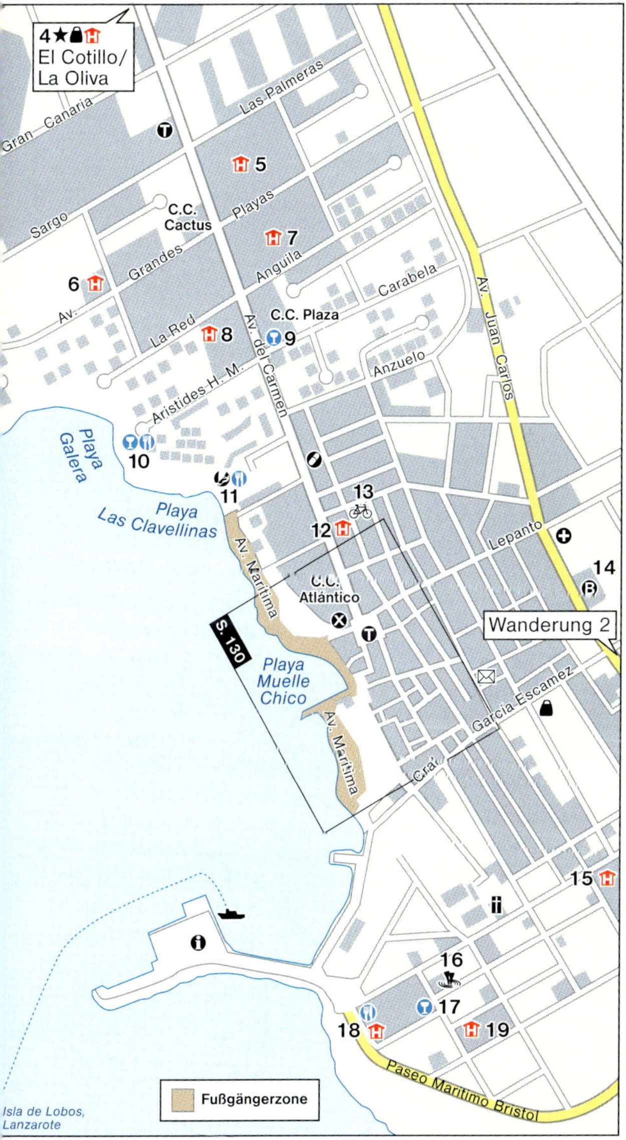
4 El Cotillo/ La Oliva
Gran Canaria
Las Palmeras
5
C.C. Cactus
Playas
Sargo
7
Grandes
Anguila
6
Av.
Carabela
Av. Juan Carlos
C.C. Plaza
La Red
8
9
Av. del Carmen
Anzuelo
Aristides H. M.
Playa Galera
10
11
13
Playa Las Clavellinas
12
Lepanto
14
Av. Marítima
C.C. Atlántico
Wanderung 2
S. 130
Playa Muelle Chico
García Escamez
Av. Marítima
15
16
17
18
19
Paseo Marítimo Bristol
Fußgängerzone
Isla de Lobos, Lanzarote

kommt Langeweile nicht auf: Für sportlich Aktive gibt es zahlreiche Surf- und Tauchschulen, man kann Mountainbikes und Motorräder leihen, Tennis, Squash und Beachvolleyball spielen.

Ein Blick zurück

Im Jahr 1824, nach neuen Vulkanausbrüchen auf der Nachbarinsel, wurde Corralejo gegründet. Lanzaroteños suchten hier Schutz vor den Naturgewalten und errichteten Hütten. 1856 wurde der Name des Ortes erstmals in der Gemeindechronik von La Oliva erwähnt, später genoss Corralejo den zweifelhaften Ruhm eines **„Schmugglernests"**. Doch viel Geld können die Bewohner mit ihren dunklen Geschäften nicht verdient haben, denn noch 1940 gab es gerade mal zwölf ärmliche Häuser - von Wohlstand keine Spur. Die Menschen lebten von dem, was das Meer hergab, einige bauten Getreide, Kartoffeln und Kürbisse an. Zur Fiesta besuchten sie die Nachbarorte Lajares und El Cotillo, zur Hochzeit zogen sie nach La Oliva, wo auch ihre Toten begraben wurden.

Erst 1957, als das erste kleine Hotel aufmachte, ging es mit Corralejo langsam aufwärts. Einmal pro Woche wurde nun frisches Gemüse aus der Hauptstadt geliefert, den Bewohnern stand ein klappriger Lastwagen, bald auch ein Taxi mit acht Sitzen zur Verfügung. Zehn Jahre später errichteten Belgier die üppig begrünte Apartmentanlage Hoplaco, ein Deutscher begann mit dem Bau von Hotels mitten in den Dünen. Doch der große **touristische Boom** setzte erst in den 1980er und 1990er Jahren ein: Ausländische Unternehmen reinvestierten das auf Gran Canaria verdiente Vermögen in Anlagen rund um den Ortskern und weil

Nixen an der Avenida Grandes Playas

es auf der Insel an Arbeitskräften mangelte, warben sie das Personal in strukturschwachen Gebieten des Festlands an. Rezeptionisten, Köche und Putzfrauen kommen noch heute aus Galicien, Andalusien und der Extremadura. „Ein echter *Majorero*“, so ein Fischer im Hafen, „ist nicht leicht zu finden; fast alle, die hier Geld verdienen, sind Fremde.“ Mittlerweile leben 8000 Menschen in Corralejo, die Zahl der Touristenbetten ist auf über 25.000 gestiegen.

Sehenswertes

Hafen und Promenade

Herzstück der Stadt ist der Hafen. Neben den Ausflugsschiffen und Fähren schaukeln bunte Fischerboote, daneben liegen schnittige Yachten vor Anker und warten auf günstigen Wind für die Atlantikpassage. Kinder werfen auf der alten Mole ihre Angel ins Wasser, Möwen stürzen sich auf die ihnen zugeworfenen Bissen.

Die autofreie Promenade ist der ideale Ort, um Meeresluft zu schnuppern und das Treiben rund um die Mole zu beobachten. Man sitzt direkt

2Cl fu Foto: gs

022fu Foto: gs

überm Wasser, genießt den Blick auf die ein- und auslaufenden Schiffe sowie auf die Felsinsel Lobos. Die **Avenida Marítima,** wie sie stolz von den Bewohnern genannt wird, wurde inzwischen nach Süden hin erweitert und zieht sich in malerischen Kehren die Küste entlang. Vorbei am Dorfstrand führt sie zur **Playa Galera,** einer kleinen, weißsandigen Bucht mit Surfschulen.

Vergängliche Kunst

Altstadt

Über schmale Gassen gelangt man von der Promenade zum Ortskern. Beste Ferienstimmung herrscht auf der von Lorbeerbäumen beschatteten **Plaza Felix Estévez** mit vielen Lokalen und Souvenirshops. Fast jeden Abend gibt es Folklore und Unterhaltung, schon früh sind alle Terrassencafés besetzt. Wer es etwas stiller liebt, geht in die **Calle La Iglesia,** in der noch am stärksten der Charakter des alten Corralejo spürbar ist. Sie ist steingepflastert und von Laternen flankiert, führt nordwärts zur kleinen Ortskirche, wo man am Sonntagabend die Messe zelebriert.

Hauptstraße

Fast großstädtisch präsentiert sich die vierspurige Hauptstraße **Avenida del Carmen** (früher bekannt als „Avenida General Franco"), die am Einkaufszentrum Atlántico startet und aus dem Ort südwärts hinausführt. Sie ist von hoch aufschießenden Zweckbauten gesäumt: Banken, Autoverleihfirmen und Reisebüros, Boutiquen, Surf- und Sportswearshops. Westlich der Straße liegt das schachbrettartig angelegte Viertel der Einheimischen mit Busbahnhof und Gesundheitszentrum, östlich erstrecken sich Gärten mit Bungalows und Apartments bis zur Küste.

Folgt man der Avenida südwärts, gewinnt Corralejo immer mehr den Charakter einer „Touristenstadt". Vor allem an der links abzweigenden Avenida de Grandes Playas reiht sich eine Hotelanlage an die nächste. Aber auch landeinwärts wird weitergebaut, erbarmungslos werden alle freien Flächen zubetoniert.

Strände

Schon die Buchten im Stadtbereich laden zum Baden ein, doch schöner noch sind die **Dünenstrände** mit ihrem smaragdgrün leuchtenden Wasser. So weit das Auge reicht: flirrende, vom Wind „hingestreichelte" Sandfelder. Am Horizont werden sie von einer Kette dämmeriger, vielfarbig

Die Wüste lebt – die Dunas de Corralejo

Man ahnt nicht, wie viel Leben sich in der wüstenähnlichen Landschaft verbirgt. Das wohl auffälligste Tier dieser Region ist die **Kanarische Kragentrappe** *(Chlamydotis undulata fuerteventurae),* ein mit ca. 400 Exemplaren seltener und vom Aussterben bedrohter Brutvogel. Es gibt ihn nur auf Fuerteventura und Lanzarote, nirgends sonst auf der Welt. Als ein „Spezialist der Tarnung" ist er mit seinem braunockerfarbenen Gefieder so gut an den Dünensand angepasst, dass man ihn kaum wahrnimmt. Stöbert man ihn zufällig auf, wird er ein fantastisches Manöver vollführen: Erst fliegt er hektisch hoch, um dann in gebührender Entfernung wie ein Stein zu Boden zu fallen. Anschließend läuft er geduckt und wechselt ständig die Richtung, bis er sich hinter einer Deckung starr zu Boden drückt, nun ganz auf sein Tarnkleid vertrauend. Die beste Chance ihn zu beobachten hat man im Januar und Februar, wenn Balzzeit herrscht und er unvorsichtig wird. Das Männchen reckt dann seinen ohnehin langen Hals und öffnet das Gefieder gleich einem Strauß weiß blühender Blumen.

Weniger scheu ist der **Wüstengimpel** *(Bucanetes githagineus amantum),* der an seinem intensiv roten Kleid und abgerundeten Schnabel zu erkennen ist. Gern kündigt er sich mit einem trompetenähnlichen Ruf an, der ihm im Englischen den Namen *Trumpeter Bullfinch* eingebracht hat. Ebenso wie die Kragentrappe ernährt er sich von Pflanzen, die in den Dünentälern wachsen: so von der dicht beblätterten **Strandwolfsmilch,** die sich mit einer dicken Pfahlwurzel in den Sand krallt, dem über den Boden kriechenden **Schneeweißen Nagelkraut** und dem zähen **Dornlattich.**

025fu Foto: gs

schimmernder Kämme begrenzt. Am markantesten ist der 312 Meter hohe „Rote Berg" (Montaña Roja) – krakenartig greift sein von Regen ausgewaschener Sockel in die Landschaft aus.

Der Strand erstreckt sich über sieben Kilometer die Küste entlang. Sein Sand wurde nicht von der Sahara herübergeweht, sondern ist maritimen Ursprungs: Korallen, Muscheln, Krebs- und Seeigelpanzer hat die Meeresbrandung zu feinsten Partikelchen zerrieben und an die Küste geschwemmt. In diesem Badeparadies findet noch ein jeder sein einsames Plätzchen. Einziger Wermutstropfen inmitten der grandiosen Weite sind die beiden vielstöckigen Hotels, die man in den 1970er Jahren gebaut hat – einige Jahre bevor **El Jable,** das gesamte, 24 Quadratkilometer große Dünengebiet, unter **Naturschutz** gestellt wurde (1982). Damals entstand auch die Küstenstraße, die Corralejo mit den beiden Riu-Hotels (Oliva Beach und Tres Islas) verbindet.

Praktische Tipps

Unterkunft

Nahe der großen Mole (Karte S. 120):

- **Ap. Ineika** €€, Nuestra Señora del Pilar 3, Tel. 928535744, www.ineika.de. Für jüngere Leute eine sehr gute Option, angeschlossen an die gleichnamige Wellenreitschule: Pro Kopf zahlt man 20 € mit Frühstück und schläft in sauberen Zwei- bis Vierbettzimmern mit Gemeinschaftsbad (getrennt nach Geschlecht). Man teilt sich mit den übrigen Gästen eine Küche, in der man sich Snacks und Getränke zubereiten kann, sowie einen Aufenthaltsraum. Dank der Besitzer *Sigi* und *Maria* ist das Ambiente freundlich und locker.

Außerhalb und Richtung Dünen (Karte S. 120):

- **Gran Hotel Atlantis Bahía Real** €€€€, Av. de las Grandes Playas s/n, Tel. 928536444, Fax 928537575, www.atlantis hotels.com, pauschal bei allen wichtigen Veranstaltern. Das Fünfsternehotel in bedrohlicher Nähe zum Naturschutzgebiet hat 242 Zimmer sowie ein Spa-Center mit deutschsprachigem Personal. Es präsentiert sich als „Symbol für Eleganz und Komfort", in dem man, wie es im Katalog heißt, den langgesuchten Ort seiner Träume entdecken kann. Ob diesen Satz auch jene Kunden unterschreiben, die in einem Raum mit enttäuschender Aussicht zur Seitenstraße wohnen? Wer bereit ist, 300 € für ein Doppelzimmer mit Frühstück zu zahlen, sollte noch 20 € drauflegen, denn für diesen Zuschlag bekommt man ein Zimmer zur Meerseite mit Blick auf die Lobos-Insel!

● **Atlantis Fuerteventura Resort** €€€€, Calle Las Dunas s/n, Tel. 928535258, Fax 928535118, www.atlantishotels.com. 383 Zimmer verteilen sich auf 23 zweistöckige Gebäude, dazu gibt es mehrere Bars und Restaurants, Mountainbike-Verleih, drei Tennisplätze und abendliches Entertainment. Das Hotel ist von der Badebucht durch eine Straße getrennt, zum Dünenstrand und zum Stadtzentrum läuft man jeweils 20 Minuten.

● **Riu Palace Tres Islas** €€€€, Av. de las Grandes Playas s/n, Tel. 928535700, Fax 928535858, www.riu.com, pauschal bei TUI. Das Beste an diesem sechsstöckigen Komforthotel ist die Lage: mitten in den Dünen und direkt vor dem kilometerlangen Sandstrand. Man wohnt ruhig, aber natürlich abgeschnitten vom städtischen Leben – zum Ortszentrum sind es 5 km. Die 365 Zimmer sind gemütlich, aber nicht sehr groß; für Solo-Reisende gibt es „Katzen-Zimmer" ohne Balkon und Meerblick. Das Hotel wurde 2007 renoviert und bietet ein gutes Frühstücks- und Abendbüfett.

● **BlueBay Palace** €€€, Av. de las Grandes Playas 12, Tel. 928536050, Fax 928536152, www.bluebayresorts.com, pauschal bei mehreren Veranstaltern. Nahe dem Zentrum und nur 100 m vom kleinen Ortsstrand Playa Galera entfernt: ein freundliches Viersternehotel mit zwei Pools, Mountainbike-Verleih, zwei Tennisquarzsandplätzen (mit Flutlicht) sowie ein sehr gutes Wellness Center mit Saunen, Dampfbad und Jacuzzi. Für die kleinen Gäste steht ein Miniclub bereit, das Planschbecken ist wie der Erwachsenenpool beheizt. Sehr gut waren beim letzten Besuch das Frühstück wie auch das Abendessen, beide in Büfettform. Insgesamt vier der 228 elegant eingerichteten Zimmer sind behindertengerecht.

● **Las Marismas de Corralejo** €€€, Calle Huríamen s/n, Tel. 928537228, www.lasmarismas.info. Eine gute Wahl, doch etwas ab vom Schuss – 15 Minuten läuft man zur Küste. In den letzten Jahren buchten sich hier vor allem britische Touristen ein, doch auch Gäste des deutschen Wanderveranstalters Wikinger fühlten sich hier wohl. Die 232 Apartments sind geräumig und hell, die Meinungen über das Essen an der Pool-Bar sind geteilt. Zur sportlichen Betätigung stehen Tennis- und Squashcourts, Fitness und Aerobic zur Verfügung. Für Kinder gibt es einen eigenen Club, Spielplatz und Pool.

● **Riu Oliva Beach** €€€, Av. de las Grandes Playas s/n, Tel. 928535334, Fax 928866154, pauschal bei TUI. Gegenüber dem Palace Tres Islas liegt dieses gleichfalls in die Wüste geklotzte Hotel mit 410 Zimmern und einem großen Pool, zwei Tennishartplätzen und Supermarkt. Zur Hochsaison, wenn sich fast 1000 Gäste in der Anlage tummeln, kommt ein Gefühl von Anonymität auf. Für Familienurlaub sind die zur Anlage gehörigen Apartments besser geeignet; für Kinder wird ein Unterhaltungsprogramm organisiert.

● **Atlantis Duna Park** €€€, La Red 1, Tel. 928535251, Fax 928535491, www.atlantishotels.com, pauschal bei vielen Veranstaltern. Älteres, zentral gelegenes Komforthotel. Die 79 keramikgefliesten Zimmer sind mit Sitzecke behaglich eingerichtet, verfügen über Sat-TV, Internetzugang, Klimaanlage und Fön. Die meisten haben einen Balkon mit Ausblick auf den üppig bepflanzten Pool-Garten. Achtung „Solos“: Die Einzelzimmer liegen zur Straße! Mit Sauna, Whirlpool und Fitnessraum sowie Gratis-Transfer zu den Dünen.

● **Aparthotel Fuente Park** €€€, Anguila 1, Tel. 928535310, Fax 928 535175, www.fuentepark.com, pauschal bei mehreren Veranstaltern. Pluspunkt der zweigeschossigen Anlage sind die 76 hell eingerichteten Suiten, die aus Schlafzimmer und Salon bestehen, letzterer mit Sat-TV, Kühlschrank und ausklappbarem Sofa für zwei Kinder. An der Rezeption kann man gegen Gebühr Kaffeemaschine, Wasserkocher und Toaster ausleihen – gut für den kleinen Hunger zwischendurch. Zur Anlage gehören ein auf 24°C beheizter Pool, Sauna, Fitnesscenter, Minigolf und Mountainbike-Verleih. Für Kinder gibt es einen Miniclub mit Spielplatz und Planschbecken, auch Babysitter werden gestellt. Zum Strand läuft man 250 m, zu den Dünen 3 km.

● **Bristol Playa** €€, Lago de Bristol s/n, Tel. 928867020, Fax 928866349, www.hesperia-bristolplaya.com. Aparthotel an der neuen Meerespromenade im Norden der Stadt. Mit 184 komplett ausgestatteten Wohneinheiten, drei Pools, Tennis, Miniclub und Kinderspielplatz sowie Supermarkt. Besten Meerblick bieten die Zimmer 163–169 und vor allem 263–269 in den Blöcken G/H. Beim letzten Besuch machten allerdings einige Apartments einen renovierungsbedürftigen Eindruck.

● **Ap. Dunas Club** €€, Pulpo 2, Tel. 928535211, Fax 928535264, www.a-caledonia.com. Freundlich geführte Anlage nahe der Hauptmole mit Pool und 109 gut ausgestatteten Studios und Apartments.

● **Corralejo Beach** €€, Víctor Grau Bassas 1, Tel. 928 068000, www.corralejobeach.com. Hotel mit kleinem Pool-Garten zwischen Hauptstraße und Promenade, zum Strand sind es nur 100 m. Die 254 funktional eingerichteten Zimmer und Apartments legen sich u-förmig um einen großen Pool, haben (trotz des Namens) keinen Meerblick; bitte eines auswählen, das nicht an die belebte Straße grenzt!

● **Ap. Brisamar** €€, Av. Nuestra Señora del Carmen s/n, Tel. 928866525, Fax 928866472, pauschal buchbar. Anlage

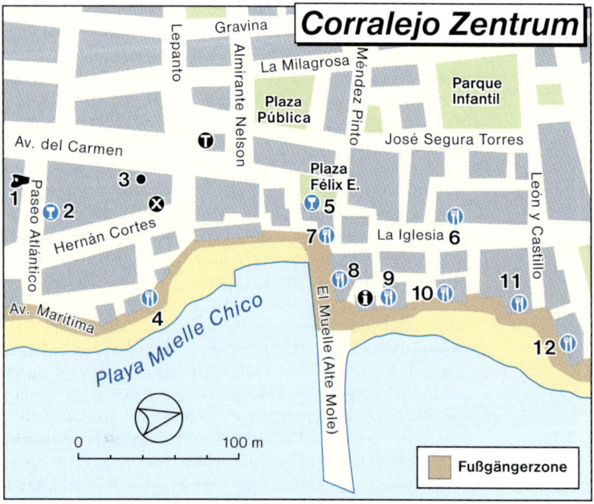

ESSEN UND TRINKEN

4 Factoría
6 Tío Bernabé / Gregorio El Pescador
7 Cofradía de Pescadores
8 Marquesina
9 Sidrería La Cabaña Asturiana
10 Fogalera
11 Bistro Latino
12 El Sombrero

NIGHTLIFE

2 Kiwi
2 The Dubliner Pub
5 Open-Air-Bühne

SONSTIGES

1 Policía Local
3 Autovermietung CICAR

Touristeninformation
Tankstelle
Taxi

mit 110 Apartments in zweigeschossigen Häusern. Alle Wohnungen sind mit Korbmöbeln eingerichtet, haben Balkon bzw. Terrasse und Sat-TV. Vor Ort gibt es einen Supermarkt, Squash und Tennis sowie Mountainbike-Verleih, dazu vier Stunden Kinderbetreuung pro Tag, Spielplatz und Planschbecken. Man läuft 5–10 Minuten zum Zentrum, gleich weit ist es zum Ortsstrand.

• **Ap. Playa Park** €€, Lanzarote 3, Tel. 928867090, Fax 928867030, auch pauschal buchbar. Zweistöckige Anlage zwischen Stadt und Dünenstrand mit 142 Apartments, zwei Pools und separatem Kinderbecken, Fitness und täglicher Disco. Gegen Gebühr: Radverleih, Tischtennis und Billard, Squash, Sauna und Massage. Zum Strand Playa Galera läuft man 10, zum Dünenstrand gut 30 Minuten. Gutes Preis-Leistungs-Verhältnis!

Essen und Trinken

Im Zentrum (Karte S. 130):

- **El Sombrero** €€€, Av. Marítima 25, Tel. 928867531, Do–Di ab 18.30 Uhr. Ein Lokal an der Promenade, in dem es nach Feuer und flambiertem Fleisch riecht; fast jeden Abend ist es bis auf den letzten Platz gefüllt. Der Erfolg verdankt sich der „Erlebnisgastronomie". Außer drei Fondue-Variationen gibt es den Piraten-Galgen: Vor den Augen der Gäste wird ein an einem schmiedeeisernen Galgen baumelndes Filetstück mit Brandy übergossen und entzündet, dazu werden diverse Soßen, Salate und Pommes gereicht. Eine gleichfalls gute Wahl ist der *sombrero* („Hut"), der dem Restaurant seinen Namen gab: An einem kegelförmigen Eisengestell mit Widerhaken befestigt der Gast seine Filetstücke, in der Hutkrempe brutzelt derweil leckere Gemüsebrühe, mit der man das Fleisch nach Gusto beträufeln kann. Natürlich gibt es auch hierzu pikante und deftige Beilagen. *Tony* und *Queta,* die Schweizer Besitzer, sorgen für freundlich-familiäres Ambiente.
- **Sidrería La Cabaña Asturiana** €€, Av. Marítima 3, Tel. 928867522, tgl. außer Mi 13–24 Uhr. Eine Überraschung an der Uferpromenade: Knallige Rottöne und schlichte Holzmöbel bilden den Rahmen für asturische Spezialitäten. Zu den Klassikern gehören zarte Fischpaté *(pastel del cabracho)*, pikante Wurst in Cidre-Soße *(chorizo a la sidra)* und deftiger Bohneneintopf *(fabada asturiana)*. Köstlich schmeckt die hausgemachte Käsetorte *(tarta de queso)*. Zum Essen trinkt man stilecht asturischen Cidre, der in meterhohem Bogen ins Glas gegossen wird, als Verdauungstrunk empfiehlt sich ein nordspanischer Kräuterschnaps *(orujo de hierbas)*. Dazu genießt man einen schönen Blick auf den Hafen, das Ambiente ist dank *Manolo* und *Alfredo* angenehm locker.
- **Marquesina** €€, Av. Marítima / Muelle Chico s/n, Tel. 928535435, tgl. ab 11 Uhr. Alteingesessenes Lokal mit großer Terrasse an der Promenade. Auf der Karte findet man das ortsübliche Angebot an Fisch mit kleiner Salatbeilage, Pommes oder Runzelkartoffeln *(papas arrugadas)*. Muttern sitzt an der Kasse und kontrolliert mit wachem Auge das Geschehen.
- **Cofradía de Pescadores** €€, Av. Marítima / Muelle Chico 5, Tel. 928867773, tgl. ab 10 Uhr. Lokal der Fischergenossenschaft, gleichfalls am Ortsstrand. Nach getaner Arbeit trinken hier die Fischer ihren obligatorischen Rum und spielen bei laufendem Fernseher Karten oder Domino.

Während sie auf Speisen und Getränke Rabatt erhalten, müssen Touristen für die Fischgerichte ähnlich viel berappen wie anderswo.

- **Factoría** €, Av. Marítima / Ecke Delfín, Tel. 928535726, tgl. ab 11 Uhr. Ein guter Ort, um an der Promenade für wenig Geld satt zu werden. *Luca* und *Enrico* bereiten den Teig für Pizza und Pasta selber zu und sparen nicht an Zutaten. Unkompliziert und locker, von der Terrasse blickt man über den Ortsstrand auf ein- und auslaufende Schiffe.
- **Tio Bernabé** €€, Calle La Iglesia 17, Tel. 928535895, www.larutadelbuenyantar.com/bernabe.html, tgl. ab 12 Uhr. Lokal in der Fußgängerzone mit typisch spanischen und kanarischen Gerichten und am Wochenende Live-Musik. Für frische Meeresfrüchte ist ein spezieller Tag reserviert, kanarischer Fleischeintopf schmeckt am besten am Sonntag. Stets im Angebot sind Schweinefilet (besonders gut in Honigsoße!), Hühner-, Kaninchen- und Ziegenfleisch, Paella, Menüs für Kinder und Vegetarier. Unter den Nachspeisen ist vor allem der Flan mit Eis und Mandelmousse zu empfehlen.
- **Bistro Latino** €, Av. Marítima 11, tgl. ab 9 Uhr. An der Promenade mit Blick auf den Hafen genießt man zu frisch gepresstem Saft Salate mit Meeresfrüchten, Hühnchenbrust oder Fuerteventura-Käse, vielleicht auch ein Stück hausgemachte Torte.
- **Waikiki** €, Calle Aristides Hernández Morán 11, Tel. 928 535697, tgl. 10–23, Küche bis 17.30 Uhr. Snackbar, Lokal und Disco-Pub am Strand: gute Lage, passable Gerichte.
- **La Sirena** €, Playa Las Clavellinas, Ap. Hoplaco, Tel. 928 867939, www.restaurantelasirena.es, tgl. ab 9 Uhr. Strandlokal und Chillout-Bar mit kleinen Gerichten, Cocktails und Snacks. Gratis dazu gibt es den Ausblick auf die „Wolfsinsel".
- **Gregorio El Pescador** €€, Calle La Iglesia 11, Tel. 928 866227. Eine Fischerfamilie aus Corralejo hat in der „Fressmeile" ihr eigenes Lokal aufgemacht – fast immer brechend voll!
- **Taverna Fogalera** €€, Avenida Marítima 12, Tel. 928 867676, tgl. außer Do ab 18 Uhr. Fischrestaurant mit Blick auf den Hafen, alle Speisen sind frisch und schmackhaft zubereitet. Noch recht günstige Preise.

Cafés & Chillout (alle auf Karte S. 120):

- **Café La Ola** €, Paseo Marítimo Bristol s/n, Tel. 928535304, tgl. außer Di ab 8 Uhr. Im Café vor der Wellenmauer der zentralen Mole gibt es bestes deutsches Sauerteigbrot, Hefe- und Laugengebäck sowie vielerlei Kuchen, z.B. hervorragenden Apfelkuchen! Geleitet wird es von *Marion*, die auch Frühstück in allen Preislagen serviert.
- **La Luna** €, Paseo Marítimo Bristol / Ecke Calle Pulpo, Tel. 928537285, tgl. 8–2 Uhr. Nicht nur Wellenreiter treffen sich in dem Großlokal mit Meerblick zum Frühstück.

Tagsüber gibt es Baguettes und Sandwiches, Pizza & Pasta, abends auch feinere Küche mit preiswertem Tagesmenü. Manchmal auch Live-Musik, Fußball am Großbildschirm, Billard und Darts.

- **Café Lounge,** El Pulpo 6, Tel. 928866473, www.cafe-lounge.com, tgl. außer Do ab 17 Uhr. Nachmittags gibt es Kuchen, Kaffee und Tee, abends werden Tapas und hausgemachte Pizzas geboten. Wirt *Stefan* mixt köstliche Cocktails, besonders gut schmecken *mojito* und *caipirinha* mit frisch gepresstem Limettensaft; auf Wunsch gibt es auch alkoholfreie Cocktails wie *Virgin Mary* (mit Gewürzen statt Wodka) und *Virgin Caipirinha* (mit Ginger Ale statt Rum). In der Lounge liegen Spiele, Bücher und deutsche Zeitschriften aus, es gibt Gratiszugang zum Internet und mindestens einmal pro Woche Live-Musik.

Einkaufen

- **Wochenmarkt:** Mercadillo, Av. del Carmen s/n, Mo und Fr 9–14 Uhr. Am Südausgang der Stadt, auf dem Gelände des Wasserparks Baku, verkaufen Schwarzafrikaner, Spanier und Deutsche Kleidung und Keramik, Leder- und Schnitzwaren, Geschenkartikel und allerlei Kitsch. Ein „Kanarischer Markt" findet vorläufig jeden Sonntag 10–14 Uhr am Campanario-Center statt (Calle Hibisco 1, www.centro comercialelcampanario.com).
- **Einkaufszentren:** *Centros Comerciales* gibt es vor allem entlang der Hauptstraße Av. del Carmen, alle nach dem gleichen Muster gestrickt mit einer Vielzahl von Läden und Lokalen.
- **Supermarkt:** Hiperdino, García Escámez Pizarro / Ecke Pizarro. Großer Supermarkt mit den günstigsten Angeboten der Stadt.
- **Surf- & Sportshops:** Geschäfte in der José Torres und der Av. del Carmen; verkauft werden Surf- und Beachwear, Wanderschuhe, Funboards und Rucksäcke.

Nightlife

Live-Musik gibt es abends auf der **Open-Air-Bühne der Plaza Félix Estévez,** wo die Tische dicht gedrängt stehen und Kellner ostentativ um Touristen werben. Getanzt wird im **Waikiki,** beliebte Kneipen finden sich in den Einkaufszentren Atlántico, Plaza und El Campanario.

- **Waikiki,** Calle Aristides Hernández Morán 11, www.waikikibeachclub.es, tgl. ab 23 Uhr. Die Stranddisco füllt sich vor allem am Wochenende.
- **Kiwi,** C.C. Atlántico, Local 18, www.kiwikitesurfingbar.com, tgl. ab 17 Uhr. Wird seinem Namen voll gerecht: Cocktails von Caipiroska bis „Sex on the beach", gemixt mit frischen Erdbeeren, Ananas, Zitrone oder Apfelsinen. Die beiden Barkeeper, Michele und Checco aus Bari, bieten auch gutes italienisches Eis.
- **The Dubliner Pub,** C.C. Atlántico, 1. Stock. Irische Bar mit Live-Musik und viel Guinness.

• **Rock Café,** C.C. Plaza, Av. del Carmen 64. Beliebter Treff gegenüber vom Hotel Duna Park mit Tex-Mex-Food und Live-Auftritten ab 21 Uhr.

Wandertipp

Im Rahmen einer Schiffsreise zur Isla de Lobos empfiehlt sich eine dreistündige Tour rund um die naturgeschützte Insel (⇨Wanderung 1). Knapp sechs Stunden, Badepausen nicht eingerechnet, braucht man, um auf einem bequemen, zeitweise aber auch eintönigen Weg längs der Küste nach El Cotillo zu laufen (⇨Wanderung 2); von dort fährt man mit dem Bus nach Corralejo zurück.

Aktivitäten

• **Schiffsausflug Lanzarote:** Reiseveranstalter bieten für viel Geld Tagesausflüge zur Nachbarinsel an, meist inklusive einer Besichtigung des Nationalparks Timanfaya. Preiswerter organisiert man die Tour auf eigene Faust. Von der Mole starten fast stündlich Fähren der Reedereien Olsen und Armas (⇨Ausflug zur Nachbarinsel Lanzarote).

• **Schiffsausflug Lobos:** Mehrere Boote konkurrieren um die Gunst der Besucher, am preiswertesten ist die Überfahrt mit der „Isla de Lobos". Vormittags, die beste Zeit ist 10 Uhr, werden die Gäste auf die Felsinsel übergesetzt und mittags oder nachmittags wieder abgeholt.

• **Wasserpark:** Parque Aquático Baku, Av. Nuestra Señora del Carmen 41 / Av. Fuerteventura, Tel. 928867227, www.bakufuerteventura.com, Eintritt 30/18 €. Eine Wasserlandschaft mit Wellenbad und künstlichem Fluss, Riesenrutschen und Wasserfällen. An den „Waterpark" schließt sich die „Animal Experience" an: Man kauert im Rumpf eines simulierten Schiffs und blickt durch Bullaugen in Aquarien, in denen sich Engelshaie und Rochen tummeln. Danach steht ein Bad mit Seelöwen auf dem Programm, vielleicht auch eine Papageien-Show, die einmal mehr beweist, wie dressurfähig diese Vögel sind. Damit Baku noch mehr Geld abwirft, öffnet abends als dritter Themenpark der „Parque Europa": mit Restaurant, Bingo & Bowling sowie dem berüchtigten „Hotel des Schreckens" (für Kinder in einer sanften Version!).

• **Tauchen:** Die Meerenge zwischen Corralejo und der Felsinsel Lobos ist ein ideales Tauchrevier mit klarem Wasser, Vulkanriffs und unterseeischen Grotten. Über 25 Jahre Erfahrung haben *Miguel* und *Marta* vom *Dive Center Corralejo*, Nuestra Señora del Pino 22, Tel. 928535906, Fax 928866243, www.divecentercorralejo.com. Das Tauchzentrum verfügt über ein Hallenschwimmbad, Unterrichtsräume und Lehrmaterial in mehr als neun Sprachen, eine Reparaturwerkstatt und einen Tauchshop.

- **Windsurfen:** Flag Beach Windsurf & Kitesurf, Av. de las Grandes Playas s/n, Tel. 928866389, www.flagbeach.com; Ventura Surf, Ap. Hoplaco, Tel./Fax 928866295, www.ventura-surf.com. Kurse (auch im Kitesurfing) vom Anfänger bis zum Fortgeschrittenen, Verleih von Body und Surf Boards.
- **Wellenreiten:** Ineika Funcenter, Ap. Ineika, Nuestra Señora del Pilar s/n, Tel. 928535744, www.ineika.de. Sechstägige Wellenreitkurse à 5 Std. für Anfänger und Fortgeschrittene. Beim Basis-Kurs 1 lernt man, sich aufs Brett zu stellen und durch das Weißwasser einer Welle zu gleiten, beim Basiskurs 2 reitet man bereits den grünen, d.h. ungebrochenen Teil der Welle ab. Für Anfänger eignen sich die Monate März bis November, für Fortgeschrittene Oktober bis Juni. Im Kurspreis sind Surfmaterial, Übernachtung in Doppel- bis Vierbettzimmern (inkl. WiFi), Frühstück, Beach Snack und Video-Training inbegriffen. Wer komfortabler übernachten will, zahlt einen Aufpreis und quartiert sich im gemütlichen Apartment ein (s. Unterkunft). Aber auch Nur-Kurs-Buchung ist möglich!
- **Hochseefischen:** Bei ruhiger See starten kleine Yachten und Katamarane zur Jagd auf Bonitos, Barakudas und Brasson. Angelausrüstung samt Köder wird gestellt, ein Snack an Bord ist im Preis inbegriffen. Info und Buchung direkt an der Mole.
- **Rad fahren:** Vulcano Biking, Acorazado España 10, Tel. 928535706, www.vulcano-biking.com, tgl. 10–13 und 18–20 Uhr. Verleih von gut gewarteten Beach Cruisers, Trekking- und Mountainbikes, ab drei Tagen wird es billiger.
- **Tennis:** Plätze gibt es in fast allen größeren Hotels und Apartmenthäusern, oft stehen sie auch Nicht-Hotelgästen offen.

Der Norden

Feste

- **Februar:** *Fiesta de Carnaval.* Südamerikanisch inspirierter Karneval mit viel Salsa und Ramba Zamba, besonders viel los ist freitags und samstags.
- **März/April:** *Festival de Blues.* Meist eine Woche vor Ostern treffen sich in Corralejo Blues-Musiker aus mehreren Ländern und begeistern Einheimische und Touristen.
- **Juli:** *Fiesta de Nuestra Señora del Carmen.* Nach der Meeresprozession steigt eine Fiesta auf allen Plätzen der Stadt.
- **Juli–Oktober:** *Vela Latina.* Am Wochenende finden im Hafen Ausscheidungsrennen der Vela Latina, der traditionellen Form der Bootsregatta, statt. Danach gibt es eine Fiesta in den clubeigenen Hafenkneipen.
- **September:** *Festival Fuerteventura Jazz* (FFAZZ). Finden sich genug Sponsoren, kommen Jazzliebhaber in Corralejo – meist in der ersten Monatshälfte – voll auf ihre Kosten.

233fu Foto: PdF

Der Bogen reicht von Dixieland über osteuropäische Rhythmen bis zu Latin Jazz, die Konzerte finden vorwiegend auf der Plaza Patricio Calero statt. Infos im Internet: www.festivalfuerteventurajazz.com.

- **November:** *Festival Internacional de Cometas.* Mehr als 100 Drachenbauer aus ganz Europa treffen sich an den Dünen zum Fest der Lenkdrachen.

Isla de Lobos

Von Corralejo blickt man auf ein vorgelagertes **Felseiland,** das wie eine geköpfte Pyramide aussieht und nach Osten hin flach ins Meer ausläuft. Gäbe es nicht die gefährlichen Strömungen, so könnte man glatt hinüberschwimmen – nur zwei Kilometer liegt Lobos vom Betrachter entfernt. Entstanden ist die sechs Quadratkilometer große Insel bei Vulkanausbrüchen vor 6–8000 Jahren, durch Überflutung wurde sie von der Hauptinsel getrennt.

Mönchs-robben

Den Besucher überrascht die Insel mit kleinen weißen Stränden und grün schimmernden Lagunen, Salzwiesen und flechtenbewachsenen „Vulkanöfchen". **„Wölfe"** freilich, wie der Name suggeriert, wird man hier nicht finden. Als die Insel 1339 zum ersten Mal auf einer Weltkarte eingetragen wurde, trug sie den Namen *Insula de Vecchi Marini* (Insel der Seegreise). Mit den „Greisen" waren Mönchsrobben gemeint (spanisch: *lobos de mar*): Tiere mit langen, grauen Barthaaren, zutraulich, aber auch schwerfällig. Ihr weiteres Schicksal war mit der Eroberung durch die Normannen 1402 besiegelt. Als diese die Insel auf ihren Nutzen prüften, entging es ihnen nicht, dass sich aus dem samtig festen Robbenfell wunderbare Schuhe herstellen ließen. Die systematische Jagd auf die Tiere führte zu ihrer **Ausrottung:** Ende des 16. Jahrhunderts wurde das letzte Exemplar erlegt. Seit einigen Jahren gibt es auf Fuerteventura eine Versuchsstation, wo EU-Gelder ausnahmsweise mal nicht für den Bau neuer Straßen verwendet werden; man versucht, mit Hilfe von Mönchsrobben aus dem saharischen Kap Blanc eine neue Population zu züchten, die eines Tages an ihren angestammten Platz auf Lobos zurückkehren soll.

Am Strand von Corralejo – im Hintergrund die „Wolfsinsel"

Bewohner An einer Besiedlung der Insel waren die Eroberer nie interessiert. Dafür diente sie, wie man aus Legenden weiß, lange Zeit als **Versteck für Piraten:** Vom 127 Meter hohen Berg La Caldera konnten sie die Nordküste Fuerteventuras und halb Lanzarote überblicken, Felshöhlen boten sicheren Schutz. Mit dem Bau eines **Leuchtturms** erhielt Lobos 1863 seinen ersten offiziellen Bewohner. Wenig später sprang dem Wärter eine Frau zur Seite, zeugte ihm Kinder und begründete so das legendäre **El Puertito,** einen winzigen Weiler im Südosten der Insel mit etwa 15 Einwohnern.

1968 machte die Automatisierung den Job des Wärters überflüssig. Doch dieser wollte mit seiner Familie die Insel nicht verlassen und eröffnete ein kleines, bescheidenes **Lokal** (s. Essen und Trinken). Zu den ersten Touristen, die sich auf das Eiland verirrten, gehörte *Frank Sinatra*. Er träumte davon, hier ein Edel-Casino zu errichten – zum Glück ist es Umweltschützern gelungen, diesen Plan zu vereiteln. 1982 zerschlug sich auch die Hoffnung einiger Baulöwen, aus Lobos eine Touristenhochburg zu machen: Rechtzeitig wurde die Insel samt der Meerenge unter **Naturschutz** gestellt.

234fu Foto: PdF

Ausflug

Ein Tagesausflug zum sechs Quadratkilometer großen Eiland bleibt in der Regel auf gute fünf Stunden beschränkt. Es gibt täglich mehrere Überfahrten in beide Richtungen. Um 10 Uhr könnte man abfahren, 15–20 Min. später wird man auf Lobos abgesetzt, wo ein Besucherzentrum (mit dem Skelett eines Grindwals) über Flora und Fauna der Insel aufklärt. Badefreunde gehen links hinüber zur **Playa de la Concha** („Muschelstrand"), nur wenige Minuten von der Anlegestelle entfernt. Die Bucht ist sichelförmig und durch weit vorspringende Felsarme vor der Brandung geschützt. Türkis schimmert das Wasser über dem schneeweißen Sand – ein idealer Ort zum Baden und Schnorcheln!

Die meisten Besucher starten auf Wegen, die nicht verlassen werden dürfen (Naturschutz!), zur großen Inselumrundung (⇨Wanderung 1). Wem diese zu anstrengend erscheint, der begnügt sich mit einem Spaziergang nach El Puertito. Die Steinhäuser – etwa ein Dutzend mögen es sein – gruppieren sich um zwei tief eingeschnittene, durch Lavaarme vom offenen Meer getrennte **Lagunen.** Oft sieht man hier Seidenreiher, die in den flachen, sich rasch erwärmenden Tümpeln nach Fischen Ausschau halten.

Unterkunft

● **Zona de acampada,** Playa de la Concha, Tel. 928 862300. Das Zelten nahe der Playa ist zurzeit nicht erlaubt. Unter der angegebenen Tel.-Nr. erfährt man, sofern man spanisch spricht, ob das Verbot für die Zeit der Sommerferien aufgehoben wird.

Essen und Trinken

● **Casa Antoñito** €€, El Puertito, Tel. 928879653. Beim letzten Besuch konnte man schon beim Kauf des Fährtickets Paella bestellen und diese dann im „inoffiziellen" Insellokal verspeisen. Meist gibt es dort auch Getränke, vorsichtshalber Proviant mitnehmen!

Parque Holandés

Holländer waren es, die noch in der Pionierzeit des Tourismus den Plan fassten, auf halber Strecke einen **mondänen Ferienort,** einen Kilometer vom Meer entfernt, zu gründen. Der Versuch ist augenscheinlich misslungen. Zwar kann man sich im Herzstück der Siedlung, einer großen Bungalowanlage, komfortabel einmieten, doch drum herum stimmt nichts. Läden und Lokale stehen meist leer, das einzige gut funktionierende Restaurant profitierte bisher von seiner Lage an der verkehrsreichen Straße FV-1. Das freilich könnte sich schon bald ändern: Die Dünenlandschaft im nördlich gelegenen Parque Natural soll eine autofreie Zone werden, die alte Schnellstraße FV-1 wird durch die am Ort vorbeiführende Autobahn Puerto del Rosario - La Caldereta - Corralejo ersetzt.

Unterkunft

• **Parque Holandés** €€, Tel. 928539050, Fax 928539102. Gepflegte Wohnanlage mit Swimmingpool, neben der Rezeption befindet sich eine Café-Bar. Duplex-Bungalows für 1–3, Chalet-Bungalows für 4–5 Personen.

Essen und Trinken

• **Don Pepe** €€, Ctra. FV-1, Tel. 928175371, tgl. außer Mi ab 11 Uhr. An der restaurierten Windmühle leicht zu erkennen: ein rustikal geprägtes Lokal am nördlichen Ortseingang. Señor *Antonio* tischt *cochinillo* (Spanferkel) und *cabrito al horno* (Lamm aus dem Ofen) auf, manchmal auch frischen Tagesfisch. Zum Nachtisch gibt es diverse Eissorten und Tiramisú. Während die Erwachsenen essen, können sich die Kinder auf einem Spielplatz, im kleinen Pool und beim Minigolf vergnügen.

Aktivitäten

• **Kuren:** Centro Mirak, Tel. 928175338, Mo–Fr ab 10.30 Uhr. Das trocken-warme Klima Fuerteventuras und die schwefelhaltige Meeresluft bieten gute Voraussetzungen für die Behandlung von Hautkrankheiten. Darum dreht sich in diesem Heilzentrum alles um die wertvolle Haut. Pool und Jacuzzi werden mit heilsamem Quellwasser und Kräuterauszügen angereichert, daneben gibt es Saunen und ein türkisches Bad. Körperpackungen, Gesichtsbehandlungen, Massagen und Algenbäder runden das Therapieangebot ab.

El Cotillo

Bislang blieb das sympathische **Fischerdorf** im Nordwesten der Insel vom Massentourismus verschont. Für Traveller gibt es ein kleines Hotel und einige wenige offizielle Apartmenthäuser, dazu eine Vielfalt von Unterkünften, die Lokal- und Ladenbesitzer unter der Hand anbieten. Eine touristische Infrastruktur wie in Corralejo sucht man vergebens, doch was die einen beklagen, macht die anderen froh. Künstliche Pool-Landschaften und schöne Palmenalleen, ewig fröhliche Animateure und dienstbereites Personal – all dies ist in El Cotillo (vorerst noch) ein Fremdwort.

Über dem Hafen hängt eine leicht schläfrige Stimmung, bei ruhiger See fahren die Fischer aufs Meer hinaus. Seit 2010 ist die Krise auch in El Cotillo spürbar. Jahrelang waren die Grundstückspreise nach oben geschnellt, der steigende Quadratmeterpreis hatte den Fußball als Thema am Stammtisch verdrängt. Nun lernt man die Kehrseite des kapitalistischen Fortschritts kennen: Viele Häuser im Ort stehen leer oder wurden nicht einmal fertiggestellt, das oberhalb des Alten Hafens errichtete Einkaufszentrum sucht vergeblich nach Mietern. Die Umweltschützer fühlen sich nachträglich ins Recht gesetzt: Jahrelang und vergeblich waren sie Sturm gelaufen gegen die ausufernde Bautätigkeit ...

Kurzinfo El Cotillo

- **Touristeninformation:** Oficina de Información Turística, Castillo de El Tostón, Tel. 609207967, Mo–Fr 9–16 Uhr, saisonweise auch Sa–So 9–15 Uhr, länger im Sommer.
- **Bank:** Caja de Canarias, Calle Roque del Mar 26 (westl. Ortseingang).
- **Post:** Calle Santo Domingo 4.
- **PLZ:** 35650
- **Taxi:** Tel. 928866108
- **Bus:** Verbindungen mit Lajares, Corralejo und La Oliva (Linien 7, 8) sowie mit Puerto del Rosario (7).

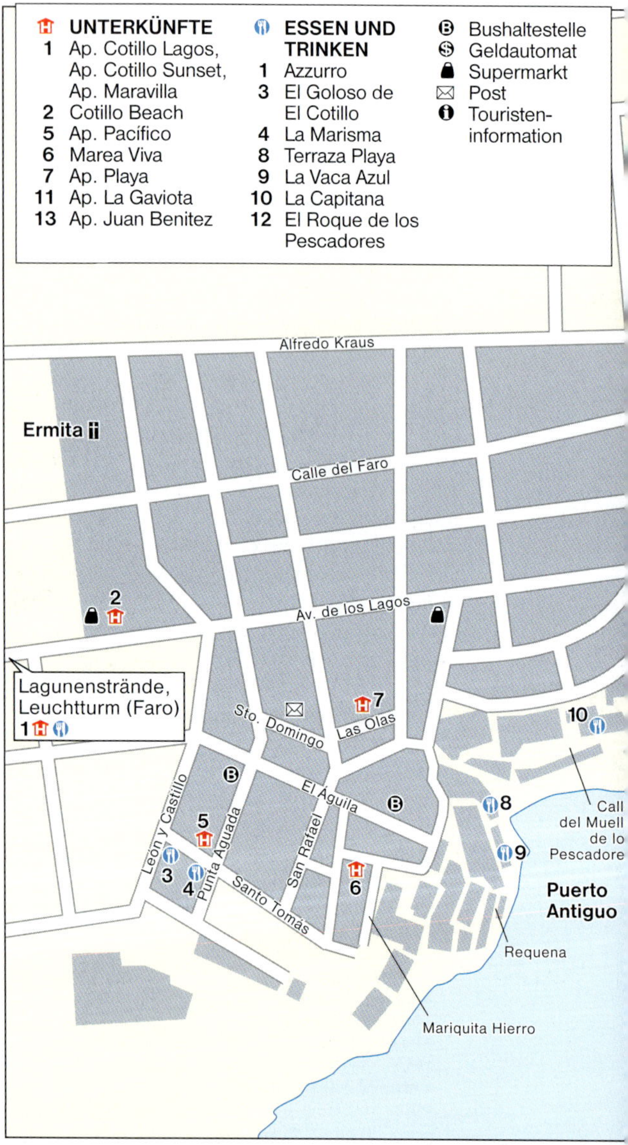
UNTERKÜNFTE
1 Ap. Cotillo Lagos, Ap. Cotillo Sunset, Ap. Maravilla
2 Cotillo Beach
5 Ap. Pacífico
6 Marea Viva
7 Ap. Playa
11 Ap. La Gaviota
13 Ap. Juan Benitez
ESSEN UND TRINKEN
1 Azzurro
3 El Goloso de El Cotillo
4 La Marisma
8 Terraza Playa
9 La Vaca Azul
10 La Capitana
12 El Roque de los Pescadores
Bushaltestelle
Geldautomat
Supermarkt
Post
Touristen-information
Alfredo Kraus
Ermita
Calle del Faro
Av. de los Lagos
Lagunenstrände, Leuchtturm (Faro)
Sto. Domingo
Las Olas
El Águila
León y Castillo
Punta Aguada
San Rafael
Santo Tomás
Call del Muell de lo Pescadore
Puerto Antiguo
Requena
Mariquita Hierro

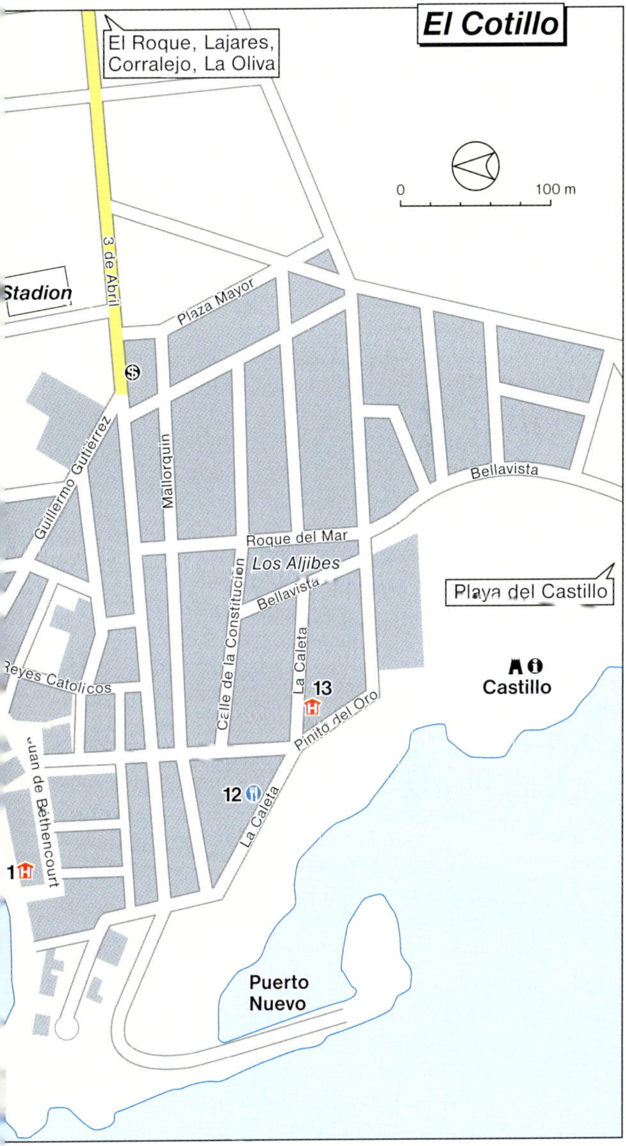
El Cotillo
El Roque, Lajares, Corralejo, La Oliva
0
100 m
Stadion
3 de Abril
Plaza Mayor
Guillermo Gutierrez
Mallorquin
Bellavista
Roque del Mar
Los Aljibes
Bellavista
Calle de la Constitucion
La Caleta
13
Playa del Castillo
Castillo
Reyes Catolicos
Pinito del Oro
Juan de Béthencourt
12
La Caleta
1
Puerto Nuevo

Ein Blick zurück

Im 17. und 18. Jahrhundert war El Cotillo einer der wichtigsten Exporthäfen der Insel. Nicht nur Getreide, auch große Mengen gebrannten Kalks wurden von hier zu den Nachbarinseln verschifft. Seinen Aufstieg verdankte der Hafen den vorgelagerten Riffs, die ihn zu einem „piratensicheren" Ort machten. Doch mit dem Ende der Freibeuterei, vor allem aber mit dem Aufschwung von Puerto Cabras (heute Puerto del Rosario) ab 1860, war es mit El Cotillos Einfluss vorbei: Das Dorf versank in Apathie, viele Bewohner emigrierten nach Gran Canaria oder nach Kuba.

Sehenswertes

Alter Hafen Mittelpunkt des Orts ist eine enge, tief eingeschnittene Bucht, um die sich niedrige, weiß verputzte Häuser mit Cafés und Restaurants reihen. Auf der Terrasse lässt man sich nieder und blickt auf oft meterhohe Wellen, die sich mit lautem Tosen nur wenige Meter entfernt brechen. Bis zum Bau des Neuen Hafens lagen in der Bucht Fischerboote vor Anker. Auf einer schwarzen Felswand ist noch in großen Lettern „Viva la Virgen del Buen Viaje" (Es lebe die Jungfrau der Guten Reise!) gepinselt – eine Hommage an die Schutzheilige der Fischer, der auch die Dorfkapelle geweiht ist. Einer Patronin bedurften die Seeleute dringend, die Einfahrt in den riffgespickten Hafen verlangte ihnen viel Geschick und Erfahrung ab.

Neuer Hafen Um die Einfahrt bequemer zu machen, wurde vor einigen Jahren südlich der Klippen ein neuer Hafen erbaut. Eine gewaltige Betonmole schützt ihn vor der starken Brandung, sodass auch größere Kutter problemlos einlaufen und festmachen können. Oberhalb der Bucht verläuft eine Straße, an der neue Cafés und Bars entstanden sind. Besonders beliebt sind sie am frühen Abend, wenn die Sonne wie ein großer roter Ball im Meer versinkt.

Festungsturm

In Blickweite liegt das über dem Steilufer thronende **Castillo de El Tostón.** Der gedrungene, zweistöckige Turm aus schwarzem Lavastein entstand, wie auch das Castillo in Caleta de Fustes, im Jahr 1743 nach einem Überfall englischer Korsaren. Der Turm erlaubte es, weite Teile der Westküste zu überwachen. Eindrucksvoll ist die an schweren Eisenketten befestigte Zugbrücke, die zum Hauptportal führt. Unten, in der ehemaligen Pulverkammer finden oft Ausstellungen statt, über eine Treppe geht es zum Hauptraum hinauf, in dem zzt. die Touristeninformation untergebracht ist. Gleichfalls besichtigen kann man die einst mit zwei Kanonen bestückte Plattform und einen Lagerraum; eine Zisterne ermöglichte es den Verteidigern, auch einer längeren Belagerung standzuhalten. Die drei kleinen, vor dem Castillo postierten Rundbauten, die wie Miniausgaben der Festung anmuten, dienten als Kalköfen: In ihnen wurde der aus den Sedimentbänken abgetragene Kalk gebrannt und anschließend nach Gran Canaria exportiert.

Kapelle

Wenn man durch die Straßen von El Cotillo spaziert, mag man glauben, dies sei der einzige Ort der Insel ohne eigene Kirche. Aber dann entdeckt man sie doch: Am Nordrand, nahe der Calle del Faro, hält sich die **Ermita de Nuestra Señora del Buen Viaje,** die „Marienkapelle der Guten Reise", versteckt (zzt. geschl.). Sie will so gar nicht passen ins heutige El Cotillo, das mit Einkaufszentren und ausufernden Neubauten Anschluss an die Moderne sucht. Die kleine Kirche wurde schon im 18. Jahrhundert erbaut, die hübsche Madonnenskulptur stammt aus dem Jahr 1834. In der Hand hält sie eine Art Pilgerstab, der die Gefahren der Reise bannen soll.

235fu Foto: PdF

Strände

Doch die eigentliche Attraktion von El Cotillo ist weder der Festungsturm noch die Kapelle, sondern der lange Küstenabschnitt mit seinen herrlichen, wild-romantischen Stränden. Am Turm vorbei führen Pisten zur **Playa del Castillo,** einem

hellen, einen Kilometer langen Sandstrand am Fuße steiler Klippen. Zum Baden ist er aufgrund hoher Wogen und starker Unterströmung zu ge-

Der Strand nördlich El Cotillo ist vor der Brandung geschützt

fährlich, doch bei Surf-Cracks erfreut er sich größter Beliebtheit. Leichtfüßig springen sie aufs Board und flitzen elegant über die Wellen. Brandungssurfer trifft man gleichfalls an der weiter südlich gelegenen **Playa del Aljibe de la Cueva** und den nachfolgenden Stränden: alle mehrere Kilometer lang und naturbelassen, ideal für Spaziergänge und Picknicks. Beliebt bei Ebbe ist die **Playa del Águila** (Adlerstrand), erreichbar über eine in den Fels gehauene Treppe *(escalera).*

Am besten baden kann man an den **Playas de El Cotillo** im Norden des Dorfs. Auch Kinder können in den zugehörigen, türkis schimmernden Lagunen gefahrlos planschen. Heiß glüht der schneeweiße Sand und wie eine Fata Morgana erscheinen die skurrilen Häuser im Norden – „Pioniere" einer geplanten großen Urbanisation, die unausweichlich näher rückt. Bis zum Faro de Tostón, dem vier Kilometer entfernten Leuchtturm am „Walfischkap", gibt es Strandbuchten, die vielleicht schon bald von Ferienanlagen „erobert" werden. Auch der Club Mediterranée, der bisher auf Fuerteventura nicht vertreten war, hat sich dort ein großes Terrain gesichert.

Leuchtturm

Der verwitterte **Leuchtturm Faro de Tostón,** an dem die Küstenpiste nach Osten schwenkt, stammt aus dem Jahr 1891 und ist einen Abstecher wert. Er war bis 1986 in Betrieb, dann wurde ihm ein weiß-rotes Pendant zur Seite gestellt. Der neue Turm ist voll automatisiert und weist allen Schiffen, die zwischen Lanzarote und Gran Canaria verkehren, den Weg. Im Jahr 2007 wurde im alten Leuchtturm ein **Fischereimuseum** eingeweiht. Die traditionellen Fangmethoden werden darin anschaulich vorgestellt – fragen Sie bitte nach der Broschüre in deutscher Sprache! Über 62 Stufen geht es zur Aussichtsplattform hinauf. Im Erdgeschoss wird ein Café eingerichtet.

- **Museo de la Pesca,** Faro de Tostón, Di–Sa 10–18 Uhr, 3 €.

Praktische Tipps

Unterkunft

● **Marea Viva** €€, Calle San Pedro 2, Tel. 928538604, www.marea-viva.eu. Das Haus von *María Hierro* alias *Mama María,* jener legendären Pionierin des Fuerte-Tourismus, die schon Zimmer vermietete, als der Besuch der Wüsteninsel noch ein Abenteuer war, wird nun von einem Deutschen geführt. *Tom Wangemann* leitet Marea Viva als Surf & Dive Hotel. Andere sportliche Aktivitäten werden mit Partnerunternehmen aus der Umgebung angeboten. Doch selbstverständlich sind auch weniger sportliche Gäste willkommen. Die Eingangshalle hat einen schönen hellen Patio, von den zweistöckigen Holzgalerien baumeln Farne herab. Alle 18 Zimmer sind sauber und geräumig, die Betten sind gut.

● **Ap. La Gaviota** €€, Juan de Béthencourt 14, Tel. 928538567. Vorbei ist's mit der Romantik und dem lockeren Ambiente: Vor der „Piratenresidenz" von *Ralf Filutowicz* wurde kräftig gebaut, das neue Einkaufszentrum raubt Sonne und Intimität. Die sieben Studios bzw. Apartments sind unterschiedlich gestaltet und bieten Platz für zwei bis sechs Leute, das Apartment auf dem Dach verfügt über eine Sonnenterrasse. La Gaviota wird geleitet von *Ralf* und *Beatrice,* die in der Vergangenheit ihre Gäste großzügig mit Infos und Ausflugstipps versorgten.

● **Ap. Juan Benitez** €€, La Caleta 4–6, Tel./Fax 928 538503, www.apartamentosjbenitez.com. Zehn geräumige und gut ausgestattete Apartments, teilweise mit Balkon und Meerblick. Zur Anlage gehört eine Sonnenterrasse mit kleinem Pool. Señor *Victoriano,* der Besitzer, wohnt im gleichen Haus.

● **Ap. Pacífico** €€, Pedro Cabrera Saavedra 3, Tel. 928 538598. Zehn einfache Apartments am Ortsrand, gegenüber dem Restaurant Marisma.

● **Ap. Playa** €€, Las Olas 1, Tel. 928538522. Drei einfache, aber große Apartments in einem gesichtslosen Bau am Nordrand von El Cotillo (Richtung Lagunenstrände).

Nördlich von El Cotillo:

● **Cotillo Beach** €€€, Av. de los Lagos s/n, zzt. geschl. Dreisternehotel mit 144 Zimmern an der Straße zum Leuchtturm, 500 m vom Strand entfernt. Mit großem Süßwasser-Pool und separatem Kinderbecken sowie einer Sonnenterrasse. Angeboten werden Halbpension und „All inclusive", Fahrradverleih und Internet gegen Gebühr.

● **Ap. Cotillo Lagos** €€, Av. de los Lagos s/n, Tel. 928 175388, Fax 928175389, www.cotillolagos.com. Locker gebaute Anlage nördlich des Dorfs in herrlicher Lage zwischen Meer und Lagunen. Die 100 Studios und Apartments verteilen sich auf mehrere zweigeschossige, weiße Gebäude. Sie sind 30–40 m² groß, einfach eingerichtet, aber gemütlich, teilweise mit Meerblick. Vor Ort kann man Frühstück bzw. Halbpension buchen.

- **Ap. Cotillo Sunset** €€/€€€, Av. de los Lagos s/n, Tel. 928175065, www.cotillosunset.com. Die kleine, beigefarbene Ferienanlage folgt direkt auf Cotillo Lagos und liegt gleichfalls in erster Strandlinie. Sie bietet 33 Studios mit Marmorbad, Terrasse und gut ausgestatteter Küche (Mikrowelle, Kaffeemaschine, Toaster). Den schönsten Meerblick haben Nr. 1 bis 8 im ersten Stock, Nr. 11–18 im Erdgeschoss bieten weniger Intimität, haben aber direkten Zugang zum Strand und sind deshalb ideal für Familien mit Kindern. Preiswerter sind die Studios mit wenig erbaulichem Blick auf Pool und Jacuzzi.
- **Ap. Maravilla** €€/€€€, Av. de los Lagos s/n, Mobiltel. 609 545426, Fax 928175302, www.maravilla.at. Nur wenige Schritte weiter am feinsandigen Strand vermieten der Deutsche *Peter* und die Thailänderin *Tik* 16 Wohnungen unterschiedlichen Typs: Am attraktivsten sind die 66 m^2 großen Duplex (zweigeschossige Reihenhäuschen) mit hibiskusumrankter Meeresterrasse. Preiswerter sind die halb so großen Studios mit seitlichem Meerblick bzw. Blick zum Patio.

Im Nachbarort El Roque:

- **Casa Tile** €€€, Tel./Fax 928174687. Auf Wochenbasis buchbares Landhaus für 2–4 Personen mit antiken Möbeln, schönem Innenhof und kleinem Pool.

Essen und Trinken

- **Terraza Playa** €€, Requena 5, Tel. 928538520, Fr geschl. *Antonios* Lokal hat eine fantastische Lage: Man sitzt auf der alten Mole direkt am Meer und schaut zu, wie sich nur wenige Meter entfernt gewaltige Wellen brechen. Im Angebot: alles, was das Meer hergibt, darunter Napfschnecken und Muscheln, Kalamar und frischer Fisch. Einer der wenigen Orte, in denen es auch ein preiswertes *menú del día* gibt.
- **La Vaca Azul** €€, Requena 9, Tel. 928538685, www.larutadelbuenyantar.com/vacaazul.html, tgl. außer Di ab 12 Uhr. Oberhalb von Playa: Restaurant mit großer Dachterrasse und einigen Tischen in der Hafenbucht. Sein Symbol ist eine große blaue Holzkuh *(vaca azul)*, die vom Dach sehnsüchtig aufs offene Meer starrt. Außer viel Fisch findet sich auf der Karte auch Vegetarisches, so eine *parillada de verduras* (gegrilltes Gemüse) oder die *cazuela de verduras gratinadas con queso majorero* (Gemüsepfanne mit Fuerte-Käse überbacken).
- **La Capitana** €€, Muelle de los Pescadores 40, Tel. 928538731, tgl. außer Mi ab 12 Uhr. Fischrestaurant am al-

Neuer Hafen und Festungsturm

202fu Foto: gs

ten Hafen mit Terrasse über dem Meer und edel eingedecktem Innenraum. Gut schmeckten beim letzten Besuch die *entremeses variados:* überbackene Muscheln, Garnelen und Champignons, mit Fischmousse gefüllte Crêpes sowie kalter und warmer Ziegenkäse.

- **La Marisma** €€, Pedro Cabrera Saavedra 4, Tel. 928 538543, tgl. ab 12 Uhr. Gepflegtes Lokal leicht im Abseits. Am Wochenende kommen viele Einheimische, um die gute Paella, die frischen Meeresfrüchte und den schmackhaft zubereiteten Fisch zu genießen. Wer Fischsuppe mag, findet hier die weit und breit beste *caldo de pescado*, auf Wunsch *con gofio*. Als Dessert seien die mit Marzipan gefüllten Datteln empfohlen, die zusammen mit Eis und Karamelsoße serviert werden.
- **El Roque de los Pescadores** €€, La Caleta 2, Tel. 928 538713, www.larutadelbuenyantar.com/pescadores.html, tgl. ab 11 Uhr. Hübsche Terrasse mit Blick auf den neuen Hafen und das Castillo, drinnen sitzt man vor einem großen Wandbild, auf dem sich Haie und Wale tummeln, dazu passend die Küche mit viel Fisch und Meeresfrüchten.

Azzurro €€, Carretera al Faro (Los Lagos), Tel. 928 175360, Di–So 12.30–16.30, 19–22 Uhr. Im Lokal vor den Lagunen im Norden gibt es tolle Fischgerichte, Pizza & Pasta - ein besonders geschicktes Händchen hat Koch *Roberto* bei der Zubereitung von Soßen. Beim letzten Besuch gefielen mir die Muscheln in Tomatenwein *(mejillones en salsa de tomate y vino)*, Spaghetti mit Meeresschnecken *(alle vergole)*, zarter Seehecht in Zitronen-Basilikum-Soße *(dorada en salsa de limón)* und Riesengarnelen in Brandy *(langostinos al Brandy)*. Als Dessert empfiehlt sich *semifreddo all'Amaretto*, eine Art hausgemachtes Eismousse mit Amaretto. Dank *Diego* herrscht stets gute Stimmung, am stimmungsvollsten ist das Lokal zum Sonnenuntergang.

El Goloso de El Cotillo €, Pedro Cabrera Saavedra 3, Tel. 928538638, während der Siesta und sonntags geschl. *Pepa* und *Matthieu* haben den früheren Szene-Treff Los Cabezones übernommen und bieten hausgemachte Brot- und Backwaren, Törtchen und Kuchen, dazu belegte Brötchen und Baguettes sowie Frühstücksgedecke. Ein Muss für Süßschnäbel (span. *goloso*) ist *tres chocolates*, ein Dessert aus drei Lagen feiner belgischer Schokolade. Den französischen Besitzern gehört auch das gleichnamige Café an der Durchgangsstraße von Lajares.

Aktivitäten

Surfen: Beliebte Treffs sind die südlich gelegenen Strände Playa del Aljibe de la Cueva und Playa del Águila. Die nächsten Surfshops befinden sich in Lajares.

Wellenreiten: Könner ziehen an die Nordküste, wo parallel zum Land wehender Wind für starke Wellen sorgt.

Feste

22. August: *Fiesta de Nuestra Señora del Buen Viaje*. Der Schutzheiligen des Ortes wird rund um den Hafen ein großes Fest bereitet. Man fängt Fische und grillt sie auf der Straße, bespritzt sich mit Sangría und stößt sich von der Hafenmole ins Wasser.

Wandertipp

Wer gut zu Fuß ist, kann zu mehreren Touren aufbrechen. Südwärts geht es (sehr zu empfehlen!) vom Castillo de El Tostón längs der Küste in knapp 1:30 Std. zum feinsandigen „Adlerstrand" (Playa del Águila), in weiteren 30 Minuten gelangt man zur Playa de Esquinzo im gleichnamigen Tal. Auch nordwärts kann man die Küste entlang spazieren. In diesem Buch wird die Tour nach Corralejo in umgekehrter Richtung beschrieben (⇨Wanderung 2), man fährt also am besten mit dem Bus nach Corralejo und folgt dort dem beschriebenen Weg.

Lajares

Kunsthandwerk

Seit 1957 beherbergt Lajares die größte **Stickereischule** der Insel. Gegründet wurde sie von *Natividad Hernández,* einer Frau, die es sich in den Kopf setzte, ihren Freundinnen im Dorf ein lukratives Zubrot zu verschaffen. Diese hatten bis dato ihre aufwendig hergestellten Handarbeiten an einen Großhändler abgeben müssen und als Entlohnung nur ein paar mickrige Peseten erhalten. Natividad wollte jedoch den gerechten Tausch: Darum nahm sie die Stickereien mit nach Las Palmas und bot sie dort betuchten Adels- und Bürgerfamilien zum Verkauf an. Vom Erlös bezahlte sie ihre Reise, den Rest verteilte sie unter den Frauen des Dorfes. Schon bald funktionierte das neue System so gut, dass sich die Frauen zu einer Kooperative zusammenschlossen, ein Lokal anmieteten und ihre Kenntnisse im Rahmen von Kursen an Jüngere weitervermittelten. Vor allem die **Hohlsaumstickerei** *(calados)* haben sie zu wahrer Meisterschaft entwickelt: Feines Gewebe wird auf einen Holzrahmen gespannt, wobei die Fäden so verschoben werden, dass Leerstellen entstehen. Diese werden mit feinen Mustern umrankt, so dass der Stoff Festigkeit und sein charakteristisch luftiges Aussehen erhält.

- **Artesanía Lajares,** Coronel González del Hierro 14, Mo–Fr 9–19, Sa 9–13 Uhr.

Mühlen

Im Ortsteil Casas de Arriba, an der alten Straße nach Corralejo, erinnern zwei restaurierte Mühlen daran, dass hier früher Getreide angebaut wurde. Die eine trägt einen männlichen, die andere einen weiblichen Namen: „Der“ **Molino** ist zweistöckig und konisch, auf seinem Dach drehen sich vier große Flügel. „Die“ **Molina** ist nicht ganz so prachtvoll wie ihr männlicher Partner, die Windräder wurden auf dem Dach eines Flachbaus montiert.

Kapelle

In einem Anbau der Molina lebt der Müller mit seiner Familie; auf Wunsch erhält man dort den Schlüssel für die Dorfkapelle, die kleine, über 200 Jahre alte **Ermita de San Antonio.** Der kubische, weiße Bau mit pechschwarzem Glockenturm aus Lavastein beherbergt einen neugotischen Hochaltar, den ein Künstler mit naiv angehauchten Bildern ausgeschmückt hat. Vom gleichen Maler stammt wahrscheinlich das kleine Gemälde an der Kirchenostwand, das die Krönung Marias zeigt.

Unterkunft

- **Casas Pedro & Ana** €€, Gavias Nuevas 8, Tel. 928175 085, Fax 928175827, www.nordhessen.net/casapedro. Eine kleine Oase in der Wüste von Fuerte, preisgünstig und ideal für kontaktfreudige Leute: Inmitten eines üppig blühenden Gartens verstecken sich mehrere *Casitas* (Häuschen) mit Terrassen. Eines beherbergt drei gemütliche Doppelzimmer mit Bad und gemeinsamer Küche, die beiden anderen zwei große Apartments. Die Einrichtung in frischen Pastellfarben, die vielen (deutschsprachigen) Bücher und andere liebevoll zusammengetragene Gegenstände lassen das Gefühl aufkommen, man sei hier „zu Hause". Ana bereitet für die Gäste das Frühstück zu, mehrere Katzen und Hunderte von Vögeln leisten Gesellschaft. Mit Gartengrill und Hängematten, Fröschen und Schildkröten im Teich. Anfahrt: Von Corralejo kommend, 200 m vor der Majanicho-Kreuzung links auf die Teerstraße und knapp 1 km bis zur Siedlung Gavias Nuevas.

Essen und Trinken

- **The Garden Deli** €, Calle Coronel González Hierro 34, Tel. 928861712, www.garden-deli-fuerteventura.com. Preiswertes Menü im Surfer-Treff, Hühnchen, Tandoori, Lasagne.

Aktivitäten

- **Yoga & Surf:** Rootstyle Camp, Calle Montaña Colorada 12, Tel. 617-902536, www.rootstylecamp.com. Campmanager *Stefan Gautschi* lehrt vormittags das Surfen, nachmittags Yoga. Auf der Website heißt es: „Die Idee für das Rootstyle Yoga-Surfcamp entstand im Winter 2003. An einem dieser Morgen an dem einfach alles von unglaublicher Harmonie und Schönheit erfüllt war und mein Herz vor Freude schmerzte. Dieses Gefühl von Einheit und Zufriedenheit wollte ich mit jemandem teilen, der versteht, dass das Surfen einfach mehr ist als nur im Wasser zu sitzen und cool aus der Wäsche zu schauen ..."

Wandertipp

Ein bequemer Weg (⇨Wanderung 3) führt zum Kraterrand des Calderón Hondo und nach Corralejo.

- **Surfen:** Witchcraft, Calle Coronel González del Hierro 82, Tel. 660382646, www.witchcraft.nu. Surfertreff am östlichen Ortsausgang. Bei *Bouke Becker* kann man sich starke Bretter anfertigen lassen – aber diese bitte schon ein halbes Jahr vorher in Auftrag geben! Freundin *Peggy* sorgt für das leibliche Wohl der Surfergemeinde, verkauft Sandwiches und Snacks, aber auch Shirts und andere Witchcraft-Artikel. Vermittelt werden preiswerte Studios und Apartments.

Feste

- **13. Juni:** *Fiesta de San Antonio de Padua*. Fest zu Ehren des Heiligen Antonius.
- **27. November:** *Fiesta de la Milagrosa*. Patronatsfest.

Villaverde

Villa Verde heißt übersetzt „grünes Dorf", doch abgesehen von den Palmen, die die Durchgangsstraße säumen, ist von Grün keine Spur. Der Ort liegt drei Kilometer nordöstlich von La Oliva und präsentiert sich als Streusiedlung ohne attraktives Zentrum. Deutlich profitiert er von seiner Nähe zur Touristenstadt Corralejo. Manch einer, der dort zu Geld gekommen ist, hat hier ein Häuschen gekauft und diesem einen neuen Anstrich verpasst.

Lavatunnel Am nördlichen Ortsausgang lohnt ein Abstecher zu einem 600 m langen Lavatunnel. Er entstand vor 880.000 Jahren, als sich Magma seinen Weg aus dem Innern der Erde bahnte und in den Schlot des östlich aufragenden Vulkans Escanfraga gelangte. Mit Wucht schoss das flüssige Gestein nach oben, sprengte den Berg und ergoss sich flächendeckend über die Erde. Rasch erkalteten die an der Oberfläche fließenden Ströme und verfestigten sich, während sich unterhalb der Basaltschicht glühende Lavaströme weiterwälzten. Als der Magmanachschub verebbte, flossen die letzten „Nachzügler" ab - zurück blieb der entleerte Lavagang. Lehmspuren an der Wand zeigen, dass die Höhle in der Folge mehrfach von Regenwasser überschwemmt wurde: Reste eingeströmter Tiere und Pflanzen sind als **Versteinerungen** sichtbar, so die ausgestorbene Kanarische Wachtel sowie die 20 cm große Lavamaus. Für das Höhlenleben optimal angepasst ist das spinnenartige Insekt *Maiorerus randoi,* das nur hier, nirgends sonst in der Welt vorkommt. Seine Pigmentierung und seine Augen sind fast vollständig verkümmert - in der ewigen Dunkelheit hat es sie nicht gebraucht. Dafür hat es extrem lange Beine und Fühler, deren Tast- und Geruchsinn die Blindheit kompensieren. Nach dem 25-minütigen, geführten Rundgang erhält man im angeschlossenen Museum eine Lehrstunde in Geologie und kann ausprobieren, was es mit den verschiedenen Gesteinen auf sich hat (u.a. Basalt, Sienit, Trachyt). Seit der Entstehung Fuerteventuras vor 20 Mio. Jahren haben Kräfte der Erosion die einst bis zu 3000 m aufragende Insel abgetragen, sodass ihre inneren Erdschichten heute an der Oberfläche liegen.

• **Centro de Interpretación de la Cueva del Llano,** Ctra. FV-101, Km. 5.8, Di–Sa 10–18 Uhr, die letzte Tour startet um 17.15 Uhr, 5/2,50 €; angeschlossen sind Shop und Café.

Unterkunft

• **Hotel Rural Mahoh** €€, Ctra. FV-101, Km. 2.8, Tel. 928 868050, www.mahoh.com. *Tinín Martínez,* Musiker und Gründer der Ökogruppe Mahoh, hat einen Bauernhof aus massiven Natursteinmauern in ein kleines Hotel verwan-

La Rosita:
hübsches Haus nördlich von Villaverde

203fu Foto: gs

delt. Die neun Zimmer sind mit Stilmöbeln rustikal eingerichtet, schön sind die Räume mit Himmelbett (z.B. Vigocho III und Jarugo IV) sowie die Turm-Suite. Es gibt einen Lese- und Aufenthaltsraum, im Garten einen Pool und Sportplatz. Das Hotel (seit 2010 mit neuem Besitzer) befindet sich südlich des Ortes – leider an der lauten Hauptstraße.

• **Oasis Rural** €€€, Ctra. FV-101, Km 2,5, Tel. 928535259, www.oasiscasavieja.com. Hübsches Landhotel in einem historischen Anwesen an der Straße nach La Oliva mit zehn vorwiegend kleinen Zimmern in der unteren Etage, alle mit Safe und Plasma-TV mit internationalen Kanälen. Der Gartenpool ist im Winter beheizt, Fahrradverleih ist möglich. Im Umkreis des Hotels stehen elf 90 m² große Ferienhäuser (Villas Oasis Rural). Sie erstrecken sich über zwei Etagen, haben Marmorboden und offenen Dachstuhl aus Holz und bieten 2–6 Personen Platz. Zu jeder Villa gehört ein eigener kleiner Pool und kostenfreier Parkplatz. Bar und Restaurant des Hotels können mitbenutzt werden.

• **Villa Volcana** €€, Monte Arena s/n, Mobiltel. 608928 380. Drei einfache Studios und Apartments in Hanglage mit schönem Blick über den Ort. Die Apartments gehören der Reiseleiterin Hannelore van der Twer, die auch geführte Wanderungen anbietet. Von Corralejo kommend bei Km. 4.4 rechts hoch, nach 300 m erneut rechts und der Ausschilderung 1,5 km folgen.

Essen und Trinken

•**Casa Vieja** €€, Ctra. FV-101, Km. 2.5, Tel. 928535259, www.oasiscasavieja.com, tgl. ab 13 Uhr. Das Restaurant am Südausgang von Villaverde gehört zum Hotel Oasis Rural, mit seinen mit Naturstein verkleideten Wände ist es elegant-behaglich. Auf dem Steinofengrill werden Fleischgerichte bereitet, z.B. Ziege *(cabra)* und Lamm *(cordero)*, danach gibt es leckeren Ziegenkäse *(queso de cabra a la plancha)*.

•**Mahoh** €€, Ctra-FV-101, Km. 2.8, tgl. außer Mi 13–23 Uhr. Bei schönem Wetter sitzt man auf der Terrasse und blickt auf den Lava-Garten, schön sind auch die Innenräume mit ihren mit Leinen eingedeckten Holztischen. Der Name des Lokals (*Mahoh* = altkanarisch für „Inselbewohner") ist Programm: Auf der Karte stehen kanarische Gerichte, zeitgenössisch interpretiert.

•**Casa Marcos** €€, Ctra. FV-101, Km. 4.6, tgl. außer So 12.30–23.30 Uhr. Am Nordausgang von Villaverde isst man im rustikalen Ambiente eines Bauernhauses kanarisch inspirierte Tapas, die auf einer Tafel angeschrieben werden, z.B. Lamm und Ziegenfleisch, Carpaccio und Klößchen aus Thunfisch. *Marcos Gutiérrez* sorgt dafür, dass alles appetitlich arrangiert ist. Trotz hohem Preis viele Besucher, abends gibt es oft Live-Musik. Im Laden können Ziegenkäse, Delikatessen sowie Wein gekauft werden.

•**El Horno** €€, Ctra. FV-101, Km. 4.7, Tel. 928868671, tgl. außer Mo ab 12.30 Uhr. Beliebtes rustikales Lokal am nördlichen Ortseingang (Haus 91). Von der Decke baumeln Farne, an den Wänden hängen historische Fuerte-Fotos. Spezialität des Hauses ist Deftiges wie Spanferkel *(cochinillo)* und Zicklein aus dem Ofen *(cabrito al horno)*. Wer weniger Hunger hat, wird mit dem gemischten Vorspeisenteller für zwei Personen gut satt *(plato mixto de picoteo)*.

•**Danny's Pub'n Restaurant** €€, Calle Cerco Don Pablo 9. Zeitgemäß rustikales Lokal unter deutscher Leitung auf dem Weg zur Cueva del Llano. Gepflegtes Ambiente mit viel Holz, in der Mitte des Raumes ein Grill, an der Wand schöne Bilder.

Feste

•**1. Aprilsonntag:** *Fiesta de San Vicente Ferrer*. Patronatsfest rund um die nach dem Heiligen benannte Ortskirche.

•**1. Septembersonntag:** *Fiesta de San Roque*. Zu Ehren des zweiten Dorfpatrons gibt es ein Fest mit großer Grillparty, traditionellem Ringkampf und der Wahl einer Nachwuchsschönheit zur Königin San Roque. Kinder dürfen sich auf einer mit Schaum ausgelegten Plaza austoben.

La Oliva

Kurzinfo La Oliva

- **Rathaus und Polizei:** Ayuntamiento, Emilio Castellot 2, Tel. 928861904, www.laoliva.es.
- **Banken:** Caja de Canarias, Av. Tababaire 15.
- **Post:** Av. Tababaire / Ecke Las Corbatas s/n.
- **PLZ:** 35640
- **Gesundheitszentrum:** Centro de Salud, Emilio Castellot s/n, Tel. 928868502.
- **Apotheke:** Farmacia, Av. Tababaire 19.
- **Taxi:** Tel. 928868073
- **Bus:** Verbindungen mit El Cotillo, Lajares und Corralejo (Linien 7, 8) sowie mit Puerto del Rosario (7).

Von La Oliva wird der gesamte Norden verwaltet. Dank dem touristischen Boom ist die Einwohnerzahl auf knapp 6000 gestiegen und die Gemeindekasse so gut gefüllt, dass man die Verschönerung der Stadt in Angriff nehmen kann. Mehrere herrschaftliche Gebäude, mit deren Restaurierung begonnen wurde, erinnern an die alte Glanzzeit La Olivas, als die Stadt noch **Residenz der Militärgouverneure** und für einige Jahre sogar Inselhauptstadt war (1835–60).

Sehenswertes

Kirche

Im Mittelpunkt der Stadt steht die von Palmen gesäumte, Anfang des 18. Jahrhunderts entstandene **Kirche Unserer lieben Frau Lichtmess** (Nuestra Señora de Candelaria). Sie wird von einem wuchtigen Glockenturm überragt, der weithin die Stadtansicht prägt. Er ist aus schwarzem Lavastein errichtet und kontrastiert mit der strahlend weißen Fassade der Kirche. Reizvoll wirken auch die drei Satteldächer, deren gezackte Silhouetten an Vulkane erinnern.

Die drei Schiffe des Innenraums sind durch halbkreisförmige, auf Säulen ruhende Bögen voneinander getrennt. Darüber wölbt sich ein offener

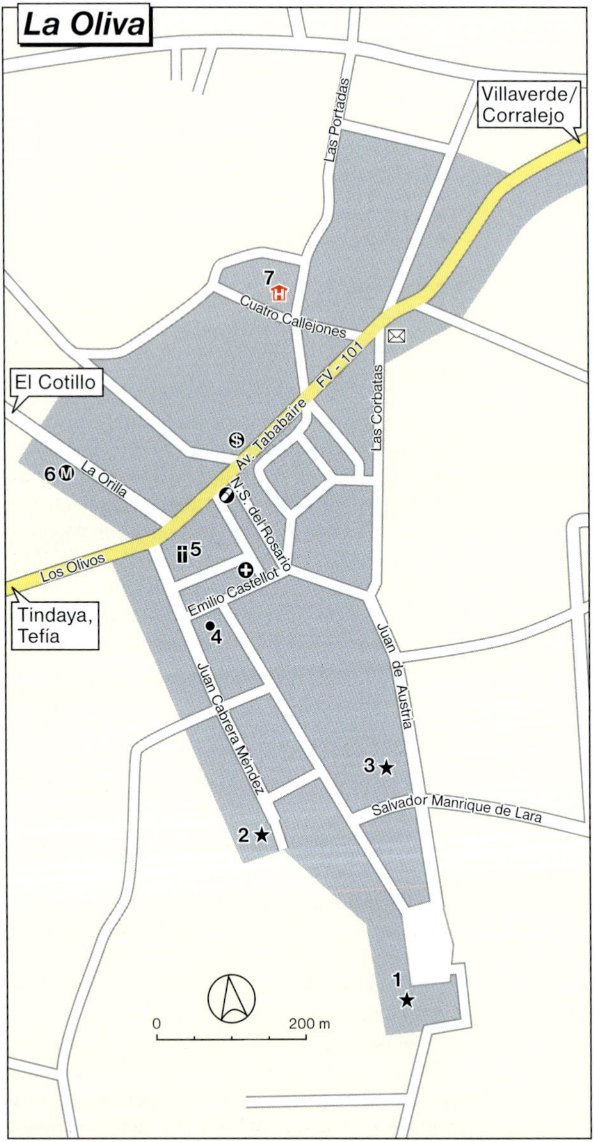
La Oliva
Villaverde/ Corralejo
Las Portadas
7
Cuatro Callejones
Av. Tababaire FV - 101
Las Corbatas
El Cotillo
6
La Orilla
N.S. del Rosario
5
Los Olivos
Emilio Castellot
Tindaya, Tefía
4
Juan Cabrera Mendez
Juan de Austria
3
Salvador Manrique de Lara
2
1
0
200 m

UNTERKÜNFTE	5 Iglesia de Nuestra Señora de Candelaria
7 Info Casa de las Portadas	6 Museo del Grano
★ SEHENSWERTES	**● SONSTIGES**
1 Casa de los Coroneles	4 Ayuntamiento (Rathaus)
2 Casa del Capellán	Apotheke
3 Casa Mané	Gesundheitszentrum
	Post
	Bank

Dachstuhl im Mudejar-Stil. Auch interessante Kunstwerke sind zu entdecken: so am Hochaltar die Schutzpatronin der Kirche mit Kind und an der linken Langhauswand eine ungewöhnliche Darstellung des Jüngsten Gerichts: Die Sünder werden von lodernden Flammen verzehrt, Gott schaut gelassen zu.

● **Iglesia de Nuestra Señora de Candelaria,** Juan Cabrera Méndez s/n, abgesehen von der Sonntagsmesse meist vormittags für Besichtigungen geöffnet.

Pfarrhaus

Auf halbem Weg zwischen Kirche und Adelsresidenz befindet sich das Haus des Kaplans. Obwohl klein und unscheinbar, besitzt es herrliche **Steinmetzarbeiten** rund um Fenster und Türen. Aus hellem Kalksandstein wurden stilisierte Pflanzenmotive gemeißelt, die an südamerikanische Indianerkunst erinnern. Vermutlich war hier der gleiche Künstler am Werk wie in Pájara, wo das Kirchenportal mit aztekischen Ornamenten verziert ist.

● **Casa del Capellán,** Juan Cabrera Méndez s/n.

Feudalsitz

Die prachtvolle **Militärresidenz** *(Casa de los Coroneles)* zählt zu den geschichtsträchtigsten Bauwerken des Archipels. Erster *Coronel* (Oberst) war *Señor Cabrera Béthencourt,* der den Bau des Herrensitzes 1708 veranlasste – just in jenem Jahr, als in Spanien zivile und militärische Befugnisse von-

227fu Foto: gs

einander getrennt wurden. Auf Fuerteventura gab es eine besondere Situation. Hier hatte sich der Feudalherrscher schon früh von der Hauptstadt Betancuria nach Teneriffa abgesetzt und den Militärs weitgehend freie Hand beim Aufbau einer machtpolitischen Infrastruktur gelassen. Die Militärs waren hier also die wahren Herrscher über Land und Volk und machten La Oliva de facto zur neuen *Capital de la Isla* (Inselhauptstadt) – lange bevor es auch offiziell Betancuria den Rang ablief.

Die neuen Regenten hatten ein sicheres Gespür für die Zurschaustellung von Macht. Sie legten ihre Feudalresidenz außerhalb des Ortes an: nah genug, um gesehen zu werden, doch bereits so weit entfernt, um mit dem „gemeinen Volk" nicht in Berührung zu kommen. Der Pyramidenberg Morro Grande gab eine majestätische Kulisse ab, vor der die symmetrisch gegliederte Schmuckfassade bestens zur Geltung kam. In ihrer Mitte befindet sich das von Steinornamenten eingefasste Hauptportal mit dem Familienwappen. Links und rechts davon sind in zweistöckiger Reihe je vier Fenster platziert, die im Obergeschoss mit kunst-

voll geschnitzten Holzbalkonen verziert sind. An den Ecken des Hauses ragen zinnenbewehrte Türme auf, die ihm einen **festungsartigen Charakter** verleihen. Die vier Gebäudeflügel umschließen einen weitläufigen Patio (Innenhof), von dem alle Räume abzweigen. Im Erdgeschoss befanden sich Küche und Stall sowie Getreidespeicher und Vorratskammer, im Obergeschoss Wohn- und Repräsentationssäle sowie die Hauskapelle.

Die Casa diente der Militärregierung über 150 Jahre als Wohnsitz. Da das Amt des Obersten erblich war, blieb sie im Besitz der Familie *Cabrera*. Geschickt verstand es diese, ihren Grundbesitz kontinuierlich zu vergrößern – Mitte des 19. Jahrhunderts gehörte ihr bereits ein Drittel Fuerteventuras. 1859 wurde die Regierung von La Oliva aufgelöst und das Militär entmachtet. Der Familie freilich blieben alle Ländereien erhalten, noch heute spielt sie eine wichtige Rolle im politischen Leben.

Casa de los Coroneles:
von außen betrachtet und im schmucken Innenhof

1994 kaufte die kanarische Regierung das inzwischen zum „Historischen Kulturgut" erklärte Gebäude, nach mehrjähriger Restaurierung wurde es 2006 vom spanischen König wiedereröffnet. Heute beherbergt das Obristenhaus eine Kunstgalerie und zeigt wechselnde Ausstellungen.

• **Casa de los Coroneles,** Juan Cabrera Méndez s/n, Di–So 10–18 Uhr.

Casa Mané

Im schmucken Herrenhaus werden Bilder kanarischer Künstler aufbewahrt. Mané ist der Kosename von *Manuel Delgado Camino,* der hier im Jahr 1990 ein **Zentrum zeitgenössischer Kunst** gründete. Kurioserweise begann er seine Laufbahn als Spielzeughändler in Las Palmas; über die Restaurierung von Porzellanpuppen und alten Kirchengemälden kam er zu Keramik und Malerei. Er war fasziniert von Kunst und erwarb massenweise Bilder und Skulpturen. Dabei bewies er ein sicheres Gespür für Talente, die Jahre später als „kanarische Klassiker" gehandelt wurden.

La Oliva war durch das Haus um eine Attraktion reicher geworden, doch *Mané* hat, wie man hört, Heimweh nach Las Palmas. Galerie und Skulpturengarten bleiben bis auf weiteres geschlossen, die Anlage steht zum Verkauf.

Vielleicht gelingt es Ihnen noch, einen Blick in den mit Agaven und Palmen bepflanzten **Garten** zu werfen. Auf schwarzer Vulkanasche „weiden" Ziegen, aus Eisenschrott geschmiedet von *Alberto Agulló.* Statt von einem Hirten werden sie von einer nackten jungen Frau bewacht, die sich lasziv auf dem Boden rekelt. Aus Wegwerfmaterial wurde der gewaltige Majohoré gefertigt, ein zorniger „Herr der Winde". Mit Riesenschritten stapft er durch die Welt, wobei die Brise seine am Arm befestigten Mobiles in Bewegung hält. Laut Legende war er ein übermächtiger Ziegenhirt, der nur durch gelegentliche Menschenopfer zu beschwichtigen war.

• **Casa Mané,** Salvador Manrique de Lara s/n.

Getreidemuseum

In der ehemaligen **Casa de la Cilla** (1819) mussten die Bauern ein Zehntel ihres Ernteertrags an die geistliche Obrigkeit abtreten. Heute ist in diesem Haus ein Getreidemuseum untergebracht. Anhand von Fotos, Skizzen und altem Gerät wird die traditionelle Landwirtschaft dem Vergessen entrissen. Man lernt die Methoden kennen, mit denen das kostbare Regenwasser den Feldern zugeführt wurde und sieht, wie die Äcker mit Hilfe von Esel und Kamel gepflügt wurden. Jede Ernte war von lautstarkem Gesang begleitet, mit dem sich die Männer und Frauen während der schweren Arbeit aufmunterten. Bis zum Aufkommen des Tourismus in den 1970er Jahren war die Landwirtschaft das ökonomische Standbein der Insel, Land- und Wasserbesitz entschieden über Einkommen und soziale Stellung.

- **Museo del Grano,** La Orilla s/n, Di–Sa 10–18 Uhr.

Praktische Tipps

Unterkunft

- **Casas de las Portadas & Casa Fimbapaire** €€, Vermittlung: Las Portadas 12, Tel./Fax 928868061. *Pedro Careño* vermietet die Casas de las Portadas, zwei kleine, vom Zentrum zu Fuß erreichbare Landhäuschen sowie die weiter östlich gelegene Casa Fimbapaire, gut 2 km vom Ortszentrum entfernt am Fuße kleiner Vulkankegel. Alle Häuser sind geeignet für max. 3 Personen.
- **Land- und Ferienhäuser** €€€, Casas Rurales buchbar über *Fuerteventura Rural,* stilvoll eingerichtete Unterkünfte über *Casas Canarias* (⇨Unterkunft/Urlaub im Landhaus).

Essen und Trinken

- Ausgerechnet in der Gemeindehauptstadt gibt es kein empfehlenswertes Restaurant – dafür um so mehr im zwei Kilometer entfernten Villaverde (s.o.)!

Feste

- **20. Januar:** *Fiesta de San Sebastián.* Kleineres Patronatsfest.
- **2. Februar:** *Fiesta de Nuestra Señora de la Candelaria.* Das Gemeindestädtchen ehrt seine Schutzheilige mit einer farbenprächtigen Prozession.

031fu Foto: gs

Zentrales Bergland

Überblick

Fuerteventuras Mittelgebirge erstreckt sich über eine Länge von 40 Kilometern und reicht vom heiligen Berg Tindaya im Norden bis zum Cardones im Süden. Mit seinen sanft gerundeten, in Millionen von Jahren geschliffenen Bergen ist es eine Landschaft von asketischer Schönheit. Die Täler sind tief eingekerbt und werden nur selten noch landwirtschaftlich genutzt.

Zu beiden Seiten des Hauptmassivs verlaufen gut ausgebaute Straßen. Entlang der Westflanke geht es, von Norden kommend, über **Betancuria** und **Pájara** zum Isthmus von **La Pared,** entlang der Ostflanke nach **Antigua** und **Tuineje.** Da das gesamte Gebiet unter Naturschutz steht, gibt es keine ausufernden Urbanisationen. Die Dörfer wirken ländlich-verschlafen; nur zur Mittagszeit, wenn Ausflugsbusse kommen, kehrt Leben ein, besonders in Betancuria, dem schönsten Ort der Region. Unterkünfte sind rar, doch wird neuerdings *Turismo Rural* gefördert: Die ersten kleinen Hotels sind fertig gestellt, gut wohnen kann man bereits in Antigua.

Im Westen reicht das Gebirge bis ans Meer, wo die engen Täler vor steil abfallenden Kliffs enden und nur an wenigen Stellen in Stränden auslaufen. Dank seiner bizarren Felsformation ist vor allem **Ajuy** einen Abstecher (via Pájara) wert. Schwarze Klippen wechseln ab mit weißen Kalksteinterrassen, an denen sich überschäumende Wellen brechen. Weitere Abstecher zur Küste führen nach Aguas Verdes, ins romantische Los Molinos und zur Playa del Janubio bei Tindaya.

Seite 166/167: Eine Fahrt durchs Inselzentrum bietet immer wieder schöne Bergpanoramen

Molina Alcogida

Tindaya

Sieben Kilometer südwestlich von La Oliva liegt das Dorf Tindaya am Fuße des gleichnamigen kahlen Berges. Er ist 397 Meter hoch und schiebt sich majestätisch aus der Ebene empor. Die Bewohner Fuerteventuras verehren ihn als *Montaña Sagrada*, **„heiligen Berg"**. Unterhalb des Gipfels fanden bis in die Neuzeit hinein magisch-religiöse Zeremonien statt, altkanarische Stammesfürsten wurden hier begraben. 1978 wurden in dem schwer zugänglichen Gipfelbereich 213 rätselhafte **Felszeichnungen** *(grabados)* entdeckt: zumeist 30 bis 40 Zentimeter groß und gen Norden ausgerichtet, rechteckig oder oval; deutlich zu erkennen waren Silhouetten von Füßen. Inzwischen haben Archäologen der Universität La Laguna festgestellt, dass die Felszeichnungen große Ähnlichkeit mit Funden

237fu Foto: PdF

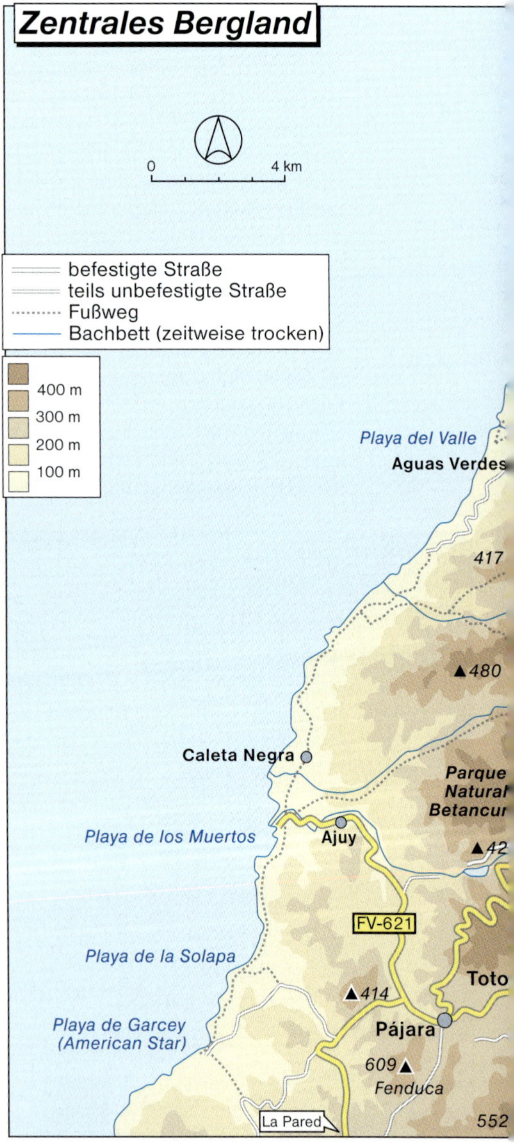
Zentrales Bergland
0
4 km
befestigte Straße
teils unbefestigte Straße
Fußweg
Bachbett (zeitweise trocken)
400 m
300 m
200 m
100 m
Playa del Valle
Aguas Verdes
417
480
Caleta Negra
Parque
Natural
Betancur
Playa de los Muertos
Ajuy
42
FV-621
Playa de la Solapa
Toto
414
Playa de Garcey
(American Star)
Pájara
609
Fenduca
La Pared
552

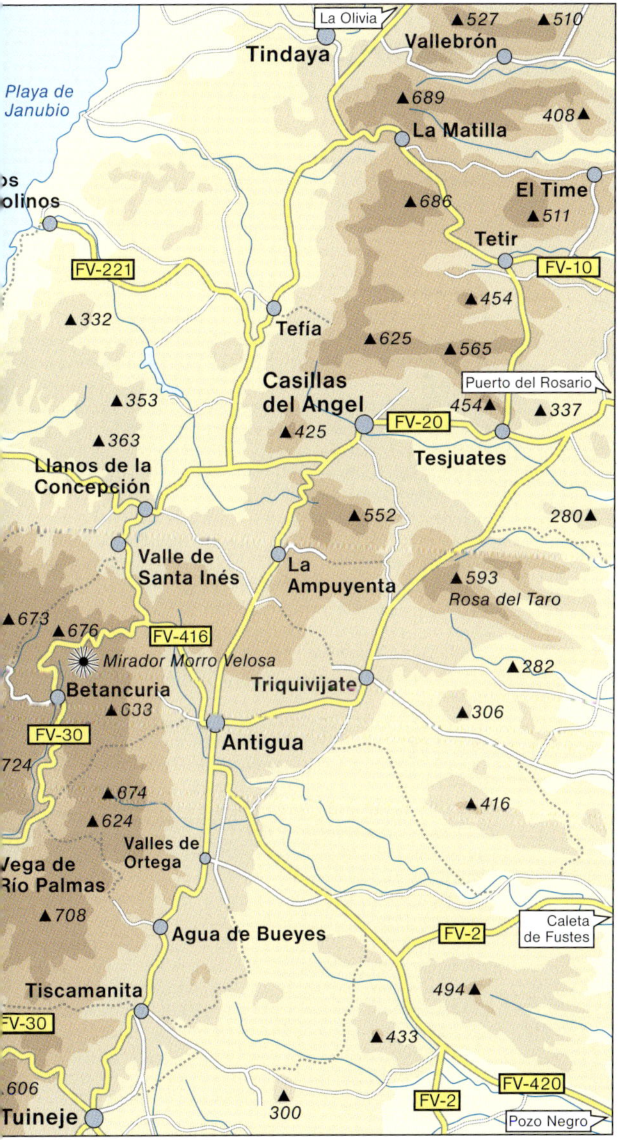

La Olivia
Tindaya
Vallebrón
▲527
▲510
Playa de Janubio
▲689
408▲
La Matilla
El Time
▲686
▲511
Tetir
FV-10
os Molinos
FV-221
▲454
▲332
Tefía
▲625
▲565
Casillas del Angel
Puerto del Rosario
▲353
454▲
▲337
FV-20
▲425
▲363
Tesjuates
Llanos de la Concepción
▲552
280▲
Valle de Santa Inés
La Ampuyenta
▲593
Rosa del Taro
▲673
▲676
FV-416
Mirador Morro Velosa
▲282
Betancuria
Triquivijate
▲633
▲306
FV-30
Antigua
724
▲674
▲416
▲624
Valles de Ortega
Vega de Río Palmas
▲708
Agua de Bueyes
FV-2
Caleta de Fustes
Tiscamanita
494▲
FV-30
▲433
FV-420
606
FV-2
Tuineje
▲300
Pozo Negro

Heiliger Berg – Kunst und Kommerz

Als einer der **ältesten Vulkane des Archipels** steht der **Tindaya** unter Naturschutz. Das freilich hinderte eine Bergbaugesellschaft nicht daran, ein großes Loch in den Hang zu schlagen. Im Steinbruch wird seit 1995 **Trachyt** gewonnen, ein wertvoller vulkanischer Baustoff, dessen Marktpreis in den vergangenen Jahren stark nach oben geschnellt ist. Für eine einen Quadratmeter große und vier Zentimeter starke Steinplatte zahlt man knapp 100 €.

Viele Majoreros waren empört, als sie von den Grabungen innerhalb des **Naturschutzgebietes** erfuhren und in der Zeitung lesen mussten, dass die *piedra roja*, das „rote Gestein" des heiligen Bergs, verschifft und kommerziell vermarktet wird. Eine Bürgerinitiative verlangte die Bestrafung der Verantwortlichen – wer hatte da wieder mal „die Hand geöffnet" und dem Unternehmen die Schürfrechte erteilt?

Eine Bestrafung erfolgte zwar nicht, wohl aber deutete sich eine Kompromisslösung an – wie so oft auf den Kanaren –, um die Schuldigen zu schonen. Als 1996 die kanarische Regierung von der Betreiberfirma einen Teil der Schürfrechte aufkaufte, mochten einige Majoreros glauben, sie wolle sich zum Anwalt der Bürgerinitiative machen und den zukünftigen Schutz des heiligen Orts gewährleisten. Immerhin erklärte sie sich bereit, die durch den Steinbruch entstandenen Schäden umgehend zu beseitigen.

Die Ökologen freilich waren von Anfang an skeptisch. So erklärte ein Sprecher der Umweltgruppe *Ecologistas en Acción*, die kanarische Regierung habe gewiss nicht von einer Nacht auf die andere ihr Herz für die bedrohte Natur entdeckt; vielmehr sei davon auszugehen, dass sie mit dem Kauf geschäftliche Interessen verfolge. Wahrscheinlich plane sie für die baldige Zukunft Abtragungen noch größeren Ausmaßes, an denen sie diesmal selbst beteiligt sei.

Und so war es denn auch. Noch im gleichen Jahr wurde bekannt, dass sich der baskische Bildhauer *Eduardo Chillida* für sein neues Werk, einen gigantischen **Skulpturenpark,** die östliche Kanareninsel ausgewählt hatte – und dies (ein kleines Detail, das wichtig werden sollte) im Einverständnis mit der kanarischen Regierung. Eines Nachts, so erklärte der Künstler, sei er mit der Idee aufgewacht, „einen Berg auszuhöhlen". In Finnland und Deutschland habe er keinen geeigneten entdeckt, doch auf Fuerteventura sei er fündig geworden: „Tindaya ist für meinen Traum ideal." Den Besucher sollte eine 100 Meter lange Galerie ins **Innere des heiligen Berges** geleiten; dort würde ihn ein 40 Quadratmeter großer, würfelförmiger Hohlraum erwarten, der einzig über drei Schächte mit der Außenwelt kommuniziert. Über eine senkrecht nach oben strebende Röhre sollte das Sonnenlicht eindringen, über eine zweite der Mondschein; dem dritten Schacht war die Aufgabe zugedacht, den Blick auf das Meer und den Horizont zu eröffnen. Damit, so der Künstler, würde der Hohlraum in seiner monumentalen Einfachheit zu einem Ort der Kontemplation: „Tief im Innern des Bergs allein mit der eigenen Atmung, dem eigenen Herzschlag, und gleichzeitig verbunden mit dem Kosmos, dem Gang der Gestirne, der Zeit, mit Himmel und Meer. Wohnen in stetem Übergang, in einer Welt ohne Grund ..." (Süddeutsche Zeitung).

Die kanarische Regierung zeigte sich von Chillidas Plan begeistert, schien damit doch die Chance verbunden, der bisher im Schatten Lanzarotes stehenden Insel eine große **Touristenattraktion** zu bescheren. Doch Fuerteventuras Cabildo, die Inselregierung, machte Front gegen das Projekt und schloss sich den Bedenken der Umweltschützer an. „Künstlerisch legitimierter Frevel am naturgeschützten heiligen Berg", so lautete ihr Urteil. Der Protest machte sich auch am **geschäftlichen Interesse** der Kanarenregierung fest. Aus den Plänen ging hervor, dass, um das Chillida-Projekt zu realisieren, mehrere tausend Kubikmeter des wertvollen Gesteins aus dem Vulkan herausgebrochen werden müssten. Umgerechnet bedeutete das: Die Eigentümergesellschaft der kanarischen Regierung würde zusammen mit der Bergbaufirma Cabo Verde S.A. allein durch den **Verkauf des Trachyts** über 20 Millionen Euro einnehmen, wahrscheinlich ein Mehrfaches von dem, was der Bau des Kunstwerkes kostet. So begann man Fragen zu stellen: Hatte die kanarische Regierung die Schürfrechte vielleicht nur erworben, um am lange geheim gehaltenen Chillida-Projekt gut zu verdienen? Und waren da einige Herren der Regierungspartei vielleicht weder an Naturschutz noch an Kunst, sondern einzig am Geschäft und – wie der Rechnungshof und die Justiz inzwischen vermuten – gar an privater Bereicherung interessiert?

Nachdem Eduardo Chillida im Jahr 2002 verstorben ist, hat die kanarische Regierung ihren Willen bekräftigt, das Projekt auszuführen. Doch wird vermutet, dass es noch mehrere Jahre dauern wird, bis das Urteil in den zahlreichen inzwischen anhängenden Prozessen gesprochen ist – und es werden mit Sicherheit Revisionsverhandlungen folgen ...

in Libyen haben. Damit wurde ein weiteres Mal die These erhärtet, dass die Ureinwohner der Kanaren von nordwestafrikanischen Berbern abstammen.

Leider hat der rege „Klettertourismus" der vergangenen Jahre dazu geführt, dass viele Felszeichnungen beschädigt oder zerstört wurden. Ökologen zogen die Notbremse: Zukünftig ist die Besteigung des Berges nur mit einer Genehmigung der kanarischen Umweltbehörde (Medio Ambiente) möglich.

Denkmal

Südlich des Ortes biegt eine Piste zur Montaña Quemada ab, an deren Osthang ein großes Denkmal für den Regimekritiker **Miguel de Unamuno** errichtet wurde. Unter der Herrschaft *Primo de Riveras* war der Schriftsteller 1924 nach Fuerteventura verbannt worden. Erst 50 Jahre später, als das Franco-Regime bereits in der Agonie lag, erinnerte man sich des berühmten Gastes und widmete ihm

204fu Foto: gs

Museen, Denkmäler und Preise. Das hiesige Ehrenmal ist ein Werk des kanarischen Bildhauers *Juan Borges Linares* und wurde 1980 eingeweiht.

Aktivitäten

- **Tindaya-Besteigung:** Die Genehmigung für einen auf die Minute genau festgelegten Termin erhält man im Medio Ambiente, der Umweltbehörde in Puerto del Rosario (⇨Kurzinfo).

Feste

- **15. August:** *Fiesta de Nuestra Señora de la Concepción.* Patronatsfest.

Umgebung von Tindaya

Strand

Möchte man einen Strand ganz für sich allein, so stehen dafür die Chancen an der **Playa de Janubio** nicht schlecht. Der 200 Meter lange und sehr breite Sandstrand liegt zwischen schwarzen Lavazungen und ist nur über eine Holperpiste erreichbar. Aufs Baden sollte man aufgrund der gefährlichen Unterströmung verzichten, doch die Einsamkeit ist herrlich! Vom Ort Tindaya fährt man westwärts in Richtung Küste, hält sich nach zwei Kilometern an einer Gabelung rechts und kommt nach weiteren acht Kilometern zum Strand.

Vallebrón

Sechs Kilometer sind es nach Vallebrón, einem schön gelegenen Dorf mit einst blühender Landwirtschaft. Heute sind die terrassierten Hänge aufgegeben, nur im Talgrund wird noch Gemüse angebaut. In der Hauptstadt kommt man leichter zu Geld; einige Bewohner fanden auch Arbeit im touristischen Corralejo. Am 24. Juni dankt man San Juan, dem Schutzheiligen, mit einem großen Fest für Geld und Glück, das über so viele Familien gekommen ist. Gefeiert wird im Umkreis der Ermita de San Juan, einer Kirche mit schönem Kalksandstein-Portal.

Nur selten sieht man ihn noch ...

Tefía

Noch vor kurzem war es ein Geisterdorf, heute kehrt in Tefía wieder Leben ein. Mit Hilfe finanzieller Unterstützung der EU wurden bereits acht Bauernhäuser, zwei Mühlen und eine Kirche restauriert. Entstanden ist so ein riesiges Freilichtmuseum, das gegen Zahlung eines kräftigen Eintrittsgeldes besichtigt werden kann. Es gewährt Einblick in die **traditionelle Dorfarchitektur** und soll dazu beitragen, die untergegangene Welt der Bauern dem Vergessen zu entreißen. Alle Häuser sind aus losen Lavasteinen ohne Mörtel erbaut und mit Lehm- oder Ziegeldach bedeckt – harmonisch angepasst an die Umgebung. Dabei sind die ockerfarbenen Mauern kaum von den hinter ihnen aufragenden Bergen zu unterscheiden, den einzigen farblichen Akzent setzen hier und da kalkweiße Fassaden.

Mühlen & Ermita

Am Nordrand des Dorfes, direkt an der Hauptverkehrsstraße, steht eine prächtig restaurierte Mühle aus dem 19. Jahrhundert. Die einstöckige **La Molina** ist schwarzweiß gescheckt, die Windräder sind auf dem Flachdach montiert. Ihr gegenüber führt ein Sträßlein zur **Ermita de San Agustín,** einer weiß getünchten, 1714 erbauten Kapelle. Sie ist von einem maurisch inspirierten Wall umgeben und auch die Kuppel über dem Chorraum könnte von einer Moschee stammen. Am 4. Mai und 28. August wird die Kapelle für die Patronatsfeste geschmückt.

Freilichtmuseum

Zurück auf der Hauptstraße gelangt man kurz darauf zur hufeisenförmig angelegten **Casa Señor Jacinto** mit dem offiziellen Eingang zum Ethnomuseum *(Recepción).* Im Kunsthandwerksladen neben der Kasse kann man Produkte kaufen, die in den Werkstätten des Museumsdorfes hergestellt werden. Die Häuser sagen einiges aus über ihre Besitzer. Während es Señor *Jacinto* offensichtlich

zu Wohlstand gebracht hat, war seine Nachbarin eine arme Pächterin. Ihr schlichtes Haus, die **Casa Señora Herminia,** ist weiß gekalkt und von einer niedrigen Mauer umfriedet; die winzige Küche befindet sich im Nebenbau und besteht aus einer Feuerstelle. Immerhin besaß *Herminia* einen Patio, in dem sie Koriander, Minze und Petersilie zog, während auf dem vor dem Haus gelegenen „Sandfeld" Knoblauch, Mais und Erbsen wuchsen.

Auf der gegenüberliegenden Seite der Hauptstraße setzt sich der Rundgang fort. Vorbei an der unverputzten **Casa Señor Facundo,** in der demnächst Ausstellungen und Filme zu Fuerteventura gezeigt werden, kommt man zur festungsartigen **Casa Señor Teodosio.** Zwei Gebäudeflügel gruppieren sich um einen ummauerten Patio. Die Fenster- und Türöffnungen wurden mit widerstandsfähigem Vulkanstein befestigt, während die

Casa de los Cabrera – heute ein Museumsstück

weiß gekalkten Hausmauern aus Stein und Tonerde sind. Optisch reizvoll sind die unterschiedlichen Bauelemente: Flache Dächer wechseln mit sattelförmigen ab, der „Wachturm" besitzt einen holzgeschnitzten Balkon. Zum Haus gehört auch ein Ziegengehege; im Stall daneben wurden die vermeintlich wertvolleren Tiere gehalten: Kamel, Esel und Rind.

Auch die **Casa de los Herrera** wurde massiv gebaut. In den Räumen sind heute Werkstätten untergebracht: Frauen schmücken Stoffe mit Relief- und Hohlsaumstickerei *(bordados & calados),* Schmiede und Schreiner stellen Gebrauchsgegenstände her. Ein buntes Gemisch von Kunsthandwerkern findet man auch im Nachbarhaus, der **Casa de los Cabrera.** Mit seinem blumenumrankten Innenhof, hölzernen Sitzbänken und dem balkongeschmückten Hauptgebäude ist es das schönste im Dorf. Hier werkeln Töpfer und Weber, demnächst auch Steinmetze und Strohflechter.

Die Rundfahrt begann an einer Mühle und soll an einer Mühle enden. Über die am Museumseingang westwärts führende Piste geht es – vorbei an von Lehmmauern umgebenen Feldern – zu einer Anhöhe, auf der **El Molino** thront: diesmal also eine männliche Mühle, zweistöckig und konisch, auf dem Dach ausnahmsweise sechs große Flügel. Nahebei befand sich zur Franco-Zeit ein berüchtigtes Gefangenenlager, in dem Sozialisten und Kommunisten Zwangsarbeit leisten mussten. Heute hat man das Gefängnis in eine **Escuela Taller** verwandelt: eine „Werkstattschule", in der junge Leute in die Kunst des Restaurierens eingeweiht werden.

- **Ecomuseo de la Alcogida,** Tel. 928175434, Di–Sa 10–18 Uhr, Eintritt 5 € (Kinder bis 12 Jahre frei).

Los Molinos

Die knapp zehn Kilometer lange Anfahrt über die FV-221 – erst durch eine weite Ebene, dann längs einer Schlucht – ist ein Erlebnis: Fuerte ist hier noch wild und ursprünglich. Auf halber Strecke passiert man die ehemalige Colonia García-Escámez. In der Franco-Diktatur war sie als landwirtschaftliche Mustersiedlung geplant, heute gehört sie zum Bauerndorf Las Parcelas (mit nahe gelegenem Stausee). Unten im Tal angekommen, geht es links auf einem Felsweg zu einem Aussichtspunkt hinauf, rechts über eine Brücke zum Weiler Los Molinos. Seine Häuser sind zumeist illegal erbaut und deshalb von Abriss bedroht. Im Sommer bildet sich bei ruhiger See ein 200 Meter langer Sandstrand heraus und man kann sich erfrischen – wegen der Unterströmung ist jedoch Vorsicht geboten!

402fu Foto: CdT

Llanos de la Concepción

Einst lebte man in diesem Ort vom Weinbau und der Landwirtschaft. Davon zeugen auch hier wieder die so genannten *gavias*: kleine, von Lehmmauern gesäumte Felder, die vor und nach der Aussaat mehrmals unter Wasser gesetzt wurden. Heute wirkt der Ort etwas verwaist – viele Bewohner im arbeitsfähigen Alter verdienen ihr Geld mit Jobs an der Küste und kommen spät abends oder nur am Wochenende zurück. So bietet sich dem Durchreisenden ein idyllisches Bild: alte Dorfbewohner und Kinder, dazu zwei „Museumsstücke": eine restaurierte Windmühle und ein altes Wasserschöpfrad. Viel Leben herrscht nur am 15. August, wenn das Patronatsfest gefeiert wird.

Aguas Verdes

An der Hauptstraße FV-30, etwas südlich von Llanos de la Concepción, zweigt eine schmale Asphaltstraße zur **Playa del Valle** ab. Die Fahrt zur Küste ist ein Genuss: ringsum rote und sanft gewellte Berge, an deren Hängen Ziegen weiden. Wenn sie am späten Nachmittag zu einem Pferch hinabsteigen, erfüllt ihr Glockengeläut das gesamte Tal.

Vorbei an der Anlage Aguas Verdes geht es auf Piste zum Kiesstrand hinab. Bis vor kurzem traf man sich hier, um das Wrack der Jucar, eines 1986 gestrandeten, vielleicht auch absichtlich auf Grund gesetzten Frachters, zu bestaunen. Er hatte containerverpackte Konsumartikel an Bord, die als Strandgut reißenden Absatz fanden. Heute ist vom Schiff nichts mehr zu sehen und man genießt wieder „unverstellten" Ausblick aufs Meer, ein Naturschauspiel mit großartiger Brandung an wilden Klippen.

Valle de Santa Inés

Der etwas gesichtslose Ort liegt in einem weiten und fruchtbaren Tal, das aufgrund seiner Wasservorkommen schon früh landwirtschaftlich erschlossen wurde. In einigen Häusern wird wie in alten Zeiten **Keramik** hergestellt - so im *Taller de Artesanía* von *Josefa Acosta* und in der *Alfarería* von *José Ramón*.

Ermita

Auf einem kleinen, am südlichen Ortsrand abzweigenden Sträßlein kommt man zu einer schlichten, meist verschlossenen **Kapelle** (Ermita de San Bartolomé). Gestiftet hat sie 1589 *Inés Peraza,* eine Nachfahrin jener berüchtigten *Inés,* die als Gattin von *Diego García de Herrera* vorübergehend Herrscherin über den gesamten Archipel war. Auf Gomera hat sie nach dem Tod ihres Sohnes Hunderte der dortigen Ureinwohner niedermetzeln lassen.

Feste

- **21. Januar:** *Fiesta de Santa Inés.* Beim Fest der Ortsheiligen treten die besten Folkloregruppen auf.
- **24. August**: *Fiesta de San Bartolomé.* Valle de Santa Inés ist Ziel einer großen Pilgerwallfahrt.

Mirador Morro Velosa

Von der FV-30, nahe dem Denkmal für die altkanarischen Könige *Guize* und *Ayose,* zweigt eine Straße zu Fuerteventuras schönstem **Aussichtspunkt** ab (Di–Sa 10–18 Uhr). Auf dem 675 Meter hohen Gipfel des Morro Velosa hat eine Verwandte des Stararchitekten **Manrique** einen festungsartigen Bau entworfen, von dem sich ein fantastisches Panorama bietet. Über die gewellten Berge des Betancuria-Massivs blickt man bis zur Inselnordspitze, sieht jenseits der Meerenge Lanzarote, im Westen Gran Canaria und manchmal gar Teneriffa. Vorerst beherbergt der Mirador ein Naturkundemuseum.

Betancuria

Die ehemalige Inselhauptstadt liegt in einem von Bergen umschlossenen Tal. Die weißen, dicht aneinander gebauten Häuser ziehen sich vom Talgrund terrassenförmig die Hänge hinauf: ein Bild architektonischer Geschlossenheit, dem Betancuria das Prädikat **„Schönster Ort der Insel"** verdankt. Für frische Farbtupfer sorgen Palmen und Feigenbäume, die aus ummauerten Gärten hervorschauen. Die Mehrzahl der 500 Bewohner lebt von Kunsthandwerk und Tourismus, nur eine Hand voll betätigt sich noch als Ziegenhirt oder Bauer. Man besucht den Ort am besten morgens oder am späten Nachmittag – zur Mittagszeit setzen ihm die Ausflugsbusse arg zu.

Ein Blick zurück

Die *Villa de Santa María de Betancuria*, so der offizielle Name, wurde nach ihrem Gründer **Jean de Béthencourt** benannt: 1404, also noch während der Conquista, hat er sie zur **Hauptstadt** gemacht, wobei die Lage klug gewählt war: Gen Süden und Westen war das fruchtbare Tal durch Berge geschützt, einen Zugang gab es nur an der Felsenge von Mal Paso. Vom Morro Velosa hatte

Kurzinfo Betancuria

- **Im Internet:** www.aytobetancuria.org (span.)
- **Rathaus und Polizei:** Ayuntamiento, Amador Rodríguez 2 / Roberto Roldán, Tel. 928878092.
- **PLZ:** 35637
- **Gesundheitszentrum:** Consultorio Médico, Roberto Roldán 5, Tel. 928878455, Mo–Fr 10.30–12 Uhr.
- **Taxi:** Tel. 928878094
- **Parken:** am südlichen Ortsrand.
- **Bus:** Verbindungen mit Puerto del Rosario und Vega de Río Palmas (Linie 2).

238fu Foto: PdF

man den Norden und Osten im Blick, auch dort konnte kein Feind unerkannt vordringen.

Schon 1410 ließ Béthencourt eine **gotische Kirche** erbauen, die Papst *Martin V.* 14 Jahre später zur Kathedrale des gesamten Archipels erhob – in Konkurrenz zur Bischofskirche auf Lanzarote. In den ringsum entstehenden Gutshäusern residierte die neue Inselelite: außer dem Señor gehörten Bischof, Pfarrer und Ratsherren dazu. Unterhalb der Kirche, nahe dem Talbett, duckten sich die weiß gekalkten Katen der Siedler. Diese kamen aus der Normandie und der Gascogne, später auch aus Andalusien und Kastilien. Für die Urein-

Kathedrale von Betancuria

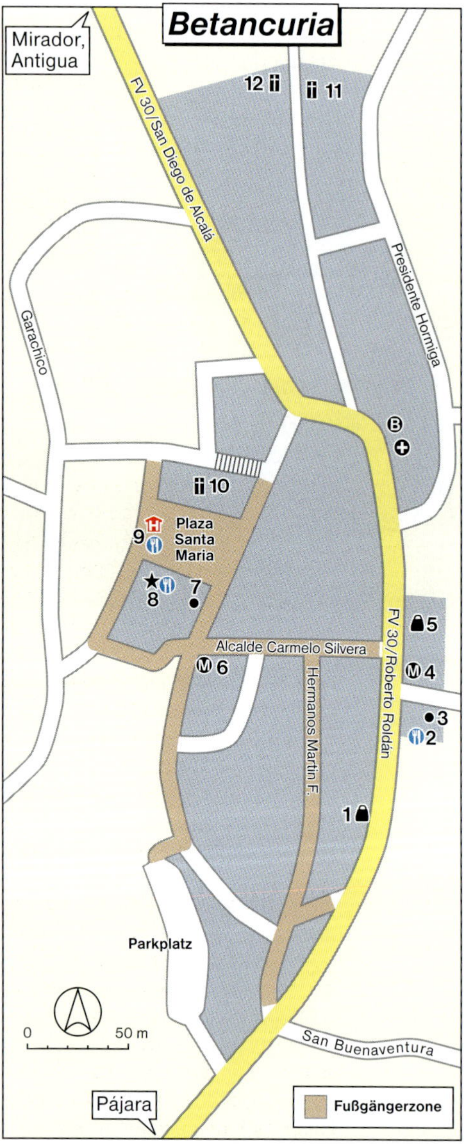
Betancuria
Mirador, Antigua
FV 30/San Diego de Alcalá
12
11
Presidente Hormiga
Garachico
B
10
Plaza Santa Maria
9
8
7
FV 30/Roberto Roldán
5
Alcalde Carmelo Silvera
6
4
Hermanos Martin F.
3
2
1
Parkplatz
0
50 m
San Buenaventura
Pájara
Fußgängerzone

★ **SEHENSWERTES**
4 Museo Arqueológico
6 Museo de Arte Sacro
8 Casa Santa María
10 Iglesia de Santa María
11 Ermita de San Diego
12 Convento de San Buenaventura

UNTERKÜNFTE
9 Princess Arminda

ESSEN UND TRINKEN
2 Valtarajal
8 Casa Santa María

● **SONSTIGES**
1 Aloe Vera Fresca
3 Ayuntamiento (Rathaus)
5 Centro Insular de Artesanía
7 Tienda Santa María

Ⓑ Bushaltestellen
✚ Gesundheitszentrum

wohner war hier kein Platz; zusammen mit den afrikanischen Sklaven wurde ihnen eine Siedlung fernab der „reinen Seelen der Christen" zugewiesen.

Trotz der strategisch abgesicherten Lage gelang es 1593 dem **Korsaren** *Morato Arráez,* mit seinen Truppen ins Tal vorzudringen. Er raubte alle Vorräte und Schätze und legte die gesamte Stadt in Schutt und Asche. Dabei konnten sich die Bewohner noch freuen, so glimpflich davongekommen zu sein. Sieben Jahre zuvor hatte der im Dienst des osmanischen Sultans stehende Pirat fast die gesamte Bevölkerung Lanzarotes verschleppt: 1000 Menschen waren als Vergeltung für die kanarische Sklavenjagd gefangen genommen worden.

Im frühen 17. Jahrhundert begann man mit dem Wiederaufbau der Stadt – das heutige Aussehen der Kirche und der angrenzenden Feudalsitze geht auf die Anstrengungen jener Jahre zurück. Doch vermochte sich Betancuria nie vom Schock des Piratenangriffs zu erholen. Die landwirtschaftliche Produktion verlagerte sich nach Antigua und Tuineje, später auch nach La Oliva, das 1835 die Hauptstadtfunktion übernahm.

205fu Foto: gs

Als der baskische Schriftsteller *Miguel de Unamuno* 1924 nach Fuerteventura kam, erschien ihm die einstige Inselhauptstadt wie eine getünchte Grabstätte nach einem vollendeten Leben:

„Betancuria ist ein weiß getünchtes Grab
Wo das Leben beginnt wie es aufhört
Langsamer Transit an den sich der Sterbliche gewöhnt
Fern der Zeit und ihrer grausamen Zumutungen."
(*Miguel de Unamuno*, „De Fuerteventura a Paris", 1925)

Wer die Stadt heute besucht, erlebt ihre „Wiederauferstehung". Reiseveranstalter präsentieren ihren Gästen das ideale Ausflugsziel: mit altem Dorfkern und kopfsteingepflasterten Gassen, Werkstätten und attraktiven Lokalen.

In der Casa Santa María

Sehenswertes

Kirche

Über dem Ort thront die schönste Kirche Fuerteventuras. Schon von weitem ist ihr hoher Glockenturm sichtbar, der den Hauptbau mit seinen holzgeschnitzten Balkonen überragt. Volle hundert Jahre dauerte ihr **Wiederaufbau im 17. Jahrhundert.** Als typische Wehrkirche erhielt sie meterdicke Mauern und lukenartige, hoch angesetzte Fenster. Bei einem neuerlichen Piratenüberfall sollte sie der gesamten Bevölkerung Schutz bieten.

Der Haupteingang befindet sich an der romantischen Plaza Santa María. Durch ein Renaissance-Portal gelangt man in den dunklen, aber weiten Innenraum. Seine drei Schiffe sind durch Rundbögen, die auf schlanken Säulen ruhen, voneinander getrennt. Darüber wölbt sich eine trogartige Holzdecke im Mudejar-Stil, 1645 aus dem Kernholz der Kiefer geschnitzt.

Der **barocke Hauptaltar,** Blickfang der Kirche, ist mit Pflanzenornamenten geschmückt und mit Blattgold überzogen: ein prächtiger Rahmen für die Stadtpatronin, die in seiner Mitte auf einer Mondsichel schwebt – flankiert von einem ehrwürdigen Petrus und einem jugendlichen Antonius. In der linken Sakristei entdeckt man eine geschnitzte Kassettendecke mit vergoldeten Renaissancerosetten. Wie ein Baldachin ist sie über das „Schiff des Herrn", ein Gemälde von 1730, gespannt, das unmissverständlich an die Conquista anknüpft: Jesus alias *Jean de Béthencourt* kommt übers Meer gefahren, unter dem Banner des Christentums werden die Heiden zivilisiert. Die sieben schwimmenden Mönche in grauer Kutte stellen vermutlich jene Franziskaner dar, die in Betancuria das erste außereuropäische Kloster gründeten.

Auch in der Kirche Betancurias darf das „Jüngste Gericht" nicht fehlen. Das großformatige Gemälde an der linken Langhauswand ist streng hierarchisch gegliedert: unten die Hölle, dargestellt als Maul eines die Sünder zermalmenden Monsters, darüber das Fegefeuer, in dem sie zuvor schmorten. Erzengel *Michael* schwebt bereits in den Wolken: Gewissenhaft prüft er das Gewicht, hält die guten gegen die schlechten Taten. Ganz oben im Bild thront der Gottesvater mit seinem Sohn und dem Heiligen Geist.

- **Iglesia de Santa María,** Plaza Santa María, tgl. außer So 10–16 Uhr, Eintrittspreis vorerst 1,50 €, freier Zugang nur während des Gottesdienstes Sa 17 Uhr; Fotoverbot!

Herrenhaus

Ein Deutscher war es, der das um 1600 entstandene Herrenhaus am Kirchplatz so vorbildlich restauriert hat. Der auf Lanzarote lebende Fotograf *Rainer Loos* hat die traditionelle Bauweise genau studiert und das Haus samt angrenzenden Bauten nach ihrem Vorbild wiederhergestellt. Heute wird es als Casa Santa María gerühmt – selbst Einheimische sind von dem Ergebnis begeistert. Im **Museum** wird dem Besucher ein lebendiges Bild der Insel vermittelt; die **3-D-Multivisionsshow** stellt die schönsten Landschaften Fuerteventuras vor und informiert über Kultur und Geschichte. Beim Besuch der **Werkstätten** kann man den Frauen beim Töpfern und Flechten, Sticken und Weben zuschauen. Eine Sammlung landwirtschaftlicher Geräte illustriert den harten Alltag auf dem Feld, während in der benachbarten **Galerie** zeitgenössische kanarische Kunst ausgestellt wird. Zum Abschluss des Besuchs stärkt man sich in der Bodega mit frisch gebackenem Brot und Ziegenkäse und unternimmt einen Spaziergang durch den **Kaktusgarten.** Von der Terrasse des Cafés hat man einen herrlichen Blick über den Ort und das Tal.

- **Casa Santa María,** Plaza Santa María s/n, tgl. außer So 11–15.30 Uhr, Eintritt 5 €, Kinder bis 10 Jahre die Hälfte.

Museen

Das **Archäologische Museum** befindet sich in einem palmenbeschatteten Haus an der Durchgangsstraße und ist von Kanonen flankiert, die bei dem Angriff englischer Korsaren 1740 erbeutet wurden. Doch über Piraterie ist drinnen nichts zu erfahren. Ausgestellt werden in fünf Räumen archäologische und ethnografische Exponate aus prähispanischer Zeit, Dokumente zu den ersten Expeditionsfahrten europäischer Kaufleute sowie Alltagsgegenstände aus der Zeit nach der Conquista.

● **Museo Arqueológico,** Calle Roberto Roldán 12, Di–Sa 10–18 Uhr, Eintritt 2 €.

Die ehemalige Residenz der kirchlichen Würdenträger (zzt. wegen Baufälligkeit geschlossen) birgt ein **Museum für sakrale Kunst** mit alten Gemälden und Skulpturen. Im ersten Raum sind auf Fotos die für die Insel typischen Kirchen und Kapellen zu sehen: kubisch gebaut und weiß gekalkt, mit einem dunklen Glockenturm als einzigem Schmuck. In den übrigen Räumen werden kostbare Kirchenschätze ausgestellt, z.B. eine Figur des hl. Petrus aus Tiscamanita, eine flämisch inspirierte Pietá und das Gemälde „Entdeckung der Felsjungfrau". Das Banner der Conquista wurde dem Inselherren *Diego de Herrera* 1454 vom kastilischen König verliehen. Alljährlich am 14. Juli wird es zur Fiesta des Schutzheiligen durch die Gassen des Städtchens getragen.

● **Museo de Arte Sacro,** Carmelo Silvera s/n. Solange das Haus geschlossen bleibt, werden die meisten Werke in der Kirche gezeigt.

Kloster

Außerhalb des Orts, an der Straße nach Antigua, stehen die malerischen Ruinen des Buenaventura-Klosters. Kein Geringerer als Papst *Benedikt XIII.* entsandte 1416 sieben Franziskanermönche ins **erste überseeische Kloster,** auf dass sie die zwangsgetauften Altkanarier von der Überlegenheit des Christentums überzeugten. Feudalherr *Diego García de Herrera* war von ihrer Missionsarbeit so begeistert, dass er das Kloster auf eigene Kosten vergrößern und sich nach seinem Tod 1485 in seinen Mauern beisetzen ließ – so jedenfalls verkündet es eine Tafel neben dem Eingang. Nach der Säkularisierung im 19. Jahrhundert verfiel die Anlage und wurde von den Bewohnern als Steinbruch genutzt. Sie verschonten nur die Hauptmauern der Kirche; deutlich ist an diesen der kreuzförmige, für den Bettelorden typische Grundriss erkennbar.

- **Convento de San Buenaventura,** San Diego de Alcalá s/n

Kapelle

Besser erhalten ist die benachbarte **Kapelle des hl. Diego.** Sie wurde im 17. Jahrhundert oberhalb einer Klause erbaut, in der einst ein in Sevilla geborener Franziskaner seinen Gebeten nachhing. *San Diego de Alcalá* war 1445–49 Abt des Klosters und wurde 1588 heilig gesprochen. Nicht nur die Befreiung der „Felsjungfrau" wurde ihm zugeschrieben, sondern auch die (kurzzeitige) Gefan-

036fu Foto: gs

gennahme Satans. Diego band ihn an die Kirchentür und lief ins Kloster, wo er Gottes Rat erbat, was mit dem Teufel zu tun sei. Doch leider war in der Zwischenzeit ein Hirte vorbeigekommen und hatte das Seil gelöst – die laut klagende Kreatur hatte sein Mitleid erregt.

Übrigens ist Diego als einziger Heiliger der Kanaren in die Weltliteratur eingegangen: *Lope de Vega* benannte nach ihm eine seiner bekannten Komödien.

- **Ermita de San Diego,** San Diego de Alcalá s/n

Praktische Tipps

Unterkunft

- **Princess Arminda** €€, Calle Juan de Béthencourt 2, Tel. 928878979, www.princessarminda.com. Vier Zimmer mit Antiquitäten in einem schönen Haus aus dem 17. Jh. Mit Aufenthaltsraum und Tapas-Lokal.

Essen und Trinken

- **Restaurante Santa María** €€€, Plaza Santa María s/n, Tel. 928878282, tgl. 11–18 Uhr. Gehobene Küche im Museumsdorf. Die Innenräume wirken nobel-rustikal, auf der Gartenterrasse sitzt man zwischen blühenden Sträuchern.
- **Valtarajal** €/€€, Calle Roberto Roldán s/n, Tel. 928 878272, tgl. Di–So 9–17 Uhr. Erstaunlich, dass ein Lokal an der Durchgangsstraße so gute Küche bietet: eingelegte Oliven mit Ziegenkäse und Zwiebelkonfitüre, Salate und appetitliche Tapas-Teller, gute Fleischgerichte und als Dessert locker-leichtes Mousse aus geröstetem Gofio. Bei *Heike* und *Helmut* gibt's auch ausgezeichnete Kanaren-Weine, v.a. aus Lanzarote!

Einkaufen

- **Tienda Santa María,** Plaza Santa María s/n.Im wohl besten Souvenirladen der Insel werden archaische Tonwaren und kunstvolle Stickereien verkauft, außerdem kleine Aquarelle mit Inselmotiven und witzig bemalte Kacheln, aus Palmwedeln geflochtene Körbe, Sonnenuhren und vieles mehr. Auch das Kulinarische kommt nicht zu kurz ...
- **Aloe Vera Fresca,** Calle General Moscardó 23, www.aloeverafuerteventura.com. *Lucianos* ganze Familie hat sich Fuerteventuras „Wunderpflanze" verschrieben: umfangreich ist das Sortiment an Heilmitteln und Kosmetika, mehrsprachig wird man über die Vorzüge von Aloe Vera belehrt.

Jean de Béthencourt – Ritter ohne Furcht und Tadel

Im kanarischen Telefonbuch tauchen unter dem zweiten Buchstaben des Alphabets viele *Bethencourts* und *Betancorts* auf. Wer einen dieser Namen trägt, genießt auf Fuerteventura höchstes Ansehen, gilt er doch als Nachfahre Jean de *Béthencourts* – jenes berühmten Eroberers (1362–1425), der ins „große Abenteuer" *(fuerte ventura)* verliebt war und den Archipel „aus der Düsternis des Steinzeitalters befreite". Die ersten, die über ihn schrieben, waren seine ergebenen Protokollführer, die Priester *Le Bontier* und *Verrier*. In der Chronik „Le Canarien" zeichnen sie ein schmeichelhaftes Bild von seiner Person. *Béthencourt,* heißt es da, war ein wahrer Christ und Edelmann, der „nur das Beste" für die wilden Heiden wollte. Doch war er das wirklich? Was hatte ihn auf die Kanarischen Inseln getrieben?

Dem **normannischen Ritter** gehörten große Ländereien in und um Grainville-la-Teinturière. Doch was nutzte ihm der Besitz, wenn dieser keinen Profit abwarf? Die Pest von 1347 hatte weite Teile der Bevölkerung hinweggerafft, die Textil- und Färberindustrie, auf die noch der Beiname des Ortes verweist, war zugrunde gegangen. Eine Neubelebung der Wirtschaft war nicht in Sicht, die Normandie, Aufmarschgebiet im Hundertjährigen Krieg zwischen England und Frankreich, war verwüstet. Da die Ländereien für einen adeligen Lebensstil zu wenig Geld abwarfen, musste das Einkommen anderweitig aufgebessert werden. Schon bald war *Béthencourt* für Erb- und Heiratsschwindel bekannt, er organisierte Raubzüge gegen englische Schiffe und schreckte nicht davor zurück, Widersacher brutal zu beseitigen. Bald schon ermittelte das englische Krongericht gegen ihn, was den Ritter freilich nicht zu verschrecken brauchte. Aufgrund des Krieges war eine Vollstreckung der Strafe nicht zu fürchten, auch genoss er dank verwandtschaftlicher Bande gute Beziehungen zum französischen und kastilischen Hof.

Die Beziehungen zu *Heinrich III.,* dem König von Kastilien, nutzte er 1402 zu einer **Expedition** zu den Kanarischen Inseln, von denen es hieß, sie seien reich an kostbaren Gütern. Man sprach von Robbenfellen, die man zu Kleidungsstücken verarbeitete, vom heilsamen „Drachenblut", einer Harzflüssigkeit des Dragobaums, und von der Flechte Orseille, aus der ein karminroter Farbstoff gewonnen wurde. Und man wusste auch, dass es auf den Kanaren ein Leichtes war, Sklaven zu erbeuten.

Zusammen mit *Gadifer de la Salle,* einem Kompagnon aus den Tagen der Piraterie, und 220 normannischen und andalusischen Söldnern stach er am 1. Mai in La Rochelle in See. Das nötige Geld für Schiff und Besatzung hatte er sich von seinem andalusischen Onkel *Conde de la Niebla* geliehen, der sich als Pfand dessen Grafschaften hatte überschreiben lassen. Doch der Sold erschien den meisten der angeheuerten Männer zu gering: Sie meuterten und setzten sich in Cádiz, der letzten Station auf dem Alten Kontinent, ab.

Die Fortsetzung ist aus den Geschichtsbüchern bekannt. Mit 53 Mann landete *Béthencourt* auf **Lanzarote,** fuhr zurück zum kastilischen Hof und ließ sich von *Heinrich III.* zum **„König der Kanarischen Inseln"** ernennen. Nachdem es ihm gelang, auch **Fuerteventura und El Hierro** zu besetzen, von Madrid aber keine weitere finanzielle Unterstützung eintraf, verlor er das Interesse an den Inseln - sie machten ihn nicht reich. Er ernannte seinen Neffen *Maciot* zum Statthalter und kehrte auf sein Gut in der Normandie zurück, wo er 1425 starb. Zu diesem Zeitpunkt war er schon nicht mehr „König der Kanaren", denn sieben Jahre zuvor hatte er den Besitztitel seinem Onkel und einstigen Geldgeber, dem Conde de la Niebla, „verkauft".

038fu

• **Centro Insular de Artesanía,** Roberto Roldán s/n. In einem schönen alten Haus neben dem Stadtmuseum hat die Inselregierung ein Zentrum für Kunsthandwerk eröffnet. Darin werden Körbe und Hüte aus Palmwedeln geflochten; auf alten Webstühlen entstehen bunte Flickenteppiche.

Feste

• **14. Juli:** *Fiesta de San Buenaventura.* Majoreros feiern die Eingliederung ihrer Insel ins Königreich Kastilien (1456) und tragen die Fahne der Conquista durch die Straßen der Stadt. Militärparaden und eine Prozession zu Ehren des Inselpatrons verleihen dem Fest eine offiziöse Note.
• **8. Dezember:** *Fiesta de Nuestra Señora de la Inmaculada Concepción.* Prozession zu Ehren Mariä Empfängnis.

Wandertipp

In Betancuria endet der von Antigua kommende Pilgerpfad (⇨Wanderung 4). Von Vega de Río Palmas, 4 km westlich, geht es weiter nach Ajuy (⇨Wanderung 5).

Vega de Río Palmas

Die Konquistadoren schwärmten von einem Tal, in dem mehrere hundert Palmen von einem Wildbach durchflossen werden. Sie gaben ihm den Namen „Aue am Palmenfluss" und ließen Obstplantagen anlegen. Noch heute wirkt Vega de Río Palmas wie eine Oase, deren Grün effektvoll mit den rötlichen Hängen ringsum kontrastiert. Im Talbett wachsen schlanke Kanarische Palmen, Nuss-, Feigen- und Mandelbäume, an den Hängen Kakteen, Mimosen und Sisalagaven. Versiegt im Sommer der Bach, wird mit Hilfe von Windrädern Grundwasser an die Oberfläche gepumpt, mit dem die kleinen, von Lehmmauern eingefassten Felder gespeist werden.

Unterhalb des Orts, wo sich das Tal zur Schlucht Mal Paso verengt, liegt ein Stausee. Freilich reicht das Wasser nicht tief, denn unter ihm türmen sich gut fünf Meter Schlamm. Die Bauern möchten den fruchtbaren Morast ausheben und für die umliegenden Felder nutzen, doch die Ökologen sind

Die Jungfrau aus dem Fels – Fund eines Mönchs

Es geschah am 19. Mai 1445, dass der Franziskanermönch *Fray Juan Torcaz* zum Kräutersammeln ins Tal geschickt wurde. Da brach ein Gewitter aus und er hörte eine gewaltige Musik. Voller Angst suchte er Schutz in einem Brunnen und harrte dort die ganze Nacht aus. Als er dem Abt von seinem seltsamen Erlebnis erzählte, beschloss dieser, die Quelle der Musik ausfindig zu machen. Viele Meter des blau schimmernden Fels klopfte er ab, bis er, einer göttlichen Eingebung folgend, an der engsten Stelle der Schlucht einen Hieb ins Gestein schlug. Der Fels zersprang und es öffnete sich eine Nische, der eine Marienfigur entsprang: die „Jungfrau aus dem Fels“ (Virgen de la Peña). In Erinnerung an das wundersame Ereignis wird noch heute an jedem dritten Septemberwochenende ihre Statue aus der Dorfkirche zum ursprünglichen Fundort getragen.

Die Legende birgt einen historischen Kern. *Gadifer de la Salle,* so vermutet man, hat die kostbare Figur aus der Normandie mitgebracht und aus Angst vor Piraten in der Felsschlucht versteckt. Dort könnte sie vergessen und erst Jahre später durch Zufall wiederentdeckt worden sein.

dagegen: Der sumpfige See ist ein einzigartiges Biotop, das seltenen Vögeln als Lebensraum dient.

Wallfahrtskirche

Die wichtigste Attraktion des Ortes ist die im 17. Jahrhundert erbaute Wallfahrtskirche an der Durchgangsstraße. In ihrem vergoldeten Hauptaltar steht eine 23 Zentimeter große, aus Alabaster geschnitzte Marienfigur, deren Konturen durch die vielen Berührungen glatt geschliffen sind. Sie kam im Gepäck der Eroberer nach Fuerteventura und wird seit ihrer wundersamen Wiederauffindung (⇨Exkurs) als Schutzheilige der Insel verehrt. Auf ihrem Arm trägt sie einen arg ramponierten Christus. Laut mündlicher Überlieferung hält sie die Augen geschlossen, um nicht mit ansehen zu müssen, wie eine *mora loca* (verrückte Maurensklavin) ihr Kind verstümmelt.

- **Iglesia de Nuestra Señora de la Peña,** Plaza de Vega de Río Palmas, Di–So 11–13 und 17–19 Uhr, Gottesdienst Sa 18 Uhr.

Essen und Trinken

- **Casa Don Antonio** €€€, Plaza, Tel. 928878757, www.lanzarote-fuerte.com/donantonio, Di–So 11.30–17 Uhr, im Juni und in der 2. Dezemberwoche geschl. Gourmetrestaurant gegenüber der Kirche in einem originalgetreu rekonstruierten Herrenhaus mit schattigem Patio. Serviert wird gehobene kreative Küche mit frischen Zutaten, alles vom Feinsten, aber nicht billig!

Aktivitäten

- **Wandern:** Vega de Río Palmas ist Startpunkt einer der schönsten Wanderwege der Insel: Vorbei an der legendären Ermita geht es durch die Felsschlucht von Mal Paso und den Barranco de la Madre del Agua bis hinab zum Fischerdorf Ajuy (⇨Wanderung 5).

Feste

- **5. August:** *Fiesta de la Virgen de la Peña*. Patronatsfest.
- **Drittes Septemberwochenende:** *Romería de la Peña*. Im Palmendorf wird das größte Fest Fuerteventuras gefeiert. Über den Pilgerpfad von Antigua kommen Tausende von Majoreros zur Wallfahrtskirche in Vega de Río Palmas. Sie sind mit Fackeln ausgerüstet, spielen auf Trommeln und Timples kanarische Lieder. Mit den Ortsbewohnern vereinen sie sich zur Mitternachtsmesse, der *Misa de los Romeros*, anschließend wird auf dem Kirchplatz getanzt und gespeist. Am nächsten Tag wird die Jungfrau zur Kapelle in der Felsschlucht getragen, wo eine zweite Messe gelesen wird. Mit einem farbenprächtigen Karossenzug geht es weiter, einen letzten Höhepunkt bildet die nächtliche Fiesta.

214fu Foto: gs

Pájara

Das Städtchen am Fuß des 609 Meter hohen Fenduca macht einen gemütlichen Eindruck. Auf der Plaza halten ältere Männer Siesta, Kinder spielen Räuber und Gendarm und erproben an Touristen ihre Englischkenntnisse. Man möchte kaum glauben, dass von diesem Provinznest die größte Gemeinde der Insel mit den Touristenhochburgen Jandías verwaltet wird. Doch das dort erwirtschaftete Geld fließt nicht an Pájara vorbei. Das merkt man nicht nur am schmucken Ortszentrum, sondern auch am verschwenderischen Umgang mit Wasser. Zu beiden Seiten des Barranco-Tals blühen Bougainvilleen, an der Plaza stehen Lorbeerbäume, aus deren Kronen hundertfaches Vogelgezwitscher ertönt.

Kurzinfo Pájara

- **Rathaus und Polizei:** Ayuntamiento, Plaza Nuestra Señora de la Regla 3, Tel. 928161704, www.ayuntamientodepajara.com.
- **PLZ:** 35628
- **Taxi:** Tel. 928161503
- **Bus:** Verbindungen mit Gran Tarajal (Linie 18) sowie mit Morro Jable via La Pared (Linie 4) und Tuineje (Linie 9).

Pfarrkirche Alle Ausflugsbusse halten vor der berühmten Pfarrkirche von 1687. Am Hauptportal erblickt man in Stein gemeißelte Indianerhäupter und Sonnenmuster, Schlangen mit aufgerissenem Rachen und zum Sprung ansetzende Pumas. Der **ungewöhnliche Bilderschmuck** will so gar nicht in die

Das Betancuria-Massiv bei Pájara – Berge wie Kamelhöcker

bekannte christliche Bilderwelt passen. Vermutlich wurden die Werke von einem zurückgekehrten Emigranten geschaffen, der sich in der Indianerkunst Amerikas auskannte – vielleicht aber auch von einem Steinmetz, der die Motive einer Buchvorlage entnahm. Der von einer Mudejar-Decke überspannte Innenraum der Kirche wirkt düster, doch durch die Seitenfenster am Kopfende der Kirche fällt Licht auf die beiden opulenten Barockaltäre. Im linken sieht man die in ein wallendes Gewand gehüllte Señora de la Regla, Schutzpatronin Pájaras, aber auch vieler Städte auf Kuba.

• **Iglesia de Nuestra Señora de la Regla,** Plaza Nuestra Señora de la Regla, tgl. 9.30–19 Uhr, Gottesdienst So 19 Uhr.

Unterkunft

• **Casa Isaítas**€€€, Guize 7, Tel. 607928307 oder 928161402, www.casaisaitas.com. Mitten im Ortszentrum wurde ein Herrenhaus aus dem 18. Jahrhundert in ein Mini-Hotel verwandelt. Die vier bequemen, geräumigen Zimmer (alle mit Satellitenfernsehen und -rundfunk) erreicht man vom Innenhof über eine Holzgalerie. *Pilar* und *Pablo* tischen ein üppiges Frühstück auf und kümmern sich persönlich ums Wohl ihrer Gäste. Zum Hotel gehört auch ein Leseraum.

Essen und Trinken

• **Casa Isaítas**€€, Guize 7, Tel. 607928307. Kanarische und spanische Küche in lockerem Ambiente, für Tapas geht man in die benachbarte Bar. Das schön restaurierte Haus ist nach einem berühmten Dorfirren benannt, der hier seine letzten Lebensjahre verbrachte.

• **Centro Cultural**€, Plaza de la Constitución, Tel. 928 161440, unregelmäßig geöffnet. Einfach und kanarisch, preiswert und gut: Hier essen auch gern die Mitarbeiter des nahe gelegenen Rathauses *(Ayuntamiento)*.

Aktivitäten

• **Wandern:** Ein neu angelegter Weg führt von Pájara in den Nachbarort Toto und von dort zum Stausee bei Vega de Río Palmas (er kreuzt die FV-30 bei Km. 24.4).

Feste

• **2. Juli:** *Fiesta de Nuestra Señora de la Regla*. Patronatsfest.

Ajuy

Das attraktive **Fischerdorf** liegt an der Mündung eines weiten Tals und ist von Pájara über eine zehn Kilometer lange Stichstraße erreichbar. Einfache, weiße Häuser inmitten einer schwarzen Bucht und zu beiden Seiten zerfurchte Klippen: an diesem Ort möchte man gern länger bleiben. Bei wildem Meeresrauschen speist man leckeren Fisch, wobei man während der Wintermonate nicht davon ausgehen sollte, dieser sei frisch. Da an der Westküste das Meer rauh ist, wagen sich die Fischer nur selten hinaus. Darum bescheiden sich die meisten Gäste mit einem Sonnenbad oder spazieren auf befestigtem Weg rechts hinauf zum Aussichtsplateau und zu den durchlöcherten Felsen (s. Wandertipp).

Neben seinem altkanarischen Namen Ajuy wird der Ort vielfach auch **Puerto de la Peña** (Hafen der Felsjungfrau) genannt. Die Marienfigur befand sich im Gepäck *Gadifer de la Salles,* der im Jahre 1402 in Ajuy landete. Von dort zog er mit seinen Truppen landeinwärts, um die Unterwerfung der Ureinwohner in Angriff zu nehmen. Später kamen über den gleichen Weg die Piraten. Da ihre Überfälle nicht selten blutig verliefen, wurde die Bucht *Playa de los Muertos* (Strand der Toten) getauft – heute sterben hier nicht mehr die Opfer von Piratenüberfällen, sondern sorglose Badefreaks, die sich von der tückischen Strömung hinausziehen lassen.

Unterkunft

- **Casa Miramar** €, El Hervidero 1, Tel. 928161594 oder 928161613. Schlichtes Haus am Ortsrand, nur ein paar Schritte vom Strand entfernt. Von den Besitzern wird es liebevoll-ironisch *Hotel Miramar* genannt, doch mittlerweile ist der Meerblick durch einen Neubau versperrt. Die Casa beherbergt fünf einfache Doppelzimmer, die sich Gemeinschaftsküche und -bad teilen. Sie können auch einzeln angemietet werden, der Preis beläuft sich auf ca. 30 € pro DZ. Denselben Besitzern gehört die Casa María schräg gegenüber (Calle Gallegada 8), in der ein Apartment vermietet wird.

207fu Foto: gs

Nach dem Fang: Strand bei Ajuy am frühen Abend

American Star – das Geisterschiff

„Eine Touristenattraktion, für die wir nicht eine Peseta zu zahlen brauchen!" Die Inselregierung hatte allen Grund zum Jubeln. Am 17. Januar 1994 geriet die berühmte American Star vor der Westküste Fuerteventuras in einen schweren Sturm, lief auf Grund und brach tags darauf in zwei Teile. Binnen weniger Stunden schwemmten Tonnen von Sand ins Innere des Wracks, womit jeder Versuch, das Schiff zu bergen, zum Scheitern verurteilt war. Und so lag es da bis zum Jahr 2007: 200 m lang und verlockend nahe...

Die **S.S. America,** so der ursprüngliche Name, wurde am 31. August 1939, einen Tag vor Kriegsbeginn, von Präsident *Eleanor Roosevelt* getauft, bald darauf von der American Navy übernommen und als WESTPOINT-Truppentransporter eingesetzt. Nach Kriegsende wurde sie zum **Kreuzfahrtschiff** umgebaut und kam auf der Transatlantik-Route zum Einsatz. Zielhafen war anfangs Le Havre, später Bremerhaven. Ab 1964 wechselte der Luxusliner mehrfach seinen Besitzer, kurvte über sämtliche Weltmeere und nannte sich Australis, Chandris und schließlich American Star. Es muss ein Prachtschiff gewesen sein: mit Ballsaal, Kino und Casino, Bibliothek und Schwimmbad, Bars und Restaurants. Dann aber kam die Zeit, als man kein Geld mehr mit ihm machen konnte – der Brennstoffverbrauch war aufgrund des veralteten Dampfturbinenantriebs zu hoch, mit dem Flugzeug kam man billiger und schneller ans Ziel.

Wenn ein Schiff nicht mehr rentabel ist, verliert es seine Existenzberechtigung, wird ausgemustert und verschrottet. Einem ukrainischen Schlepper kam die Aufgabe zu, den Ozeanriesen – als seine letzte Reise – von Griechenland nach Thailand zu überführen. Die Expedition endete an der Westküste Fuerteventuras. In schwerem Sturm riss das Schleppseil und die American Star schleuderte auf ein Riff. Das ukrainische Boot machte sich auf und davon, der ihm anvertraute Liner trieb auf die Küste zu und strandete auf einer **Sandbank,** wo er zerbrach. Zum Glück hatte er kein Heizöl an Bord – Fuerteventura ging knapp an einer Umweltkatastrophe vorbei. Die Behörden sahen keinen Grund zur Intervention und überließen das Schiff seinem Schicksal.

So sah die American Star aus, bevor sie in den Fluten versank

In den Folgewochen witterten **„Raubritter"** ihre Chance. Sobald sich die See beruhigte, machten sich Einheimische, aber auch Touristen ans Werk, schwammen hinüber zum Wrack und nahmen alles mit, was nicht niet- und nagelfest war. Einige hatten Glück und begründeten mit den Fundstücken eine neue Existenz: so ein junger Canario, der in der Hauptstadt die Bar *Naufragio* (Schiffbruch) aufmachte – vollgestopft mit geklauten Bullaugen, Tiffany-Lampen, Ankern und vergilbten Seekarten (Calle Primero de Mayo / Ecke Jesús y María). Für andere endete der Abenteuertrip weniger spaßig: Binnen einer Woche wurden sieben Menschen von Strudeln in die Tiefe gezogen, einige von ihnen wurden Tage später bei La Pared angespült. Es geht das Gerücht, insgesamt mehr als 30 Menschen seien beim Versuch, das rostige Wrack zu besteigen, gestorben.

Seit 2008 ragt nur noch ein verrosteter Teil des Bugs aus dem Wasser, und es wird nicht lange dauern, dann wird auch er verschwunden sein. Die American Star ist Legende, Reiseveranstalter haben ihre „Abenteuer-Exkursion" an die Küste eingestellt. Vorbei ist auch die Zeit, da sich Urlauber am Strand ein paar schöne Stunden machten und den gespenstischen Anblick des Schiffs in vollen Zügen genossen. Ab sofort kann das Militär in diesem Gebiet wieder ungestört üben, die Hinweisschilder an der von Pájara nach La Pared führenden Straße (FV-606 Km 3) werden entfernt.

- **Infos im Internet:** www.american-star.de.

041fu Foto: gs

Essen und Trinken

•**La Jaula de Oro** €€, Av. de los Barqueros s/n, Tel. 928 161613, tgl. außer Mo 10–18 Uhr. Der „Goldkäfig" ist das älteste Fischlokal vor Ort, doch nicht mehr das beste. Besser zubereitet ist der Fisch nebenan!

•**Cuevas de Ajuy** €, Av. de los Barqueros s/n, Tel. 928 161720, tgl. 9–18 Uhr. Man nimmt auf der schmalen Terrasse Platz, blickt aufs Meer und lässt sich von *Inma* und *Juan* verwöhnen. Bei starkem Wind kann man sich in den Innenraum zurückziehen. Die Karte des Lokals ist klein, dafür ist alles knackig und frisch: gegrillte Garnelen, Fisch und Kalamar, dazu vielleicht ein üppiger Salat. Saftig und zart ist das Ziegenfleisch *(carne de cabra al estilo de Inma).* Wer nur eine Kleinigkeit essen möchte, greift zum Ziegenkäse *(queso de cabra artesano);* Süßschnäbeln empfehle ich *maripepa,* ein locker-leichtes Fuerte-Dessert, zubereitet aus Frischkäse. Auch im Angebot: ein preiswertes Menü!

Aktivitäten

•**Tauchen:** Die Unterwasserschluchten vor der Küste Ajuys sind der Grand Canyon von Fuerteventura – allerdings nur im Sommer zu erproben, wenn die See ruhiger ist.

Feste

•**24. Juni:** *Fiesta de San Juan.* Feier der Sommersonnenwende mit der Entzündung von Strandfeuern.

Wandertipp

Drei schöne Touren starten in Ajuy. Wer **dramatische Aussichten** liebt, wählt den Weg über weiße Kalkterrassen längs der Felsklippen zum *Mirador* (hin und zurück 30 Min.) oder weiter zum „durchlöcherten Fels", der *Peña Horadada* (⇨Wanderung 6).

Schön ist auch die halbstündige Kurzwanderung in die „Schlucht der Wassermutter" (*Barranco de la Madre del Agua*) mit Teichrosen und manchmal auch quakenden Fröschen – der ideale Platz für ein **Picknick im Palmenhain.** Nach 15 Minuten verlässt man die von Ajuy nach Pájara führende Straße auf einem links abzweigenden, in den Talgrund hinabführenden Feldweg. Man folgt dem Bachbett 500 m aufwärts und schwenkt links in ein schattiges, palmenbestandenes Seitental ein: ein Barranco, der das ganze Jahr über Wasser führt!

Eine dritte beliebte Tour ist in umgekehrter Richtung beschrieben: Von Vega de Río Palmas geht es über die Ermita de la Peña durch **grüne Schluchten** ins Fischerdorf Ajuy hinab (⇨Wanderung 5).

Tuineje

Kurzinfo Tuineje

- **Rathaus:** Ayuntamiento, Plaza de San Miguel s/n, Tel. 928164045.
- **PLZ:** 35628
- **Taxi:** Tel. 928164041
- **Bus:** Verbindungen mit Antigua und Puerto del Rosario (Linie 1), Costa Calma und Morro Jable (1, 9), Pájara und Gran Tarajal (9, 18).

Tuineje hat einen Nachteil gegenüber Antigua und Pájara: Als Gemeindehauptstadt darf sie nur ein kleines Stück Küste (rund um die Orte Gran Tarajal und Tarajalejo) ihr eigen nennen, und dieses Stück ist nicht gerade mit goldenen Sandstränden gesegnet. Dennoch hat sich Tuineje in den vergangenen Jahren erstaunlich herausgeputzt – die Straßen und öffentlichen Gebäude werden sorgsam gepflegt, rund um die Kirche wirkt das Städtchen fast schon modern.

Pfarrkirche

Einen Besuch lohnt die Pfarrkirche. In ihrer heutigen Form entstand sie 1790, als die letzten Piratenüberfälle noch nicht lange zurücklagen: Trutzig ist ihr Glockenturm, fast fensterlos die Fassade. Blickfang im Innern ist der mit Blattgold verzierte Hochaltar mit der Figur des drachentötenden Erzengel Michael, dem, wie man glaubt, der Sieg über die Korsaren 1740 zu verdanken ist. Geht man vor dem Hochaltar in die Knie, sieht man zwei Illustrationen der Schlacht: voller Dramatik und Pathos.

- **Iglesia de San Miguel Arcángel,** Plaza de Tuineje, tgl. 9–19 Uhr; ist die Tür des Hauptportals verschlossen, versucht man's gegenüber im Haus Nr. 7.

Unterkunft

•**Casa Tamasite** €€, Tamasite 9, Tel./Fax 928164991, www.casaruraltamasite.com. In einem 200-jährigen Anwesen im Ortszentrum gruppieren sich vier *casas rurales* um einen Poolgarten. Meterdicke Natursteinmauern, Decken und Dielen aus Holz sorgen für ländliches Wohngefühl; die *Casa Tetír* war einmal der Einkaufsladen des Dorfes. Jedes Haus besteht aus Schlafzimmer (2 Pers.), Wohnraum mit Sat-TV und Internet-Zugang, Küche und Bad sowie Terrasse mit Grill.

Essen und Trinken

•**La Choza,** Plaza de San Miguel, tgl. ab 10 Uhr. Im Natursteinhaus am Kirchplatz wird kanarische Hausmannskost aufgetischt. Schön sitzt man auf der rustikalen Terrasse mit Blick auf die Kirche und die Männerversammlung nahe dem Rathaus.

Feste

•**Dritter Junisonntag:** *Fiesta de Nuestra Señora de la Salud.* Patronatsfest.

•**29. September:** *Fiesta de San Miguel Arcángel.* Der hl. Erzengel *Michael,* Schutzherr von Tuineje, lässt sich zwei Wochen lang feiern. Man dankt ihm dafür, dass er die Stadt 1740 vor den Korsaren gerettet hat. Am 13. Oktober wird in einer spektakulären Freilichtaufführung die Schlacht von Tamasite nachgespielt. Bürger Tuinejes schlüpfen in historische Kostüme und feiern ihren glorreichen Sieg.

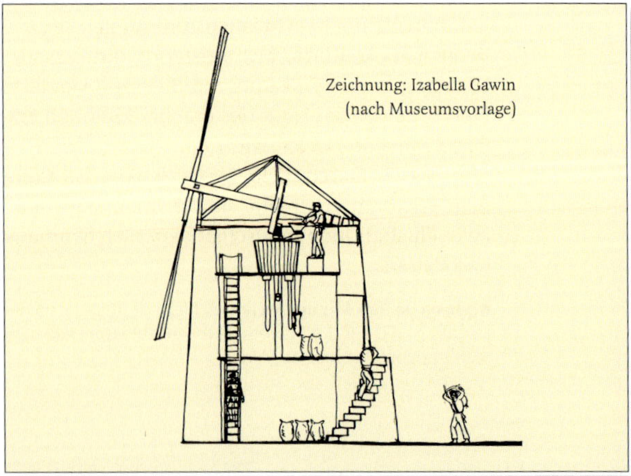

Zeichnung: Izabella Gawin (nach Museumsvorlage)

Tiscamanita

An Tiscamanita, einem kleinen Bauerndorf vier Kilometer nordöstlich von Tuineje, fuhr man früher achtlos vorbei. Viele Häuser verfielen und bestenfalls lohnte die nach dem hl. *Markus* benannte Ortskirche einen Stopp: Über 300 Jahre ist sie schon alt, ein Türmchen etwas höher als das andere und das Ganze umgeben von einer weißen, zinnenbewehrten Rundmauer. Am 25. April und noch einmal am dritten Augustsonntag findet rund um die Kirche das Patronatsfest statt.

Seit einigen Jahren geht es mit Tiscamanita wieder bergauf: Alte Häuser werden frisch gestrichen und einige neue kommen hinzu. Am nördlichen Ortsrand erwartet Touristen ein **Mühlenmuseum,** wo man außer dem vierflügeligen *Molino* das Haus des Müllers und einen Backofen besichtigen kann.

● **Centro de Interpretación de los Molinos,** Di–Sa 10–18 Uhr, Eintritt 2 €.

Aloe Vera

Schon die Altkanarier kannten die Pflanze Aloe Vera. Vom Archipel brachte sie Kolumbus in die Neue Welt, wo sie sich rasch ausbreitete. In Südamerika spricht man von ihr noch heute als der wundersamen „kanarischen Pomade" *(pomada canaria)*. Auf den Kanaren gibt es mehrere Firmen, die Aloe anbauen, verarbeiten und exportieren. Eine von ihnen ist Canaria Aloe Vera in Tiscamanita. Vom reinen Gel bis zur Creme wird hier die ganze Kosmetikpalette produziert und auch zum Verkauf angeboten.

● **Canaria Aloe Vera,** Ctra. FV-20, Km. 30, Tel. 661706209, www.aloetiscamanita.com, Mo–Sa 10–17 Uhr; Führung in Deutsch auf Anfrage.

Mühlenmuseum

Aloe Vera – Wunderpflanze der Antike

Schon Kleopatra, verkündet der Werbeprospekt, hat sich für Aloe Vera begeistert: Mit Hilfe der „Wunderpflanze" habe sie ihren zarten Teint bewahrt, ihn vor der sengenden Sonne Ägyptens geschützt. Heute erlebt das Wüstengewächs eine ungeahnte Renaissance – kaum eine Kosmetikfirma, die nicht Aloe-Vera-Produkte im Programm führt. In der Pflanze, heißt es, seien viele feuchtigkeitsspeichernde und hautregenerierende Vitalstoffe enthalten. Darum beuge sie Falten und Tränensäcken vor, beseitige Pickel und Ekzeme. Müde Füße macht sie munter und befreit sie von Pilz, hilft bei Brandblasen und Insektenstichen, wirkt erfrischend und schützt die Haut vor der Sonne. Und wer sich gar eine mit Aloe Vera getränkte Mullbinde ums Gelenk wickelt, wird, so versprechen die Hersteller, von Rheuma und Arthrose befreit.

Für den Anbau von Aloe Vera braucht man ein warmes, frostfreies Klima und vor allem einen langen Atem. Denn mehr als fünf Jahre müssen die Pflanzen wachsen, bevor sie geerntet werden können. Man öffnet die äußeren Blätter mit präzisem Schnitt und entnimmt das sich in ihrem Innern befindliche Gel. Schonend wird es kaltgepresst, der dabei freigesetzte transparente Saft ist reiner Extrakt. Auf Fuerteventura wird vor allem *Aloe Vera barbadensis* angebaut, die sich durch besonders viele Aminosäuren, Enzyme und Vitamine auszeichnet. Rund um Tiscamanita werden die dickfleischigen Pflanzen in Reihen auf Feldern angebaut, ihr blasses Grün passt wunderbar zum Tabakbraun der umliegenden Berge.

510fu Foto: gs

Der Aloe Vera wird das geleeartige Fruchtfleisch entnommen (hier: Luciano in Betancuria)

Antigua

Kurzinfo Antigua

- **Rathaus:** Ayuntamiento, Marcos Trujillo 1, Tel. 92887 8004, www.ayto-antigua.es.
- **Polizei:** Policía Local, Marcos Trujillo 1, Tel. 92887 8024.
- **Bank:** San Roque 4.
- **Post:** Peña Brito 11.
- **PLZ:** 35630
- **Bibliothek:** Plaza Central (mit Internet).
- **Gesundheitszentrum:** Consultorio Médico, Peña Brito 4, Tel. 928878012.
- **Apotheke:** Farmacia, José Antonio 14.
- **Taxi:** Tel. 928878011
- **Bus:** Verbindungen mit Puerto del Rosario, Tuineje, Gran Tarajal und Tarajalejo (Linien 1, 16), Costa Calma und Morro Jable (Linie 1), mehrere Haltestellen längs der Calle Real.

Turismo Rural in einem Ort, umgeben von trutzigen Windmühlen à la Don Quijote: Die Rede ist von Antigua, einem gepflegt-sauberen Städtchen mit ca. 4000 Einwohnern. Es gibt Unterkünfte aller Preisklassen: eine einfache Pension, gut ausgestattete Apartments und neuerdings sogar – etwas außerhalb – ein anspruchsvolles Landhotel. Und weil der Ort fast perfekt in der Inselmitte liegt, eignet er sich bestens zu Ausflügen in alle Ecken der Insel.

Antigua ist gut überschaubar und verfügt über ein attraktives Ortszentrum. Westlich der Hauptstraße (Calle Real) befinden sich die Kirche und das geschäftige Rathaus, daneben ein „Stadtpark" mit Palmen und Akazien, Pfeffer- und Drachenbäumen. Aus der Casa de Cultura erklingt oft Folklore – Traditionspflege spielt in Antigua eine wichtige Rolle. Zwei rührige Bürgerinitiativen, die Manos Majoreras und das Colectivo Mafasca, organisieren einmal im Jahr eine große Kunsthandwerksmesse. Wer abends im Ort ist, schaut gern hinein in die einfachen Bars, wo sich die älteren Señores zu einem Glas Rum treffen.

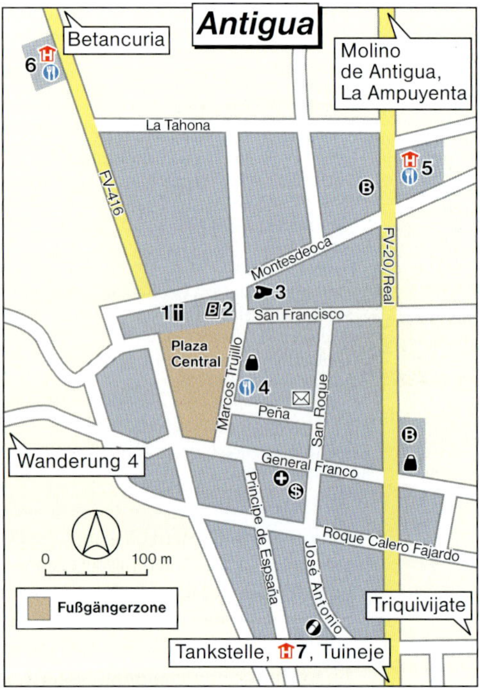

★ **SEHENSWERTES**
1 Iglesia Nuestra Señora de la Antigua

UNTERKÜNFTE
5 Pensión El Artesano
6 Ap. La Flor de Antigua
7 Hotel Era de la Corte

ESSEN UND TRINKEN
4 Bar Plaza
5 El Artesano
6 La Flor de Antigua

SONSTIGES
2 Bibliothek
3 Ayuntamiento (Rathaus/Polizei)

Bushaltestelle
Apotheke
Gesundheitszentrum
Supermarkt
Post
Bank

Übersichtskarte S. 170

044fu Foto: gs

Zentrales Bergland

Sehenswertes

Kirche

Antigua ist das spanische Wort für „alt", doch zählt dieser Ort keineswegs zu den ältesten der Insel. Es war die „Jungfrau von Antigua", der er seinen Namen verdankt. Einwanderer aus Andalusien brachten um 1560 den Kult um die *Virgen* aus ihrer Heimat mit und errichteten ihr zu Ehren eine Kapelle. Im 18. Jahrhundert wurde an deren Stelle die Ortskirche erbaut: mit einem schönen Rundportal und einem hohen, kuppelgekrönten Glockenturm. Recht dunkel wirkt der einschiffige Innenraum mit seinen schießschartenähnlichen Fenstern, der Holzdecke im Mudejar-Stil und dem „Jüngsten Gericht" an der linken Seitenwand. Helle Akzente setzt der pastellfarben bemalte Hauptaltar mit einer Figur der hl. Jungfrau. Das Kreuz vor der Kirche ist den Opfern des Spanischen Bürgerkriegs gewidmet.

● **Iglesia Nuestra Señora de la Antigua,** Plaza Central, 9.30–13 und 16–18 Uhr, Gottesdienst So 19 Uhr.

Villa eines Koschenille-Barons

Freilichtmuseum

An der Straße nach La Ampuyenta liegt ein restauriertes Gehöft, das sich schon von weitem mit einer prachtvollen **Mühle** ankündigt. Mauern aus sorgfältig aufgeschichteten Steinen begrenzen einen **Lavagarten,** in dem Palmen, Kakteen und üppige Wolfsmilchgewächse gedeihen. In den weiß getünchten, teilweise mit holzgeschnitzen Balkonen geschmückten Häusern haben Kunsthandwerker ihre Werkstätten (zzt. geschl.). Die hier hergestellten Produkte, darunter Spitzendecken, archaisch anmutende Keramik und Körbe aus Palmwedeln, kann man im Laden erwerben. Gleichfalls sehenswert sind der ehemalige Kornspeicher, der in ein originelles, kreisrundes **Restaurant** verwandelt wurde (für das sich leider nur schwer ein Pächter finden lässt ...). Eine Galerie zeigt wechselnde Ausstellungen, ein kleines Museum archäologische Fundstücke.

- **Centro de Artesanía Molino de Antigua,** Ctra. FV-20, Tel. 928878041, Di–Sa 10–18 Uhr, Eintritt 2 €.

Praktische Tipps

Unterkunft

- **Hotel Rural Era de la Corte** €€€, La Corte 1, Tel. 928878705, Fax 928878710, www.eradelacorte.com, buchbar über mehrere Veranstalter. La Era, ein Landhaus aus dem 19. Jahrhundert, wurde restauriert und in ein familiär geführtes Hotel verwandelt. Von außen wirkt es wie eine Festung: umgeben von hohen, weinroten Mauern, von zwei großen Hunden bewacht. Die Räume sind stilvoll mit alten Möbeln eingerichtet, doch verfügen einige nur über kleine Oberlichtfenster. Am schönsten sind die Zimmer *Sierra* und *Pajar*, beide im Haupthaus mit Himmelbett, Schreibtisch und Sitzbänken am Fenster. Mit dem Fernseher sind auch deutsche Sender zu empfangen. Leider war beim letzten Besuch warmes Duschen nach 19 Uhr nicht möglich, an kühlen Winterabenden sehnt man sich nach einem Heizkörper. Der überdachte, fast museale Innenhof verfügt über Sitzsofas, die aber nur wenig genutzt werden. Das Frühstück inkl. frisch gepresstem Papayasaft wird auf der Außenterrasse eingenommen, das Abendessen in einem stilvollen Saal. Boccia und Tischtennis sind frei, zahlen muss man für Tennis und Mountainbikes. Dazu gibt es einen kleinen Pool mit separatem Kin-

504fu Foto: gs

Zentrales Bergland

derschwimmbecken, auf der Dachterrasse lässt man sich bräunen. Das Haus liegt im Ortsteil La Corte, 1 km südöstlich vom Zentrum und 500 m von der Bushaltestelle entfernt.

● **Ap. La Flor de Antigua** €€, Ctra. FV-416, Nr. 42, Tel. 928878168, Fax 928878643. An der Straße nach Betancuria kann man in gepflegten, funktionalen Apartments wohnen, die für 2–4 Personen eingerichtet sind. Señor *Manuel Díaz León,* der Besitzer der ans gleichnamige Restaurant angeschlossenen Anlage, plant für die nahe Zukunft den weiteren Ausbau der Anlage. Leider viel Bustourismus!

Bilderbuchmühle im Freilichtmuseum

Essen und Trinken

- **El Molino** €€, Ctra. FV-20, Km. 21, zzt. geschlossen. Für das Restaurant des Museumsdorfs mit seinem schönen Innenraum und einer Palmenterrasse wird ein Pächter gesucht.
- **Bar Plaza** €, Marcos Trujillo s/n, tgl. außer So ab 8 Uhr. In der am Hauptplatz gelegenen Bar treffen sich die Einheimischen zum Tapas-Essen, Karten- und Dominospiel.
- **La Flor de Antigua** €€, Ctra. FV-416, Nr. 42, Tel. 928 878168, tgl. ab 8 Uhr. An der Bar des Lokals trifft sich die einheimische Männerwelt. Hier, im vorderen Teil des Hauses, darf auch geraucht werden. Die beiden Räume im hinteren Teil bleiben für Nichtraucher reserviert; in einem von ihnen werden Bustouristen abgespeist. Man könnte das Mahl mit einer *ensalada Flor de Antigua* (gemischter Salat mit Ziegenkäse) beginnen, anschließend sind pikant gewürzte Ziege, Kaninchen oder Lamm zu empfehlen.

Einkaufen

- **Tienda de Artesanía Molino de Antigua,** Ctra. FV-20, Km. 21. Im Museumsdorf (s.o.) kann man Kunsthandwerk aus Antigua erstehen, darunter schöne Keramik, Flecht- und Webartikel.
- **Galería de Recuerdos,** Calle Virgen de Antigua 4. Kleiner Laden mit Kunsthandwerk, Souvenirs und Modeschmuck am Kirchplatz.

Feste

- **Mai:** *Feria Insular de Artesanía*. Zur großen Kunsthandwerksmesse kommen auch von anderen Inseln Meister ihres Fachs und präsentieren ihre Werke. Vorgeführt werden Keramik- und Stickereiprodukte, Trachtenkleider und die kanarischen Zupfinstrumente *(timples)*. Für Tanz und Folklore sorgen die Gruppen *Mafasca* und *Tabaiba,* die Sportsfreunde begeistern sich an kanarischem Ringkampf *(lucha canaria)* und Stockfechten *(juego de palo)*.
- **8. September:** *Fiesta de Nuestra Señora de Antigua*. Nach der Messe zu Ehren der Schutzpatronin werden die Fässer angestochen und für alle Festteilnehmer die Gläser gefüllt. Schon in den Wochen zuvor wurde gefeiert, es gab Sport, Modenschau, Folklore und Tanz.

Wandertipp

In Antigua startet eine attraktive, über den zentralen Höhenzug führende Tour nach Betancuria (⇨Wanderung 4). Zurücklaufen könnte man auch über die Degollada de la Villa, den Tegú und den Morro Velosa.

Umgebung von Antigua

Valles de Ortega

In der Umgebung gibt es nicht nur schöne Windmühlen, sondern auch sehenswerte Barockkirchen aus dem 18. Jahrhundert. Vier Kilometer südlich liegt Valles de Ortega, wo man an Festtagen und während der Messe dem Pestheiligen *Rochus* einen Besuch abstatten kann. Er thront auf einer Statue in der **Ermita de San Roque,** die 1732, zehn Jahre nach einer Pestepidemie, von einem dort lebenden Großgrundbesitzer gestiftet wurde.

Agua de Bueyes

Im Nachbarort Agua de Bueyes („Wasser des Ochsen") bekommt man den Schlüssel für die Kirche im Haus 56. Bewohner kennen die **Ermita de Guadalupe** nur unter dem Namen *Iglesia de la Virgen de la Lluvia* (Kirche der Regenmadonna). Um 1800 haben sie ihre Schutzheilige nach Monaten der Dürre auf ein ausgedorrtes Feld entführt und beschworen, etwas gegen die Trockenheit zu unternehmen. Und siehe: Noch ehe die Jungfrau an ihren angestammten Ort zurückgekehrt war, begann es heftig zu regnen. Jedes Jahr um den 28. Februar erinnert man sich des Wunders mit einem großen Fest. Mit einem immer gleichen, fast hypnotischen Klopfen auf Ziegenknochen sollen die sich über den Bergen ballenden Wolken zum Abregnen gebracht werden.

La Ampuyenta

Fünf Kilometer nördlich von Antigua liegt La Ampuyenta, ein verträumtes Dorf mit einer weißen Kapelle aus dem 18. Jahrhundert, umsäumt von einer maurisch anmutenden Wehrmauer. An der Hauptstraße kann ein herrschaftliches Anwesen besichtigt werden, das einst dem Arzt *Dr. Mena* (1802–1868) gehörte. Nach seiner Rückkehr aus Havanna und Paris stiftete er seiner Gemeinde ein Dorfkrankenhaus.

Am nördlichen Ortsausgang:
- **Casa Museo Dr. Mena,** Ctra. General, Di–Sa 10–18 Uhr.

240fu Foto: PdF

Hauptstadt
und Umgebung

Überblick

Einen ersten Eindruck von der Ostküste bekommt man bereits beim Anflug: Zur einen Seite sieht man die Inselhauptstadt mit ihren ausgreifenden Molen, zur anderen **Caleta de Fustes** (Costa Caleta), ein bedeutendes, vor allem bei Familien beliebtes Touristenzentrum mit Yachthafen und Golfplatz.

Das Landesinnere ist karg und von der Sonne ausgeglüht: Ockerfarbene Hänge sind durchschnitten von Tälern, Dörfer wie Guisguey, Tetir und Casillas del Ángel warten darauf, aus dem Dornröschenschlaf erweckt zu werden. Wohlstand dank Tourismus – die Rechnung scheint für viele Bewohner aufzugehen. Verfallene Bauernhäuser werden restauriert, daneben entstehen Kindergärten, Kultur- und Gesundheitszentren. Nur selten sieht man noch Felder, auf denen etwas angebaut wird.

Puerto del Rosario

Die **Inselhauptstadt** mit ihren gut 30.000 Einwohnern liegt in einer weiten Bucht am Fuß karger, sanft ansteigender Hänge. Das klingt verheißungsvoll, doch sollten Urlauber, die zu einem Tagesausflug anreisen, von dem Besuch nicht zu viel erwarten. Da gibt es zwar eine schön ausgebaute Flaniermeile am Meer, doch trotz einlaufender Fähr- und Kreuzfahrtschiffe will sich das Flair einer Hafenstadt nicht so recht einstellen. Man vermisst einen historisch gewachsenen Ortskern, attraktive Einkaufsstraßen und Parks. Doch es geht aufwärts: Teile des Zentrums wurden verkehrsberuhigt, man hat die Bürgersteige verbreitert und

Seite 216/217: Im Hafen von Puerto del Rosario

Sitzmöglichkeiten geschaffen. Außer dem Unamuno-Museum gibt es ein Kunstzentrum mit Ausstellungen der Moderne.

Welche Gründe sprechen dafür, Puerto del Rosario als Urlaubsbasis zu wählen? Zum einen kann man von hier dank guter Busverbindungen alle sehenswerten Orte der Insel leicht erreichen.

Kurzinfo Puerto del Rosario

- **Touristeninformation für die gesamte Insel:** Patronato de Turismo de Fuerteventura, Almirante Lallermand 1, Tel. 92853 0844, Fax 928851695, www.fuerteventuraturismo.com, Mo–Fr 8–15 Uhr, im Sommer länger. In dem Gebäude am Eingang zur Muelle Comercial bekommt man Prospekte zu Turismo Rural, Sehenswürdigkeiten und Museen sowie den aktuellen Busfahrplan.
- **Touristeninformation für die Stadt:** Oficina de Información Turística Puerto del Rosario, Av. de los Reyes de España s/n, Tel. 928850110, www.puertodelrosario.org, www.turismo-puertodelrosario.org, Mo–Fr 9–14, Sa 10–13 Uhr.
- **Rathaus / Polizei:** Ayuntamiento / Policía Local, Fdez. Castañeyra 2, Tel. 928850110.
- **Umweltbehörde:** Medio Ambiente, Calle Lucha Canaria 112 / Ecke Av. Juan de Béthencourt (2 km stadtauswärts Richtung NW), Tel. 928852106, Mo–Fr 8–14 Uhr.
- **Banken:** in der Primero de Mayo.
- **Post:** 23 de Mayo 2, Mo–Fr 8.30–14, Sa 9.30–13 Uhr.
- **PLZ:** 35600
- **Krankenhaus:** Hospital General de Fuerteventura, Ctra. Gral. al Aeropuerto Km. 1, Tel. 928862000.
- **Gesundheitszentrum:** Centro de Salud, Primero de Mayo 73, Tel. 928851901.
- **Apotheke:** Farmacia, Primero de Mayo 43.
- **Taxi:** Virgen del Rosario (nahe der Kirche), Tel. 928850216.
- **Parken:** Parkzonen in der Innenstadt, kostenpflichtig Mo–Fr 9–14 und 17–20 Uhr, Sa 9–14 Uhr; Quittung gut sichtbar an der Windschutzscheibe befestigen.
- **Bus:** Verbindungen mit allen wichtigen Orten der Insel (s. Busnetz, S. 107). Der Busbahnhof befindet sich an der Av. de la Constitución: ab Ecke León y Castillo 10 Gehminuten in nördlicher Richtung.
- **Fähre:** Mehrmals wöchentlich kommt man mit der Autofähre nach Las Palmas de Gran Canaria (Fahrzeit 8 Std.). Tickets gibt es in den meisten Reisebüros.

Auch Puerto del Rosario hat einen Strand

Zum anderen gibt es in Puerto, wie die Hauptstadt genannt wird, von der billigen Pension bis zum Komforthotel Unterkünfte für jeden Geldbeutel. Kommt man abends vom Ausflug zurück, staunt man, wieviel Leben doch in dieser Stadt steckt. Und wer einmal erfahren will, was der Unterschied zwischen deutschem und kanarischem Nightlife ist, geht nach 23 Uhr auf die Straßen: Türen, die tagsüber verschlossen waren, öffnen sich und geben den Blick frei auf reizvolle Bars – vom Blues Pub bis zum Rock Café ist alles vertreten!

Orientierung

Die Stadt ist sehr übersichtlich angelegt. Von der Uferstraße gelangt man über die León y Castillo zum zentralen Kirchplatz, um den sich alle wichtigen Institutionen gruppieren: Inselregierung, Rathaus und Polizei, dazu das sehenswerte Unamuno-Museum. Westlich der León y Castillo und unweit der Uferstraße befinden sich ein paar Bars und man läuft über hübsche, kopfsteingepflasterte Gassen.

Spiel mir das Lied vom Tod – die Fremdenlegion auf Fuerteventura

Mit dem Tod von General Franco endete die Herrschaft über die **Westsahara,** Spaniens letzte große Kolonie auf afrikanischem Boden. Im Madrider Abkommen von 1975 fielen zwei Drittel des Gebiets an Marokko, ein Drittel an Mauretanien. Doch was sollte nun mit der Fremdenlegion geschehen, die sich in der Vergangenheit so brav in den Dienst des Vaterlands gestellt und alle Rebellionen der Sahauris so beherzt niedergeschlagen hatte? Bei der Suche nach einem neuen Quartier fiel die Wahl auf Fuerteventura, die Insel des „starken Abenteuers". Sie lag nur 100 Kilometer von Afrika entfernt und ebenso weit von Gran Canaria, wo sich *Antonio Cubillo* gerade anschickte, eine Bewegung für einen unabhängigen Staat Canarias zu schaffen. Damals ahnte man noch nicht, dass es schon drei Jahre später gelingen würde, *Cubillo* in einer Gemeinschaftsaktion von spanischem und deutschem Geheimdienst außer Gefecht zu setzen. Also holte man die Söldner nach „Fuerte", wo sie immerhin ein Viertel der Bevölkerung stellten. In **Puerto del Rosario** konnten viele von ihnen sogleich unterkommen – Franco hatte vorgesorgt und in der Hauptstadt Garnisonen bauen lassen.

Doch was macht eine Kampftruppe ohne Feind? Das geht ein paar Wochen gut, nicht aber Monate oder gar Jahre. Der Frust musste raus, das Leben wollte gefeiert sein – mit Alkohol und Prostitution, Schrecken und Gewalt ... So geschah es, dass zur gleichen Zeit, als Touristen die Strände von Jandía und Corralejo entdeckten, Reiseveranstalter immer dringlicher vom Ausflug in die Hauptstadt abrieten. Puerto del Rosario war ein extrem unsicheres Pflaster geworden. In keiner spanischen Stadt gab es eine höhere **Kriminalitätsrate,** Überfälle und Vergewaltigungen waren an der Tagesordnung. Die Regierung war zwar um den Ruf der Insel besorgt, sah sich aber außerstande, dem Straßenterror der Legionäre Einhalt zu gebieten. Und gab es doch mal einen, der es wagte, sich ihnen entgegenzustellen, hatte er mit Prügel oder Schlimmerem zu rechnen. Erst nach 20 Jahren (1995) war der Spuk zu Ende: Die Madrider Regierung erbarmte sich der geplagten Majoreros und befreite sie vom Gespenst der Legion. Binnen weniger Wochen mussten die meisten Sex-Bars und Bordelle mangels Kundschaft schließen, Spekulanten machten sich daran, die Zukunft der Kasernen zu verwalten. Puerto del Rosario durfte sich nun zu einer „normalen" spanischen Stadt entwickeln ...

Auch die Söldner haben sich „weiterentwickelt": Nach ihrem Abzug aus Fuerteventura avancierten einige zu Mitgliedern der „Speziellen Einsatztruppe" (vergleichbar der GSG-9), andere beteiligten sich an den UNO-Blauhelmeinsätzen in Ex-Jugoslawien.

Ein Blick zurück

Der ursprüngliche Name der Stadt, *Puerto de Cabras* (Ziegenhafen), war kein Fantasieprodukt. Bis ins frühe 19. Jahrhundert wurden die Tiere aus den umliegenden Orten auf die hiesigen Weiden geführt und an dem damals noch durch den Barranco fließenden Bach getränkt. Dann aber entdeckten Händler und Seeleute, die oft von anderen Inseln kamen und auf den Export des für die Seifenherstellung nötigen Salzkrauts setzten, den Vorzug des geschützten „Ziegenhafens". Rasch entstanden erste Häuser und Lagerhallen, der Handel florierte und führte zu einem raschen Aufschwung des Orts – 1860 rückte er zur Inselhauptstadt auf. Nach dem Salzkraut handelte man mit dem roten Farbstoff der Koschenille-Laus; doch als dieser durch synthetisches Anilin ersetzt wurde, ging es mit dem „Ziegenhafen" bergab. Ende des 19. Jahrhunderts verloren die Briten ihr Interesse an der Insel und das spanische Mutterland hatte ohnehin andere Sorgen, waren doch die überseeischen Kolonien gerade dabei, sich von der spanischen Vorherrschaft zu befreien. So blieb nur Korn als Exportgut erhalten – sofern die Ernte einen Überschuss zuließ.

Erst unter der Militärregierung *Primo de Riveras* und verstärkt unter *Franco* wurden die „vergessenen Inseln" wieder ans Mutterland angeschlossen. Fuerteventura kam in den Genuss besonderer Fördermaßnahmen; das Straßennetz wurde verbessert, man baute Stauseen und unterstützte den Trockenanbau. 1957 erhielt die Hauptstadt einen neuen Namen: Da die Ziege nicht länger als Statussymbol taugte, wurde Puerto de Cabras in *Puerto del Rosario* (Rosenkranzhafen) umbenannt. Zur gleichen Zeit wurde eine bescheidene Fischereiflotte aufgebaut, deren Fang man in einer Fabrik zu Konserven verarbeitete. Diese musste allerdings schon 1979 wieder schließen, weil der Nachschub aus den saharischen Gewässern nicht gesichert war.

Sehenswertes

Uferstraße

Die Inselregierung hat in den letzten Jahren gewaltige Anstrengungen unternommen, um das Image der Hauptstadt aufzupolieren. So ist längs der Uferstraße eine zwei Kilometer lange **Flaniermeile** entstanden, die mit Palmen bepflanzt und mit Skulpturen kanarischer Künstler verziert wurde. Sie reicht von der Muelle Comercial im Nordosten über den kleinen Stadtstrand bis zur Muelle de Cruceros samt Yachthafen im Süden. Meist wird sie **Av. Marítima** genannt, doch die offizielle Bezeichnung lautet Av. de los Reyes de España für den südlichen und Av. Ruperto González Negrín für den nördlichen Abschnitt.

Nahe dem Kreisverkehr, an dem es zur Kirche hinaufgeht, weitet sich die Promenade zu einer **schattigen Plaza.** Das dort aufgestellte Denkmal huldigt einem Reisenden aus dem Norden, der mit schief sitzendem Hut und zerbeulten Koffern einen etwas müden Eindruck macht. An die Plaza schließt sich südlich das restaurierte **Fischerviertel** an. Auf niedrigen Klippen thronen kleine weiße Häuser, die so dicht aneinander gebaut sind, dass man glaubt, sie bilden eine Mauer. Zwischen Höhlen, in denen früher Boote und Netze gelagert wurden, führen Treppenwege zu den dahinter liegenden Straßen hinauf.

Kirche

Am terrassenförmig angelegten, teilweise schattigen Kirchplatz treffen sich Einheimische und Touristen. Angestellte der umliegenden Behörden stärken sich mit einem Snack im Café, bevor sie an den Ort ihres Wirkens zurückeilen. Die „Kirche der Rosenkranzmadonna" lohnt nur einen kurzen Besuch. Mit dem Bau des einschiffigen, streng klassizistischen Gotteshauses wurde 1824 begonnen, doch erst über 100 Jahre später erhielt es sei-

Kalkofen an der Playa de los Pozos

ne eklektizistische Fassade – mit Elementen aller Stilepochen kunterbunt vereint und einem Glockenturm über dem Eingang. Drinnen präsentiert sich die Kirche eher schlicht. Schön anzuschauen sind die Holzdecke, die bunten Glasfenster und eine Reihe von Statuen.

● **Iglesia de Nuestra Señora del Rosario,** León y Castillo s/n, tagsüber meist offen, Gottesdienst Sa 19.30 Uhr, So 11 und 20 Uhr.

Unamuno-Museum

Das Unamuno-Museum befindet sich im ehemaligen Hotel Fuerteventura, in dem der **baskische Schriftsteller und Philosoph** während seines hiesigen viermonatigen Zwangsaufenthalts wohnte. Von außen macht das Haus einen recht abweisenden Eindruck, innen aber wirkt es freundlich und hell. Die großen Räume, die sich um einen begrünten Innenhof gruppieren, sind im Stil des frühen 20. Jahrhunderts hergerichtet, ausgestellt sind historische Fotos und Manuskripte aus der Feder des Dichters.

● **Casa Museo Unamuno,** Virgen del Rosario 11, Mo–Fr 9–14 Uhr, Eintritt frei.

404fu Foto: CdT

Miguel de Unamuno – ein Verbannter entdeckt seine Liebe zur Insel

Das Jahr 1898 hatte die spanischen Intellektuellen aufgerüttelt. Das „Imperium" existierte nicht mehr, Kuba, Puerto Rico und die Philippinen hatten das koloniale Joch abgestreift. Auch für *Miguel de Unamuno,* damals 34 Jahre alt, stellte sich die Frage nach dem Nationalbewusstsein neu, kritisch setzte er sich mit den Normen der spanischen Gesellschaft, den verstaubten Doktrinen von Kirche und Staat auseinander. Er war Philosoph und Literat, schrieb Essays und Gedichte, machte den Roman zum Raum existentieller Reflexion.

Unter dem Militärregime *Primo de Riveras,* der sich 1923 mit Hilfe von Großgrundbesitzern und Industriellen an die Macht putschte, wurde jede Kritik zum Delikt. Als *Unamuno* gegenüber einem argentinischen Freund seine Besorgnis über den Kurs der neuen Regierung äußerte und dieser Brief ohne sein Wissen in einer Tageszeitung von Buenos Aires erschien, war es um seine Laufbahn geschehen. Umgehend wurde er seines Amtes als Rektor der Universität von Salamanca enthoben und auf unbestimmte Zeit nach Fuerteventura verbannt - die Ödnis dieser abgelegensten aller Inseln sollte ihn zur Vernunft bringen.

Am 12. März 1924 traf *Miguel de Unamuno* auf der Wüsteninsel ein. Doch Verbannung bedeutete nicht Gefängnis. Frei konnte sich der Denker auf der Insel bewegen, Kontakte knüpfen und sogar publizieren. Standesgemäß quartierte er sich im Hotel Fuerteventura ein, wo er mehrere Zimmer mietete. Zusammen mit *Ramón Castañeyra,* dem Enkel des früheren Bürgermeisters der Stadt, organisierte er *tertulias,* muntere Diskussionsrunden zu Politik und Philosophie. Jede Woche versorgte er Zeitungen in Madrid, Buenos Aires und Las Palmas mit Artikeln und entwarf Sonette für ein Buch, das er später unter dem Titel „Von Fuerteventura nach Paris" publizierte. Seine Neugier entzündete sich an allem, was er bei seinen Ausflügen sah und kennenlernte. Gern ritt er auf einem der damals als Tragtiere verwendeten Kamele, fasziniert von den kahlen, asketischen Bergen. Am „verbrannten Berg", der Montaña Quemada, so schrieb er seinem Freund, wollte er begraben sein.

Vier Monate blieb *Unamuno* auf der Insel, dann trieb es ihn fort. Mit Hilfe seines Sohnes, der ihm von Gran Canaria ein Boot schickte, stach er in Caleta de Fustes in See und reiste über Las Palmas nach Paris. Noch während er unterwegs war, erfuhr er, dass Rivera die Verbannung aufgehoben hatte. Doch da dieser nicht bereit war, ihm die Professur zurückzugeben, entschied sich

Unamuno für Paris, war er doch überzeugt, aus der Ferne effizienter gegen die Militärregierung vorgehen zu können.

Nach dem Sturz Primo de Riveras kehrte *Unamuno* 1934 nach Spanien zurück und durfte unter der republikanischen Regierung sein Dozentenamt in Salamanca wieder bekleiden – freilich nur bis zum Herbst 1936: Als er bei Ausbruch des Spanischen Bürgerkriegs öffentlich Sympathien für Putschgeneral *Franco* bekundete, fiel er bei den Linken in Ungnade. Sein Argument, es gehe ihm um die Rettung Spaniens vor dem Auseinanderbrechen in autonome Regionalstaaten, mochten diese nicht gelten lassen. *Unamuno* starb am 31. Dezember 1936, ohne sein Versprechen eingelöst zu haben, Fuerteventura noch einmal zu besuchen: „Mit meiner Seele bin ich immer dort", hat er in einem Essay geschrieben. Die *majoreros* danken es ihm mit einem Museum in Puerto del Rosario und einem Denkmal am Fuß der Montaña Quemada.

047fu

Kunstzentrum

Östlich der Hafenmole und parallel zur Uferstraße wurde ein ehemaliger Kinopalast in ein Zentrum für moderne Kunst verwandelt. Benannt ist es nach dem aus La Oliva stammenden Surrealisten *Juan Ismael* (1907–1981). Neben seinen Werken sind in wechselnden Ausstellungen auch Bilder anderer bekannter kanarischer und internationaler Künstler zu sehen, z.B. von *Felo Monzón, Martin Chirino* und *César Manrique*.

- **Centro de Arte Juan Ismael,** Almirante Lallermand 30, Tel. 928859750, Di–Sa 10–13.30 und 17–21 Uhr.

Strände

Seit 2008 können die Einheimischen wieder unmittelbar vor ihrer Haustür in der Sonne liegen und baden. Mit der **Playa de los Pozos** verfügt Puerto del Rosario über einen attraktiven Stadtstrand - vorbei sind die Zeiten, da schlecht verlegte Abwasserleitungen unangenehme Gerüche verbreiteten.

Drei Kilometer südlich liegt die hellsandige **Playa Blanca,** doch der Lärm der Düsenjäger trägt nicht gerade zum Urlaubsvergnügen bei. Nach Norden zu sieht's kaum besser aus: Der Strand in **Puerto Lajas,** fünf Kilometer nördlich, ist zwar gepflegt, aber schmal und dunkelkiesig. Immerhin kann man auf dem Weg dorthin eine Windmühle bewundern ...

Praktische Tipps

Unterkunft

- **Palace Puerto Rosario** €€€, Av. Ruperto González Negrín 9, Tel. 928859464, Fax 928852260, www.jmhoteles.com. Auf die Bedürfnisse von Geschäftsleuten ausgerichtetes Hotel in einem neunstöckigen Hochhaus an der Meerespromenade. Alle 88 Zimmer verfügen über Marmorbad mit Fön, Sat-TV und Klimaanlage, die meisten auch über Meerblick. Zum Frühstück wird Büfett angeboten.
- **Pensión Roque Mar** €€, Av. Ruperto González Negrín 1, Tel. 928850359, Fax 928533646. Eine gute Adresse für Individualtouristen: Vierstöckiges Haus am zentralen Kreis-

verkehr der Uferstraße mit 11 Zimmern, alle mit Bad, engagiert geführt von Soledad und Paco.

● **Pensión Tamasite** €/€€, León y Castillo 9, Tel. 928850280, Fax 928850300. Nach der Renovierung teurer, aber immerhin zentral gelegen mit 17 Doppel- und einem Einzelzimmer, alle mit eigener Dusche und Fernseher. Die Räume zur Straße können Freitag- und Samstagnacht etwas laut sein.

Essen und Trinken

● **La Terraza del Muelle** €€, Av. Marítima, Calle Los Pozos / Ecke Guadiana, Tel. 928861635, tgl. ab 12 Uhr, wechselnder Ruhetag. Teils Bar, teils elegantes Lokal in maritimen Farben, durch die Straße vom Strand getrennt. Gute Tapas und Vorspeisen sowie eine große Auswahl an spanischen Gerichten. Weitere attraktive Lokale gleich nebenan!

● **Tinguaro Avenida** €, Av. Marítima 5, Mobil 660643147, Di–So ab 7 Uhr. Vormittags isst man hier gern *churros con chocolate*, gut sind auch die gut belegten *bocadillos* und die Tellergerichte, frisch gepresste Obstsäfte und Heineken vom Fass.

● **Bar Terraza Los Paragüitas** €, Av. de los Reyes de España s/n, Mo–Sa ab 8 Uhr. Stets belebte Bar am schattigen Platz unterhalb des Marktes; direkt davor steht die Skulptur des unbekannten Reisenden.

Einkaufen

● **Bauernmarkt:** *Mercado Agrícola,* Estación Insular de Guaguas de Puerto del Rosario, Tel. 928861115, Sa 9–14 Uhr. Jeden ersten Samstag im Monat findet – vorläufig am Busbahnhof – ein Markt mit landwirtschaftlichen Produkten aus Fuerteventura statt.

● **Öko Kunsthandwerk:** *Tienda Natural,* Av. de la Constitución 9, www.tiendanatural.net. Einer der wenigen Bioläden der Insel: Angeboten werden spanische Reformhaus- und internationale Bio-Marken, ökologisches Obst und Gemüse.

● **Einkaufszentrum:** C.C. Las Rotondas, Calle Francisco Pi y Arsuaga 2, www.lasrotondascentrocomercial.com, Mo–Sa 10–22 Uhr. Großes Angebot an Läden, Boutiquen und Bistros an der Straße zum Flughafen. Die Restaurants bleiben bis Mitternacht geöffnet.

Kultur

● **Theater:** Auditorio Insular, Primero de Mayo / Ecke Ramiro de Maeztu, Tel. 928532186. Gastspiele von spanischen Schauspielgruppen, zu Jahresbeginn auch Konzerte im Rahmen des Kanarischen Musikfestivals. Karten gibt es an der *taquilla* (Kasse) meist erst ein oder zwei Stunden vor Beginn der Aufführung.

● **Kino:** Verteilt übers Jahr finden im Kunstzentrum Juan Ismael und in der Bibliothek (s.u.) mehrere Filmzyklen statt.

● **Bibliothek:** Biblioteca Insular, Doctor Fleming 1. Öffentliche Bibliothek mit Internetzugang, am Westende der Av. Primero de Mayo.

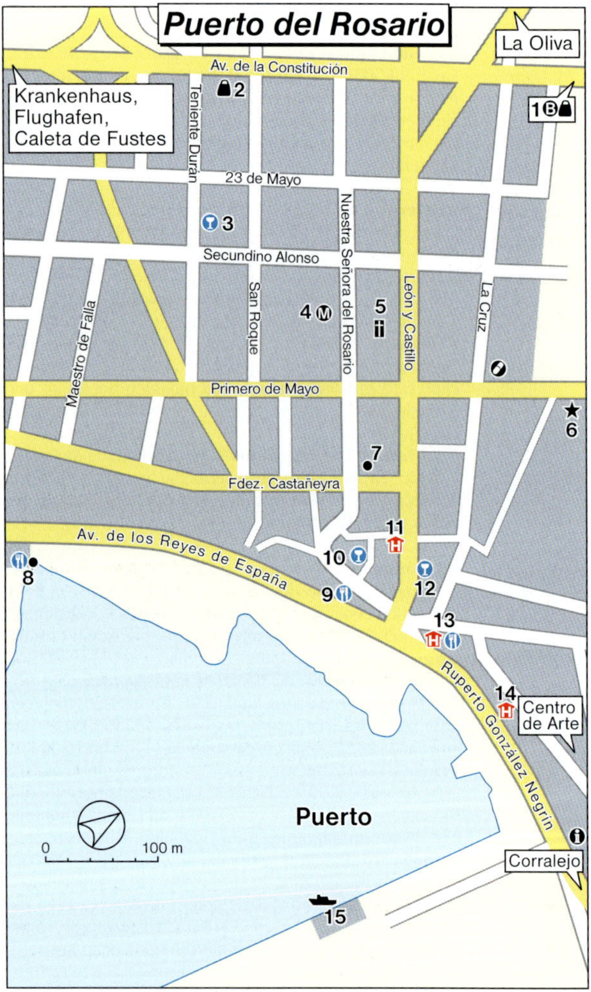
Puerto del Rosario
La Oliva
Av. de la Constitución
Krankenhaus,
Flughafen,
Caleta de Fustes
Teniente Durán
2
1
23 de Mayo
3
Secundino Alonso
Nuestra Señora del Rosario
León y Castillo
La Cruz
San Roque
4
5
Maestro de Falla
Primero de Mayo
6
7
Fdez. Castañeyra
Av. de los Reyes de España
11
10
8
9
12
13
Ruperto González Negrín
14
Centro
de Arte
Puerto
0
100 m
Corralejo
15

UNTERKÜNFTE	★ **SEHENSWERTES**
11 Pensión Tamasite	4 Casa Museo Unamuno
13 Pensión Roque Mar	5 Iglesia de Nuestra Señora del Rosario
14 Palace Puerto Rosario	
ESSEN UND TRINKEN	**SONSTIGES**
8 La Terraza del Muelle	1 Estación de Guaguas (Busbahnhof), Mercado Agrícola
9 Bar Terraza Los Paragüitas	2 Tienda Natural
13 Tinguaro Avenida	6 Auditorio
NIGHTLIFE	7 Ayuntamiento (Rathaus)
3 Disco Templo	8 Muelle de Cruceros
10 Ausgehmeile	15 Muelle Comercial
12 Camelot	
	Touristeninformation
	Apotheke

Nightlife

- **Ausgehmeile:** Calle Guize / Calle Eustaquio Gopar, Do–Sa ab 23 Uhr. Gemütliche, traditionsreiche Kneipen nahe der Küstenstraße (hinter der Pensión Tamasite). Das Publikum ist meist älter als 30 Jahre, gibt sich betont kanarisch.
- **Camelot,** León y Castillo 12, Do–Sa ab 23 Uhr. Nicht nur für Majoreros eine der besten Adressen zum Flirten und Tanzen.
- **Disco Templo,** Teniente Durán 16, tgl. ab 22 Uhr. Die ehemalige Disco El Convento heißt nun Disco Templo. Mit einer Mischung aus Techno, Salsa und Rock in schummrigem Ambiente ist sie am Wochenende brechend voll. Manchmal auch Live-Musik.

Feste

- **Februar:** *Fiesta de Carnaval*. Zweiwöchiges Vergnügen mit Umzügen, Maskenbällen und Salsa-Discos bis zum Morgengrauen. Nach der Verbrennung der Sardine zieht der Karneval weiter nach Antigua und in die Küstenstädte.
- **Juli–Oktober:** *Vela Latina*. An Wochenenden finden im Hafen Bootsregatten statt.
- **25. September–7. Oktober:** *Fiesta de la Virgen del Rosario*. Eines der ganz großen, über mehrere Tage sich ausdehnenden Inselfeste. Auf die feierliche Prozession folgt das Vergnügen an der Hafenpromenade mit Spiel und Sport, Folklore und Tanz.
- **12. Oktober:** *Romería de Nuestra Señora del Pino*. Große Prozession von der Hauptstadt nach Puerto Lajas.

Tetir

Das gepflegte Dorf liegt elf Kilometer nordwestlich von Puerto del Rosario in einem fruchtbaren Tal. Zwar sind auch hier die Terrassenfelder teilweise von Strauchwerk überwuchert, doch gibt es immer noch Bauern, die sich dem Anbau von Getreide und Gemüse widmen. Am 30. November ist ihr großer Festtag. Andreas, der Regenheilige, wird angefleht, Wolken vorbeizuschicken, auf dass die kommende Ernte gesichert sei. Während der farbenprächtigen Prozession reiten die Dörfler auf Eseln und Kamelen und zeigen stolz ihre Trachten. Mittelpunkt des Dorfes ist die Pfarrkirche Iglesia de Santo Domingo de Guzmán aus dem 18. Jahrhundert mit prächtigem Barockaltar.

Guisguey

Zwei Pisten, die wahrscheinlich schon bald asphaltiert werden, verbinden Tetir mit einsamen Weilern, über die man via Puerto de Lajas zur Hauptstadt zurückkehren kann. Im Barranco de Guisguey, einem weiten, ruhigen Tal, schuf man eines der ersten Beispiele für **Turismo Rural:** *in the middle of nowhere*, 15 Minuten vom nächsten Strand entfernt.

- **Casa Valen** €€€, Guisguey 43, Tel. 928850077. Restauriertes Anwesen mit einem großen und einem kleineren Haus für max. 4 bzw. 3 Pers., jeweils mit Küche und Bad.

Casillas del Ángel

Von Puerto del Rosario führen zwei Straßen nach Antigua. Auf der größeren, der FV-20, passiert man das Bauerndorf Casillas del Ángel. Bis vor kurzem fuhr man achtlos an ihm vorbei, dann aber beschloss die Inselregierung, just hier ein sehr schönes Beispiel für „Turismo Rural" zu schaffen, und obendrein entstand ein Restaurant, das zu den besten der Insel zählt.

Kirche

Sehenswert ist die Dorfkirche von 1781 mit ihrer schwarzen Lavafassade und einem dreistöckigen Glockenturm. Der spätbarocke Altar zählt zu den bedeutendsten Werken sakraler Kunst auf Fuerteventura. Das Patronatsfest zu Ehren der hl. Anna findet am 26. Juli statt.

Praktische Tipps

Unterkunft

- **Casa de los Rugama** €€, Ctra. FV-20, Km. 10, vorläufig geschlossen. Dicke Natursteinmauern, ein romantischer Innenhof und dazu der Blick auf eine ruhige Bergsilhouette: Am östlichen Ortsausgang wurde ein Anwesen aus dem 18. Jahrhundert in ein schmuckes Landhotel mit 12 Zimmern verwandelt. Im Haupthaus befinden sich die Suiten mit offenem Dachstuhl und Balkendecke, knarrenden Holzdielen und ausgesuchten Antiquitäten. Selbst Details wie Lichtschalter und Telefon, Waschbecken und Badewanne erinnern an alte Zeiten. „Antigua" wird die schönste und größte Suite mit originalem Holzboden genannt; „La Oliva", „Tuineje", „Pájara", „Betancuria" und „Casillas del Ángel" heißen die übrigen Räume im Haupthaus. In zwei Nebengebäuden befinden sich kleinere und schlichtere Zimmer, die dafür direkten Zugang zum Garten haben. Dort entdeckt man auch den Pool, über eine Treppe steigt man in einen unterirdischen Steinspeicher hinab, wo Jacuzzi und Sauna untergebracht wurden.

Essen und Trinken

- **La Era de Casillas** €€, Ctra. FV-20, Km. 10.8, Tel. 928 538234, tgl. 13–16.30, 20–23.30 Uhr. Auch kulinarisch setzt man im Ort auf authentisch Kanarisches: „Ambiente wie anno dazumal" will das Restaurant bieten – ein restauriertes Gehöft vor einem kleinen Palmenhain schafft den dafür passenden Rahmen. Señor Diegos Familie besitzt im Ort eine Finca, die *Ganadería Ana de León,* von der frisches Zicklein, Lamm und Spanferkel stammen. Sie kommen in großzügigen Portionen auf den Tisch, am besten schmecken sie *al horno* (aus dem Ofen). Von der Familien-Finca stammt auch der Ziegenkäse verschiedener Reifegrade. Leckere Eigenkreationen, die man als Vorspeise bestellen könnte, sind Spinatplätzchen mit Garnelen *(galletas de espinacas)* und Räucherlachs auf Avocado-Bett, mit Eierschaum überbacken *(delicias del salmón)*. Liebhaber guten Weins kommen gleichfalls auf ihre Kosten: Statt ihn von der Carta de Vinos auszuwählen, können sie in die Bodega hinabsteigen und die passende Flasche aus dem Regal holen.

Triquivijate

Auf der FV-225, der „Nebenstrecke" nach Antigua, passiert man den fast 600 Meter hohen Berg **Rosa del Taro,** zu dem eine Piste (Schild „Céramica - Pottery") hinaufführt. *Señor López,* Leiter der Keramikwerkstatt, vermietet auch Zimmer. Wer sich für Flora und Fauna interessiert, entdeckt am Pistenabzweig einen von Schilf und Bambus gesäumten Teich. Hier tummeln sich Flugenten, Reiher und Kanarische Kragentrappen; auch der Wiedehopf mit rotem Kopf und auffälliger Haube ist oft zu sehen.

Bis zum Zentrum Triquivijates fährt man noch drei Kilometer. Die niedrigen Grundstückspreise haben eine Reihe von Deutschen bewogen, in dem bis vor kurzem verwaisten Ort Land aufzukaufen und sich niederzulassen. Schon gibt es einen Laden, in dem man sich mit guten deutschen Wurstwaren eindecken kann ...

Unterkunft

- **Casa Piedra Blanca** €€€, Triquivijate s/n, Mobil 649 338558, Tel./Fax 928531820. Das Gehöft aus dem 18. Jh. wurde von Señor *Pepe Martín* in zwei Wohnungen im ländlichen Stil verwandelt. Diese verfügen über Salon mit Sat-TV und Musikanlage, dazu Küche und drei Schlafzimmer mit je einem Bad. Fürs rustikale Ambiente sorgen Keramikböden, Holzdecken und schmiedeeiserne Bettgestelle. Die Gäste teilen sich einen Pool mit Sonnenterrasse.
- **Atalaya Rosa del Taro** €€, Ctra. FV-413, P.O. Box 257, Tel. 928175108, www.fuerterural.com. An der Einsattelung des „Aussichtsbergs" *(Atalaya) Rosa del Taro* vermietet der Töpfer *Silverio López* zwei kleine, einfache Häuschen, die jeweils aus Schlafzimmer, Wohnraum, Küche und Bad bestehen und für je zwei Personen geeignet sind. Von der Terrasse blickt man auf das weite, einsame Tal und die ringsum aufragenden Berge.

Einkaufen

- **Metzgerei Wedel,** Espino del Cuervo 62, FV-413 Km. 10.5, Di–Sa 10– 13.30 Uhr. *Andrea* und *Uwe* bieten deutsche Wurstwaren aus eigener Herstellung und in bester Qualität, im Winter auch selbstgeräucherten Lachs.

Feste

- **15. Mai:** *Fiesta de San Isidro Labrador.* Fest zu Ehren des Schutzherrn der Landwirtschaft mit einer Fortsetzung am zweiten Augustsonntag.

002fu Foto: gs

Auch dieses Haus war einmal bewohnt

Playa Blanca

Drei Kilometer südlich der Hauptstadt liegt die hellsandige, 500 Meter lange Playa Blanca, seit vielen Jahren Lieblingsstrand der Einheimischen. Sehenswert ist das schön gestaltete Fuerteventura-Hotel am Südende des Strandes mit Innenhof und einer großen Terrasse. Landeinwärts entstehen Wohnsiedlungen für betuchte Hauptstädter

Unterkunft

- **Fuerteventura Playa Blanca** €€€, Playa Blanca 45, Tel. 928851150, Fax 928851158. Bleibt es geöffnet oder wird es in der nächsten Saison wieder geschlossen? Nobody knows ... Das Komforthotel wurde in den 1950er Jahren als staatliches Vorzeigehotel (Parador) erbaut. Doch wo die Düsenjäger tagsüber am Balkon vorbeifliegen, war das Gütesiegel fehl am Platz. Das Hotel wechselte deshalb im Jahr 2000 seinen Namen und ging an die Inselregierung über, beherbergte Gäste des Cabildo und kanarische Geschäftsleute. Alle 50 Zimmer sind geräumig und mit Marmorbad ausgestattet, am schönsten sind die Räume 318–323 und 224–228 mit unverstelltem Meerblick. Zum Haus gehören Aufenthalts- und Speiseräume mit Stilmöbeln und knarrenden Dielen sowie Pool und Tennisplatz.

Costa de Antigua

Fünf Kilometer südlich des Flughafens zweigt eine palmengesäumte Straße Richtung Küste ab, die nach der zugehörigen Gemeindestadt benannt ist. Obwohl es hier weder Strand noch sonstige Naturschönheiten gibt, wurde eine große Feriensiedlung aus dem Boden gestampft. „Sonne reicht aus", mögen sich die Planer gedacht haben, „um die Urlauber zufriedenzustellen". Doch das Geschäft läuft nicht gut - bisher haben sich einzig britische Reiseveranstalter für den „Neuen Horizont" (so hatte man den Ferienort ursprünglich getauft) erwärmen können.

Wohin man schaut, leuchten dem Besucher in greller Schrift englische Worte entgegen: *Full English Breakfast, Sunday Roast* und *Best Guinness, Traditional English Restaurant* und *The Newest Irish Bar.* Immerhin wurde eine recht attraktive Badelandschaft geschaffen, und es führt nicht mehr nur eine Straße, sondern auch ein schöner, beleuchteter Promenadenweg zum Nachbarort Caleta de Fustes.

241fu Foto: PdF

Caleta de Fustes (Costa Caleta)

Kurzinfo Caleta de Fustes

- **Touristeninformation:** Oficina de Turismo, C.C. Castillo Centro, Calle Juan Ramón Soto Morales 12, Tel. 928163286, Fax 928163611, www.caletadefuste.es, Mo–Fr 9–14 Uhr.
- **Bank:** strandnah im C.C. El Castillo.
- **Post:** Alcalde Marcial Sánchez s/n.
- **PLZ:** 35610
- **Arzt:** Praxis Dr. Mager, Alcalde Francisco Berriel 10 / C.C. Las Olas, Tel. 928163731, www.doc-holiday.net.com.
- **Apotheke:** Farmacia, Av. del Castillo 1, Tel. 92816 3160.
- **Autovermietung:** CICAR, Av. Alcalde Juan Ramón Soto Morales, Tel. 928163668.
- **Taxi:** C.C. El Castillo, Tel. 928163004.
- **Bus:** Verbindungen mit dem Flughafen und Puerto del Rosario (Linien 3, 10 und 16). Außerdem verkehrt ein Shuttle-Bus innerhalb des Touristenorts.

Das **größte Ferienzentrum der Ostküste** liegt in einer windgeschützten, sichelförmigen Bucht, acht Kilometer südlich des Flughafens. Für Familien mit Kindern ist dies keine schlechte Adresse: Der helle, feinsandige Strand ist etwa 800 Meter lang und wird im Osten durch eine weit vorspringende Mole vor der Brandung geschützt. Er fällt sanft zum Meer hin ab, im flachen Wasser lässt es sich gefahrlos planschen. Jet-Ski ist in der Regel untersagt, dafür stechen Surfer und Taucher in See. Die Stimmung ist locker-beschaulich, von den Terrassencafés blickt man auf Ausflugsboote und schnittige Yachten.

Alter Ortsstrand von Caleta de Fustes

SEHENSWERTES
9 Oceanarium
11 Castillo

UNTERKÜNFTE
3 Ap. La Tahona Garden
4 Elba Castillo Suite
5 Barceló Fuerteventura
7 Barceló El Castillo
14 Los Geranios
16 Sheraton Fuerteventura
17 Elba Carlota
20 Elba Sara
21 Elba Palace Golf

ESSEN UND TRINKEN
2 O'Fado
4 La Barca del Pescador
8 Puerto Castillo
13 Frasquita
15 Beach Café
19 Chiringuito La Isla

NIGHTLIFE
18 C.C. Atlántico

SONSTIGES
1 Mercadillo
6 Wellness Center Thalaventura
10 Tauchschule Deep Blue
12 Escuela de Windsurfing
18 C.C. Atlántico

Touristeninformation
Bushaltestelle
H Minitren-Haltestelle
Tankstelle
Kino
Apotheke
Post

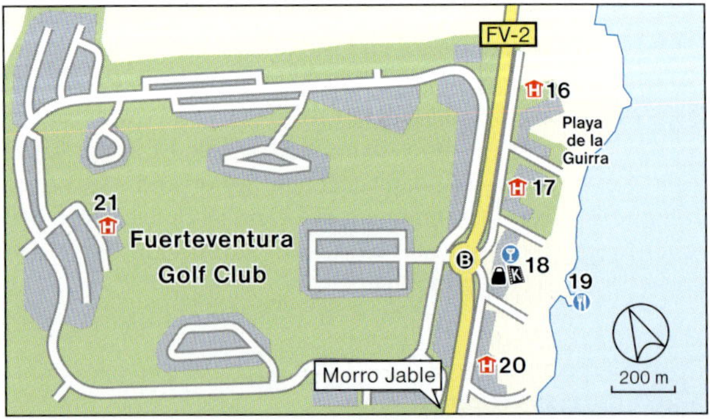

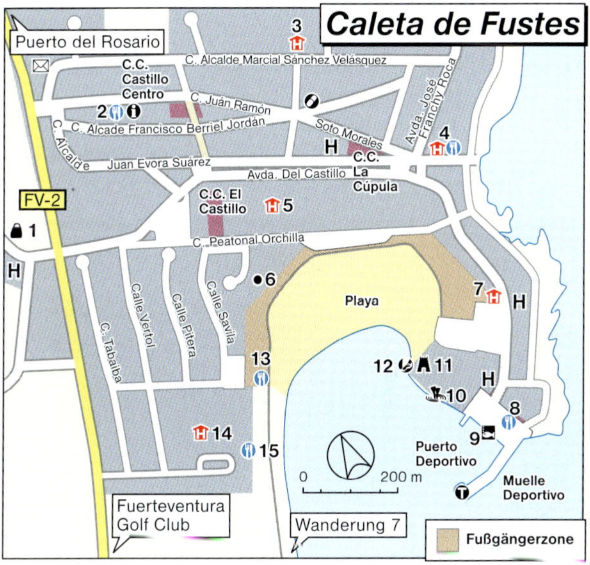

Expansion Südlich des Ferienzentrums entstanden zu Beginn des 21. Jh. ein großer Golfplatz und eine komplett neue „Stadt". Während landeinwärts vor allem Bungalows gebaut wurden, entstanden an der Küste Nobelhotels. Im Einkaufs- und Vergnügungszentrum **Centro Comercial Atlántico** entdeckt man über 45 Läden und Boutiquen, Cafés und Restaurants mit Meerblick sowie den „Yelmocineplex" mit sechs modernen Kinosalen. Vor dem Sheraton-Hotel entstand eine geschützte Badelandschaft mit künstlich angelegtem Strand.

Der „Fuerteventura Golf Club" mutet mit seinen Rasenteppichen inmitten der Gesteinswüste fast surreal an. Mit 1.500.000 m² ist er die größte Grünfläche der Insel. Ein Kilometer weiter südlich entstand ein weiterer Golfplatz, dessen Hügel und Dünen die Spieler vor dem scharfen Wind schützen. Auch um diese Anlage, die sich „Club de Golf Salinas de Antigua" nennt, sind Hotels und Nobelsiedlungen geplant.

Sehenswertes

Festung

Der Festungsturm *(El Castillo)* wurde 1743 fertig gestellt, nachdem drei Jahre zuvor britische Korsaren hier eingefallen waren: Der Militärarchitekt *Claudio de Lisle* schuf ein Bollwerk gegen Piraten,

242fu Foto: PdF

das dem runden Festungsturm von El Cotillo im Norden der Insel aufs Haar gleicht. Und wie die Chronik uns lehrt, hat die Abschreckung bestens funktioniert: Nie wieder haben Korsaren es gewagt, Caleta de Fustes anzugreifen. Heute ist der Turm ins Feriendorf El Castillo integriert; die Zugbrücke ist hochgeklappt, bestiegen werden kann er nicht. Ein schmalerer zweiter, gleichfalls aus Vulkanstein erbauter Turm kam vor einigen Jahren dazu. Er hat rein dekorativen Charakter und gehört zum Clubhaus des Yachthafens.

Oceanarium

Wer etwas unternehmen will, schaut sich im Hafen um. Im Oceanarium gibt es mehrere ins Meerwasser integrierte Aquarien, es finden Fahrten zum Meeresgrund, Fütterungen und Shows sowie ein Trip mit dem Piratenschiff statt. Nebenan werden Jet Ski und andere Fun Sports angeboten.

- **Oceanarium Explorer,** Tel. 928163514, www.oceanarium explorer.com

Praktische Tipps

Unterkunft

Alle hier aufgeführten Häuser sind pauschal bei größeren Veranstaltern buchbar.

Im alten Ortskern:

- **Ap. La Tahona Garden** €€, Alcalde Marcial Sánchez Velázquez 17, Tel. 928163016, Fax 928163359, www.tahonagarden.com. Freundliche Apartmentanlage mit 110 Wohneinheiten in zweigeschossigen, weiß getünchten Gebäuden. Mit Restaurant, großem Pool und Supermarkt. Zum Strand geht man zehn Minuten.
- **Elba Castillo Suite** €€€, Av. José Franchy Roca s/n, Tel. 928163500, Fax 928163501, www.elbahoteles.com. Die im verschachtelten Villenstil erbaute Anlage steht an der Steilküste, viele der 109 Apartments bieten direkten Meerblick. Sie sind funktional eingerichtet und verfügen über Sat-TV und Mikrowelle. Mit mehreren Restaurants, Supermarkt und Pool.

Das alte Castillo im Abendlicht

• **Barceló Fuerteventura** €€€€, Av. del Castillo s/n, Tel. 928 547517, www.barcelofuerteventura.com. Das Beste an diesem Hotel ist seine Lage unmittelbar am Strand. Bunte Farben in der Eingangshalle, ein Show-Theater und die Bar stimmen gleich beim Betreten des Hotels auf Ferien ein. Alles wirkt freundlich, hell und gepflegt. Die 457 Zimmer gruppieren sich um zwei Pools; außerdem gibt es Jacuzzi, finnische und türkische Sauna, vier Tennisplätze, einen Squashcourt sowie Fahrradverleih. Abends werden im „Theater" Unterhaltungsshows und Folklore präsentiert.

• **Barceló El Castillo** €€€, Av. del Castillo s/n, Tel. 928 163101, www.barceloclubelcastillo.com. Der Club, fast ein Ort für sich, okkupiert das „Filetstück" von Caleta de Fustes und erstreckt sich über die gesamte Ostseite der Bucht. In den 382 weitläufig angelegten, von Palmen und Hibiskussträuchern gesäumten Bungalows können bis zu 1000 Urlauber wohnen. Die im kanarisch-maurischen Stil erbaute Anlage ist ideal für einen Urlaub mit Kindern – ohne aufdringliches Animationsteam wäre freilich alles noch schöner. Es gibt fünf Pools, je zwei Tennis- und Squashplätze, Fahrräder zum Ausleihen, Tauch- und Surfschule am Strand. Dazu gibt's Lokale vom preiswerten Büfett- bis zum teuren Edelrestaurant, abendliche Discos und Unterhaltungs-Shows.

• **Los Geranios** €€€€, Paseo Marítimo s/n, Tel. 902530335, Fax 902520335, www.geraniossuites.com. Das 5-Sterne-Aparthotel an der Südflanke der Bucht hatte keinen besonders guten Start – wie man hört, steht wahrscheinlich bald ein Besitzerwechsel an. Alle 214 Apartments sind in mediterranen Farben gehalten und minimalistisch gestaltet. Im Anbau gibt es neun „Villas", die jeweils über einen kleinen Pool verfügen. Marmorlobby, mehrere Restaurants, Pool und Thalasso-Zentrum.

Nahe dem Golfplatz:

• **Sheraton Fuerteventura** €€€€, Paseo Marítimo s/n, Tel. 928495100, Fax 928160172, www.sheraton.com/fuerteventura. Glamour & Komfort: Das „Golf, Spa & Beach Resort" liegt direkt an der Küste vor einem künstlich aufgeschütteten weißen Strand. Die 266 Zimmer sind mindestens 50 qm groß, ausgestattet mit King-Size-Betten und Luxusbad, Sat-TV, Safe, Klimaanlage und Ventilator. Abends trifft man sich in der Piano Lobby Bar oder im Pub Someplace Else (oft Live-Musik), Kinder von 1–12 Jahren werden im großen Kids Club ganztägig betreut. Das Spa verfügt über ein von einer Glaskuppel überwölbtes Hydromassage-Thalasso-Bad, Kneipp-Gang, diverse Saunen und Erlebnisduschen. Durch den schön bepflanzten Garten mit Pool kommt man zum künstlich angelegten Strand, zum Einkaufszentrum Atlántico läuft man wenige Minuten.

051fu Foto: gs

Ruana und Morena warten auf Kundschaft

- **Elba Carlota** €€€, Paseo Marítimo s/n, www.hoteleselba.com. Carlota nennt sich „Beach, Golf & Convention Hotel" und hat 323 Zimmer, das Kongresszentrum befindet sich gleich nebenan, der Golfplatz ist in Blicknähe.
- **Elba Sara** €€€, Urb. Fuerteventura Golf Club, Tel. 928160020, Fax 928160033, www.hoteleselba.com. Das Hotel mit 275 Zimmern liegt direkt an der Küste und ist großzügig konzipiert. Viele der komfortablen, in marinem Blau gehaltenen Zimmer bieten Balkon mit Meerblick, alle haben Sat-TV, Fön und Klimaanlage. Mit Poolgarten, Jacuzzi und Fitness sowie mehreren Restaurants.
- **Elba Palace Golf** €€€€, Urb. Fuerteventura Golf Club, Tel. 928163922, Fax 928163923, www.hoteleselba.com. Da das Fünfsternehotel am Rand des Golfplatzes knapp 1 km vom Meer entfernt liegt und durch eine stark befahrene Straße vom Ortszentrum abgeschnitten ist, empfiehlt es sich nur für passionierte Golfer. Für diese stehen 71 mit Edelholzmöbeln elegant eingerichtete Zimmer bereit, dazu mehrere Restaurants, ein Aufenthaltsraum im Patio mit umlaufenden Holzgalerien und ein Golfladen.
- **Ferienhäuser und Villen** €€€€: Stilvoll eingerichtete Unterkünfte in der Nähe des Golfresorts, buchbar über *Casas Canarias* (⇨Unterkunft/Urlaub im Landhaus).

Essen und Trinken

Die kleinen Cafés am Hafen sind ab 9 Uhr geöffnet; man sitzt bequem, genießt frisch gepressten O-Saft, Brötchen und Crêpes und blickt auf die vor Anker liegenden Yachten. Immer beliebter werden auch die Lokale im Einkaufszentrum Atlántico gegenüber vom Golfclub.

- **La Barca del Pescador** €€, Paseo Marítimo, Tel. 928 163500, tgl. 14–16 und ab 19 Uhr. Gehobenes rustikales Ambiente, edel eingedeckte Tische und feine Fischküche im Erdgeschoss der „Castillo Suites".
- **O'Fado** €€, Calle Juan Ramón Soto Morales (C.C. Castillo Centro, Local 25), Tel. 928163369, tgl. 13–23 Uhr. Das portugiesische Restaurant bietet vor allem Fisch und Meeresfrüchte, besonders gut schmeckt hier der *bacalao* (Kabeljau). Dazu Weine aus Portugal, Spanien und Italien – am Wochenende oft Live-Musik.
- **Frasquita** €€, Playa, Tel. 928163657, tgl. außer Mo 13–16 und 18–22 Uhr. Ein Lokal aus touristischen Pionierzeiten am Südende des Strandes, das aber schon bald landeinwärts „verschoben" werden könnte, um dem neuen Paseo Platz zu machen. Vorerst noch mit Plastiktischen und aus Muscheln gefertigten Wandbildern, in der Ecke ein altertümlicher Zigarettenautomat. Man genießt reifen Ziegenkäse und knackige *gambas al ajillo*, Kalamar und Fisch aller Art, dazu rote und grüne Mojo-Soße aus dem Holznapf.
- **Puerto Castillo** €/€€, Muelle Deportivo, tgl. ab 10 Uhr. Snacks und kleine Gerichte in den Lokalen am Hafengebäude.
- **Beach Café** €/€€, Playa, tgl. 9–23 Uhr. Schön sitzt man in den Korbstühlen auf der verglasten Terrasse vor dem Hotel Los Geranios. Mit Blick aufs Meer genießt man den hausgemachten Kuchen mit italienischem Kaffee oder auch die kleinen Gerichte von Tortilla und Crêpes über Curry-Wurst bis zu Frikadellen. *Waltraud* aus Graz bewirtet engagiert ihre Gäste, mit von der Partie ist *Volker*, ihr Partner. Abends gibt es gut gemixte Cocktails, Fr und Sa auch Live-Musik.
- **Chiringuito La Isla** €€, Playa de la Guirra, Tel. 928 547693; tgl. 12–23 Uhr. Schön gelegener Pavillon auf einer künstlichen Insel vor dem Sheraton-Hotel, vom Strand erreichbar über eine schmale, 150 m lange Holzbrücke. Auf der Terrasse genießt man den Blick auf das Meer und bestellt einen Drink, ein paar (allerdings teure) Kleinigkeiten zu essen gibt's auch.

Einkaufen

- **Einkaufszentren:** *Centros Comerciales* (C.C.) sind quer über den Touristenort verstreut und bieten Supermärkte, Läden und Boutiquen, Bars und Cafés. Der Supermarkt mit dem größten Sortiment befindet sich in der „Südstadt" im C.C. Atlántico.

Über den Salzfeldern baumelt das Skelett eines Wals

- **Wochenmarkt:** *Mercadillo,* C.C. Monte Castillo, Sa 9–14 Uhr. Im Angebot: kanarisches Kunsthandwerk, deutscher Silberschmuck und afrikanische Waren – viele schöne Sachen, aber auch Kitsch.

Nightlife

- Großhotels bieten Shows und Konzerte mit Live-Musik, zu denen alle willkommen sind. Außerdem gibt es Kneipen in den Einkaufszentren, im Castillo Centro auch eine Disco, im C.C. Atlántico ein großes Kino mit sechs Sälen.

Aktivitäten

- **Bootsausflüge:** Bei ruhiger See startet ein Katamaran zum Segeltörn nach Pozo Negro. An Bord wird ein Mittagessen serviert und man hat Gelegenheit zu baden. Alternativ gibt es Ausflüge im U-Boot, durch die Glasscheiben kann man die Unterwasserwelt bestaunen.
- **Tauchen:** Deep Blue, Muelle Deportivo, Tel. 928163712, tgl. 9–17 Uhr, www.deep-blue-diving.com. In der Strandschule nahe dem Hafen werden Kurse vom „Spaß-" bis zum „Expeditionstauchen" angeboten. Kein schlechter Spot ist das Riff Nuevo Horizonte im Norden, noch besser das südlich gelegene Las Salinas: Dort ist zwar der Einstieg über Felsriffs schwierig, doch ist das anschließende Vergnügen in der bis zu 40 m tiefen Unterwasserlandschaft um so größer.
- **Windsurfen.** Escuela de Windsurfing del Castillo, Puerto, Tel. 928163100. Der flach ins Wasser abfallende Strand und die weite, geschützte Bucht sind ideal für alle, die das Surfen lernen wollen. Die Schule befindet sich direkt am Strand.

209fu Foto: gs

- **Segeln:** Wer das Segeln erlernen oder eine Yacht chartern möchte, wendet sich an die *Oficina del Puerto.*
- **Wellness:** Thalaventura, Sávila 10, Tel. 928160961. So geschl. Das Thalasso-Zentrum neben dem Hotel Barceló Fuerteventura mit 500 m² großem Meerwasserbecken bietet Hydromassagebad, Schlammpackungen und Massagen.
- **Golf:** Fuerteventura Golf Club, Ctra. FV-2, Km. 11, Tel. 928160034, www.fuerteventuragolfclub.com. 18-Loch-Anlage mit 70 Par und einer Bahnlänge von knapp 6200 m. 1 km südlich: Golf Salinas de Antigua, FV-2, Km. 12, Tel. 928879444, www.salinasgolf.com.

Wandertipp

Von Caleta de Festes läuft man längs der Küste über eine strauchüberwucherte Ebene zu den Salzfeldern von Las Salinas (hin und zurück 2 Std.). Unterwegs kommt man an großen, aus grobem Stein errichteten Türmen vorbei, die zum Brennen von Kalk dienten.

Feste

- **Mitte Oktober:** *Fiesta de la Virgen de la Peña del Mar.* Zu Ehren der „Jungfrau vom meerumspülten Fels" gibt es eine große Prozession, dazu ein Volksfest mit Segel-Regatta und Golfturnier, Hochseefischen, Aquatlon und Boccia.

Las Salinas

Vier Kilometer südlich von Caleta de Fustes lohnt ein Abzweig zu den alten, schachbrettartig angelegten **Salinen,** in denen noch vor kurzem das Salz für die Fischfabrik der Hauptstadt gewonnen wurde. Doch als diese 1988 ihre Tore schloss, schien auch das Schicksal der Salzgärten besiegelt. Erst im Jahr 2005 wurden sie mit Geldern der EU und der Unesco als **Museum** *(Museo de la Sal)* „wiederbelebt": Einflutendes Wasser wird in höher gelegene Felder geleitet und in winzigen Becken gesammelt. Ist es verdunstet, bilden sich Salzkristalle, die zum Trocknen pyramidenförmig aufgeschichtet werden. Auch im Gebäudekomplex des Museums dreht sich alles ums „weiße Gold", und erfreulicherweise bekommt man die Erläuterungen auf Deutsch!

243fu Foto: PdF

Vor den Salinen erhebt sich eine bizarre Skulptur: das Skelett eines 20 m langen, an der Küste gestrandeten Wals, jeder einzelne Wirbel doppelt so groß wie ein menschlicher Kopf!

- **Museo de la Sal,** Di–Sa 10–18; Eintritt 5 €.

Essen und Trinken

- **Los Caracolitos** €€, Tel. 928174242, Mo–Sa 12–23 Uhr. Beliebtes Ausflugslokal am steinigen Strand. Aurora und Manolín tischen alles auf, was das Meer hergibt: Napfschnecken und Muscheln, Kalamar und Tintenfisch, frisch und lecker zubereitet. Man sitzt auf der verglasten, windgeschützten Terrasse und schaut auf Meer und Salinen. Mit Holztischen und einem unter der Decke gespannten Netz ist es auch drinnen gemütlich.

Feste

- **16. Juli:** *Fiesta de Nuestra Señora del Carmen.* Zu Ehren der Schutzheiligen der Fischer spendiert das Restaurant ein Gratisessen für alle Festteilnehmer.

Meersalz verleiht Speisen eine besonders würzige Note

244fu Foto: PdF

Malpaís und raue Küste

Überblick

Südlich von Caleta de Fustes schließen sich karge Ebenen und Lavaschollen an: *Malpaís* – **karges, unwirtliches Land.** Nur wenige Stichstraßen führen durch die dunklen Täler zur Küste, wo die Lava in Kiesstrand übergeht. Da es in diesem Teil der Insel lange weiße Strände nicht gibt, blieb er von großen touristischen Siedlungen (bis auf wenige Ausnahmen) verschont. Hier kann man Urlaub noch in kanarischem Ambiente verbringen, Privatzimmer und Apartments finden sich in fast allen Orten.

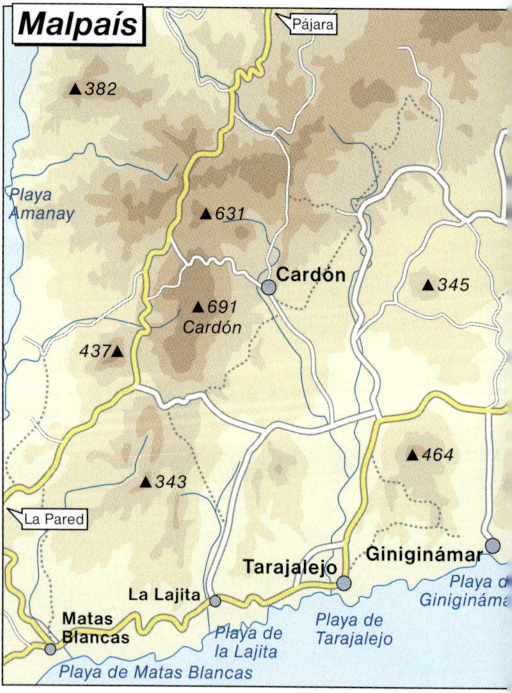

Pozo Negro

Das **Fischerdorf** liegt an der Mündung eines dunklen, fünf Kilometer langen Tals: ein rau-romantischer Flecken, an dem man sich vorstellen könnte, sein Zelt aufzuschlagen (leider ist's verboten!). Mehrere Häuser säumen die weite Kiesbucht, an der die Wellen laut tosend ausrollen. Nachmittags kommen Touristen in ihren Mietwagen vorgefahren, um „authentisches" kanarisches Leben zu schnuppern. In den Lokalen werden sie – bei herrlichem Meerblick – mit frischem Fisch versorgt. Probieren kann man hier auch den *tollo:* eingesal-

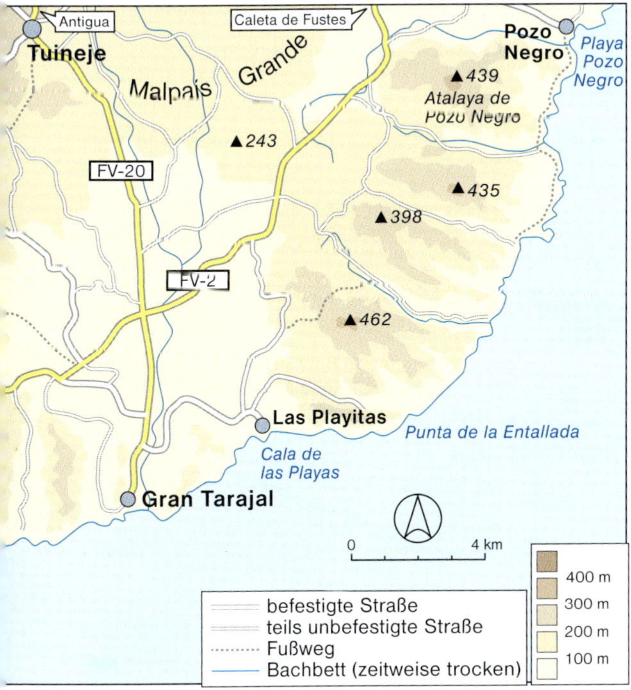

zenen Fisch, der zum Trocknen mehrere Tage aufgehängt wurde.

Fundstätte

Auf halbem Weg zwischen Pozo Negro und der Hauptstraße zweigt eine Piste zur altkanarischen Siedlung **La Atalayita** ab. Die Häuser liegen am Fuß des Atalaya inmitten eines Lavastroms, der sich vor über 10.000 Jahren durchs Tal wälzte. Geschickt nutzten die Ureinwohner die Brüche im Lavagestein, um ihre *casas hondas* (tiefe Häuser) halb in den Boden zu versenken und vor dem einfallenden Wind zu schützen. Als Baumaterial verwendeten sie ausschließlich lose Steine, die sie fugendicht zu kreisrunden Mauern aufschichteten. Der Rundgang - vorbei an Dutzenden von Bauten - endet auf dem 88 m hohen Atalaya, von dem man die Siedlung im Lavastrom überblickt.

- **Centro de Interpretatión de la Atalayita,** Di–Sa 10–18 Uhr, Schautafeln spanisch, Info-Material auch englisch und deutsch.

Unterkunft

- **Ap. Los Caracoles** €€, Tel. 928174617. Der Besitzer des gleichnamigen Lokals vermietet zwei Apartments am Nordende des Strandes, am liebsten auf Monatsbasis.
- **Albergue Pozo Negro** €, Tel. 928862300 (Cabildo) und 928174666. Herberge mit 70 Plätzen in Schlafsälen, aber unbedingt vorher anrufen (bitte auf Spanisch)!

Essen und Trinken

- **Los Pescadores** €€, Tel. 928174653, tgl. ab 12 Uhr. Tagesfisch und Meeresfrüchte; drinnen hängt ein Plakat mit einer Übersicht aller wichtigen kanarischen Meerestiere.
- **Los Caracoles** €€, Tel. 928174617, tgl. ab 12 Uhr. Etwas lustlos tischt Señora *Zaila* Fisch und Paella auf, doch sitzt man schön auf der Terrasse am Meer.

Feste

- **April:** *Feria Agrícola y Ganadera*. Landwirtschaftsmesse auf der Granja Experimental, einem staatlichen Versuchsgut nahe der Einmündung der FV-420 in die FV-2. Es werden die schönsten Esel, Schafe und Ziegen prämiert, dazu gibt es ein großes Fest mit viel Folklore.

Seite 248/249: Las Playitas (altes Dorf)

Las Playitas

Mit seinen weißen, terrassenförmig an den Hang gebauten Häusern und einer Promenade am Meer ist dies einer der malerischsten Orte der Insel. Treppenwege und gewundene Gassen führen die steilen Klippen hinauf, vorbei an kleinen, blühenden Vorgärten. „Fast staunt man", schrieb ich noch 2003, „dass dieses windgeschützte Fischerdorf so lange vom Tourismus verschont blieb." Doch kurz darauf trat das Unvermeidliche ein: In der Bucht, die sich westwärts ans Dorf anschließt, wurden Hotels hochgezogen, dahinter erstrecken sich die Rasenteppiche eines 18-Loch-Golfplatzes – auch die Gemeinde Tuineje möchte am touristischen Goldregen teilhaben ...

Strand

Die **Cala de las Playas,** der fast 1 km lange, zwischen zwei Felskuppen aufgespannte Strand, erhielt einen hellen Sandbelag, damit die Urlauber bequem ins Wasser steigen können. Einheimische bevorzugen weiter den Kiesstrand unterhalb der Dorfpromenade.

Leuchtturm

Kurz vor Erreichen des Ortes führt eine Piste sieben Kilometer ostwärts zur **Punta de la Entallada,** die sich seit 1920 mit einem Leuchtturm schmückt. Er thront auf einer 185 Meter hohen Klippe wie eine verwunschene Festung über dem Meer. Flankiert wird er von zwei symmetrisch angeordneten Seitenbauten, gekrönt von einer verglasten Laterne. Vom Parkplatz aus bietet sich ein traumhafter Blick auf die Küste.

Unterkunft

Las Playitas ist ein guter Ferienort für alle, die Ruhe suchen und es genießen, einen kanarischen Ort „im Rücken" zu haben.

- **Playitas Grand Resort** €€€, Las Playitas, Tel. 928860400, Fax 928860401, www.playitas.net, 433 Zimmer und Apartments.

• Zwei Komforthotels unter Schweizer Leitung. An der Ostseite der Bucht, zehn Gehminuten vom Fischerdorf entfernt, liegt das familienfreundliche Aparthotel **Bahía Grande** mit Zugang zum Sandstrand (teilweise Fels), großem Sport- und Unterhaltungsangebot, Kinderclub, olympischem Schwimmbad und Open-Air-Pools (einer mit Riesenwasserrutsche). An der Westseite, wo Fels- und naturbelassener Strand vorherrschen, wurden die Häuser des Hotels **Cala del Sol** terrassenförmig hochgezogen; je höher man wohnt, desto schöner der Meerblick. Zwischen den Hotels liegt die **Plaza Rambla** mit Restaurants, Cafés und Theater. Außer Animation werden Tauchkurse, Mountainbike- und Wandertouren angeboten, man kann segeln (www.learn-catamaran-sailing.com), tauchen und Surfboards ausleihen. Der Golfplatz liegt vor der Haustür!

Essen und Trinken

• **La Rampa** €€, Av. Miramar 1 / San Pedro 26, Tel. 928344004, tgl. außer Di ab 12.30 Uhr. Großes, aufpoliertes Lokal in bester Lage an der Mole. *Juan* und *Soli* bereiten frischen Fisch zu, leckeres Carpaccio vom Schwertfisch, mittwochs und freitags auch aus Galizien eingeflogene Meeresfrüchte.

• **Víctor** €, Calle Juan Soler 1, Tel. 928870910, wechselnder Ruhetag. Das Lokal in zweiter Linie bietet gute und auch preiswerte kanarische Kost. Hier kann man auch nachfragen, wo im alten Ortsteil Apartments vermietet werden.

Feste

• **29. Juni:** *Fiesta de San Pedro el Pescador.* Patronatsfest mit viel Sport und Unterhaltung.

246fu Foto: GSPGR

Gran Tarajal

Kurzinfo Gran Tarajal

- **Touristeninformation:** Oficina de Turismo (Pavillon), Calle Atis Tirma s/n, Tel. 928162723, www.ayuntamientotuineje.com, Mo–Fr 10–14, im Sommer auch Sa 10–13 Uhr; immer bestens informiert: *Marí Luz!*
- **Polizei:** Policía Local, Tel. 928870000.
- **Apotheke:** Farmacia, Calle Atis Tirma 8.
- **Post:** Plaza de la Candelaria, Mo–Fr 8.30–14.30 Uhr, Sa 9.30–13 Uhr.
- **PLZ:** 35620
- **Bank:** Caja Rural (mit Geldautomat), Calle Atis Tirma s/n.
- **Taxi:** Plaza de la Candelaria, Tel. 928870059.
- **Bus:** Verbindungen mit Puerto del Rosario (Linien 1, 10, 16), Antigua (1, 16), Pájara (9, 18), Las Playitas (12), Tarajalejo (1, 9, 16), La Lajita (1, 9), Costa Calma und Morro Jable (1, 9, 10).

Malpaís

Durch ein weites, dicht mit Palmen bestandenes Tal kommt man nach Gran Tarajal, der mit 9000 Einwohnern **zweitgrößten Stadt Fuerteventuras.** Ihren Namen verdankt sie dem *Tarajay* (altkanarisch: Tamariske); grüne Buschlandschaft belebt die ockerfarbenen Hänge. Seine Blüte erlebte der Ort nach dem Zweiten Weltkrieg, als über den hiesigen Hafen fast alle im Inselinnern produzierten Tomaten exportiert wurden. Heute wird kaum noch Obst und Gemüse verschifft – und was ausgeführt wird, läuft über Puerto del Rosario. Dafür hat sich Gran Tarajal als **Verwaltungs- und Einkaufsstadt** etabliert. Zwar ist Tuineje die offizielle Gemeindestadt, doch mit Ausnahme des Rathauses haben alle wichtigen Behörden ihren Sitz zur Küste verlegt.

Aparthotel Bahía Grande, im Hintergrund Las Playitas

Kirche und Park

Hektik kommt in Gran Tarajal nie auf, alles geht seinen ruhig-normalen, kanarisch geordneten Gang. Eine der wichtigsten Straßen ist nach *Matías López* benannt, einem um 1900 aus Kuba zurückgekehrten Emigranten, der dort so viel Geld verdient hatte, dass er auf der Insel nicht nur Windräder bauen ließ, sondern obendrein seiner Geburtsstadt eine Kirche schenkte. Da sie aber nicht mit Kunstschätzen aufwartet, lohnt es nicht, auf die nächste Messe zu warten.

Attraktiver, vor allem an heißen Tagen, ist der gegenüberliegende Park, eine schattige Oase mit alten Lorbeerbäumen und Palmen. Kinder fühlen sich vom plätschernden Springbrunnen angezogen: Aus den Mäulern der großen, aus Stein gemeißelten Seepferdchen quillt wertvolles Wasser – weht der Wind günstig, wird man von einer Dusche erfasst ...

Promenade

Die Promenade längs des dunklen, 500 Meter langen **Stadtstrands** wurde verbreitert und ist nun

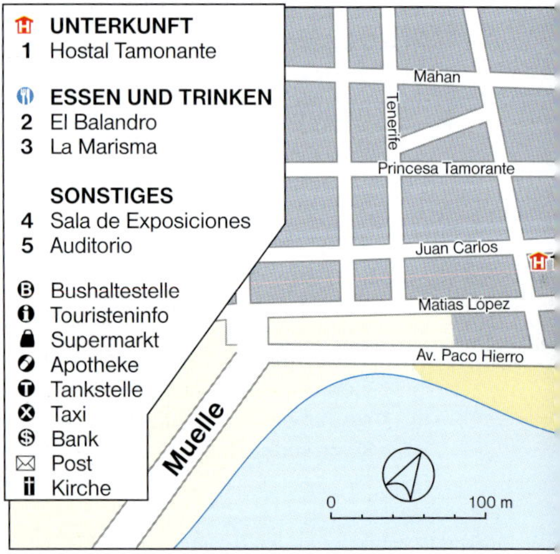

von mehreren Terrassenbars gesäumt. Vor allem am späten Nachmittag macht es Spaß, hier einen Kaffee zu trinken und Voyeur zu spielen. Folgt man der Promenade westwärts, kommt man zum **Hafen** mit der weit vorspringenden Mole, wo Sportboote anlegen und die Fischergenossenschaft *(Cofradía de Pescadores)* wacker ihre Stellung hält.

Kultur

Gran Tarajal mausert sich: Immer häufiger gibt es Ausstellungen (Sala de Exposiciones), Konzerte und Theateraufführungen.

- **Auditorio,** Alcalde Jaime del Castillo Olivares 1, Tel. 928162449; Tickets bekommt man im Vorverkauf in der Casa de la Cultura (Av. Paco Hierro s/n, Mo–Fr 9–13 und 16–20 Uhr) oder ab zwei Stunden vor Beginn der Aufführung.

Unterkunft

- **Hostal Tamonante** €, Juan Carlos I 15, Tel. 928162472. Einfache, zentral gelegene Pension mit 6 Zimmern, zur Straße hin laut.

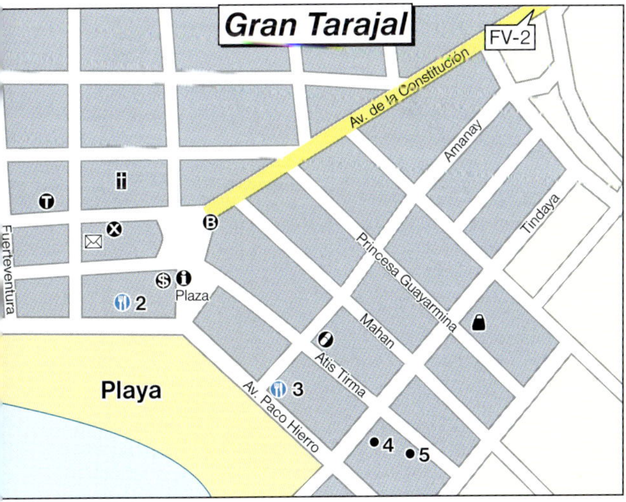

Essen und Trinken

- **El Balandro** €, Av. Paco Hierro 8, Tel. 928162359, tgl. außer Di ab 10 Uhr. Hauptsache Fisch heißt es im Promenadenlokal. Dazu passt die maritim angehauchte Einrichtung mit Bullaugen und dunklem Holzmobiliar – tagsüber sitzt man freilich lieber auf der Terrasse.
- **La Marisma** €€, Av. Paco Hierro / Ecke Amanay, Mobil 687390466, Di–Sa 8–24 Uhr. Mit Blick aufs Meer: kanarische Hausmannskost, frischer Fisch und Fleisch.

Feste

- **2. Februar:** *Fiesta de Nuestra Señora de la Candelaria.* Prozession zu Ehren Mariä Lichtmess.
- **Zweite Augusthälfte:** *Fiesta de la Juventud.* Festwoche der Jugend.
- **Mitte November:** *Fiesta de San Diego.* Mit Schiffsprozession, Folklore und Tanz.

Piraten und Freibeuter – die Schlacht am Tamasite

1739 führte die Rivalität um die Vorherrschaft auf den Meeren zum offenen **Krieg zwischen England und Spanien.** Die Kanarischen Inseln lagen an der spanischen Handelsroute zu den Kolonien der Neuen Welt und gerieten unversehens in die „Schusslinie" der Briten. Versorgungsschiffe von Gran Canaria nach Fuerteventura erreichten nicht mehr ihr Ziel, wurden auf offener See von Korsaren gekapert und geplündert.

In der Nacht zum 13. Oktober 1740 landete ein englisches Schiff in der **Bucht von Gran Tarajal.** 53 gut bewaffnete Korsaren zogen über den Barranco de la Florida landeinwärts, plünderten mehrere Häuser und raubten den Kirchenschatz von Tuineje. Da ein Bauer im Nachbardorf La Florida Alarm schlug, gelang es einem 43 Mann starken Trupp, den Engländern südlich des Berges Tamasite den Rückweg abzuschneiden. Gouverneur *Dempiérrez* war mit von der Partie; er organisierte eine **Herde von Kamelen,** die den nur mit Stock und Harke ausgerüsteten Bauern vorangeschickt wurden. Mit dem Anblick eines solchen Gegners hatten die durch Weinkonsum etwas angeheiterten Engländer nicht gerechnet. Ihre ersten Gewehrsalven vergruben sich tief im Körper der Tiere – und noch ehe sie nachladen konnten, waren sie von den Bauern überwältigt. 23 Korsaren wurden erschlagen und aufgespießt, die übrigen gefangen genommen.

Sobald die Nachricht vom Gemetzel Gran Tarajal erreichte, nahmen die dort verbliebenen Engländer Kurs auf Madeira, um Verstärkung zu holen. Fünf Wochen später, am 24. November, kam es zur Neuauflage der Schlacht. Doch diesmal kamen die Piraten nicht einmal bis Tuineje. Sobald die kanarischen Wachposten das fremde Schiff sichteten, verständigten sie die einheimischen Milizen, die –

Giniginámar

An der Mündung eines *Barranco,* eines tief eingeschnittenen Tals, das sich in einer weiten Kiesbucht zum Meer hin öffnet, ducken sich eine Hand voll weißer Häuser, vor denen Fischerboote aufgebockt sind: eine Idylle wie aus vortouristischen Zeiten, in die sich auch das neue Kirchlein gut einzufügen weiß. Im Talgrund knickt die Straße ein und führt hinüber zu einer von Österreichern erbauten Feriensiedlung am Hang. In gebührendem Abstand zu den Einheimischen ver-

diesmal gut bewaffnet und zahlenmäßig überlegen – den Briten im Barranco de la Florida auflauerten. Pardon wurde nicht gewährt, bis auf den letzten Mann wurden die Engländer niedergemacht.

Die Kunde von den „bestialischen Majoreros" verbreitete sich rasch, Korsaren machten fortan um die Insel einen riesigen Bogen. Der spanische König belohnte den „Patriotismus" der Majoreros mit dem Bau zweier **Festungstürme** in El Cotillo und Caleta de Fustes – jedes feindliche Schiff konnte nun frühzeitig ins Visier genommen und mit Kanonenschüssen begrüßt werden.

Zeichnung: Izabella Gawin

210fu Foto: gs

bringen Gäste hier die „schönsten Wochen des Jahres", allerdings blättert mittlerweile der Putz ab und die Fassaden ergrauen.

Unterkunft

• **Ap. Giniginámar** €€, Calle Trasera del Carmen 16, Tel. 928226585. Zwölf geräumige, 80 m² große Apartments mit zwei Schlafzimmern in einem Neubau in dritter Strandlinie. Infos und Schlüssel erhält man vorerst bei Señora *Andrea* in der Calle del Carmen 13.

Essen und Trinken

• **Olas del Sur** €/€€, Calle del Carmen 5, Mobil 639541115, tgl. 12–21 Uhr. Schon seit vielen Jahren betreuen *Paco* und seine Familie hier ihre Gäste. Man sitzt unter einem Bambusdach, bestellt frischen Fisch und ein kühles Getränk und genießt den Blick auf die Bucht. Ein herrlicher Ort!

Feste

• **16. Juli:** *Fiesta de Nuestra Señora del Carmen*. Bootsprozession zu Ehren der Schutzpatronin der Fischer mit anschließendem Fest.

Siesta im Strandschaukelstuhl

Tarajalejo

Kurzinfo Tarajalejo

- **Banken:** Geldautomat am Supermarkt, Paralela Cabrera Martín s/n.
- **PLZ:** 35627
- **Bus:** Verbindungen mit Puerto del Rosario und Antigua (Linie 1), Pájara (9), La Lajita und Gran Tarajal, Costa Calma und Morro Jable (1, 9).

Auf halber Strecke zwischen Gran Tarajal und Costa Calma liegt das ehemalige Fischerdorf Tarajalejo, heute ein ganz normaler kanarischer Ort mit Supermarkt und kleineren Geschäften, nahe der Mole sind mehrere Lokale auf Tagestouristen eingestellt.

Die wenigen Urlauber, die es nach Tarajalejo verschlägt, genießen die Ruhe – wie lange sie noch anhält, ist ungewiss. Am dunklen, fast zwei Kilometer langen **Kies- und Lavastrand** kann man sich sonnen, der Wind ist deutlich schwächer als an der 10 km entfernten Costa Calma. Nordwärts führt die **Strandpromenade** zum touristischen Bereich rund ums Hotel Bahía Playa, das früheren Fuerte-Besuchern noch als Hotel Tofio bekannt ist.

Ortsrand

Die Nord-Süd-Schnellstraße FV 2 macht einen Bogen ums Dorf, landeinwärts entstand die Siedlung **Puerto Azul** mit zahlreichen Einfamilienhäusern und Villen, am Eingang zur Urbanisation öffnet ein kleines Lokal.

Nördlich der Abzweigung befindet sich die etwas vernachlässigte Anlage **Centro de Ocios** mit dem einzigen Campingplatz der Insel und einem Reitstall. Im **Aquarium** tummelt sich Meeresgetier aus kanarischen Gewässern.

- **Acuario de Mar,** Centro de Ocios, Carretera FV-2, Tel. 928161182, tgl. außer Mo 10–18 Uhr.

Unterkunft

- **Tofio Resort Bahía Playa**€€/€€€, Playa de las Palmeras, Tel. 928161001, Fax 928161028, www.r2hotels.com. Modern-funktionales Viersternehotel mit 163 Zimmern, die

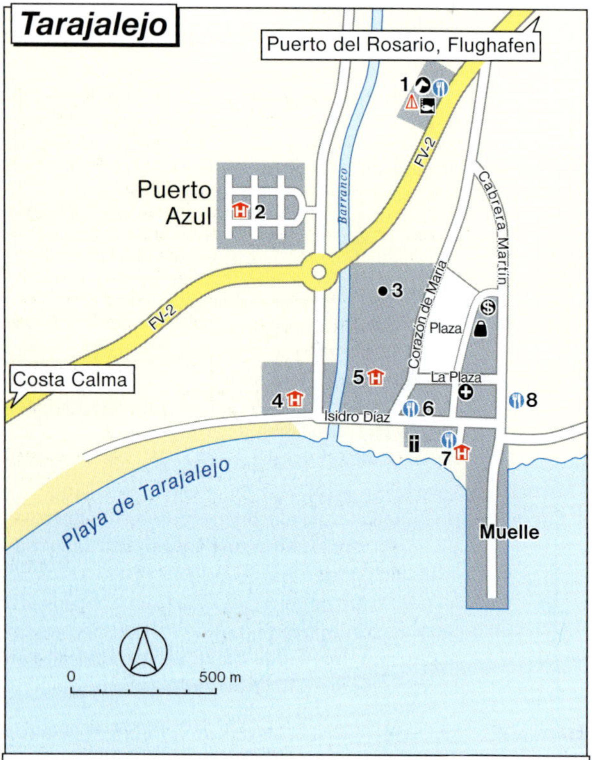

UNTERKÜNFTE

1 Camping El Brasero
2 Ap. La Isla
4 Tofio Resort Bahía Playa
5 Ap. Varadero
7 Ap. La Barraca

ESSEN UND TRINKEN

1 R2 El Brasero
6 Adeyu
7 La Barraca
8 Bar Chao

SONSTIGES

1 Centro de Ocios (Aquarium/Reitstall)
3 Lucha Canaria (Ringkampfstadion)

Gesundheitszentrum
Supermarkt
Geldautomat
Kirche

sich auf mehrere Gebäude verteilen. Mit großer Empfangshalle, Internetecke (gegen Gebühr), zwei Süßwasser-Pools (davon einer beheizt) und den „Thermen von Tarajalejo", einem Wellness- und Spa-Bereich mit finnischer Sauna, Dampfbad und Massagedusche. Das Aktivangebot umfasst Tischtennis, Bogenschießen und Boccia, gegen Gebühr auch Tennis und Squash. Über Reisebüros werden vor allem jüngere Leute hierher geleitet, seltener Familien mit Kindern. Zum Strand sind es nur gut 100 m.

- **Ap. Varadero** €/€€, Isidro Díaz s/n, Tel. 928872032, Fax 928851014, www.varadero-fuerteventura.com. Eine freundlich-blaue Anlage, nur durch die Straße vom Meer getrennt. Die 20 Apartments verfügen über ein bzw. zwei Schlafzimmer, Wohnküche, Bad und Terrasse mit Meerblick, außerdem gibt es einen Pool. Wer über eine Woche bleibt, erhält Rabatt.
- **Ap. La Barraca** €/€€, Isidro Díaz 14, Tel. 928161089. Zehn preiswerte Apartments am Dorfplatz.
- **Ap. La Isla** €€, Urb. Puerto Azul, Calle Leon y Castillo 61, www.fuerteventura-alternativ.de. 50 qm großes Appartement im Erdgeschoss eines privaten Wohnhauses (Ortsteil Puerto Azul), etwa ein Kilometer vom Strand. An der Einfahrt von Puerto Azul folgt man der von weißen Mauern eingerahmten Straße 400 m, zur Linken befindet sich erst ein gelbes Haus, dann die weiße Casa La Isla.
- **Camping El Brasero** €, Centro de Ocios, Ctra. FV-2, Tel. 928161182. Die bescheidene Anlage gehört zu einem Freizeitpark mit Restaurant und Pool, Reitstall und Aquarium. Er verfügt über 100 Stellplätze, Wasser- und Stromanschluss, Duschen und Toiletten, Spülküche und Waschsalon. Zum Supermarkt geht man 10, zum Strand 15 Minuten.

Essen und Trinken

- **R2 El Brasero** €€, FV-2, www.r2hotels.com/el-brasero, Di–So 13–17 Uhr. Außerhalb des Orts an der Schnellstraße: ein hübsch renoviertes Restaurant mit Snackbar und Pool, Aquarium und Reitstall *(centro hípico)*.
- **La Barraca** €/€€, Isidro Díaz 14, Tel. 928161089, tgl. außer So 12–16 und 18–22 Uhr. Eine „Baracke" in bester Lage mit einer Terrasse am Meer. Das Essen wird von Meeresrauschen begleitet, ein Strohdach spendet wohltuenden Schatten. Es werden preiswerte Tapas serviert, als Nachtisch gibt es hausgemachte *mousse au chocolat*.
- **Adeyu** €/€€, Isidro Díaz 3, Tel. 928161085, tgl. außer Mo 8–24 Uhr. Nicht nur wegen der Terrasse am Meer ist das Lokal beliebt. Auch die preiswerten Tapas und Tagesgerichte sowie *Adolfos* freundlicher Service kommen gut an.
- **Bar Chao** €, Calle Bajamar 4, tgl. außer Mi 11–14, 18–24 Uhr. „Agadir 149 km", „Las Palmas 137 km" steht auf Richtungsschildern vor der Tür, wo drei Tischchen schrägen Meerblick bieten. Bei *Ingrid* gibt's zum Bier kleine deutsche Gerichte.

405fu Foto: CdT

Einkaufen

• **Supermarkt:** Supermercado Padilla, Paralela Cabrera Martín s/n. Fisch, Fleisch und Gemüse: für Selbstversorger die beste Einkaufsadresse weit und breit.

Aktivitäten

• **Wassersport:** Zum Hotel gehören ein Windsurf Center und eine Tauchbasis. Auch Nichthotelgäste können an Kursen und Exkursionen teilnehmen.

• **Reiten:** Centro Hípico, Ctra. FV-2, Tel. 928872070, Mo geschl. Unterricht für Anfänger auf spanischen, englischen und bretonischen Pferden, für Fortgeschrittene Ausritte in die Umgebung.

Feste

• **2. Maisonntag:** *Fiesta de Sagrado Corazón de María.* Patronatsfest.

Wandertipp

Landschaftliche Vielfalt ist nicht zu erwarten. Nur in östlicher Richtung mag es lohnen loszustapfen: Nach 40 Minuten kommt man zum Kiesstrand im Barranco de Marquina Yosa, besser baden kann man 30 Minuten später (kurz zuvor ein Aussichtspunkt) an der Playa del Caracol. Ein Fischlokal erreicht man erst wieder in Giniginámar, ab Tarajalejo 2 Std. 30 Min.

Seltener Anblick: Regenwolken an der Ostküste

La Lajita

Das Küstendorf hat sich dank seiner Nähe zu den Touristenzentren zu einem wichtigen Wohnort der Majoreros gemausert. Es verfügt inzwischen über Kirche und Gesundheitszentrum, ein Lucha-Canaria-Stadion und mehrere Lokale. Vor allem im Sommer ist der dunkle Kiesstrand gut gefüllt. Beliebte Patronatsfeste finden am dritten Aprilsamstag und am 13. Mai statt.

Zoo und Botanischer Garten

An der Hauptstraße bietet sich Besuchern die Möglichkeit, einen kleinen **Zoo** inmitten üppiger Flora zu besuchen. Zu sehen sind u.a. Fuchs und Luchs, Giraffe und Nilpferd, Affe und Bär. Mehrmals täglich gibt es eine Vogel-, Reptilien- und Seelöwenshow. Nicht im Preis enthalten ist der halbstündige Dromedarritt, die so genannte Kamel-Safari. Vom Zoo kommt man im *Jungle Bus* alle 10–20 Minuten zum **Botanischen Garten.** Auf einem riesigen Areal sind über 2000 verschiedene Kaktusarten und dickblättrige Gewächse zusammengetragen: wahre „Lebenskünstler", die wüstenhaftem Klima trotzen und in karger Erde Wurzeln schlagen. Darunter findet man Raritäten wie die Jandía-Wolfsmilch mit ihren besonders langen Stacheln, die dickarmige Kandelaber-Wolfsmilch und eine endlose Galerie von Opuntienkakteen. Beschattet wird das Gelände von kanarischen Palmen und jungen Drachenbäumen.

- **Oasis Parque,** Ctra. FV-2, Km. 57.6, Tel. 902400434, www.fuerteventuraoasispark.com, tgl. 9–18 Uhr; Eintritt 18 €, Kinder von 3 bis 11 Jahren 10 € inkl. Zoo, Bot. Garten und Shows; Kamelsafari 8 €/Kinder 4 €.

Bauernmarkt (Mercado Agrícola)

Im Oasis Parque verkaufen Bauern jeden Sonntag von 10 bis 14 Uhr Käse und Süßes, frisches Obst und Gemüse, dazu gibt es kanarisches Kunsthandwerk und Folklore!

247fu Foto: PdF

Der Süden

Überblick

Die **Traumstrände** der Halbinsel Jandía wirken wie ein Magnet: Nirgendwo auf dem Archipel war die touristische Zuwachsrate in den vergangenen Jahren höher. Von der Costa Calma bis Morro Jable reiht sich ein „Urlaubsparadies" ans nächste und weil der Strand so herrlich flach zum Meer abfällt, fühlen sich auch Familien mit Kindern

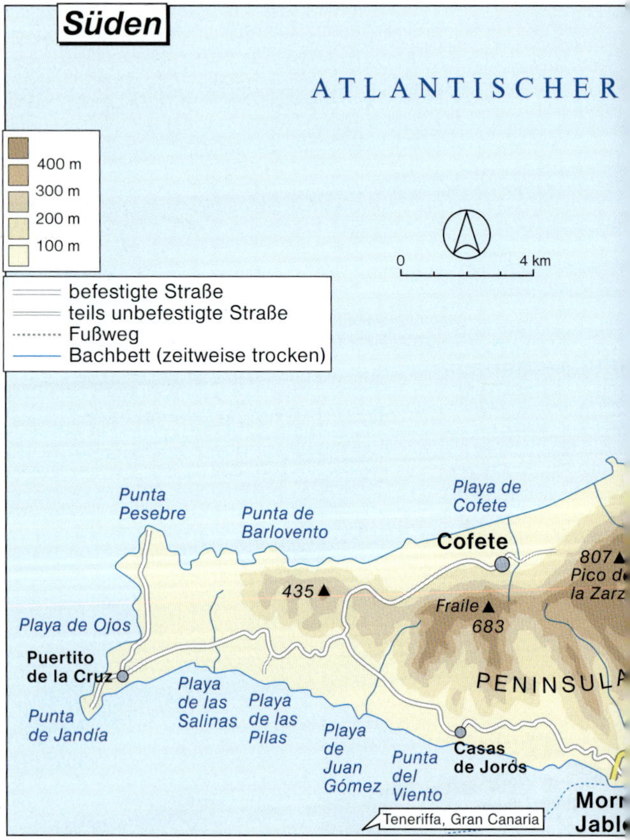

wohl. Über 20 Kilometer erstrecken sich die Playas, ideal nicht nur zum **Baden,** sondern auch zum **Surfen, Segeln** und **Tauchen.** Sie sind goldgelb und weich, werfen sich an einer Stelle zu Riesendünen auf und verbreitern sich andernorts zu einer weitläufigen Lagune.

Ein über 800 Meter aufragender **Gebirgszug** teilt die Halbinsel Jandía in zwei unterschiedliche Hälften. Wunderbare Strände gibt es auf beiden

Seiten des Bergmassivs, doch gut baden kann man nur auf der brandungsarmen Südostseite. Deshalb liegen an den **Playas de Sotavento** alle bekannten Ferienanlagen (*Sotavento* = „die Seite, die im Windschatten liegt"). Einsamkeit pur erlebt man auf der Gegenseite. Von Morro Jable geht es auf holpriger Piste zu den **Playas de Cofete & Barlovento** (*Barlovento* = „die Seite, von der der Wind kommt"): kilometerlange Robinsonstrände wie Perlen auf eine Kette gereiht, ein weltvergessenes Dorf und eine geheimnisumwitterte Villa aus düsteren Zeiten.

La Pared

Jandía war einmal ein eigenständiges Eiland, von der Hauptinsel durch die Fluten getrennt. Doch der im Laufe von mehreren tausend Jahren angeschwemmte Sand hat die Meerenge zugeschüttet und eine Landverbindung geschaffen. Dieser **Istmo de La Pared** ist an seiner schmalsten Stelle nur fünf Kilometer breit. Er ist nach der altkanarischen Steinmauer (*pared* = „Wand") benannt, die vor der Conquista die Halbinsel vom Rest Fuerteventuras abtrennte. Sie reichte von der Playa de la Pared bis Matas Blancas und sollte verhindern, dass die Ziegen des nördlichen Königreichs (Maxorata) die damals noch fruchtbaren Weidegründe des südlichen Reichs (Jandía) kahl fraßen.

Der Isthmus ist heute Teil einer imposanten **Dünenlandschaft.** Aufgrund der vorherrschenden Winde werden immer neue Sandwellen nach Süden und Südwesten getrieben. Kommt man von der Costa Calma, bietet sich von der letzten Anhöhe ein imposanter Blick. Rechts sieht man ein

Seite 266/267: Die Große Lagune bei Los Gorriones

weites Tal und dahinter das ca. 700 Meter aufragende Bergmassiv von Betancuria, links dunkle Klippen und die weiße Brandung der Küste. Geradeaus schaut man auf eine am Meer erbaute **Siedlung,** die gleichfalls La Pared heißt und einmal ein großes Feriendorf werden sollte. Doch da die Touristen mehr Wert auf lange Strände und sicheres Baden legten, blieb es bei einem einzigen Hotel, der exklusiven Clubanlage Costa Real, zu der eine breite, von Kugellaternen bestandene Avenida führt. Daneben gibt es noch eine Reihe privater, inzwischen vor allem von Einheimischen bewohnter Bungalows und eine wenig bedeutende Golf-Akademie.

Strand

Nur bei ruhiger See kann man es wagen, an der **Playa del Viejo Rey,** dem hellsandigen, 800 Meter langen Strand südlich des Ortes, zu baden. Die Surfer freilich freuen sich: Vorgelagerte Sandbänke und eine fast hundertprozentige Wellensicherheit machen die Bucht ganzjährig zu einem Wellenreiter-Spot.

Nordwärts gelangt man über eine schmale Straße (bei Einfahrt nach La Pared am ersten Kreisverkehr rechts und dann sogleich links) zu einer attraktiven Klippenbucht. Das Baden an der 250 Meter langen **Playa de la Pared** ist gefährlich, aber die Sonnenuntergänge sind prächtig. Wer es romantisch liebt, setzt sich an den Strand, wer es komfortabler mag, genießt die Szene vom Restaurant Bahía La Pared.

Info

- **Internet:** www.la-pared.info, Website zu La Pared und Costa Calma mit Infos zu Restaurants und Aktivitäten, Ferienhäusern und Immobilien.

Unterkunft

- **Costa Real** €€€, Istmo de la Pared s/n (vorerst geschl., zuletzt bewarb sich ein Sado-Maso-Club um die Nutzungsrechte). Begrünte Ferienanlage im Stil eines spanischen Dorfs mit 93 Zimmern, Pool und Tennisplatz, Jacuzzi und Fitnessraum. Der Strand ist 300 m entfernt und über Stufen erreichbar.

Essen und Trinken

- **Bahía La Pared** €€, Av. Ilustrísimo s/n (Playa de la Pared), Tel. 928549030, tgl. ab 12 Uhr. Strandnahes Lokal mit Blick auf die Bucht (toller Sonnenuntergang!), heller Innenraum und kleine Terrasse. Die Fischgerichte sind o.k., Gästen stehen ein großer Pool mit Riesenrutsche und ein Kinderpool zur Verfügung.
- **El Camello** €€, Muro Teresguey 5, Tel. 928549066, 13–15 und 18–23 Uhr, Mo. Ruhetag. Das Lokal liegt weit ab vom Strand. Es ist mit Keramik und Holz schön eingerichtet; draußen sitzt man auf einer windgeschützten Terrasse im ummauerten Innenhof. Auf der Karte findet man spanische und internationale Gerichte, doch leider hat unter den neuen Besitzern die Qualität der Speisen nachgelassen. Anfahrt: nach der Einfahrt La Pared am ersten Kreisverkehr rechts und kurz darauf wieder rechts.

Aktivitäten

- **Reiten:** El Rancho del Barranco Los Canarios, Puerto Nuevo, FV-605, Km. 20, Tel. 928174151, www.reiten-fuerte.de. An der Straße nach Pájara kann man in *Walter* und *Ankes* Reitstall reinrassige Andalusier ausleihen bzw. an geführten Berg- und Vollmondtouren teilnehmen.
- **Golf:** Academia de Golf La Pared, Tel. 928549103, www.golf-fuerteventura.net. Auf dem 6-Loch-Golfplatz und der 9-Loch-Zielgolfanlage kann man das kurze Spiel trainieren, auf der Driving Range (230 m) werden die langen Schläge geübt.
- **Wellenreiten:** Waveguru Surfcamp und Surfschool, Avenida del Ismo 17, Tel. 928549122, www.waveguru.de. Cowabunga hat einen Nachfolger gefunden, so ist es gesichert, dass Kurse auch in Zukunft in La Pared stattfinden können. Im Jugend- und Einsteigerkurs erlernt man Paddeltechniken und das Abreiten der „Weißwasserwellen“, im Aufsteiger- und Fortgeschrittenenkurs ist dann die „grüne Welle“ dran sowie der so genannte Take Off, der Bottomturn und der Cutback. Im Preis enthalten sind Material und Abholservice von Costa Calma, Esquinzo und Jandía. Bucht man die Kurse übers Internet, sind die Preise günstiger. Auf Wunsch werden auch Studios und Apartments vor Ort vermittelt, das 200 m vom Strand gelegene Surfcamp ist kostenlos.

Feste

- **Ende Juli:** *Fiesta de San Benito.* Patronatsfest am letzten Samstag des Monats.

Costa Calma

Kurzinfo Costa Calma

- **Touristeninformation:** Info-Stand am Verkehrskreisel der FV-2 (nördl. Ortsausgang), Tel. 928875079, Mo–Fr 8.30–14 Uhr.
- **PLZ:** 35627
- **Polizei:** Policía Local (mit Fundbüro), Av. Jahn Reisen 4, Tel. 928875175.
- **Banken:** in den Einkaufszentren Sotavento und El Palmeral.
- **Gesundheitszentrum:** Centro de Salud, Av. Jahn Reisen 4, Tel. 928876889.
- **Apotheke:** Farmacia, Av. Jahn Reisen 7 (vor dem Hotel Monica Beach).
- **Taxi:** Av. Jahn Reisen 2, Tel. 928547032 (bis 23 Uhr).
- **Tankstelle:** Ctra. FV-2, Km. 66.4 (nahe dem Südkreisel).
- **Bus:** Verbindungen mit La Lajita, Gran Tarajal und Tarajalejo (Linie 9), Flughafen (10), Puerto del Rosario (1, 10), Antigua (1), Pájara (4, 9) und Morro Jable (1, 9, 10). Busse in Richtung Norden halten an der Av. Jahn Reisen vor dem Hotel Barlovento, in Richtung Süden an der Plaza Hapag Lloyd und nahe der Tankstelle. Zusätzlich gibt es einen Busservice der Gemeinde zwischen Costa Calma, La Pared und La Lajita (alle 30–60 Min.).

„Ruhige Küste" hat man den Ort an der Landenge getauft: ein werbewirksamer Name für das **drittgrößte Ferienzentrum der Insel.** Wegen seiner langen Sandstrände erfreut es sich vor allem bei deutschen Besuchern großer Beliebtheit. Hier wurde vorwiegend in die Breite, nicht in die Höhe gebaut und nicht selten liegen die Anlagen inmitten subtropischer Gärten. Im Vergleich zu Corralejo und Jandía ist es abends recht still; , der Amüsierbetrieb beschränkt sich auf ein bis zwei Discos. Für sportlich Interessierte gibt es am Nordabschnitt des Strandes eine Surf- und Tauchbasis.

Ortsbild

Die breite, von der Hauptstadt nach Süden verlaufende FV-2 durchschneidet den Ort. Sie entstand in den frühen 1980er Jahren, als auch die touristi-

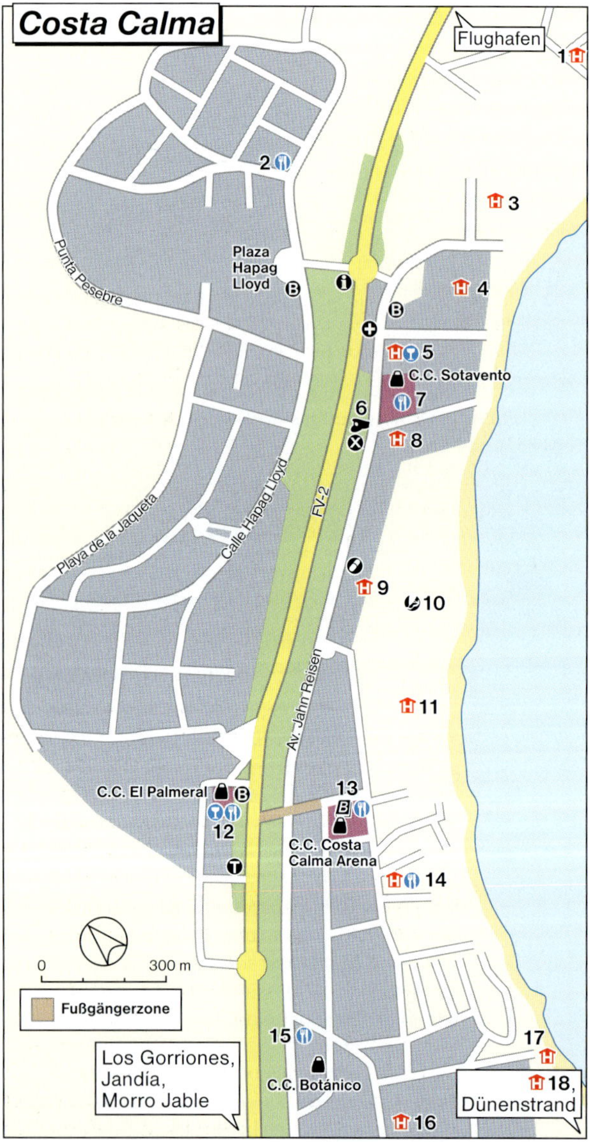

Costa Calma
Flughafen
1
2
3
Plaza
Hapag
Lloyd
4
Punta Pesebre
5
C.C. Sotavento
7
6
8
Calle Hapag Lloyd
Playa de la Jaqueta
FV-2
9
10
11
Av. Jahn Reisen
C.C. El Palmeral
12
13
C.C. Costa
Calma Arena
14
0
300 m
Fußgängerzone
15
C.C. Botánico
17
18,
Dünenstrand
16
Los Gorriones,
Jandía,
Morro Jable

UNTERKÜNFTE
1 Rio Calma
3 Costa Calma Beach
4 Riu Fuerteventura Playa
5 Ap. Sotavento Beach Club
8 Crystal Beach, Taro Beach
9 Monica Beach
11 Costa Calma Palace
14 Ap. Bahía Calma
16 Risco del Gato
17 Tindaya
18 Pájara Beach, Playa Esmeralda, Esmeralda Maris

ESSEN UND TRINKEN
2 Don Quijote
7 San Borondón
12 Copa, Fuerte Action, Bratkartoffelstübchen
13 Arena, Mamma Mia, Bodega Romántica
14 Galería, El Divino
15 Café Berlin

NIGHTLIFE
5 Disco Sotavento
12 Fuerte Action Bar

SONSTIGES
6 Policía Local
10 Fanatic Fun Center
13 Buchhandlung

Bushaltestelle
Gesundheitszentrum
Tankstelle
Taxi
Supermarkt
Apotheke

sche Erschließung begann. Die ersten Unterkünfte baute man in erster Strandreihe längs der niedrigen, verkarsteten Klippen, später errichtete man Anlagen auch landeinwärts. Der längs der Hauptstraße geschaffene Grüngürtel war ein gestalterischer Glücksgriff. Palmen und Pinien bilden inzwischen ein so dichtes Blätterdach, dass kaum ein Sonnenstrahl nach unten dringt. Ein Spaziergang durch den Hain bringt an heißen Tagen wohltuende Kühlung. Auch sorgt der kleine Wald dafür, dass der Autolärm abgefangen wird und keine Abgase zu den Anlagen dringen.

Einen kanarischen Ortskern mit Kirche, Platz und Rathaus sucht man in Costa Calma vergebens und auch eine Flanierpromenade gibt es hier nicht. Das Leben außerhalb der Hotels spielt sich in den Einkaufszentren ab, die einfallslos gestaltet sind, aber alles unter einem Dach vereinen, was

506fu Foto: fu

man im Laufe eines Ein- oder Zweiwochenurlaubs braucht: Läden, Kneipen und Cafés.

Strand

Auf der Höhe des Hotels Fuerteventura Playa reichen dunkle Klippen fast ans Meeresufer heran. Nördlich davon erstreckt sich eine kleine, helle Sandbucht, südlich ist der Strand schmal, wird aber rasch breiter. Es gibt mehrere Info-Punkte und Beach-Bars, Liegen und Sonnenschirme gegen Gebühr. Am Südwestrand des Orts erhebt sich **Risco del Gato,** die „Katzenklippe", ein dünenartig gewelltes und zum Meer steil abfallendes Gelände. Golden-weiß flimmert der Sand, salzliebende Sträucher krallen sich in die Böschung. Nach einer knappen halben Stunde – vorbei an mehreren, oft leider zu nahe an die Küste geklotzten Hotels – kommt man zum Ferienort Los Gorriones, dem in diesem Buch ein eigenes Kapitel gewidmet ist.

Runde Formen und Naturfarben: Hotel Risco del Gato

Praktische Tipps

Unterkunft

Von Norden nach Süden:

- **Rio Calma** €€€, El Granillo, Tel. 902400360, Fax 928876149, www.r2hotels.com, buchbar bei mehreren Veranstaltern. Das Komforthotel auf einer Klippe im Norden ist das Prestigeobjekt eines lokalen Bauunternehmers. Der Haupttrakt ist einer Kirche nachempfunden, die Turmspitze ist Costa Calmas Landmarke. Die 384 Zimmer haben fast alle Meerblick, aber nicht immer Balkon; außerdem gibt es Wellness, Pools, Squash- und Tennisplätze.
- **Costa Calma Beach Resort** €€€, Av. de las Palmeras s/n, Tel. 928875046, Fax 928875544, www.sunrisebeachhotels.com, pauschal bei vielen Veranstaltern. An der Nordseite der Costa Calma erbaute Anlage mit zwei Hotelbauten (fünf- bzw. siebenstöckig) und einem dreistöckigen Apartmenthaus, separaten Pools für Erwachsene und Kinder, zwei Tennishartplätzen und Miniclub. Von vielen der 502 Zimmern und Apartments hat man direkten Meerblick, Balkon oder Terrasse ist immer dabei. Zum Strand läuft man knapp zehn Minuten.

Risco del Gato – Öko-Kraftwerk auf der „Katzenklippe"

Horst Walczok, Begründer des Hotels Risco del Gato, liebt das Experiment. Mit futuristisch-runden Formen hat er die architektonisch eigenwilligste Unterkunft Fuerteventuras geschaffen, das spanische Tourismusministerium dankte es ihm mit einer Auszeichnung. Doch auch in umweltschonender Hotelführung leistete er Pionierarbeit. Organische Küchenabfälle wandern im Risco del Gato nicht auf den Müll, sondern in eine Biogasanlage, wo sie zu fast geruchsfreiem Dünger umgewandelt werden und ganz nebenbei Methangas entsteht. Dieses treibt einen Motor an, der über einen Generator Strom erzeugt. Über 10.000 Euro, schätzt der gelernte Ingenieur, können dadurch jedes Jahr an Energiekosten gespart werden.

Auch die Abwässer des Hotels – immerhin 35 Kubikmeter täglich – werden produktiv verwertet: erst in eine Grube geleitet, dann von dort in eine Pflanzenkläranlage gepumpt. Mit Hilfe des aus der Luft aufgenommenen Sauerstoffs zerlegen die dort wachsenden Schilfpflanzen die Jauche in Zucker, Stärke und Wasser. Damit darf sich der Kreislauf schließen: Mit dem gewonnenen Wasser werden all die Palmen, Drachenbäume und Bougainvilleen versorgt, die den Hotelgarten für die – Abwässer produzierenden – Gäste in eine blühende Oase verwandeln.

249fu Foto: AdP

● **Fuerteventura Playa** €€€, Tel. 928547344, Fax 928 547097, www.sunandbeachhotels.com, pauschal bei mehreren Veranstaltern. Komforthotel am Nordrand von Costa Calma mit 300 um einen Poolgarten gruppierten Zimmern. Vom Hotel gelangt man direkt zu dem hier allerdings recht schmalen Strand. Kinder im Alter von 4 bis 14 Jahren werden mit Spielen, Basteleien und Sportwettkämpfen den ganzen Tag über bei Laune gehalten. Für Erwachsene stehen zwei Tennishartplätze, Sauna und Fitnesscenter bereit.

Südlich von Costa Calma

● **Sotavento Beach Club** €€€, Av. Jahn Reisen s/n, Tel. 928547060, Fax 928547009, www.sotavento.de, pauschal bei TUI. Clubanlage im maurisch-andalusischen Stil direkt am Strand mit einem umfangreichen Sportangebot. Die Palette reicht von Gymnastik und Poolspielen bis zu Tischtennis und Minigolf, dazu gibt es drei Quarzsand-Tennisplätze (auch Kurse) sowie eine Tauch- und Surfschule. Die 310 geräumigen Apartments (für 2–6 Personen) verteilen sich auf sechs helle, zweistöckige Gebäude, allerdings hat man nur von zwei Häuserreihen unverstellten Meerblick. Zur Anlage gehören zwei Pools, ein Amphitheater für die abendlichen Shows sowie die Disco Eastside, seit Jahren die beste Tanzadresse vor Ort. Auch die kleinen Gäste sind gut aufgehoben: ob bei Strandspielen, im Kindertheater oder bei der Mini-Olympiade. Wie es sich für einen guten Club gehört, sind die Getränke beim Essen im Preis inbegriffen.

● **Crystal Beach** €€€, Av. LTU s/n, Cañada del Río, Tel. 928876332, Fax 928547163, www.sunrisebeachhotels.com. Siebenstöckiges, terrassenförmig erbautes Hotel in erster Strandlinie, 174 Zimmer mit Meerblick, Pool, Sauna und Jacuzzi, Tennis und Minigolf.

● **Taro Beach** €€€, Av. Jahn Reisen s/n, Tel. 928547076, Fax 928547098, www.sunrisebeachhotels.com, pauschal bei mehreren Veranstaltern. Strandnahes Hotel mit 266 Zimmern, alle mit Kühlschrank und Sat-TV. Zur Anlage gehört ein großer Pool, in dessen Mitte eine über Brücken erreichbare Bar „schwimmt". Außerdem vier Tennishartplätze, Fitness, Sauna und Minigolf sowie für Kinder ein Miniclub.

● **Monica Beach** €€€, Av. Jahn Reisen s/n, Tel. 928547075, Fax 928547318, www.sunrisebeachhotels.com, pauschal bei vielen Veranstaltern. Erhöht über dem Strand gelegenes Dreisternehotel mit lockerem Ambiente und viel Animation, auch all inclusive buchbar. Die 412 um einen großen Pool terrassenförmig angeordneten Zimmer und Apartments sind alle mit Sat-TV eingerichtet. Ideal für Urlaub mit Kindern sind die Familienzimmer mit zwei Schlafzimmern und Salon; selbstverständlich gibt es für die Kleinen auch einen Miniclub und ein Planschbecken. Sport wird groß geschrieben: Es gibt vier Tennishartplätze, drei Squashcourts, Minigolf, Fitnesscenter und Sauna, oft wird Beachvolleyball angeboten. Unterhalb des Hotels erstreckt sich ein üppiger Palmenstreifen, daran angrenzend liegen die Beach Bar sowie das Fanatic Center für Surfer.

● **Costa Calma Palace** €€€, Av. Jahn Reisen s/n, Tel. 928 867010, Fax 928867053, www.sunrisebeachhotels.com, pauschal buchbar. Fünfstöckiges Viersternehotel in bestechender Lage: nur der weitläufige Pool-Garten trennt es vom Strand. Imposant ist die Lobby mit fünfstöckigen Galerien, die durch gläserne Aufzüge erschlossen sind. Durch riesige Panoramafenster blickt man aufs Meer. Das gilt auch für die meisten der 417 Zimmer. Angeschlossen ist eine Pool-Landschaft sowie ein Thalasso-Hallenbad mit Therapiezentrum; auf dem Golfübungsplatz gibt es ein Pitch & Put mit neun Löchern sowie eine Driving Range.

● **Ap. Bahía Calma** €€, Angostura s/n, Tel. 928547158, Fax 928547031, auch pauschal buchbar. In erster Strandreihe, ca. 100 m von der Küste entfernt und üppig begrünt. Hohe Palmen rascheln im Wind, mannshohe Kakteen bieten Sichtschutz vor den Terrassen. Die Anlage umfasst 91 Wohneinheiten und ist großzügig konzipiert – ein Gefühl von Enge kommt hier nicht auf. Neben dem Apartmenthaus Casa Catalina gibt es mehrere Bungalowbereiche; am schönsten und direkt am Meer liegt die Wohnzone Las Palomas mit der von *Heidi* geführten Pool-Bar. Angeschlossen ist ein kleiner Supermarkt sowie das Büfett-Restaurant Bahía Calma. Gutes Preis-Leistungs-Verhältnis, Kreditkarten werden nicht akzeptiert.

● **Tindaya** €€€, Punta del Roquito s/n, Tel. 928547020, www.h10.es. Komforthotel in einer Sandbucht mit 354 Zimmern, Thalasso-, Fitness- und Beauty-Center.

058fu Foto: gs

● **Risco del Gato** €€€€, Sicasumbre 2, Tel. 928547175, Fax 928547030, www.hotelriscodelgato.com. Das ungewöhnlichste Hotel der Insel: Auf einer 46.000 m² großen Hochfläche überm Meer entstand eine Anlage mit 51 bumerangförmig gebauten Bungalows (Suiten), deren gewölbte Dächer und Kuppeln den Einfluss von Sonne und Wind berücksichtigen. Pfeift der Nordostpassat die Gäste vom Strand, kann man sich im Risco del Gato doch in der Sonne aalen. Denn der zu jedem Bungalow gehörige Innenhof bietet mitsamt Terrasse besten Windschutz. Außerdem sorgt er für Ruhe und Intimität – nur zum Garten hin ist er geöffnet. Durch die Panoramafenster der Bungalows fluten Mond- und Sonnenlicht, das Wohnzimmer ist mit grünem Rattan behaglich eingerichtet. Herrlich ist auch die runde Hydromassage-Wanne: gekrönt von einer Kuppel, deren Öffnung den Blick auf den Himmel freigibt. Durchs Bullaugenfenster blickt man auf Grünes und lässt sich derweil die Sonne auf den Bauchnabel scheinen. Danach legt man sich in die 2 x 1,50 m großen Betten und speist die Musikanlage mit CD.

Zum Hotel gehören ein großer Garten mit Pools, ein Kunstrasen-Tennisplatz sowie ein Spa Center mit Whirlpool, Dampfbad, zwei Saunen, Kältebecken, Erlebnisdusche und Fitnessraum.

● **Pajara Beach** €€€, Punta del Roquito 6, Tel. 928873000, Fax 928876149, www.r2hotels.com. Modernes All-Inklusive-Viersternehotel mit 355 Zimmern, vom weißen Sand nur durch eine Pool-Landschaft getrennt. Alle Zimmer mit Meerblick und Terrassen, Wellness Center mit diversen Saunen, Cleopatra-Bad, Schlamm- und Fango-Packungen.

● **Playa Esmeralda** €€€, Punta del Roquita 2, Tel. 928 875353, Fax 928875350, www.h10.es, pauschal bei mehreren Veranstaltern. Pompös aufgemachtes Komforthotel am Südrand des Orts, direkt am hier breiten Strand und mit Blick auf die Lagune von Playa Barca. Die 333 eleganten, halbkreisförmig um einen Pool gruppierten Zimmer verteilen sich auf ein vierstöckiges Haupt- und mehrere doppelstöckige Nebengebäude. Einige Süßwasserpools sind durch kleine Bäche und Wasserfälle miteinander verbunden, im Garten spielt man Tennis, Minigolf und Riesenschach. Dank der professionellen Discjockeys auch eine beliebte Abendadresse, oft mit Live-Musik.

● **Esmeralda Maris** €€, Punta del Roquita s/n, Tel. 928876100, www.esmeraldamaris.com. Die attraktive, kleinteilig gebaute Anlage befindet sich in zweiter Strandlinie. Preiswert sind die gut ausgestatteten Studios, etwas teurer die Apartments mit Aussicht auf den Strand. Mit Pool und Fitness, gegen Gebühr nutzt man Jacuzzi sowie türkische und finnische Sauna.

Die „ruhige Küste“

Essen und Trinken

●**Galería** €€, Calle Risco Blanco s/n, C.C. Bahía Calma, Tel. 928875416, www.restaurant-galeria.com, tgl. ab 18 Uhr. Lokal unter deutscher Leitung mit deutschen und südländischen Gerichten, auch für Vegetarier sind ein paar Angebote dabei. Von der meist windgeschützten Terrasse hat man Meerblick. Manchmal gibt es auch Live-Musik.

●**El Divino** €€, Calle Risco Blanco s/n, Urb. Bahía Calma, Mobil 619103342, tgl. außer Di ab 18 Uhr. Stimmungsvolles Ambiente mit Kerzenlicht, was gut zu den ockerfarbenen Wänden passt. Geführt wird das Lokal von *Andrés* und *Felipe* (früher waren sie im El Camello in La Pared), sie bieten leichte spanisch-kanarische Küche, gute Suppen und Salate!

●**San Borondón** €€, C.C. Sotavento, Tel. 928547100, Mo geschl. Rustikale Tapas-Bar, ein Fremdkörper im plastikbeherrschten Einkaufszentrum. Zu Bier oder Wein vom Fass isst man luftgetrockneten Schinken *(jamón serrano)* und einheimischen Käse *(queso del país)*. Abends gibt es oft Live-Musik.

●**Don Quijote** €€, Valle de los Mosquitos 2, Tel. 928 875158, Mo–Sa 13–16, 19–23 Uhr. Schon seit 1994 gibt es dieses gemütliche Restaurant, das in den letzten Jahren viele gastronomische Preise gewonnen hat. Lecker schmeckt das frische Fleisch vom Holzkohlegrill, dazu passend leckere Kartoffeln nach Art des Hauses und ein guter Rioja aus dem klimatisierten Weinkeller.

●**Copa** €€, C.C. El Palmeral, Tel. 646-755305, Fr–Di ab 18 Uhr. Das Lokal liegt versteckt oberhalb des Einkaufszentrums El Palmeral und ist dank des Engagements von *Angelika* und *Paul* seit mehreren Jahren erfolgreich. In rustikalem Rahmen oder auf der Terrasse wird fantasievolle Küche geboten; die Eigenwerbung („wo Qualität und Frisch zu Hause sind") wird ernst genommen, wann immer möglich, werden Zutaten von der Insel verwendet, für den Salat die köstlich süßen Tomaten. Vorneweg gibt's gratis warmes Brot, dazu eingelegte Oliven und Soßen. Jedes Gericht kann man in großer oder kleiner Portion bestellen und auch bei den Beilagen hat man Mitspracherecht.

●**Bratkartoffelstübchen** €€, C.C. La Plaza A1, Tel. 928 547261, 11.30–21.30 Uhr, wechselnder Ruhetag. „Futtern wie bei Muttern": gemütliches Lokal im Shoppingcenter La Plaza, im Fernsehen laufen Fußball und Formel 1. Außer Bratkartoffeln bekommt man auch Kuchen und deutschen Kaffee. Kreditkarten werden nicht akzeptiert. Täglich wechselndes Mittagsgericht.

●**Arena** €, C.C. Costa Calma Arena, Calle Playa de las Pilas, Tel. 928875313, tgl. außer Sa 14–21 Uhr. Das Lokal im gleichnamigen Einkaufszentrum nahe dem Strand bietet Salat, kanarischen Eintopf, Pizza und Pasta in gepflegtem Ambiente. Zur Mittagszeit gibt es ein preiswertes Menü.

●**Mamma Mia** €, C.C. Costa Calma Arena, Calle Playa de las Pilas, tgl. 12–22 Uhr. Ohne Ausblick und kulinarische

Raffinesse, dafür freundlich und schnell. Abgesehen vom preiswerten Mittagsmenü gibt es eine große Auswahl an Pizzas aus dem Holzkohleofen und mehrere Fleisch- und Fischgerichte – stets gut zubereitet ist die Seezunge.

- **Bodega Romántica** €, C.C. Costa Calma Arena, Mobil 639447460, Di–So ab 19 Uhr. Unter dem Restaurant Mamma Mia: hausgemachte Tapas, Wein und deutsches Bier, manchmal auch Live-Musik.
- **Fuerte Action** €, C.C. El Palmeral, tgl. 8.30–2 Uhr. Treffpunkt der Surferszene oberhalb der Durchgangsstraße. Vom Fernsehschirm flimmern Sportvideos, fürs Beachbar-Flair sorgen Rattanmöbel und Yucca-Palmen. Angeboten werden Frühstücksgedecke „von normal bis vital", außerdem Baguettes und Sandwiches sowie frisch gepresste Obstsäfte.
- **Café Berlin,** C.C. Botánico, Tel. 928876628, Mo–Sa 7–18 Uhr. Hausgemachte deutsche Backwaren und Torten, serviert von *Neia* aus Brasilien. Kein umwerfender Ausblick, aber freundliches Ambiente und WLAN gratis!

Einkaufen

- **Einkaufszentren:** *Centros Comerciales* (C.C.) mit Läden und Lokalen sind über den gesamten Urlaubsort verteilt.
- **Surf- und Sportshops:** Mit gleich mehreren Läden ist der Fuerte Action Shop mit der von der Familie Egli entworfenen Surf-Sportmode vertreten. Die größte Auswahl findet man in den Geschäften im C.C. El Palmeral sowie im C.C. Sotavento. Dort werden auch Badesachen, Wanderschuhe und Rucksäcke verkauft.
- **Buchhandlung & Service-Center:** C.C. Costa Calma, Tel./Fax 928875077, Mo–Fr 9.30–13 und 16–20 Uhr, Sa 9.30–14 Uhr. *Dana* und *Markus* betreiben seit 2010 den bestsortierten deutschsprachigen Buchladen der Insel. Zur Wahl stehen u.a. Bestseller, Inselromane, Zeitschriften und Spiele.

Wandertipp

An der Küste kann man endlos gen Süden wandern, knapp 5 Std. braucht man bis Jandía (⇨ Wanderung 7), wobei man bei Flut nur an der Klippe Risco del Gato (mit den Hotels Tindaya und Playa Esmeralda) kurzzeitig landeinwärts ausweichen muss. Bis zu den Lagunen am Risco del Paso sollte jeder einmal wandern – bei Flut kann man ab dem Pro Center eine Strecke auf der schmalen Nehrung zurücklegen, zurück geht's am Fuß einer Riesendüne! – Gleichfalls beliebt ist die Wanderung von Küste zu Küste, eine Durchquerung der Insel an ihrer schmalsten Stelle. Über Reiseveranstalter werden Touren angeboten, bei denen der Rücktransport von La Pared per Bus gesichert ist.

• **Wochenmarkt:** Mercado, So 10–14 Uhr. Nahe dem nördlichen Ortsausgang (Plaza Hapag Lloyd).

Nightlife

Nachts werden an der Costa Calma die Bürgersteige hochgeklappt. Gepflegte Abendunterhaltung übernehmen die großen Hotels, wo Live Shows und Musik geboten werden.

• **Fuerte Action Bar:** Centro Comercial El Palmeral, tgl. bis 2 Uhr. Gute Stimmung bei Bier, Cocktails und Wein.

• **Disco:** Disco Sotavento, Hotel Sotavento, meist ab 23 Uhr. Vorwiegend jüngere Leute treffen sich hier.

Aktivitäten

• **Tauchen:** Fuerte Divers, Calle Agustín Millares 2, Hotel Costa Calma Beach, Tel./Fax 928875383, www.fuer tedivers.com. Direkt vor der Küste gibt es spannende Tauchplätze, beispielsweise das Holzwrack eines havarierten marokkanischen Fischerbootes namens Fatima oder das 100 m lange Ansaugrohr einer Fischfabrik. Geleitet wird Fuerte Divers – mit viel Engagement – von *Simona* und *Kay Uwe*.

Süchtig nach Wind – vom Alltag eines Surfers

„Hier kann ich leben", seufzt *Peter* und befestigt das knallbunte Board auf dem arg ramponierten VW-Bus. Mit seiner futuristischen Sonnenbrille und dem sehnigen, braun gebrannten Körper wirkt er wie ein Model fürs Lifestyle-Magazin, doch nichts liegt ihm ferner als die Welt des Kommerz. Sein Elixier ist das Surfen oder besser gesagt: das Leben mit dem Meer. „Ich brauch' die Brise und die Gischt und wenn kein Wind weht, steig ich eben aufs Wellenbrett." Monatelang hielt er sich im Norden der Insel auf, wo er mit Freunden die haushohen Wellen des Rocky Point abritt, doch nun ist seine Kasse leer. Also hat er bei *René Egli* angeheuert, verdient sich seine Brötchen als Surflehrer. „Bis zum Sommer bleibe ich an der Playa Barca", sagt er bestimmt, „dann peitscht auch hier wieder der Wind übers Wasser und die Surfer aus dem Norden treffen ein". Zu Dutzenden stehen ihre Campingwagen dann auf dem sandverwehten Parkplatz.

Im Sommer finden hier auch die Weltmeisterschaften statt; von *Björn Dunckerbeck* bis *Robby Naish* sind alle Altmeister da und geben Kostproben ihres Könnens zum Besten: Doppel-Loopings, Pirouetten und akrobatisches Fliegen über den Wellen. Auf der Speedpiste rasen sie hals-

Kurse decken das ganze Spektrum vom Anfänger bis zum Fortgeschrittenen ab.

- **Windsurfen:** Fanatic Fun Center, Tel. 928535999, www.fanatic-surf.com. Kurse für Anfänger und Aufsteiger unterhalb des Hotels Monica Beach, auch das Ausleihen von Brettern ist möglich.
- **Katamaransegeln:** Cat Company, Mobil 616619313, Fax 928161376, www.catamaran-segeln.de. Die von Deutschen geführte Segelschule ist in Las Playitas stationiert, doch werden interessierte Gäste von der Costa Calma kostenlos abgeholt.
- **Rad fahren:** Mountainbikeverleih im Pro Center René Egli (⇨ Los Gorriones).
- **Buggy- und Quadtour:** Xtreme, Calle LTU 3, Hotel Sunrise Taro Beach, Tel. 928875630, www.xtreme-car-rental.com. Zum Fahren von Buggys und Quads ist ein PKW-Führerschein nötig. Vermietet werden auch Fahrräder, Motorräder und Motorroller.

brecherisch mit dem Wind, 1986 wurde hier der Weltrekord von 84 km/h aufgestellt. Wann er zurück will nach Mitteleuropa? Peter winkt ab. „Bin für alle Zeiten verdorben, werd' wohl auch früher oder später einen Surfshop aufziehen." Der Name? „*No Fear* und *Hang Loose* gibt es ja schon, wie wär's mit *The Flying Fish*?"

215fa Foto: ss

Surfer on the road

Los Gorriones

Südlich von Costa Calma liegt, am Rande einer eindrucksvollen Dünenlandschaft, der kleine Ferienort Los Gorriones, auf einigen Karten auch als **Playa Barca** vermerkt. Sein Schmuckstück ist die vier Kilometer lange, türkisfarbene **Lagune,** die durch eine schmale Nehrung vom offenen Meer abgetrennt ist. Doch um in den Genuss ihres Anblicks zu kommen, muss man auf den Stand der Gezeiten achten. Denn bei Ebbe bildet sich an ihrer Stelle eine riesige Wattplatte heraus, an der sich auch Vogelfans begeistern. Im Niedrigwasser sieht man den weißen Seidenreiher stolzieren, oft die langbeinige Uferschnepfe und den am Kopf- und Brustmuster erkennbaren Sandregenpfeifer.

406fu Foto: PCRE/bd

Entstanden ist das Haff durch große Mengen von Sand, die nach heftigen Regenfällen von den Dünen gespült und durch den Barranco de la Barca zur Küste geschwemmt wurden.

Windsurfen

Das *Pro Center René Egli* ist die weltweit größte Surfschule. Rund um die Playa Barca herrschen zu jeder Jahreszeit beste Wind- und Surfbedingungen. Die flache Lagune ist ein ideales Revier für Anfänger, während sich weiter draußen, auf den hohen, sich an den Sandbänken brechenden Wellen die Könner tummeln. Seit 1985 werden hier im Juli die **Weltmeisterschaften der Windsurfer,** seit 2001 auch die der **Kitesurfer** ausgetragen.

Windenergie

Weiter landeinwärts, mitten in der Halbwüste des Isthmus, wurde mit finanzieller Unterstützung der EU ein Windenenergiepark *(Parque Eólico)* geschaffen. Seine hypermodernen **Windräder** durchpflügen mit ihren Propellern laut surrend die Luft. Mit 52 Generatoren handelt es sich um die größte derartige Anlage auf den Kanaren, über 10% des insularen Strombedarfs werden durch sie gedeckt. Ein Ausbau des Parks scheiterte bisher daran, dass er sich im „Naturpark Jandía" befindet – doch eine Baubewilligung für 2700 neue touristische Betten im angrenzenden, gleichfalls geschützten Küstengebiet wurde erteilt ... Wie passt's zusammen?

Unterkunft

• **Meliá Gorriones** €€€, Playa Barca s/n, Tel. 928547025, Fax 928547000, www.solmelia.com, pauschal buchbar mit und ohne Sportpaket. Ein siebenstöckiger Komfortklotz vor der Lagune, umgeben von hohen, weiß flirrenden Sanddünen. Alle 431 Zimmer verfügen über Klimaanlage, Sat-TV, Gratis-Safe, oft auch über Terrasse und Meerblick. 1999 wurde die Anlage um die 144 terrassenförmig angelegten

Casas del Mar erweitert, Studios „Deluxe" mit Kitchenette und blauem Marmorbad. Inmitten eines weitläufigen, in vielen Jahren gewachsenen Parks befinden sich vier große Pools, außerdem gibt es zwei Tennis-Kunstrasenplätze, Minigolf und Gartenschach sowie einen Fitnessraum mit Sauna und Massage. Kinder haben einen eigenen Spielplatz, für die 5- bis 12-Jährigen wird ein Miniclub organisiert – selbst an eine Kletterwand und ein Sternobservatorium wurde gedacht. Nach dem Abendbüfett entspannt man im „balinesischen Himmelbett" in der Chillout Bar oder schwingt das Tanzbein im Fun Pub.

Aktivitäten

- **Wind- und Kitesurfen:** Pro Center René Egli, Hotel Meliá Gorriones, Tel. 928547483, Fax 928547388, www.rene-egli.com. Fuerteventuras beste Adresse für Wind- und Kitesurfer. Das *Pro Center 1* befindet sich am Fuß des Hotels, direkt in der „Sotavento-Düse", die den Passat um ein bis zwei Windstärken beschleunigt. Das flache Wasser, konstant stark wehender Wind und bis zu zwei Meter hohe Wellen sind ideal für Freestyler und Racer. 3 km südlich davon, am Fuß der Riesendüne Risco del Paso, befindet sich

252fu Foto: AdP

das *Pro Center 2*. Zwischen den beiden Zentren, wo sich eine stehtiefe Lagune bildet, hat das Kitecenter René Egli seinen Sitz. Auch Fortgeschrittene haben dort durch den meist schräg ablandigen Wind beste Bedingungen. Ein Shuttle-Bus, für Kursteilnehmer gratis, pendelt mehrmals täglich zwischen den Pro Centern und den Hotels der Umgebung (inkl. Costa Calma). Beeindruckend ist das Aufgebot von René Egli: 300 neueste Boards und 1000 Riggs der besten Marken, die nach höchstens einem Jahr ausgetauscht werden, dazu eine Profiwerkstatt, die die Segel im Top-Zustand hält. Vom Ufer aus hält der hauseigene Sicherheits- und Rettungsdienst Wache; es gibt Duschen und Umkleidekabinen sowie Gratis-Sonnenliegen unter Palmen, eine Beachbar (Pro Center 1, 10–18 Uhr) sowie ein Restaurant (Pro Center 2). Im Fuerte Action Shop am Eingang des Hotels kann man all das kaufen, was Surfern gefällt: die neuesten Board- und Segelmodelle, Neoprenanzüge etc. zu recht günstigem Preis. Die Website des Center wird täglich aktualisiert, darin erfährt man alles Wichtige über Wind und Wetter sowie Aktuelles aus Fuerteventura. Saisonweise im Angebot: Urlaub-Komplett-Angebote im Hotel Meliá Gorriones zu Spezialpreisen!

- **Rad fahren:** Mountainbikeverleih im Pro Center René Egli.

Feste

- **Ende Juli:** *Campeonato Mundial de Windsurfing*. Die Weltelite der Surfer trifft sich in Sotavento an der Playa Barca und gibt eine Probe ihres akrobatischen Könnens. Zur gleichen Zeit findet der *Kite Grand Prix* statt, bei dem die „Flieger" mit bis zu 100 Sachen in 10–15 Meter Höhe dahinbrausen. Davor und danach wird am Strand kräftig gefeiert. Den aktuellen Termin der „größten Party der Insel" erfährt man unter www.rene-egli.com.

Wandertipp

Fast vier Kilometer lang ist die **Nehrung,** die parallel zur Küste verläuft. Drei Stunden braucht man für den Trip rund um die Lagune, die sich bei Ebbe in eine große **Wattlandschaft** verwandelt!

Risco del Paso

Knapp drei Kilometer südlich von Los Gorriones zweigt links eine ausgeschilderte Piste nach Risco del Paso ab: **Riesendünen,** die ihren Namen dem nördlich gelegenen, über 250 Meter aufragenden Berg verdanken. Rampenartig fallen sie ab, von ihrem Kamm genießt man einen fantastischen Ausblick aufs Meer. Am Fuße der Dünen wurde eine Filiale des Surfcenters eingerichtet – noch im Starkwindbereich der natürlichen Düse von Sotavento.

Aktivitäten

⇨

- **Wellenreiten, Wind- und Kitesurfen:** Pro Center René Egli 2, Mobil 606360297 (⇨Los Gorriones).

Caleta del Sol

Das Feriendorf sechs Kilometer südlich von Risco del Paso taucht bislang in keinem Reisekatalog auf. Rasch wird klar, warum das so ist. Die Bungalowanlage liegt an einem karg-trostlosen Küstenstrich, über den der Wind gnadenlos hinwegfegt. Bis vor kurzem wurde sie *Tierra Dorada* (Goldene Erde) genannt: Welch schönfärberischer Name für diese fantasielos aus dem Boden gestampfte Urbanisation. Da es sich herumgesprochen hat, dass in der „Goldenen Erde" Hund und Katz begraben liegen, hat man den Ort umgetauft – nun heißt er „Sonnenbucht"!

Riesendüne von Risco del Paso

253fu Foto: AdP

Acebuche

Zwei Kilometer südlich von Caleta del Sol wurde „über Nacht" ein weiterer Ferienort hochgezogen, der eines Tages mit dem sudlich angrenzenden Esquinzo verschmelzen wird. Sein einziger Vorteil: Am Fuß der niedrigen Klippen beginnt ein Paradestrand, der sich bis Jandía erstreckt.

Unterkunft

• **Sunrise Club Paraíso Playa** €€€, Urb. Barranco del Acebuche s/n, Tel. 928873700, Fax 928544240, www.sunrisebeachhotels. com. Nur wer reinen Strandurlaub will, wird hier glücklich. Das mächtige Viersternehotel (All Inclusive) bietet 317 freundliche Zimmer mit Balkon – bestehen Sie aber auf Meerblick, denn von einigen Zimmern sieht man nur ockerfarbene Betonwände! Drei Pools, mehrere Bars und ein Büfett-Restaurant; angeschlossen ist eine Tauchschule.

Esquinzo

Das nach dem zugehörigen Strandabschnitt benannte Esquinzo liegt unterhalb der Schnellstraße FV-2 Costa Calma - Morro Jable und gliedert sich in drei unterschiedliche „Ferienorte". Individualurlauber lieben die **nördliche Bucht,** die von ruhigen und gemütlichen, frisch modernisierten Apartmenthäusern überragt wird. Auf einer Klippe über dem feinsandigen Strand thront die Anlage Marina Playa, wo sich schon der Schriftsteller *Martin Walser* oft einquartiert hat. In zweiter und dritter Reihe folgen die Häuser Monte Marina, Esquinzo und Monte del Mar. Familiäre Einbindung wird groß geschrieben, Supermarkt und kleine Lokale liegen ganz in der Nähe.

Der **Robinson-Club** bildet den zweiten „Ort" und hat eine eigene Zufahrt. Mit seinem Animationsprogramm spricht er vor allem Familien mit Kindern an, rund um die Uhr gibt es Sport & Fun.

Die weiter südlich gelegene **„Hotelstadt"** ist über die Ausschilderung „Butihondo" zu erreichen. Mehrere Bettenburgen reihen sich aneinander: Vorbei am LTI-Hotel kommt man zu den Hotels der Kette Princess - direkt über dem Strand, mit Veranstaltungssälen und eigener Ladenpassage.

Esquinzo ist ans öffentliche Busnetz bestens angebunden. Mit den Linien 1, 4, 5, 9 und 10 sowie mit dem Gemeindebus kommt man alle 30–60 Min. ins 7 km entfernte Touristenmekka Jandía.

Strand

An der Playa kann man Liegen und Sonnenschirme mieten, zu endlosen Spaziergängen aufbrechen, surfen und tauchen. Beliebt sind die *chiringuitos,* einfache Strandlokale, in denen man Sangría mit Sekt bestellen kann, aber auch leckere Kleinigkeiten zu essen bekommt. Bläst der Wind aus Südost, zieht man sich in die Poollandschaft zurück.

Esquinzo - wohnen in bester Strandlage

Unterkunft

● **Ap. Marina Playa** €€€, Volcán del Vayoyo 10, Tel. 928 544052, Fax 928544976, www.montemarinaplaya.com. Das fünfstöckige Aparthotel in erster Strandlinie liegt im Nordteil von Esquinzo und gehört der Schwarzwälder Familie *Duffner*. Es bietet 62 großzügig geschnittene Komfortapartments für 2–4 Personen mit Kabel-TV, fast alle mit Balkon und Meerblick – je höher man wohnt, desto schöner! Auf einer Gartenterrasse befinden sich Meerwasser- und Whirlpool sowie ein beheiztes Hallenbad unter einer verglasten Holzpergola. Herrlich isst man im Restaurant, dessen Terrasse auf einer Klippe unverstellten Meerblick bietet – hier wird auch gefrühstückt! Die Anlage ist freundlich-familiär geführt, in der Rezeption stehen meist Vater *Horst* oder Tochter *Susanne*. Vor ihren Augen lümmeln sich in einem Rondell schneeweiße Hasen aus „Alice im Wunderland" – nicht nur von Kindern werden sie geliebt!

254fu Foto: AdP

• **Ap. Monte Marina** €€, Volcán del Vayoyo s/n, Tel./Fax 928544052, www.montemarinaplaya.com. Exklusiv für Freunde des FKK: Traditionsreiche Anlage im maurischen Stil mit 50 weiß getünchten, verschachtelt gebauten Wohneinheiten, bunten Kacheln und viel Grün. Mit nahem Supermarkt, Meerwasser-Pool, kleinem Café und Restaurant. Die Mitnahme von Hunden ist erlaubt, zum Strand läuft man etwa fünf Minuten.

• **Ap. Esquinzo & Monte del Mar** €€, Volcán de Vayuyo / Ecke Escanfraga 2, Tel. 928544085, Fax 928544088. Die italienische Hoteliersfamilie *Di Meglio* leitet die Anlage in zweiter Strandlinie. Viele der 145 Apartments liegen dicht beieinander, sodass man nur die gegenüberliegende Wand sieht. Empfehlenswerter sind die Einheiten rund um die kleinen Pools. Angeschlossen ist das Restaurant El Marinero, einkaufen kann man im kleinen Supermarkt.

• **Robinson Esquinzo Playa** €€€, Tel. 928168000, Fax 928168400, www.robinson.com, pauschal bei TUI. 100.000 m² große, hoch über dem Strand gelegene Clubanlage mit eigener Meerwasserentsalzungsanlage und vollbiologischer Kläranlage. Aufgrund des umfangreichen Sport- und Animationsprogramms ist der Club vor allem bei Familien mit Kindern beliebt. Die 378 Zimmer sind mit Balkon oder Terrasse ausgestattet. Es gibt zwei Pools für die Großen und ein separates Planschbecken für die Kleinen, dazu Wellness, Sauna und Fitness, Internet-Café, Theater und Atelier. Über einen befestigten Weg erreicht man den Strand, mit seinem Surf- und Segelrevier ein ideales Pflaster für Wassersportler. Abends trifft man sich im Fernsehraum oder im „Nite Club"; innerhalb des Clubs wird mit elektronischer Geldbörse gezahlt.

• **Maritim Esquinzo Beach** €€€, Calle Gran Canaria 8, Urb. Butihondo, Tel. 928544100, Fax 928544107, www.maritim.de, pauschal bei mehreren Veranstaltern. Einige der insgesamt 389 Zimmer haben direkten Meerblick, aus anderen schaut man über ein Baugrundstück auf andere Hotels und kann das Meer nur erahnen. Ideal für Familienurlaub sind die 21 Bungalows mit je zwei Schlafzimmern, Wohnraum und Kitchenette. Zur Anlage gehören zwei Pools, ein Tennishart- und zwei Kunstrasenplätze, ein Squashcourt sowie ein Miniclub für Kinder (ab 4 Jahre).

• **Jandía Princess** €€€, Gran Canaria 11, Tel. 928544089, Fax 928544097, www.princess-hotels.com, pauschal bei vielen Veranstaltern. Direkt über dem Meer: ein Viersternehotel (All Inclusive), mittlerweile renovierungsbedürftig, mit mehreren dreistöckigen, großzügig konzipierten Wohntrakten, weißen Zinnen und minarettartigen Türmchen. Alle 512 Doppelzimmer sind mit hellen Rattanmöbeln gemütlich eingerichtet und verfügen über Klimaanlage, Kühlschrank und Sat-TV, Balkon oder Terrasse; unverstellten Meerblick hat man von Planta 4. Trotz der idealen

Lage am Meer hat man die Kosten für eine terrassenförmig angelegte Pool-Landschaft nicht gescheut. Es gibt vier Schwimmbecken, eines davon mit Glasdach, sodass man auch bei Wind und Wetter in die Fluten steigen kann. Tennisspieler freuen sich über sechs Kunstrasenplätze (mit Tennisschule), für Wellness sorgen Sauna und Dampfbad, Whirlpool und Massage. Für Kinder gibt es einen Miniclub, einen Spielplatz und ein separates Planschbecken.

- **Fuerteventura Princess** €€€, Gran Canaria 2, Tel. 928 544136, Fax 928544137, www.princess-hotels.com, pauschal bei mehreren Veranstaltern. Nach dem Erfolg von Jandía Princess haben die Besitzer nebenan ein weiteres Hotel erbaut. Mit 669 Zimmern ist es noch etwas gewaltiger, allerdings verteilen sich diese auf 14 dreistöckige Häuser auf einer Fläche von 70.000 m². Eingestreut sind vier Pools, mehrere Bars und Restaurants, ein Kinderclub und drei Tennisplätze (mit Schule).

Essen und Trinken

- **Marabú** €€, Fuente de Hija 2, Tel. 928544098, www.marabu-online.com, tgl. außer So ab 13.30 Uhr. Eine der besten Adressen an der Küste, bei Residenten und Urlaubern gleichermaßen beliebt. *Ralf* und *Eloisa* bieten fantasievolle, oft wechselnde Küche in elegantem Rahmen. Es empfiehlt sich zu reservieren.
- **Marina Playa** €€, Volcán del Vayoyo 10, Tel. 928544218, tgl. außer Fr 14–17 (Kaffee & Kuchen) und 18–21 Uhr (à la carte). Die Lage könnte nicht besser sein: Das im Pergola-Stil erbaute Restaurant thront auf einer Klippe, von der Terrasse genießt man herrlichen Meerblick. Um nachmittags Kaffee und Kuchen zu genießen, ist dies einer der besten Orte auf Fuerteventura! Und auch wenn Profi-Koch *Jochen Duffner* nach Deutschland zurückgegangen ist, bleibt Marina Playa auch abends eine gute Adresse. Angeboten werden vorwiegend mediterrane Speisen, auch leckere Fischgerichte sind dabei. Wer auf deutsche Küche nicht verzichten mag, bestellt hausgemachte Maultaschen mit Kalbs- bzw. Fischfüllung.

Nightlife

- **Shows und Tanzabende** gibt es in den Hotels Jandía Princess und LTI Esquinzo Beach.

Aktivitäten

- **Windsurfen/Tauchen:** Stationen im Robinson Club, Tauchkurse auch buchbar bei Fuerte Divers (früher Poseidon's Dive Inn), Tel. 928875383, www.fuertedivers.com.
- **Tennis:** Tennisschule Match Point, Büro und Laden im Hotel Fuerteventura Princess, Tel. 928544307, www.mp-sports.de. Anmeldung auch möglich im Tenniscenter des Hotels Jandía Princess.

Butihondo & Las Gaviotas

Vor gar nicht langer Zeit war dies eine unwirtliche, von breiten Barrancos durchzogene Wüstenlandschaft – doch die Tourismusindustrie duldet kein unprofitables Terrain: Darum wird weiter gebaut, ob mit oder ohne Moratorium. Und wahrscheinlich wird es gar nicht mehr lange dauern, bis die Ferien-Urbanisationen Butihondo und Las Gaviotas vom „Süden" aufgesogen werden. Das Touristenzentrum Jandía liegt nur wenige Kilometer entfernt und ist mit öffentlichen Bussen gut erreichbar. Wem die neuen EU-Straßen ein Greuel sind, der geht zu Fuß – am schönen Strand entlang!

Unterkunft

- **Magic Life Fuerteventura Imperial** €€€, Av. de los Pueblos 1, Butihondo, Tel. 928873600, www.magiclife.com, pauschal bei vielen Veranstaltern. In Corralejo hat der Club seine Pforten geschlossen, nun versucht er sein Glück im touristischen Süden. Die Anlage umfasst 688 Zimmer und mehrere Restaurants, „all inclusive" ist angesagt. Steil geht es über Stufen zum naturbelassenen Sandstrand hinab.

255fu Foto: AdP

- **Club Aldiana** €€€, Tel. 928169870, Fax 928541093, www.aldiana.de, pauschal bei vielen Veranstaltern. Tolle Lage auf einem Kap überm Meer, kleine weiße Kubenhäuser und dazwischen viel Grün: Palmen und Wiesen, Hibiskussträucher und Bougainvilleen. Der Club Aldiana, inzwischen unter kanarischer Regie, verfügt über 361 Zimmer. Sport wird betont und ist im Preis inbegriffen: Im Nautic-Center kann man sich Katamaran-Segler, Surfbretter und Tauchausrüstung leihen; Tennisspielern stehen zwölf Quarzsandplätze zur Verfügung, außerdem gibt es mehrere Squashcourts. Wer die Insel erkunden will, leiht sich bei Fuerte Bike ein Rad oder nimmt an einer geführten Tour teil; auf einem Platz vor der Anlage kann man inlineskaten.
- **Iberostar Playa Gaviotas** €€€, Pasaje Playa 2, Tel. 928 166197, Fax 928166110, www.iberostar.com, pauschal buchbar. Für Familien sehr zu empfehlen: Achtstöckiges Hotel in bester Strandlage mit 355 Zimmern und einer imposanten Gartenanlage mit drei Pools, einer separat für Kinder. Verpflegung „all inclusive“ am Büfett.
- **Iberostar Fuerteventura Palace** €€€, Pasaje Playa 1, Tel. 928540444, Fax 928540405, www.iberostar.com, pauschal buchbar. Großzügig und modern konzipiertes, achtstöckiges Strandhotel, von vielen der 437 Zimmer hat man herrlichen Meerblick. Mit allabendlichem Unterhaltungsprogramm, Piano Bar und Disco. Tischtennis, Volleyball und Aerobic sind frei, gegen Gebühr Squash, Billard und Sauna; eine Tauchschule befindet sich im Hotel.
- **Iberostar Fuerteventura Park** €€€, Pasaje Playa 2, Fuerteventura.park@iberostar.com, pauschal buchbar. Neues Suite-Hotel mit 206 Einheiten auf sechs Etagen, in erster Linie – gleich hinter dem „Gaviotas“.

Aktivitäten

- **Wassersport:** Der Club Aldiana und die Iberostar Hotels bieten ein reiches Programm für Taucher, Windsurfer und Segler. Wer nicht in den Anlagen wohnt, kann nur teilnehmen, wenn freie Plätze vorhanden sind.
- **Rad fahren:** Fahrräder bekommt man in der bestens ausgestatteten Bike-Station im Club Aldiana. Dort werden auch geführte Touren von *easy* bis *fuerte* angeboten. Für die einfachen Touren ist keinerlei Kondition notwendig: Den Berg hoch geht's mit Minibus und Trailer, Berg runter mit Rad. Obst und Trinkwasser stehen während der Tour zur Verfügung.

Club Aldiana

Jandía

Jandía ist das **größte Ferienzentrum der Insel.** Es liegt an ihrem Südzipfel zu Füßen einer bis zu 800 Meter aufragenden, kargen Gebirgskette, die die kühlen Nord- und Nordwestwinde fernhält und so dafür sorgt, dass in Jandía die wärmsten Temperaturen der Insel gemessen werden. Der Urlaubsort hat einen schier endlosen Sandstrand und bietet

Kurzinfo Jandía

- **Touristeninformation:** Oficina de Información Turística, Shopping Center Cosmo, Tel. 928540776, Fax 928545044, Mo–Fr 9–14 Uhr; im Strandbereich Info-Stände, z.B. am Robinson Club und am Leuchtturm.
- **PLZ:** 35626
- **Banken:** Filialen im Edificio Palm Garden und im Shopping Center Cosmo.
- **Internetcafé:** im Keller des Shopping Center Cosmo, Tel. 928545067, www.cosmo-office.com (Michael alias Mike).
- **Arzt:** Grupo Médico Aleman (Deutsche Gemeinschaftspraxis), C.C. Faro (1. Stock), Tel. 928540758.
- **Zahnärztin:** Consulta Dental, Karoline Pelka, C.C. Faro (1. Stock), Tel. 928541799.
- **Apotheke:** Farmacia, Shopping Center Cosmo.
- **Autovermietung:** CICAR, Edificio Palm Garden, Local 30, Av. del Saladar s/n, Tel. 928541656, info@cicar.com.
- **Taxi:** Taxistände vor dem Shopping Center Cosmo und dem Hotel Faro Jandía, Tel. 928541257.
- **Parken:** Parkbuchten entlang der Hauptstraße, ein Parkplatz neben dem Shopping Center Cosmo.
- **Bus:** Haltestellen längs der Hauptstraße vor dem Shopping Center Cosmo, dem Hotel Faro Jandía und dem Dunas Jandía Resort. Verbindungen mit Morro Jable und Costa Calma (Linien 1, 9, 10), La Lajita (Linie 25), Gran Tarajal und Tarajalejo (9), Puerto del Rosario (1, 10), Antigua (1) und Pájara (4, 9). Außerdem mit dem Shuttle-Bus nach Morro Jable, Las Gaviotas und Esquinzo. Der Bustransfer zum 90 km entfernten Flughafen (10) dauert ca. 90 Minuten.

256fu Foto: SC

ausgezeichnete Bade- und Wassersportmöglichkeiten. Wer der künstlichen Urlaubswelt überdrüssig wird, unternimmt einen Abstecher ins kanarische Morro Jable, den einstigen Fischerort.

Ortsbild

Jandía erstreckt sich längs der parallel zur Küste verlaufenden Avenida del Saladar. Die vierspurig angelegte Straße wurde mit fünf Kreisverkehren „geschmückt", der Mittelstreifen ist mit Hibiskus bepflanzt. Zur Küste hin hat man einen Promenadenweg angelegt, von dem man über Salzwiesen hinweg zum Strand schaut. Wenigstens hier wur-

Der Süden

Jandía durchs Bullauge

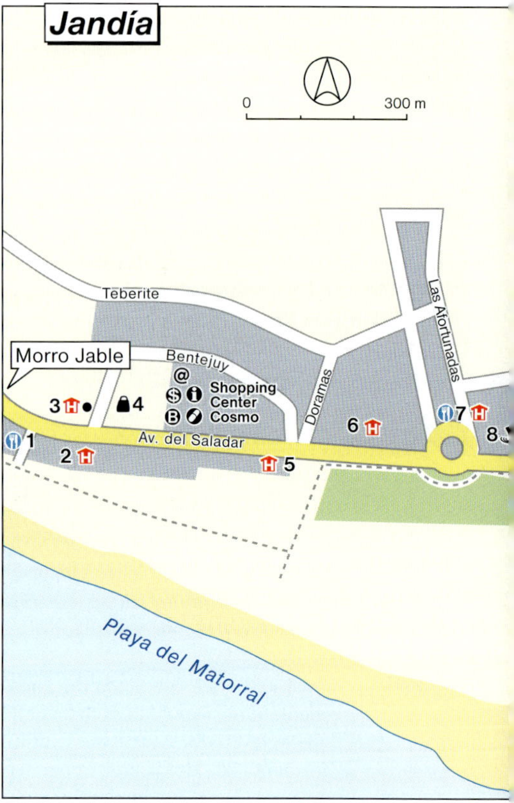

UNTERKÜNFTE
2 Robinson Jandía Playa
3 Ap. Sol Jandía Mar
5 LTI Altamarena
6 Palm Garden
7 Buganvilla
9 Faro Jandía
12 Dunas Jandía Resort
13 Ap. La Mirada
14 Ap. Aquamarin
15 Sunrise Jandía Resort
17 Barceló Jandía Playa

ESSEN UND TRINKEN
1 Café Playa Vista
7 Mar y Sol
10 Olimpo
11 Rock Café

NIGHTLIFE
11 Disco

SONSTIGES
3 Subcat (U-Boot)
4 Mercadillo (Markt)

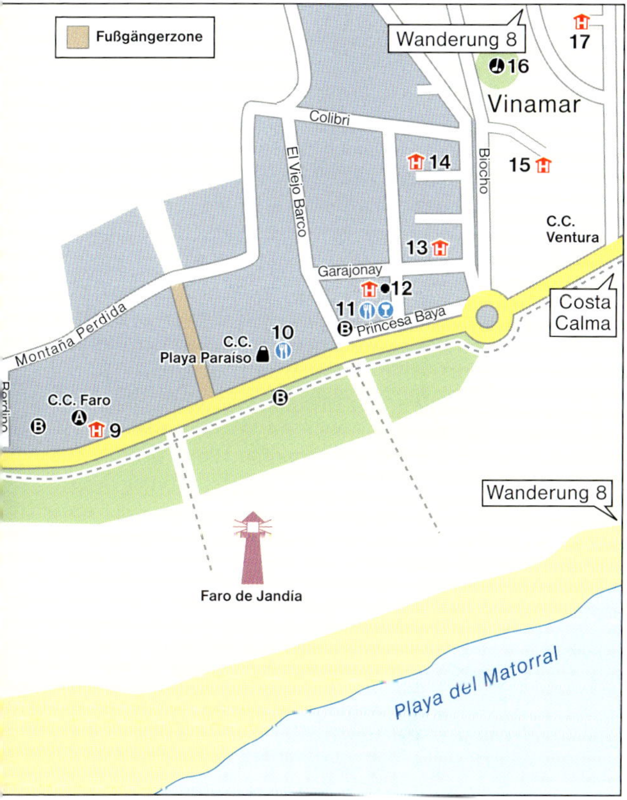

8 Tauchschule Felix
12 Zoo
16 Golfplatz Vinamar

Touristeninformation
B Bushaltestelle
Arzt
Apotheke
@ Internetcafé
A Bank

de die Bauwut gebremst: Ende der 1980er Jahre hat man den gesamten Küstenstreifen unter Naturschutz gestellt, nur die Errichtung eines Leuchtturms an der Südspitze der Insel wurde genehmigt. Die einzigen „Strandhotels" sind älteren Datums und befinden sich an den Klippen am südlichen Ortsrand von Jandía. Am Robinson Club und an mehreren Riu-Hotels vorbei kommt man auf der Strandpromenade zu den Fischlokalen von Morro Jable.

Die landeinwärts gelegene Straßenseite bietet ein weniger idyllisches Bild. Hotels und Apartmenthäuser werden unterbrochen von Einkaufszentren mit Souvenirläden, Supermärkten und Spielhallen. Das alles wirkt ein wenig fantasielos, erinnert an El Arenal auf Mallorca oder Playa de las Américas auf Teneriffa. Hinter den Zentren „stapeln" sich die Häuser terrassenförmig den kargen, zerklüfteten Hang hinauf – jedes Jahr etwas höher, damit, wie es heißt, noch mehr Touristen „den herrlichen Ausblick aufs Meer genießen können."

Strand

Der Strand von Jandía, meist als **Playa del Matorral** bezeichnet, ist das Schmuckstück der 20 Kilometer langen Playas de Sotavento. Er ist breit, weiß und feinsandig, fällt flach zum Meer hin ab. Zwar sind die Zeiten vorbei, da man sich mutterseelenallein in der Sonne rekeln konnte, doch noch immer gibt es für jeden Besucher genügend Platz. Und selbstverständlich darf auch hier ein weitläufiges Revier für Freunde des hüllenlosen Badens nicht fehlen. Eng werden kann es in der Hochsaison westlich des Leuchtturms – im dortigen Hinterland sind große Hotels dicht aneinander gebaut, tausende von Gästen strömen zusammen.

Der Strand wird sauber gehalten und mit Argusaugen bewacht, ca. alle 500 Meter sitzt ein Bademeister auf seinem Klappstühlchen und organisiert Hilfe im Notfall. An den drei Zugängen zum

507fu Foto: gs

Strand (Robinson Club, Leuchtturm, Dunas Jandía Resort) gibt es sanitäre Einrichtungen, selbst ein paar Info-Stände wurden aufgebaut. Wer die UV-Strahlen fürchtet, mietet einen Sonnenschirm, für Erfrischung sorgen die Beachbars.

Herrlich ist der Spaziergang vom Leuchtturm nordostwärts. Vorbei an Felsklippen, Riesendünen und Lagunen erreicht man in weniger als fünf Stunden die Costa Calma (⇨Wanderung 8). Westwärts kommt man von Jandía auf dem schön ausgebauten Paseo in 20 Minuten zum alten Hafen von Morro Jable.

Auf dem Weg zum Leuchtturm: Skelett eines Wals

El Saladar

An den Strand schließen sich die naturgeschützten **Salzmarschen** an. Auf dem sandig-lehmigen, stark salzhaltigen Boden wachsen seltene Pflanzen, die zusammen mit flachen Tümpeln und kleinen Dünen ein einzigartiges Öko-System bilden. Bei Hochflut, die meist bei Vollmond eintritt, werden sie regelmäßig überschwemmt, sodass nur die größten Pflanzen herausragen. Wenn sich das Wasser zurückzieht, hinterlässt es verzweigte Flutrinnen und Priele, die Vögeln als Futterplatz dienen. Seiden- und Fischreiher staksen durch die Tümpel, manchmal sieht man auch den Löffler mit seinem spachtelähnlichen Schnabel oder hört den melodischen Ruf des Regenbrachvogels. Sind die Tümpel verdunstet, setzt sich auf dem Boden eine feine Salzkruste ab, auf der nur hochspezialisierte Pflanzen überleben. Ihre wichtigsten Vertreter sind die Graue Gliedermelde, die Strauchige Sode und das Jochblatt.

Zoo

Der Zoo mit Vogelpark liegt am Nordausgang von Jandía und grenzt an die „Hotelstadt" des Dunas Jandía Resort. Da schnattert und zwitschert es, was das Zeug hält, und inmitten der üppigen, subtropischen Flora fühlt man sich fast in den Dschungel versetzt. Im Schatten hoher Palmen schlagen Pfauen ein Rad, rosafarbene Kronenkraniche und Flamingos waten durch Tümpel. Bizarr wirkt der Fleisch fressende Marabu, der stundenlang wie versteinert ausharren kann. Mit seinen schmächtigen Beinchen, den schützend hoch gezogenen Flügeln und schütterem Gefieder erinnert er an einen Greis. Durch den Garten flattern Papageien, einige zutraulich, die anderen frech, Pelikan und Kormoran spazieren stolz durchs Gehege. Auch wenn die Anlage in letzter Zeit etwas vernachlässigt war, lohnt der Besuch: Die schattige Parklandschaft ist ein guter Ort, um der Hitze des Tages zu entfliehen!

- **Zoológico,** Dunas Jandía Resort, 7/3,50 €.

067fu Foto: gs

Der Süden

Ein Marabu im Vogelpark

Vinamar

Am Nordostrand von Jandía liegt das Viertel Vinamar. Von der Durchgangsstraße ist es am Einkaufszentrum Ventura erkennbar, über dem sich die Barceló-Mammut-Hotels türmen. Doch es lohnt sich, hinter die Bettenburgen zu blicken: Im langgestreckten, von der Küste nicht einsehbaren Valle de Vinamar (über zwei ausgeschilderte Zugangsstraßen erreichbar) breiten sich Rasenteppiche aus, die zum Golfplatz und dem angeschlossenen Golfhotel gehören. Über der grünen Oase erhebt sich das imposante, oft wolkenverhüllte Zarza-Massiv, zu dem ein Weg hinaufführt (⇨Wanderung 8).

Praktische Tipps

Unterkunft

- **Robinson Jandía Playa** €€€, Av. del Saladar 23, Tel. 928169100, Fax 928169540, www.robinson.com, auch pauschal buchbar. Ein Pionier unter den rund um den Globus verteilten Robinson Clubs. Als er 1970 am kilometerlangen Sandstrand errichtet wurde, war dies der einzige Bau weit und breit, die Gäste durften sich tatsächlich wie „Robinson" fühlen. Heute ist der Club von Komforthotels umstellt, die Uferstraße drängt sich dicht an die Tennisplätze heran. Immerhin ist der Garten inzwischen so üppig bewachsen, dass er wie eine Oase erscheint. Im Club wird alles geboten, was Robinson weltweit auszeichnet: ein umfangreiches Sportprogramm, viel Animation und Wellness. Für Surfer stehen 40 Mistral-Boards und North-Riggs, für Segler 9 Katamarane bereit, für Taucher (entgeltlich) verfügt man über 30 Komplett-Ausrüstungen und eine Dekokammer. Dazu gibt es 10 Quarzsandplätze für Tennisfans, 50 K2 Inlineskates, neben dem Pool eine „WellFit-Oase" mit Sauna und Massage. Ferner gehören zur Anlage Theater, Atelier und Puppenmacherwerkstatt, ein Internet-Café (leider sehr teuer) und mehrere Bars. Im Restaurant bedient man sich am Büfett, jeweils acht Gäste sitzen zusammen am „Clubtisch" und können sich so in zwangloser Runde kennen lernen. Alternativ gibt es Tapas in der Taverne und feine Menüs im Spezialitätenlokal. Von den 360 Zimmern hat man Blick aufs Meer, zum Leuchtturm oder nach Morro Jable. Für diejenigen, die aus dem Club „ausbrechen" wollen, werden Robinsonaden organisiert: Tages-Off-Road-Touren zu Wanderdünen und einsamen Stränden. Und damit auch Ökologen der Anlage wohlgesonnen sind, wirbt Robinson mit eigener Solar-, Meerwasserentsalzungs- und Kompostieranlage.

Stadtplan S. 300, Übersichtskarte S. 268

211fu Foto: gs

- **Ap. Sol Jandía Mar** €€€, Av. del Saladar / Bentejuy, Tel. 928541325, Fax 928541322, www.solmelia.com, pauschal bei vielen Veranstaltern. Anlage mit 294 funktional eingerichteten, familienfreundlichen Apartments; bis zu zwei Kinder können im Wohnraum schlafen. Einige Wohneinheiten liegen zur Straße, die man überqueren muss, um zum Strand zu kommen. Animation mit Darts, Tischtennis, Shuffleboard und Bogenschießen, gegen Gebühr Squash, Billard und Tauchen. Kommen zehn Kinder zusammen, werden sie tagsüber im Miniclub betreut, abends treffen sie sich zur Mini-Disco.
- **LTI Altamarena** €€€, Av. del Saladar 28, Tel. 928540430, Fax 928540218, www.lti.de, pauschal bei mehreren Veranstaltern. Am Strand gelegenes Hotel der gehobenen Mittelklasse, etwas eingezwängt zwischen Robinson Club und Uferstraße. Die 213 Zimmer sind gemütlich, verfügen über Sat-TV und Klimaanlage, aber nicht alle über Meerblick. Unbedingt die Räume zum großen Pool hin wählen, die zur Straße gelegenen sind laut.

Der Süden

Strand auf der Höhe des Robinson Clubs in Jandía

● **Ap. Palm Garden** €€, Av. del Saladar 5, Tel. 928541000, Fax 928541040, www.miranocha.com, buchbar über mehrere Veranstalter. Von der Uferstraße sieht man kaum, wie groß die Anlage ist: Auf mehrere Gebäudeflügel (mit zehn Stockwerken) verteilen sich 295 Apartments. Sie verfügen über Sat-TV, mit Hibiskus begrünte Balkone und Meerblick. Zum Strand sind es nur wenige Schritte, der Pool mit Sonnenterrasse befindet sich auf der dritten Etage.

● **Buganvilla** €€€, Las Afortunadas s/n, Tel. 928540640, Fax 928540536, pauschal bei Neckermann. Das nahe der Küstenstraße gelegene Hotel ist in U-Form rings um einen großen Pool-Garten gebaut; mit marmorgefliester Empfangshalle und Büfett-Restaurant sowie 254 komfortablen Zimmern. Von den höheren, zum Garten gelegenen Stockwerken hat man Ausblick aufs Meer. Für Kinder gibt es Miniclub, Planschbecken und Spielplatz.

● **Faro Jandía** €€€, Av. del Saladar 17, Tel. 928545035, Fax 928545240, www.farojandia.com, pauschal bei vielen Veranstaltern. Siebenstöckiges Komforthotel, nur durch die Straße vom Strand getrennt. Es liegt direkt gegenüber dem Leuchtturm *(faro)*, dem es auch seinen Namen verdankt. Edle Ausstattung mit viel Naturstein, geschwungenen Wänden und einer Prise Exzentrik. Schön in die Aufenthaltsräume integriert ist das hauseigene „Theater“, in dem allabendlich Shows stattfinden. Die 214 Zimmer sind geräumig und verfügen über Sat-TV, Klimaanlage, Internetanschluss sowie Fön und Bademantel. Am schönsten sind die Räume ab dem fünften Stock im Mittelteil mit großer Terrasse und herrlichem Blick über den Pool auf Leuchtturm und Strand. Mit Spa-Center (Mindestalter 14 Jahre), Erlebnisbecken, Jacuzzi, Dampfbad und Sauna. Drei Quarzsand-Tennisplätze können auch bei Flutlicht bespielt werden, Teilnahme an Kursen ist möglich. Gutes Frühstück mit viel Müsli, Vollkorn und Obst, am Abend Showkochen und abwechslungsreiches Büfett.

● **Dunas Jandía Resort** €€/€€€, Av. del Saladar 23 (Valle de Vinamar), Tel. 928873399, Fax 928873499, www.dunashotels.com, pauschal bei vielen Veranstaltern. Eine kleine Stadt für sich mit mehr als 1000 Zimmern und Apartments, in denen in Boom-Zeiten mehr als 3000 Gäste wohnen könnten. Die Palette reicht vom einfachen Studio bis zum komfortablen Bungalow. Das bessere „Paradies-Hotel“ befindet sich im oberen Bereich, die Anfahrt mit dem Auto

Kinder des Orts standen Modell:
Lebensgroße Keramikfiguren von
Lisbet Fernández am Ortseingang von Jandía

erfolgt über die Calle Biocho. Es gibt mehrere Pools und viele Animationsangebote; man kann Tennis und Squash, Billard, Tischtennis und Minigolf spielen, im Fitness- und Aerobic-Studio trainieren. Auch für Kinder ist die Dunas-Anlage nicht schlecht: Außer einem Miniclub und einem Abenteuerspielplatz stehen ihnen eine Minidisco und ein separater Pool zur Verfügung. Zum Strand gelangt man über eine Unterführung unterhalb der Uferstraße. Der Zoo (s.o.) ist nicht mehr Teil des Hotels.

● **Ap. La Mirada** €, Garajonay 10, Tel./Fax 928541256. Die kleine Anlage verfügt über zehn Apartments. Diese sind von Bougainvillea und Hibiskus eingefasst, bestehen aus einer Wohnküche mit amerikanischer Bar, separatem Schlafraum, Bad und Terrasse. Sat-TV läuft nur nach Münzeinwurf, weil – so Señora *Ofelia* – „die Gäste oft die Programme verdrehen und ich den teuren Techniker bezahlen muss". Zu empfehlen sind vor allem die vorderen, am kleinen Pool gelegenen Apartments. Keine Kreditkarten!

● **Ap. Aquamarin** €€, Flamenco s/n, Tel. 928540324, Fax 928540359, www.aquamarin.com. Sympathische kleine Anlage mit nur 17 Studios abseits des touristischen Trubels. Sie steht unter deutscher Leitung *(Wolfgang)* und ist 400 m vom Strand entfernt; rasch kommt man hier mit anderen Gästen in Kontakt. Morgens wird ein Frühstücksbüfett vorbereitet, abends eine Menüauswahl, einmal pro Woche Paella und Grill. Zur Anlage gehört auch ein kleiner Garten mit beheiztem Pool.

508fu Foto gs

● **Sunrise Jandía Resort** €€€, Biocho 4, Tel. 928540000, Fax 928540321, www.sunrisebeachhotels.com, pauschal bei mehreren Veranstaltern. Seit 2004 gehören die ehemaligen Riu-Hotels auf der Klippe im Norden Jandías zur Kette Sunrise Beach. 266 Zimmer. Meiden sollte man die zur Straße gelegenen Zimmer mit trostlosem Ausblick. Zum Strand läuft man knapp zehn Minuten.

● **Barceló Jandía Playa** €€€€, Calle Sancho Panza s/n, Barranco de Vinamar, Tel. 928546000, Fax 928542626, www.barcelojandiaplaya.com, pauschal bei mehreren Veranstaltern. Hotel mit 634 gut ausgestatteten Zimmern, mehreren Bars und Restaurants. Spa und Fitness, vier Pools (einer davon für Kinder) und natürlich Animation für die Kleinen ebenso wie für die Großen, Live-Musik und Disco.

Essen und Trinken

Tagsüber, wenn es die meisten Urlauber ans Meer zieht, haben die Strandbars Hochkonjunktur. Dort gibt es „kleine Küche" mit Salat, belegten Brötchen und Baguettes, Pommes und Knoblauchgarnelen. Abends verlagert sich das kulinarische Leben auf die zwei Kilometer lange Avenida del Saladar mit ihren Einkaufs- und Vergnügungszentren. Diese bieten zwar mit Tex Mex, Steakhouse und Pizzerien viel Auswahl, doch leider nur selten gute Qualität. Da bleibt manch ein Tourist lieber im Apartment und kocht sich sein eigenes Süppchen oder spaziert hinüber nach ⇨**Morro Jable,** wo Besseres zu haben ist: **La Farola del Mar** erreicht man am besten über die Strandpromenade, **Coronado** über den Treppenweg, der vor der Tankstelle in zwei Minuten hinaufführt (s. Karte Morro Jable).

● **Café Playa Vista** €, Plaza Don Carlos, Tel. 928540031, tgl. außer So ab 12 Uhr. Das Café-Bistro liegt zwischen Robinson Club und Riu, also dort, wo Jandía in Morro und die Stadt in die Strandlandschaft übergeht. Betrieben wird es von *Karl-Heinz,* der vor allem deutsche Küche anbietet, z.B. Schnitzel und Thüringer Bratwurst, wobei er hevorhebt, dass die hier aufgetischten Wurstwaren aus Deutschland importiert sind.

● **Olimpo** €€, C.C. Playa Paraíso, Tel. 928166012, tgl. ab 10 Uhr. Restaurant und Bierstube, für jeden etwas – vom Dunas Resort 200 m Richtung Morro Jable. Häufig mit Live-Musik.

Morro Jable,
im Hintergrund beginnt der Strand von Jandía

● **Mar y Sol** €€, Calle las Afortunadas 50. Das neue Lokal gegenüber vom Hotel Buganvilla wird von Frau *Simone Ortmann* geleitet. Es gibt abwechslungsreiche und gut zubereitete Fisch-, Fleisch- und Nudelgerichte; eine Leserin war vor allem von den mit Lachs gefüllten Seezungenröllchen begeistert.

● **Rock Café** €/€€, Av. del Saladar s/n, Tel. 667474524. Spanisch und international, Pizzen und Fleischgerichte, nicht zu vergessen der „Sombrero Rock Café". Gleich neben dem Dunas-Hotel!

Einkaufen

Entlang der zwei Kilometer langen Hauptstraße findet man Supermärkte, Sport- und Klamottenläden. Viele Urlauber, die ein Apartment gemietet haben, fahren zur Markthalle nach Morro Jable und decken sich dort mit Lebensnotwendigem (Fleisch, Fisch und Gemüse) ein.

● **Wochenmarkt:** Mercadillo, Av. del Saladar s/n, Do 8–13 Uhr. Kunsthandwerk, Trödel und Kitsch: an der Ortsgrenze zu Morro Jable, direkt gegenüber vom Robinson Club Jandía Playa.

258fu Foto: AdP

● **Aloe Vera:** Aloe Vera Info Center, Bentejuy s/n. Oberhalb des Marktplatzes werden Aloe-Vera-Produkte („mit deutscher Apothekenzulassung") verkauft. Die zugehörige Fabrik befindet sich in Tiscamanita.

Nightlife

● Für eine so große Ferienstadt ist das Angebot erstaunlich begrenzt. Zu den beliebtesten Anlaufpunkten zählt die Disco vor dem Dunas Jandía Resort. Ein paar Musikkneipen findet man in den Einkaufszentren; Komforthotels bieten Musicals und Flamencoshows, Tanz und Varieté.

Aktivitäten

● **Rad fahren:** Vermietung und geführte Touren bei Fuerte Bike in ⇨Las Gaviotas.
● **Tennis:** Auch wer kein Hotelgast ist, kann die Tennisplätze zahlreicher Anlagen nutzen bzw. am Unterricht der dortigen Schulen teilnehmen.
● **Golf:** Jandía Golf, Av. La Mancha s/n, Tel. 928871858, www.jandiagolfcourse.com. 18-Loch-Golfplatz im Barranco de Vinamar.
● **Windsurfen/Segeln:** Wasserstation Robinson Club.
● **Tauchen:** Tauchschule Felix, Av. del Saladar 9, Tel./Fax 928541418, www.tauchen-fuerteventura.com. Die Schule wird geleitet von *Birgit* und *Roland*. Ein- bis zweimal täglich fährt das Schlauchboot zu Tauchgängen hinaus, besonders beliebt sind wegen ihres Fischreichtums das große und kleine Muränenriff.

509fu Foto: gs

Morro Jable

Das einstige Fischerdorf zählt heute etwa 4000 Einwohner und ist mit Jandía zur größten Stadt des Südens verschmolzen. Von der Playa del Matorral führt ein Promenadenweg zum alten **Fischerhafen** mit schmalem, künstlich aufgeschütteten Sandstrand. Wo früher die Männer ihren Fang an Land brachten und Netze flickten, steht heute ein Lokal neben dem andern. Vom Mittag

Kurzinfo Morro Jable

- **Polizei:** Policía Local (mit Fundbüro), Plaza Hibisco 2, Tel. 928541022; Guardia Civil (bei Diebstahl), Av. Jandía 7, Tel. 928541107.
- **Banken:** Filialen in der Calle Nuestra Señora del Carmen.
- **Post:** Buenavista / Las Gambuesas s/n.
- **PLZ:** 35625
- **Kulturzentrum:** Centro Cultural, Nuestra Señora del Carmen 14 / Plaza Hibisco (mit Bibliothek).
- **Gesundheitszentrum:** Centro de Salud, Barranco del Ciervo s/n, Tel. 928545070.
- **Apotheke:** Senador Velázquez Cabrera 23.
- **Taxi:** San Juan s/n, Tel. 928541257.
- **Autovermietung:** CICAR (am Hafen), Tel. 92854 1446.
- **Parken:** Parkbuchten entlang der Calle Nuestra Señora del Carmen; Parkplätze oberhalb der Calle Esquinzo Guadarfía und im Hafen.
- **Bus:** Bushaltestellen am Ortseingang an der Carretera General, in der Av. Jandía sowie gegenüber der Post in der Calle Buenavista; Verbindungen mit Jandía und Costa Calma (Linie 1, 9, 10), La Lajita, Gran Tarajal und Tarajalejo (9), Puerto del Rosario (1, 10), Antigua (1) und Pájara (4, 9). Zusätzlich fährt ein Shuttle-Bus der Gemeinde regelmäßig nach Jandía, Las Gaviotas und Esquinzo. Der Bustransfer zum Flughafen (10) dauert gut 90 Minuten (siehe auch Kapitel „Verkehrsmittel").
- **Fähre:** Tägliche Verbindung mit Las Palmas auf Gran Canaria (⇨Kapitel „Verkehrsmittel").

Die Strandpromenade von Morro Jable

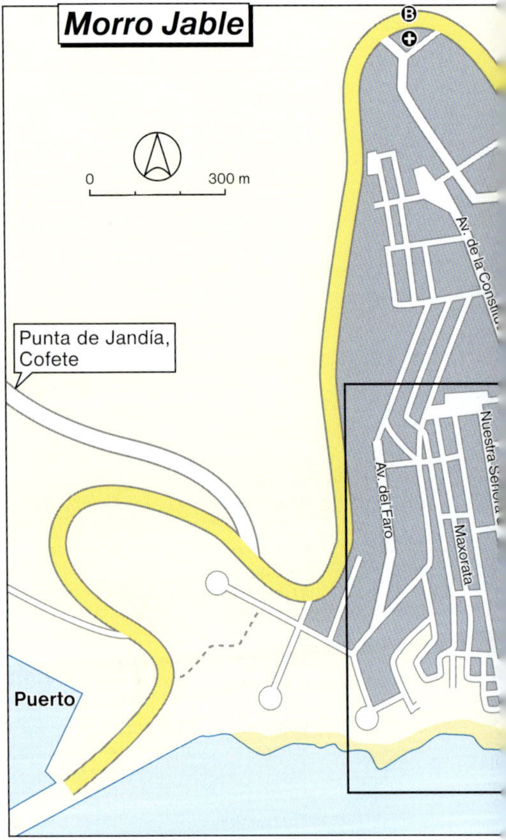

bis zum späten Abend boomt das Geschäft, es riecht nach gegrilltem Fisch, Knoblauch und Koriander. Die Touristen sind vom „Lokalkolorit" begeistert; sie entdecken hier das Pendant zur künstlichen Ferienwelt von Jandía und sind bereit, für frischen Fisch und uriges Ambiente etwas tiefer in die Tasche zu greifen.

Ortsbild Morro Jable, von den Bewohnern meist nur *Morro* genannt, erstreckt sich von der Vergnügungsgasse

am Meer über die angrenzenden Einkaufsstraßen den Hang hinauf. Zu den inzwischen aufpolierten Fischerkaten kamen in den letzten 20 Jahren viele neue Häuser hinzu. Hier leben zu Wohlstand gekommene Canarios, aber auch Köche, Kellner, Zimmermädchen und Rezeptionisten, die in den Bettenburgen Jandías Arbeit gefunden haben. Auf der Suche nach Einkommen und Sicherheit sind sie aus den kleinen Bergdörfern der Insel zugezogen, viele kommen auch aus Galicien und Extremadura, den „Armenhäusern“ des spanischen Festlands. Doch Morro ist mehr als nur eine Schlafstadt. Einheimische eröffneten Lebensmittelläden und Schuhgeschäfte, stiegen ein in die Zimmer- und Autovermietung. „Weit und breit der einzige Ort, in dem die Welt noch in Ordnung ist“, meint *Pano* von der Bar Charly, die er zusammen mit seinen Brüdern betreibt. „Hier kann man noch kanarisch leben, Domino spielen und seine Siesta genießen ...“ Obwohl es keine Gemeindehauptstadt ist, verfügt Morro mittlerweile über eine eigene Polizeistation sowie ein Gesundheits- und Kulturzentrum. Individualtouristen, die am Leben der Einheimischen teilhaben wollen, fühlen sich hier wohl. Kleine Pensionen und schmucke Apartmenthäuser sind quer über den Ort verteilt, nur am Osthang markieren Hotelketten den Übergang zur Retorte.

Neuer Hafen

Westlich von Morro entstand in den 1980er Jahren der neue Hafen, der freilich zu groß erscheint für das, was hier abläuft. Fährschiffe sorgen für die Verbindung zur Nachbarinsel Gran Canaria, man

212fu Foto: gs

sieht einige Yachten und Ausflugsschiffe. Die wenigen Fischer, die ihrer Tätigkeit noch nachgehen, sind in der *Cofradía de Pescadores* organisiert. Die Genossenschaft erhielt eine moderne Kühlhalle, wo der frische Fisch sogleich ausgenommen und an Hotels und Restaurants weitergegeben wird. Einen Direktverkauf am Hafen gibt es leider nicht.

Praktische Tipps

Unterkunft

Am Ortsrand Richtung Jandía (s. Karte S. 314–315):
● **Ap. Coronado** €€-€€€, Arena s/n, Tel. 928541174, Fax 928540214, buchbar in Deutschland über Solitour, Am Weinberg 1, 32756 Detmold, Tel. 05231-65533, Fax 63520, www.solitour.com. Eine der ältesten Anlagen auf der Halbinsel Jandía, auf einer niedrigen Steilklippe überm Strand toll gelegen. Wohl nirgends in Morro Jable und Jandía genießt man mehr Wohnkomfort: Die meisten der 20 Apartments sind sehr geräumig (56–137 m²!), durch Panoramafenster blickt man aufs Meer. Helle Polstermöbel und beige Stoffe verstärken das „südliche Wohngefühl"; für Komfort sorgen eine CD-Anlage, ein großer Sat-TV-Panoramabildschirm und ein Wippfernsehsessel. Ein Wohnbereich für sich ist die weitläufige Terrasse mit gemauerten und gepolsterten Sitzbänken, Liegestühlen, Sitzecken und einer amerikanischen Bar. Zwei Apartments sind kleiner (nur 32 m²), dafür aber mit weniger als 40 € pro Person preislich günstiger. Jeden Morgen hängen frische Brötchen an der Tür, auch die Frühstücksgrundausstattung ist im Preis inbegriffen. Dank *Gustav* und *Perry Schütte* ist das Ambiente im Haus freundlich-familiär, ein beliebter Treffpunkt ist das ab 18 Uhr geöffnete Restaurant (dort auch WLAN!). Angeschlossen sind ein Pool und zwei Quarzsandtennisplätze (inkl.); über einen Treppenweg gelangt man in nur zwei Minuten zum Strand.

Hoch über dem Strand – das Apartmenthaus Coronado

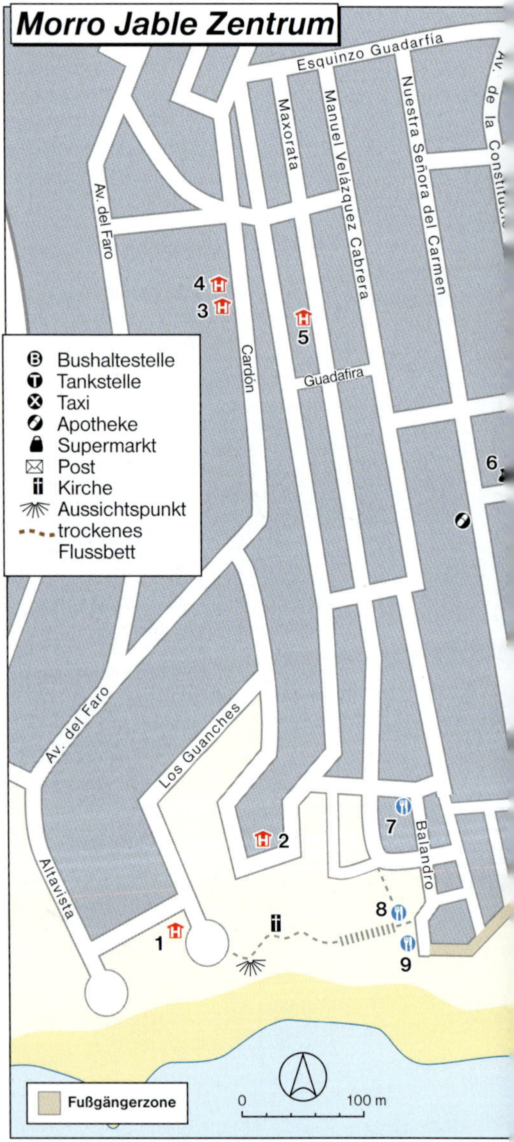
Morro Jable Zentrum
Esquinzo Guadarfía
Av. de la Constitución
Maxorata
Manuel Velázquez Cabrera
Nuestra Señora del Carmen
Av. del Faro
Cardón
Guadafira
Los Guanches
Altavista
Balandro
1
2
3
4
5
6
7
8
9
Bushaltestelle
Tankstelle
Taxi
Apotheke
Supermarkt
Post
Kirche
Aussichtspunkt
trockenes Flussbett
Fußgängerzone
0
100 m

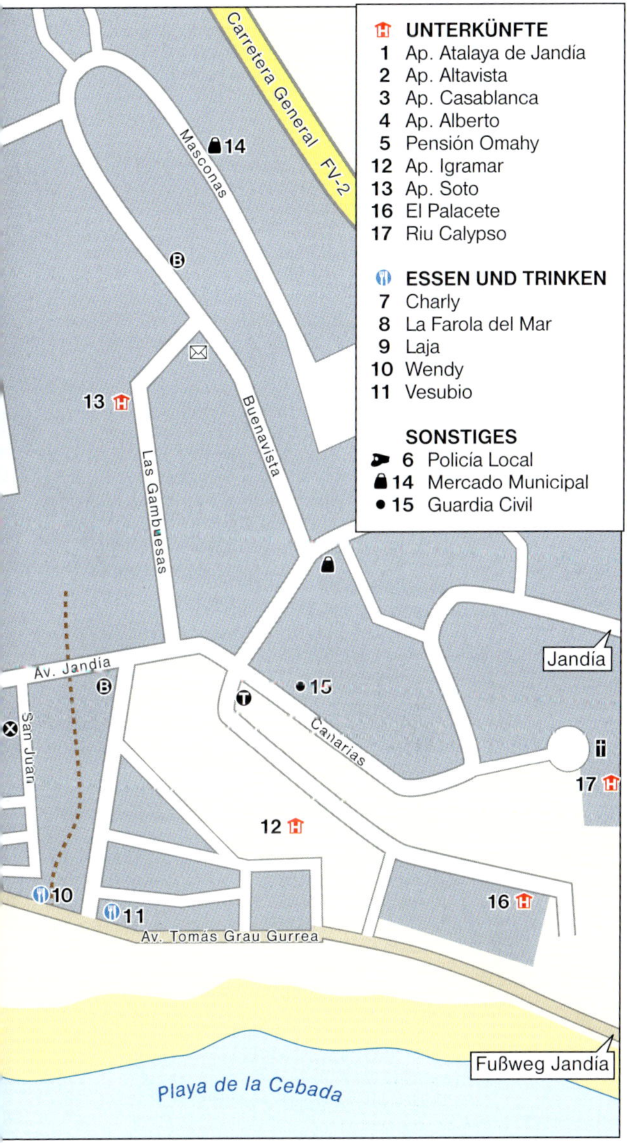
UNTERKÜNFTE
1 Ap. Atalaya de Jandía
2 Ap. Altavista
3 Ap. Casablanca
4 Ap. Alberto
5 Pensión Omahy
12 Ap. Igramar
13 Ap. Soto
16 El Palacete
17 Riu Calypso
ESSEN UND TRINKEN
7 Charly
8 La Farola del Mar
9 Laja
10 Wendy
11 Vesubio
SONSTIGES
6 Policía Local
14 Mercado Municipal
15 Guardia Civil
Carretera General FV-2
Masconas
14
Buenavista
13
Las Gambuesas
Av. Jandía
San Juan
15
Canarias
Jandía
17
12
10
11
16
Av. Tomás Grau Gurrea
Fußweg Jandía
Playa de la Cebada

● **Ap. Garden Beach & Rocamar Beach** €€€, Arena s/n, Tel. 928540784, Fax 928540898. Garden Beach ist eine attraktive, zweistöckige Anlage mit 17 klimatisierten Apartments, behaglich eingerichtet mit Keramikböden, hellem Rattan und pastellfarbenen Stoffen. Direkt über dem Strand liegen die Terrassen der angrenzenden Anlage Rocamar Beach mit acht rustikalen Apartments.

● **Riu Palace Jandía** €€€€, Carretera General / Arena s/n, Tel. 928540370, Fax 928540620, www.riu.com, pauschal bei TUI. Überm Meer thronende Nobelherberge mit gläsernen Außenfahrstühlen: Die 209 Zimmer sind auf dem kleinen Grundstück wabenartig in die Höhe gebaut, nur ein Teil bietet - bei Preisaufschlag - Meerblick. Die Räume zur lauten und viel befahrenen Straße sollte man meiden. Es gibt keinen Garten, dafür einen nicht sonderlich großen Pool und vom Hotel direkten Zugang zum Strand; außerdem zwei Tennisplätze und Sauna mit Meerblick; ein Gesundheits- und Wellness-Center bietet Massagen und Wellnessangebote. Ausgezeichnetes Frühstücks- und Abendbüfett, jeden Abend Live-Musik und Unterhaltung.

● **El Palacete** €€€€, Acantillado s/n, Tel. 928542070, Fax 928542075, www.xqhotels.com. Das kleine Hotel mit 54 Zimmern klebt unterhalb der Kapelle am Hang. Meerblick von allen Zimmern, zum Strand gelangt man über Stufen und einen abschüssigen Weg. Die Sporteinrichtungen des Nachbarhotels **Riu Calypso** können mitbenutzt werden.

Im Ortszentrum (s. Karte S. 318–319):

● **Ap. Atalaya de Jandía** €€€, Altavista / Los Guanches s/n, Tel. 928540227, Fax 928540238, pauschal bei TUI. Kleine und komfortable, auf der Klippe thronende Anlage mit unverstelltem Blick aufs Meer, hübsch angelegtem Pool und Sauna. Alle 20 Apartments haben Balkon und sind freundlich eingerichtet, verfügen über Sat-TV und Kaffeemaschine. Die Rezeption soll werktags von 10 bis 13 Uhr besetzt sein, doch genehmigt sich Carmen gern längere Pausen. Das Ortszentrum von Morro Jable erreicht man zu Fuß in wenigen Minuten.

● **Ap. Casablanca** €€€, Av. del Faro 6, Tel. 928541744, Fax 928540235, www.apartamentos-casablanca.com. Schmucke, strahlend weiße Anlage in Hanglage oberhalb des alten Ortskerns, ruhig und unter deutscher Leitung. Erbaut in nostalgischem Villenstil mit runden Terrassen, Freitreppen und Balkonen, begrünt mit Hibiskus und Bougainvillea. Zehn komfortable Apartments stehen zur Wahl, je höher man wohnt, desto besser die Aussicht. Dazu kommt noch ein luxuriöses Penthouse mit weitem Blick über die Dächer der Stadt. Auf der Hauptterrasse, wo sich der in Fuerteventura-Form angelegte Plansch-Pool befindet, gibt es weiße Rattanliegen und locker arrangierte Korbstühle: viel Platz zum Entspannen!

● **Ap. Alberto** €€, Av. del Faro 4, Tel. 928545109, Fax 928 545127, www.aptosalberto.com. Gleich neben dem Casablanca: eine terrassenförmige Anlage mit 20 gemütlichen, schwarz-weiß möblierten Studios und Apartments. Wer höher wohnt, genießt die beste Aussicht übers Dorf und die Küste. Die Gäste teilen sich ein großes Sonnendeck mit Liegen und Dusche, zum Strand läuft man knapp zehn Minuten. In der kleinen Rezeption mit Leihbücherei sitzt meist der freundliche *Alberto Cabrera,* der die Anlage schon seit vielen Jahren leitet und zu einer der besten Adressen vor Ort gemacht hat.

● **Ap. Altavista** €€, Abubilla 8, Tel./Fax 928540164. Kleines Apartmenthaus bei der neuen Kirche, familiär geführt von José und María. Die 15 Apartments bieten bis zu vier Personen Platz (Wohnküche mit Mikrowelle und Sat-TV), am schönsten, aber etwas teurer, sind Nr. 301, 302 und 306 mit kleinem Balkon und etwas Ausblick aufs Meer. Auf der Dachterrasse befinden sich Liegestühle und eine Cafeteria, im Erdgeschoss ein gut sortierter Laden.

● **Ap. Soto** €€, Las Gambuesas s/n, Tel. 928530144, Fax 928541589. Oberhalb der gleichnamigen Autovermietung werden in einem Neubau 23 gepflegte Studios und Apartments mit einem bzw. zwei Schlafzimmern vermietet. Kein toller Ausblick, doch der Supermarkt liegt gleich um die Ecke und auch zur Promenade hat man's nicht weit.

● **Ap. Igramar** €€€, Peatonal Las Gaviotas 3, Tel. 928 166423, Fax 928542142, www.igramar.com. Direkt hinter den Restaurants an der Uferpromenade, 39 zweigeschossige Apartments mit Marmorboden und -treppe. Unten befinden sich Kitchenette, Wohnraum, Bad und Terrasse, oben das Schlafzimmer sowie ein weiteres Bad plus Terrasse. Nr. 1–14 bieten über flache Hausdächer hinweg Meer-blick, die anderen Aussicht auf den Pool. Ein Apartment ist behindertengerecht, über verkehrsberuhigte Rampen gelangen Rollstuhlfahrer zum Strand.

● **Pensión Omahy** €, Maxorata 47, Tel. 928541254. Das Haus mitten im alten Dortkern macht nach seiner Renovierung einen guten Eindruck. Die zwölf Zimmer sind einfach und picobello sauber, es empfiehlt sich rechtzeitig zu reservieren.

Essen und Trinken

● **La Farola del Mar** €€, Av. del Mar s/n / Peatonal La Chalana, Tel. 928540834, www.fuertefisch.com, tgl. außer Mi ab 12 Uhr. Das Lokal liegt wenige Schritte von der Promenade am Treppenweg Richtung Aussichtspunkt und Kirche. Bei Sven und Udo geht es edler und freundlicher zu als bei vielen Lokalen am Paseo. Über die Terrasse blickt man auf einen kleinen vorgelagerten, durch Felsarme geschützten Strand; drinnen nimmt man an Holztischen Platz. Profi-Koch *Sven,* der sein Handwerk am Berliner Grand Hotel erlernte, bereitet leckere Süppchen, Pasta- und Veg-

071fu Foto: gs

gie-Gerichte zu, vielleicht noch besser sind die jeweiligen „Spezialitäten des Tages". Köstlich schmecken die würzige Lachscremesuppe und hauchdünne Scheiben vom geräuchertem Thunfisch. Wer sich danach die Qual der Wahl ersparen will, bestellt einen Teller frischer Filetstücke. Entscheidet er sich für Fisch, erhält er z.B. Wahoo, Bonito und Barrakuda auf leichter, fruchtiger Curry-Soße; bei Fleisch bekommt er knackiges Rinder-, Schwein- und Hühnchenfilet mit Röstis oder Runzelkartoffeln.

● **Charly** €€, Plaza Cirilo López / Peatonal El Balandro, Tel. 928541066, tgl. außer So 11–22 Uhr. Im ältesten Lokal von Morro wird seit über 30 Jahren frischer Fisch aufgetischt. Das Haus liegt ein paar Schritte abseits der Promenade an der schattigen Dorf-Plaza: Der Service ist hier freundlicher als direkt am Meer, viele Einheimische umlagern die Bar bei einem Glas Bier und erzählen sich interessante Geschichten. *Pano* bedient und *Pancho* kocht, man sitzt im rustikalen Innenraum bzw. auf der überdachten Terrasse. Auch Star-Regisseur *Pedro Almodóvar* hat hier einmal gegessen und war vom Schweinefilet begeistert – in der Zeitung hat's gestanden, auf Wunsch zeigt *Pano* den entsprechenden Artikel!

● **Laja** €€, Ecke Balandro / Av. Tomás Grau Gurrea, Tel. 928542054, tgl. 12–22 Uhr. Zum Auftakt der Promenade: ein kleines Fischrestaurant mit einer Terrasse direkt am Dorfstrand. Wem der Sinn nach etwas anderem als Fisch *a la plancha* steht, greift zur *gallegada*, zarten Fischfiletstücken in Tomatensoße, angereichert mit Kartoffeln und Zwiebeln.

● **Vesubio** €€, Av. Tomás Grau Gurrea 13 / Ecke San Miguel, Tel. 928 540391, tgl. 11–22 Uhr. Alternativ zur Terrasse am Meer kann man auf der verglasten Veranda im ersten Stock sitzen und dort ungestört den Sonnenuntergang auf sich wirken lassen. Außer preiswerter Pizza und Pasta empfehlen sich die Tagesspezialitäten: frischer Fisch und Fleisch (gute Ziege und Lamm!), die zusammen mit handgeschnitzten Pommes und gegrillter Tomate auf den Tisch kommen.

● **Wendy** €/€€, Av. Tomás Grau Gurrea 9 / Ecke San Juan, Tel. 928166390, Do geschl. Näher am Meer geht's nicht: Toll sitzt man an den vier Tischen auf einem Terrassenvorsprung über schäumenden Fluten. *Virginia*, die freundliche Besitzerin aus Havanna, bringt frischen Fisch, hausgemachte Pasta und internationale Klassiker, *cochinillo* oder *cabrito al horno* (Spanferkel bzw. Lamm aus dem Ofen), nach Vorbestellung auch Kubanisches wie *tostones* (gebratener Bananen-Kuchen).

● **Coronado** €€€, El Sol 14, Tel. 928541174, www.restaurantecoronado.es, tgl. außer Di ab 18 Uhr. Das Restaurant ist seit über 12 Jahren eines der beliebtesten Restaurants im Inselsüden. Hier trifft sich, wer einen besonderen Abend erleben will. Die mediterrane Küche bietet neben spanischen Spezialitäten eine Auswahl internationaler Köstlichkeiten, wie z.B. *Carpaccio di manzo*, eine Karotten-Ingwer-Suppe mit in Mangold gewickeltem Schwertfisch oder Seeteufel im Caipirinha-Sud. Als Dessert empfiehlt sich vielleicht eine *Crème Brûlée* oder *Crêpe Suzette*. Man sitzt sehr bequem im klimatisierten Restaurant, der großen Bar oder auf der überdachten Poolterrasse. Für Raucher gibt es einen separaten Bereich mit Blick auf die beiden Quarzsandtennisplätze. Eine Tischreservierung ist empfehlenswert. Jeden Donnerstag gibt es kanarische und lateinamerikanische Live-Musik.

Einkaufen

- **Supermercado Padilla,** z.B. Buenavista s/n. Preiswerter Supermarkt mit allem, was man zum Zubereiten eines guten Essens im eigenen Apartment braucht. Täglich frischer Fisch, aber auch Wein und Spirituosen sowie Tabakwaren.
- **Mercado Municipal,** Masconas s/n, Mo–Fr 8.30–16, Sa 9–14 Uhr. In der Markthalle gibt's Obst und Gemüse, Fisch und Fleisch sowie Fuerte-Käse aller Reifegrade.

Nightlife

- Am späten Abend spielt sich am meisten rund um die Plaza Cirilo López (dort befindet sich auch das Lokal Charly) und in den von der Küstenpromenade abgehenden Fußgängergassen La Piragua und Falúa ab.

Aktivitäten

- **Ausflüge im Segelboot:** Im Hafen liegt die „Pedro Sartaña" vor Anker, ein Segelschiff von 1940, das aufwendig restauriert wurde. Bei ruhiger See startet es zur „Piraten-Tour" entlang der Südküste (www.excursiones-barco-fuerteventura.com). Unterwegs lernt man, wie aus Schleppleinen Knoten und Angeln gefertigt werden, lässt sich auf einer aufgeblasenen Banane durchs Wasser ziehen und springt in einer ruhigen Bucht ins Meer. Eine ähnliche Tour wird auf dem modernen Katamaran „Magic" angeboten – hier allerdings ohne das nostalgische Flair des alten Schoners. Alle Ausflüge starten vormittags an der Mole, am frühen Nachmittag kehrt man nach Morro Jable zurück. Die Reservierung erfolgt an der Hotelrezeption, bei der Reiseleitung, im Reisebüro oder direkt im Hafen.
- **Fahrt im U-Boot:** Subcat, Av. del Saladar 1, Reservierung Tel. 928166392, www.subcat-fuerteventura.com. Mit der SubCat fährt man 45 Minuten aufs Meer hinaus und erlebt einen Tauchgang bis zu 30 m Tiefe! Preis 55/32 €.
- **Hochseefischen:** Zum Angeln und Schleppangeln auf hoher See startet mehrmals wöchentlich eine kleine, modern ausgestattete Yacht. Die Fahrt kann im Reisebüro, an der Hotelrezeption oder direkt im Hafen gebucht werden. Die Angelgeräte werden gestellt, unterwegs gibt es einen Snack. Die Teilnehmerzahl wird niedrig gehalten: fünf Erwachsene beim Schleppen und doppelt so viele beim Angeln mit Rute.

Feste

- **16. Juli:** *Fiesta de Nuestra Señora del Carmen.* Die Schutzpatronin der Fischer wird mit einer farbenprächtigen Bootsprozession geehrt. Dabei wird die Heiligenfigur auf dem Wasser spazieren gefahren, während ihr vom Ufer aus Schaulustige zuwinken.

Puertito de la Cruz

Hinter Morro Jable ist die Welt der Zivilisation zu Ende. Bevor es zum Hafen hinabgeht (Karte Morro Jable), zweigt rechts eine zur „Punta de Jandía" ausgeschilderte Straße ab, die sich bald in eine Holperpiste verwandelt. Die einsame **Westspitze** ist das Ziel, 45 Minuten Fahrt sollte man einplanen. Der Abenteuer-Trip führt am Fuße des steil aufragenden Jandía-Massivs entlang – eine wilde und versteppte Landschaft, in der man sich über jede Pflanze und jedes Lebenszeichen freut.

Kurz hinter einem Wasserspeicher, nach gut drei Kilometern, startet rechts der Wanderweg übers Gran Valle in Richtung Cofete (⇨Wanderung 9). Zur Rechten sieht man einige prächtige Exemplare der Jandía-Wolfsmilch *(Euphorbia handiensis),* die nirgends sonst auf der Welt vorkommt. Mit ihrem giftigen Milchsaft und ihren stacheligen, bis zu 40 Zentimeter langen Armen ist sie gegenüber den Ziegen bestens geschützt.

Wenn nach sechs Kilometern Ödnis die ersten Häuser auftauchen, ist der Weiler **Casas de Jorós,** eine ehemalige Tomatenanpflanzung, erreicht. Die Fensterläden hängen schief und der Putz blättert schon von den Wänden – sämtliche Treibhäuser sind verlassen. An diesem Ort befand sich früher die einzige Quelle weit und breit, selbst die Bewohner Morro Jables haben hier ihr Wasser geholt.

An der Cofete-Gabelung (Km. 11.5) hält man sich links und erreicht nach insgesamt 20 Kilometern **Puertito de la Cruz.** Am Ortseingang steht ein futuristisches Windrad, das den „Hafen des Kreuzes" mit Strom versorgt. Dahinter, zwischen sandverwehten und ungepflasterten Straßen, sieht man einstöckige Fischerhäuser. Noch vor wenigen Jahren waren sie aus Strandgut und losen Steinen zusammengezimmert, mittlerweile sind sie verputzt und weiß gestrichen. Ein Hauch von Wildwest liegt über dem Ort. Die knapp 20 Bewohner leben vorwiegend von den sich zur Mittagszeit hierher verirrenden Touristen und im Sommer auch von den Grancanarios, die in abgestellten Wohnwagen Urlaub machen. Gleich drei Lokale buhlen mit fast identischem Angebot um die Gunst der Gäste – immer dabei *pescado fresco,* der in der geschützten Bucht das ganze Jahr über gefangen wird.

Eine 1,5 Kilometer lange Asphaltstraße führt zum 16 Meter hohen Leuchtturm *(faro)* an der **Punta de Jandía,** der Südwestspitze der Insel. Seit 1850 warnt er vorbeifahrende Schiffe vor tückischen Riffs im Küstengebiet. Erst wurde er mit Öl, dann mit Petroleum betrieben; seit 1986 läuft er vollautomatisch mit Solarenergie. 2009 wurde im Leuchtturm ein Museum eingerichtet, in dem vor-

259fu Foto: PdF

erst u.a. Luftaufnahmen der Insel Fuerteventura zu sehen sind (Tel. 928858998, Di–Sa 10–18 Uhr). Noch ist nicht entschieden, was in den kommenden Jahren im Museum ausgestellt werden soll.

Aber auch der Abstecher in nördliche Richtung lohnt. Eine 4,4 Kilometer lange, gleichfalls asphaltierte Straße führt von Puertito – vorbei an einer verwaisten Landepiste – zur **Punta Pesebre,** dem „Kap der Futterkrippe". Ein kleines Leuchtfeuer weist auch hier Schiffen den Weg, von seiner Plattform bietet sich ein herrlicher Blick hinüber zu den „unberührten" Stränden von Cofete.

Unterkunft

• **Casa Cari** €€, Av. del Viejo Faro 10, Info und Buchung bei Karin und Russell, Tel. 00353-9495-48112, www.casa-cari.com, oder in Berlin unter Tel. 030-3136711, Fax 31506244. Für 2–4 Personen: Ein herrliches Natursteinhaus direkt am Meer mit kleinem Strand vor der Terrasse. Mit 2 DZ, Wohnraum und Bad – mehr sei nicht verraten, denn wenn es noch Geheimtipps gibt, dies ist einer!

Essen und Trinken

• **Tenderete** €€, Tel. 928174485, tgl. ab 8 Uhr. Alteingesessenes und leider nicht mehr so preiswertes Lokal, das mit hunderten von Schlüsselanhängern „tapeziert" ist. Außer seiner Sammelleidenschaft hat Señor *José* eine weitere Passion: das Meer. Von seinen vielen Fahrten künden ausgestopfte Fische und Schildkröten. Die riesige Walrippe und das von der Decke baumelnde Delfinskelett hat er an den Playas de Cofete entdeckt. Heute, da er in die Jahre gekommen ist, muss Sohn *Bernardo* zum Fischfang hinaus – José begnügt sich damit, den Fang zu verarbeiten. Auf den Tisch kommen *caldo de pescado, paella* und *gallegada,* ein Fischeintopf mit Kartoffeln, Zwiebeln, Gemüse und Safran. Lecker schmeckt auch der hauseigene Käse von Jandía-Ziegen.

• **El Caletón** €€, Tel. 928174146, tgl. ab 8.30 Uhr. Für die schöne Lage zahlt man einen Aufschlag – dafür schmecken auf der Terrasse Meeresfrüchte gleich doppelt so gut.

• **Punta de Jandía** €, Guanarteme 8, Tel. 928174490, tgl. außer Mo ab 10 Uhr. Das Lokal an der kleinen Plaza bietet

Robinsonstrände am Südwestzipfel

Von der Schotterpiste an der Südküste der Jandía-Halbinsel westlich von Morro Jable zweigen holprige Fahrwege zu einsamen kleinen Buchten ab:

- **Km. 8.3:** Die *Punta del Viento*, das „Kap des Windes" (ausgeschildert), liegt an einer Kiesbucht am Fuß dunkler Klippen, bei starkem Wind bietet ein festungsartiger Kalkofen Schutz.
- **Km. 11.2:** Etwa 300 m vor der Cofete-Gabelung zweigt ein Fahrweg links ab zur weißsandigen *Playa de Juan Gómez* am Ausgang des gleichnamigen Tals.
- **Km. 15.5:** Die Abfahrt zur *Punta de las Salinas* ist ausgeschildert. An der Gabelung nach 500 m hält man sich links und erreicht nach weiteren 400 m den Strand. Bei Ebbe bilden sich weiße, mit vielen Muscheln geschmückte Sandbuchten heraus. Sie sind von schwarzen Felsarmen eingefasst und meist menschenleer – ein idealer Platz für ein abgeschiedenes Picknick.
- **Km. 20:** In Puertito de la Cruz zweigt ein Sträßlein rechts ab zur Punta Pesebre. Unterhalb der Steilküste und nur zu Fuß erreichbar liegt ein hübscher Sandstrand, die *Playa de Ojos* (Baden gefährlich!).

als einziges ein mit 10 € vergleichsweise preiswertes Menü. *Caldo de pescado* wird mit viel Fisch und Garnelen serviert. Die Gäste sitzen auf der sandverwehten Terrasse, bei starkem Wind zieht man sich in den mit Schiffsmodellen geschmückten Innenraum zurück.

Feste

- **April/Mai:** *La Apañada.* Einmal im Jahr werden alle wild weidenden Ziegen und Schafe eingefangen und in den kreisrunden Pferch (altkanarisch: *gambuesa*) nahe der Cofete-Gabelung getrieben. Die Hirten markieren alle Zicklein und Lämmer, die seit der letzten „Zählung" hinzugekommen sind. Laut blökend drängt sich das Kleinvieh an seine (bereits markierte) Mammi, so dass man erkennt, welchem Hirten es gehört. Ist ihm das Siegel eingebrannt, wird es wieder in die Freiheit entlassen. Für die Hirten ist dies ein Festtag: Manch ein liebes Tier wird dem Grill geopfert, dazu wird fleißig getrunken.
- **September:** *El Pulpito.* „Tintenfischchen" nennt sich das traditionelle Fest der Fischer, das in der 2. und 3. Septemberwoche stattfindet. Es gibt Musik und Tanz, viel Essen und Trinken, außerdem sportliche Wettkämpfe.

Cofete

Eine Gabelung mitten in der Wildnis: Von der Schotterpiste Morro Jable – Puertito de la Cruz (Km. 11.5) zweigt rechts der Weg nach Cofete ab. Zwei Kilometer weiter steht man an einem Pass mit grandioser Aussicht: Von der windgepeitschten **Degollada de Agua Oveja** schaut man über zerfurchte, rampenartige Hänge aufs Meer, sieht den mächtigen, aus den Fluten ragenden Roque del Moro und die schier **endlosen Strände,** an denen weiß schäumend die Wellen ausrollen. Auch Cofete ist schon zu sehen: ein kleines Dorf inmitten der Steinwüste, zu dem sich die Piste über sechs Kilometer hinabschraubt.

Cofete war bis ins 20. Jahrhundert hinein wichtigster Ort der Halbinsel. Über 100 Bauern und Ziegenhirten lebten hier – und man sagt, dass fast alle, die heute in Morro Jable wohnen und über 50 Jahre alt sind, in Cofete geboren wurden. Am Strand hat man die Toten der gesamten Halbinsel beigesetzt – erst 1980, als immer mehr Menschen in Morro Jable zuwanderten, gab man diesen Brauch auf. Heute wirkt der Weiler fast ausgestorben, doch für Abenteurer steht eine Bar bereit und für Liebhaber des Komforts wahrscheinlich schon bald ein Hotel. Dies zumindest plant die kanarische Firma Lopesan, die die am Hang thronende **Villa Winter** (⇨Exkurs) aufgekauft hat und in den nächsten Jahren renovieren lassen will.

Vorerst aber bleibt dies ein gänzlich untouristischer Flecken. Die **Playa de Cofete** ist der Traum von einem Strand, feinsandig und hell, von den Nachbarstränden durch ein vorspringendes Kap getrennt. Dieses trägt offiziell den Namen *El Islote*, doch die Einheimischen kennen es nur als *Roque de las Siete Mujeres* (Fels der Sieben Frauen) – in Erinnerung an sieben junge Mädchen, die hier bei einem Bad ertranken. Aufs Kap folgen die **Playas de Barlovento,** unberührt und über zehn Kilometer lang. *Barlovento* heißt „Luvseite", den Winden

Einsames Cofete – eine Fluchtburg für Nazigrößen?

Die **Villa Winter** ist geheimnisumwittert: eine einsame Festung am Hang des Jandía-Massivs, angelegt im Stil von Hitlers Berghof in Berchtesgaden mit mächtigem Aussichtsturm. Geht man um die Villa herum, kommt man zu einem vernachlässigten, mit alten deutschen Apparaturen vollgestellten Garten. Hühner springen umher, *Rosa,* die „Museumswächterin", hängt Wäsche auf. Skeptisch betrachtet sie jeden Besucher, bevor sie ihn an der Seite von Capitán, ihrem geliebten Hund, einlässt. Durch ein morsches Holzportal gelangt man in einen pflanzenumwucherten Patio, von dem alle Räume abgehen. Schmuckstück ist der große Salon mit Kamin und fantastischer Terrasse – der Zugang zu den unterirdischen Stockwerken bleibt verwehrt.

Don Gustavo, wie die Frau den deutschen Militäringenieur voller Ehrfurcht nennt, hat die Villa wahrscheinlich noch im Krieg erbauen lassen, als die Regierungen Deutschlands und Spaniens beste Kontakte unterhielten. 1937 war *Gustav Winter* mit einem von Franco-Offizieren genehmigten Pachtvertrag auf Jandía eingetroffen, um sogleich mit Stacheldraht weite Teile der Halbinsel abriegeln und bewachen zu lassen. An der Südwestspitze wurde ein Militärflughafen angelegt; dieser ist heute nicht mehr funktionsfähig, aber man sieht ihn noch auf der Strecke von der Punta de Jandía zur Punta Pesebre.

Den Bewohnern präsentierte sich *Winter* teils als wohlwollender Patriarch („un Kaiser bueno"), teils als Despot. Er sicherte sich die Hälfte ihrer Einkünfte, kümmerte sich aber auch um ihre medizinische Versorgung und schuf Arbeitsplätze. Menschen auf „strategisch wichtigen" Grundstücken wurden nach Morro Jable zwangsumgesiedelt, wo unter der Schirmherrschaft *Görings* der Bau einer Fischfabrik geplant war – doch hat *Winter* dieses Vorhaben nie realisiert. Stattdessen legte er eine Tomatenplantage bei Casas de Jorós an und organisierte den Export von Ziegenkäse nach Gran Canaria.

Da die spanische Regierung die Akten aus der Franco-Zeit noch immer nicht freigegeben hat, bleibt man bei dem Versuch, die Aktivitäten *Winters* zu deuten, auf Gerüchte und Vermutungen angewiesen. Was sich vielleicht schon bald als Faktum herausstellt, wird deshalb hier nur „erfragt":

074fu Foto: gs

War *Winter,* wie in vielen Schriften behauptet wird, ein von *Franco* eingesetzter Agent? Erwarb er die Halbinsel, damit der Putschist im Falle seines Scheiterns hier ein sicheres Refugium erhielt? Wann genau ging *Winter* nach Frankreich, um für die Nazis U-Boot-Bunker zu bauen? Sollte er diese Fähigkeiten anschließend auf Fuerteventura einsetzen? War auch dort eine geheime Anlaufstation für deutsche U-Boote geplant? Und welchem Zweck diente die Schaffung unterirdischer Gänge? Wünschte *Hitler* einen Exilsitz für sich und *Eva Braun?* War Cofete ein Unterschlupf für geflüchtete Nazis? Sollten sie von hier nach Südamerika geschleust werden?

Doch zurück zu den Fakten: 1962 lief der Pachtvertrag aus, *Winter* wurde dank einer persönlichen Intervention Francos zum Besitzer von über 2000 Hektar Land. Fünf Jahre später ließ er den quer über Jandía laufenden Stacheldrahtzaun beseitigen und noch bevor er 1971 starb, verkaufte er Parzellen bei Morro Jable an deutsche Touristikunternehmen, die Hotels und Clubanlagen bauten. Seine Erben, die Witwe *Doña Isabel* und ihre sechs Söhne, haben sich 1985 vom Besitz auf Fuerteventura getrennt. „Un paraíso vendido a la fuerza" (ein Paradies, unter Zwang verkauft) – so betitelte die Zeitung „La Provincia" ihren Artikel, in dem sie den Verkauf Jandías an die Gemeinde Pájara für umgerechnet drei Millionen Euro kritisch kommentierte. Heute besitzt die Halbinsel den hunderttausendfachen Wert ...

301fu Foto: gs

zugewandt. Nicht nur aufgrund der hohen Wellen, auch wegen der Unterströmung ist das Baden vor allem im Winter gefährlich.

Unterkunft

- **Zona de acampada,** Playa de Cofete. Mit Genehmigung der Umweltbehörde von Morro Jable (Tel. 928540711) kann man am Cofete-Strand während der Ferien kostenlos kampieren.

Essen und Trinken

● **Bar Cofete** €€, Tel. 928174243, tgl. 11–18 Uhr. Ohne Ausblick und unter den Klängen eines laufenden Dieselmotors sitzt man auf einer Terrasse und wählt zwischen Fisch und Ziegenfleisch – alles andere kommt aus der Mikrowelle. Viele Gäste, denen die Preise zu hoch erscheinen, begnügen sich mit einem kühlen Drink.

Cofete: Sand, Berge, Wasser ...

075fu Foto: gs

Wandern auf
Fuerteventura

Praktische Tipps

Mittlerweile hat es sich herumgesprochen, dass man auch auf Fuerteventura schöne Wanderungen machen kann – vor allem im vulkanischen Norden, im bergigen Zentrum um Betancuria und auf der Halbinsel Jandía. In diesem Buch werden zehn attraktive, abwechslungsreiche Touren vorgestellt. Alpine Erfahrung ist nicht vonnöten, die zu bewältigenden Höhenunterschiede halten sich in Grenzen. Die Wanderungen sind leicht bis mittelschwer, ein Grundmaß an Trittsicherheit und Kondition ist erforderlich.

Wegenetz

Die Inselregierung plant, *senderos turísticos* anzulegen, markierte Wege zu attraktiven Zielen. Erstes Resultat ist der Weg von Lajares zum Calderón Hondo, einem „Paradevulkan" an der Nordküste. Auf den übrigen Wegen muss man sich vorerst mit **Steinmännchen** behelfen: pyramidenförmig aufgeschichteten Steine, die freundliche Wanderer für ihre Nachfolger errichtet haben und die zur Orientierung dienen.

Beste Wanderzeit

Bevorzugte Wanderzeit sind die Monate **Dezember bis April,** wenn es frühlingshaft mild ist und die kargen Hänge mit einem grünen Flaum bedeckt sind. Im Sommer kann es heiß werden, da es auf dieser Insel bestenfalls Palmenhaine, aber keinen dichten, schattenspendenden Wald gibt. Den Rückweg sollte man an warmen Tagen auf die späten Nachmittagsstunden verschieben!

Ausgangspunkte

Einige Touren starten direkt in den **Urlaubsorten:** so Wanderung 2 in Corralejo, Wanderung 7 in Caleta de Fustes, Wanderungen 8 und 9 in Jan-

Seite 334/335: Auf dem Weg zum Mirador

día. Die Mehrzahl der hier vorgestellten Wanderungen lässt sich mit dem **Linienbus** gut organisieren – der Busanschluss wird bei der jeweiligen Tour vermerkt (Fahrplan ⇨Reisetipps A–Z, Verkehrsmittel). Zur Insel Lobos, wo eine Rundtour startet, kommt man mit dem **Boot,** bei einigen Touren (Wanderungen 5, 6 und 10) braucht man ein **Mietauto bzw. Taxi.**

Gehzeiten Die bei der Tourenbeschreibung angegebenen Zeiten verstehen sich als reine Gehzeiten – **ohne Rast und Fotopause** und mit nur wenig Gepäck! Bedenken Sie bitte, dass jeder Wanderer sein eigenes persönliches Lauftempo entwickelt, die Zeit im Buch dient deshalb nur zur Orientierung!

Ausrüstung Ideal sind eingelaufene Wanderschuhe mit dicker Profilsohle und über den Knöchel gehendem Schaft, dazu eine leichte, strapazierfähige Hose und eine Kopfbedeckung gegen die Sonne. In den Rucksack gehören, falls es unterwegs keine Einkehrmöglichkeit gibt, Wasser und Proviant, eine Sonnencreme mit hohem Lichtschutzfaktor, eine elastische Binde und Pflaster.

Landkarten Nur passionierte Wanderer werden sich vor der Reise die topografische Karte von Fuerteventura im Maßstab 1:25.000 bestellen wollen (Mapa Topográfico Nacional, 24 Blätter). Daneben gibt es noch die etwas ältere, 1994 veröffentlichte Militärkarte im Maßstab 1:50.000 (Cartografía Militar, sieben Blätter).

Schwierigkeitsgrad Die Wanderungen in diesem Buch sind nach Schwierigkeitsgraden unterschieden:

*: Touren für **Anfänger und weniger Geübte:** zumeist auf breiten und gemütlichen Wegen, wo auch bei schlechtem Wetter keine Gefahr zu befürchten ist. Kinder können bei diesen Wanderungen dabei sein.
: Touren für Wanderer mit **Trittsicherheit und gewissem **Orientierungssinn;** Wege können kurzzeitig ausgesetzt sein, gefährliche Gipfelanstiege gibt es nicht.

Gefahren

Tiere

Wie auf den übrigen Inseln des Archipels gibt es auch auf Fuerteventura keine gefährlichen Tiere, **weder Schlangen noch Skorpione.** Das Schild „Caza controlada" weist darauf hin, dass in dem betreffenden Gebiet von August bis Ende Oktober jeden Sonntag „kontrolliert" gejagt werden darf: außer Karnickeln und Berghühnern, Turtel- und Felsentauben nun auch das nordafrikanische Atlashörnchen. Wanderer sollten an diesen Tagen vorsichtig sein und sich auf Regionen beschränken, wo Jagen verboten ist: in den Naturparks von Corralejo und Lobos, in den Reservaten von Lajares und Vega de Río Palmas, an der Landenge von Jandía und im Barranco de la Madre del Agua.

Verhaltenstipps

Ein paar wichtige Hinweise, damit Sie nicht Opfer eines Unfalls werden:

- Bleiben Sie stets auf den beschriebenen bzw. ausgeschilderten Pfaden!
- Beachten Sie, dass sich bei starkem (seltenem) Regen in den Barrancos reißende Ströme bilden und Steinschlaggefahr droht.
- Planen Sie die Wanderung immer so, dass Sie noch vor Einbruch der Dunkelheit zum Auto (oder zur Bushaltestelle) zurückkehren.
- Es ist ratsam, Bekannte vor dem Beginn einer Wanderung über die vorgesehene Route und die voraussichtliche Dauer zu informieren.

Organisierte Touren

Buchung per Katalog

Einige Reiseveranstalter haben auf die wachsende Nachfrage nach Wandertouren reagiert und führen inzwischen „Wanderwochen" in ihrem Programm. Jahn arbeitet zusammen mit Canary Trekking, TUI mit der Alpinschule Innsbruck, Neckermann mit Krauland. Achten Sie bei der Buchung bitte stets darauf, dass die Wandergruppen klein sind, ansonsten beginnt unterwegs die Qual des ewigen Warten- oder Hinterherlaufenmüssens.

309fu Foto: gs

Buchung vor Ort

Reiseveranstalter bieten im Rahmen ihres Ausflugsprogramms meist zwei Wanderungen unter deutschsprachiger Führung an: für Gäste des Südens die Tour **von Küste zu Küste** (Costa Calma – La Pared), für Gäste des Nordens eine **Vulkantour** (ab Corralejo) und für alle gemeinsam den etwas kostspieligeren Ausflug **von Antigua nach Ajuy.** Starken Zuspruch finden die von der Inselregierung vorerst von Februar bis November organisierten Touren, die am Wochenende im Rahmen des Programms „Fuerteventura al golpito" stattfinden. Sie werden von *Sendifuer* und *Norte y Solana* geleitet, starten in wechselnden Orten und dauern ca. vier Stunden; 30–50 Personen können teilnehmen. Auskunft über anstehende Touren bekommt man beim Cabildo (Tel. 928862377).

Die neun schönsten Wanderungen

Wanderung 1*: Die Insel der Wölfe

Rund um die Isla de Lobos

- **Charakter:** Leichte Tour auf der naturgeschützten Insel vor der Nordküste Fuerteventuras. Man kommt vorbei an türkisfarbenen Lagunen, „Vulkanöfen" und Salzwiesen, am Ende lockt ein Bad an der weißsandigen Playa de la Concha (Muschelstrand). Die Tour verläuft auf breiten, markierten Wegen entgegen dem Uhrzeigersinn - ein Verlaufen ist fast unmöglich! Die Hitze aber bitte nicht unterschätzen und Wasser mitnehmen! Zur Brutzeit der Möwen (April) sollte man auf die Besteigung der Montaña de la Caldera verzichten.
- **Ausgangs- und Endpunkt:** Anlegestelle Isla de Lobos
- **Länge:** 9 km
- **Dauer:** 2:45 Std.
- **Höhenunterschied:** je 130 m im An- und Abstieg.
- **Einkehr:** Eine Bar in El Puertito (unregelmäßig geöffnet) bietet Getränke, einfache Snacks, manchmal auch frischen Fisch. Zelten nahe dem Strand ist offiziell nur mit Genehmigung der Umweltbehörde von Puerto del Rosario möglich.
- **Anfahrt:** Von Corralejo starten vormittags ab 10 Uhr mehrere Fähren zur Isla de Lobos. Die Fahrt dauert ca. 15 Minuten. Nachmittags, z.B. um 16 Uhr, werden die Gäste wieder abgeholt.

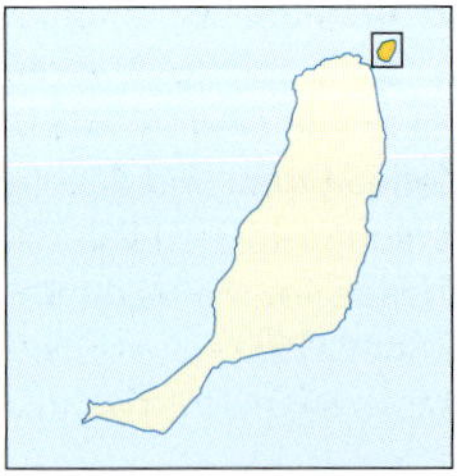

Kurz hinter der **Anlegestelle** auf der Isla de Lobos (mit Besucherzentrum und Grindwalskelett) stößt man auf den markierten Inselrundweg. Folgt man ihm nach rechts, kommt man zum Weiler **El Puertito** (5 Min.), einer Hand voll Steinhütten oberhalb einiger Lagunen. Die Bar ist nur noch selten geöffnet, nordwärts geht es aus dem Dorf hinaus. Der Weg führt breit und bequem durch eine Lavalandschaft, in der sich ein paar salzliebende Pflanzen behaupten,

z.B. das Meeresträubchen und der violett blühende Strandflieder. Nach wenigen Minuten – vor uns ein Berg, auf den deutlich sichtbar ein Pfad hinaufführt – stößt man auf eine Gabelung, an der man sich nach Empfehlung der Umweltbehörde links hält (Anm.: Schöner freilich ist es, rechts abzubiegen: Dieser Weg führt direkt zur Küste und schwenkt dann links auf den Hauptweg zurück). Ein Genuss fürs Auge sind die so genannten Salzwiesen *(Las Lagunillas)*, die im Winter mehrfach überflutet werden. Die „Salzinjektion" übersteht nur die zwischen flechtenbewachsenen Steinen kauernde Kristall-Mittagsblume. Auf ihren fleischigen Blättern glänzen transparente, tropfenähnliche Papillen, die tatsächlich an Kristalle erinnern.

Wir ignorieren in der Folge mehrere Rechtsabzweigungen, passieren eine Anpflanzung von Sisalagaven und erreichen schließlich den **Leucht-**

260fu Foto: PdF

turm Faro de Lobos, zu dem ein breiter Weg hinaufführt (1 Std.). Längst lebt hier kein Wächter mehr, das „Feuer" wird allabendlich von einem Computer entzündet. Vom Leuchtturm bietet sich ein weiter Blick über wellenumtoste Klippen bis zu den Papagayo-Stränden auf Lanzarote. Nicht minder schön ist die Aussicht zurück auf die „Insel der Wölfe" mit ihrer von kleinen „Vulkanöfen" übersäten Ebene. Dabei handelt es sich um Gasblasen, die die noch flüssige Lava an die Oberfläche quellen ließ, wo sie an der kühlen Luft erstarrten.

Wir gehen vom Leuchtturm hinab und halten uns an der Gabelung rechts. Nach einer Viertelstunde passieren wir die Felsbucht **Playa del Sobrado,** nach weiteren gut zehn Minuten unternehmen wir einen (etwas anstrengenden) Abstecher rechts hinüber zum Gipfel des Berges **Montaña**

de la Caldera (1:50 Std.). Aus dem Magma, das aus seinem Schlund emporschoss, hat sich vor über 6000 Jahren die Insel Lobos gebildet. Im Laufe der Zeit hat sich allerdings die Brandung das westliche Drittel des Kraters einverleibt – wie abgeschlagen mit der Axt fällt er deshalb zur Meerseite hin ab. Hier ist der Ausblick noch besser als vom Leuchtturm, er reicht bis zum Ajaches-Gebirge auf Lanzarote; in der Ferne erkennt man die weißen Häuser von Puerto del Carmen.

Zurück auf dem Hauptweg hält man sich weiter auf Südkurs und erreicht schließlich die **Playa de la Concha** (2:35 Std.), eine geschützte, halbrunde Bucht mit weichem weißen Sand: ein ideales Plätzchen, um die Tour ausklingen zu lassen. Von hier sind es nur noch wenige Minuten zur **Anlegestelle** (2:45 Std.), von wo die Fähre gegen 16 Uhr nach Corralejo zurückfährt.

Wanderung 2**: Küstentour mit Badepausen

Von Corralejo nach El Cotillo

- **Charakter:** Eine aufgrund der Länge anstrengende Pistentour; Sonne, Wind und aufwirbelnder Dünensand machen müde. Dagegen hilft ein Bad in einer der schönen Buchten im zweiten Abschnitt der Tour.
- **Ausgangspunkt:** Corralejo
- **Endpunkt:** El Cotillo
- **Länge:** 23 km
- **Dauer:** 5:45 Std.
- **Höhenunterschied:** 50 m im An- und Abstieg.
- **Einkehr:** Bars und Restaurants am Ausgangs- und Endpunkt, unterwegs braucht man ausreichend Flüssigkeit.
- **Anfahrt:** Zum nördlich gelegenen Busbahnhof von Corralejo kommt man mit Bus 6, 7 und 8, gute Parkmöglichkeit für Mietwagen.
- **Hinweis:** Wer die Tour abkürzen will, folgt in Majanicho der Piste 7 km südwärts nach Lajares, von wo es Busse nach El Cotillo, Corralejo und Puerto del Rosario gibt. Konditionssbolzen laufen mit Tour 3 zurück.

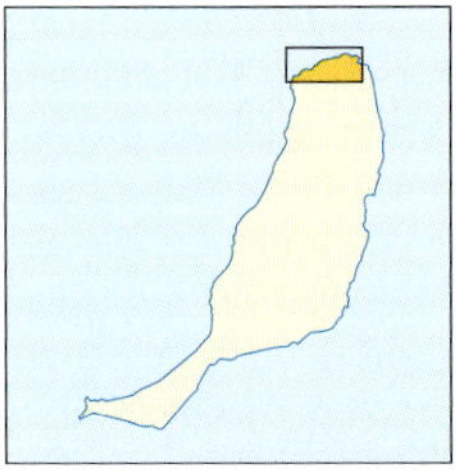

Vom **Busbahnhof in Corralejo** *(estación de guaguas)* geht man auf der Av. Juan Carlos I nordwärts und biegt nach 100 Metern links ab (ausgeschildert: „Majanicho"). In vielen Kehren, leicht an-, dann wieder absteigend, geleitet sie uns am Meer entlang. Bald wird der Blick frei auf Lanzarote, die Nachbarinsel zur Rechten, während zur Linken der Vulkan Bayuyo einem Giganten gleich aus der rötlichen Lavaebene aufragt. Aufgelassene Terrassenfelder zeigen an, dass hier vor nicht allzu langer Zeit Felder bestellt wurden – heute wächst bestenfalls Gestrüpp. Die „Ebene des grindigen Kaps" *(Laderas de la Tiñosa)* macht ihrem Namen alle Ehre, später heißt sie gar „Fegefeuer" *(Purgatorio)*. Nach zehn staubigen Kilometern ist **Majanicho** erreicht (2:15 Std.). Ein paar Häuser scharen sich um eine tief eingeschnittene Bucht, Reusen und Netze sind zum Trocknen aufgestellt. Der Flecken belebt sich nur am Wochenende, wenn die Majoreros ihre zu Wochenendhäuschen umfunktionierten Katen beziehen und sich Surfcracks in die wilden Wogen stürzen. Mit der Ruhe könnte es freilich schon bald vorbei sein: Die Gemeinde hat den Ort für „touristisch interessant" erklärt, d.h., hier darf demnächst gebaut werden, sofern Investoren günstige Angebote unterbreiten.

Weiter geht's auf der nun merklich schlechteren Piste die Küste entlang. Das Meer hat sich an mehreren Stellen tief ins Land „gefressen" und schöne Buchten geschaffen. Hinter dem gottverlassenen Nest **Cortijo de Costilla** liegt die **Caleta de Beatriz** (3:30 Std.), eine geschützte, meist menschenleere Bucht mit herrlich türkisfarbenem Wasser. Ebenso idyllisch ist die angrenzende Caleta de María Díaz. Wer Lust auf ein hüllenloses Bad verspürt, kann sich an der nächsten, weit geschwungenen **Caleta del Marrajo** (4:30 Std.) unter die FKK-Jünger mischen. Schwarze Lavazun-

gen ragen weit in die Bucht hinein, zwischen ihnen entstanden flache Lagunen, in denen es sich planschen lässt.

An der Gabelung hinter der Bucht geht's rechts längs der Küste weiter, wenig später mündet die Piste in Asphalt. Geht man rechts, gelangt man

261fu Foto: PdF

nach einem Kilometer zum **Leuchtturm Faro de Tostón:** Schmuck herausgeputzt, beherbergt er nun ein Fischereimuseum; von der Aussichtsplattform in luftiger Höh' blickt man nicht nur auf den Weg, den man zurückgelegt hat, sondern bis weit hinüber nach Lanzarote. Schön ist auch der „Skulpturengarten", den Ausflügler aus herumliegenden Vulkansteinen aufgebaut haben – Land Art der skurrilen Sorte! Anschließend läuft man auf der wenig befahrenen Straße – vorbei an kleinen Buchten und Lagunen – knapp fünf Kilometer nach **El Cotillo** (5:45 Std.). Wer müde geworden ist, kann freilich auch Leuchtturmbesucher um einen Lift bitten!

Lagunen in El Cotillo

Wanderung 3**: Vulkankegel, Krater, Lavawüsten

Von Lajares nach Corralejo

- **Charakter:** Bequeme Tour auf dem bislang einzigen restaurierten Wanderweg der Insel. Sie führt durch eine Landschaft rötlicher und ockerfarbener Vulkane, die aus der weiten Ebene aufragen. Unterwegs genießt man weite Panoramablicke über den Inselnorden.
- **Ausgangspunkt:** Lajares
- **Endpunkt:** Corralejo
- **Länge:** 12 km
- **Dauer:** 3:45 Std.
- **Höhenunterschied:** je 300 m im An- und Abstieg
- **Einkehr:** Bars und Restaurants in Lajares und Corralejo.
- **Anfahrt:** Startpunkt ist die Bushaltestelle am Sportplatz von Lajares (FV-109 Km. 4), erreichbar mit Bus 7 und 8.

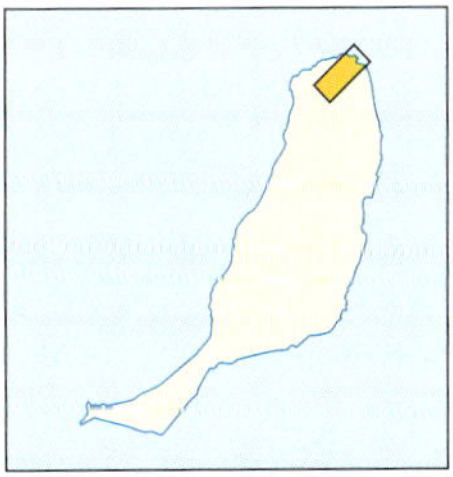

Am Sportplatz von Lajares (Km. 4) biegen wir in die nach Majanicho ausgeschilderte Straße FV-109 ein und passieren nach 1 km linkerhand die mittlerweile geschlossene Kamelstation. Hier startet rechts der Straße ein breiter, von niedrigen Seitenmauern flankierter Weg, in den wir einbiegen. Er strebt zunächst auf die vor uns aufragende, rötlich schimmernde Montaña Colorada zu und führt dann leicht ansteigend rechts um den Berg herum. Wenn sich der Weg nach wenigen Minuten an einem Pass gabelt, halten wir uns links, ignorieren kurz darauf zwei rechts abzweigende Pfade und ersteigen die Aussichtsplattform (230 m) am **Calderón Hondo** (1:15 Std.). Vom Rand des Kraters bietet sich ein toller Blick in den dunklen Schlund; nicht minder imposant ist die Aussicht auf das Malpaís, das unwirtliche Lavaland im Norden.

262fu Foto: GSPGR

Auf dem Weg zurück zur Hauptroute lohnt sich ein kurzer Abstecher. Wir schwenken in den zweiten der zuvor ignorierten Pfade ein und kommen in wenigen Minuten zu einer sorgfältig restaurierten Hirtenhütte. Lose Lavasteine sind zu einem Rundbau aufgeschichtet, wie ihn schon die Ureinwohner errichteten. Davor steht ein kegelförmiger Backofen, gleich daneben ein Pferch, in dem die Tiere übernachteten.

Zurück auf der Hauptroute halten wir uns links und laufen in Nordostrichtung die Vulkankette entlang. Hinter dem Krater Caldera de Rebanada schwenken wir links zu einem verlassenen Weiler ein, wo ein Schild nach Corralejo weist. Im Anschluss führt unsere Route um den Kegel des Las Calderas herum, dann weit hinein in den Krater des hufeisenförmigen **Bayuyo** (2:20 Std.) und wieder aus ihm hinaus. Wir laufen durch eine Steinwüste hinab, passieren einen Wasserspeicher und umgehen ein Gehöft. An der nächsten Gabelung halten wir uns rechts, ignorieren einen von rechts einmündenden Weg und gelangen zu einem Sportfeld *(Estadio Municipal)*. Von hier sind es nur noch wenige Schritte zur FV-101 (Km. 15.2, 3:15 Std.), der wir nach links ins Ortszentrum von **Corralejo** folgen (3:45 Std.).

Wanderung 4**: Auf alten Pilgerpfaden

Von Antigua nach Betancuria

- **Charakter:** Ein alter *Camino Real* (Königsweg) verbindet die beiden schönsten Dörfer der Insel. Erst geht's steil zu einer Passhöhe hinauf, dann in vielen Serpentinen ins Tal von Betancuria hinab. Aufgrund des zu bewältigenden Höhenunterschieds ist die Wanderung etwas anstrengend, doch weite Ausblicke und ungewöhnliche Pflanzen entschädigen für die Mühe. Am dritten Samstag im September wandern auf diesem Camino Hunderte von Wallfahrern nach Betancuria und von dort weiter zur Heiligenfigur der Inselpatronin nach Vega de Río Palmas.
- **Ausgangspunkt:** Antigua (⇨Ortsplan S. 210)
- **Endpunkt:** Betancuria
- **Länge:** 5,5 km (nur Hinweg)
- **Dauer:** 2 Std.
- **Höhenunterschied:** 360 m im An-, 250 m im Abstieg.
- **Einkehr:** Restaurants an Start und Ziel, ein spartanisches Pensionszimmer in Betancuria, in Antigua Zimmer und Apartments.
- **Anfahrt:** Startpunkt ist die Kirche im Zentrum der Stadt, Parkmöglichkeiten gibt es vor dem benachbarten Rathaus. Antigua ist mit Bus 1 von allen Orten der Ost- und Südküste aus gut erreichbar, von Betancuria geht es mit Bus 2 nach Puerto del Rosario zurück.

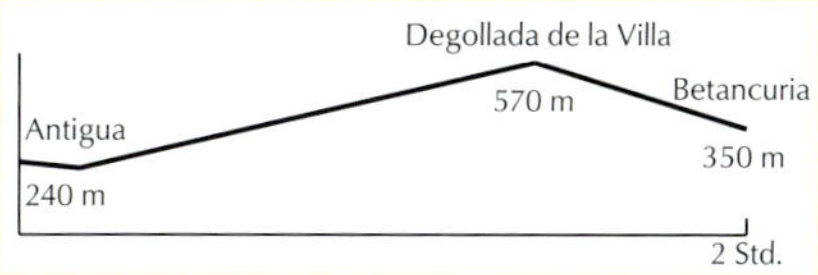

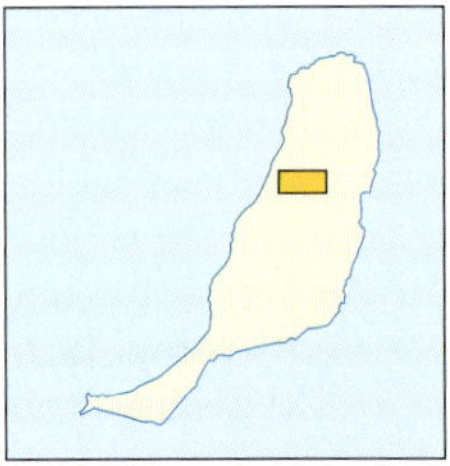

Treten wir aus der **Kirche** heraus, halten wir uns links und schwenken nach wenigen Schritten rechts in die Calle San Francisco. Nach 60 Metern biegen wir links in eine schmale Asphaltstraße ein und erreichen nach 100 Metern eine Kreuzung. Hier halten wir uns scharf rechts und folgen der palmengesäumten Straße ins Talbett hinab. Wo sie nach 600 Metern eine deutliche Rechtskurve beschreibt, gehen wir geradeaus weiter auf einer Piste, die in den alten Pilgerweg übergeht. Dieser schöne *camino* steuert geradewegs auf den vor uns aufragenden Bergkamm zu, deutlich sichtbar ist sein Verlauf. Auch an den folgenden Verzweigungen halten wir uns rechts, Steinmännchen helfen bei der Orientierung. Ein Schild kündigt den Beginn des Naturschutzgebiets Betancuria an, mit 20 Millionen Jahren geologisch älteste Landschaft der Insel (30 Min.).

In Serpentinen schraubt sich der Königspfad aufwärts. Längs des Weges sehen wir Tabaiba-

080fu Foto: gs

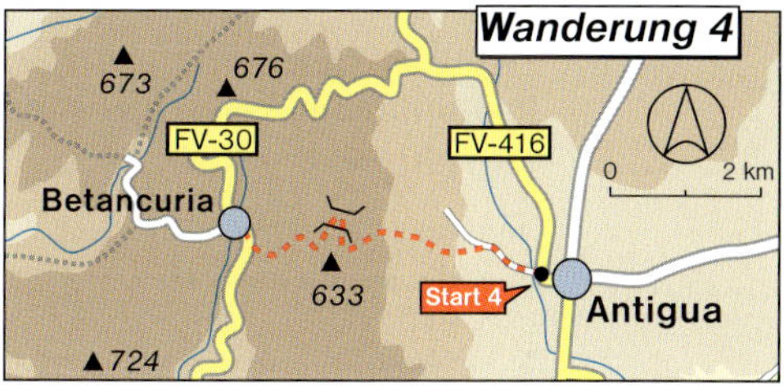

und Verode-Pflanzen, beides so genannte Wolfsmilchgewächse (Euphorbia), die von tief hängenden Passatwolken befeuchtet werden. Ihr kräftiges Grün kontrastiert mit dem Ocker und Grau des Gesteins; im Frühjahr, wenn der Affodill erblüht, kommen weiße und rosafarbene Töne hinzu. Noch etwas höher ist das Steinreich mit weichem Rasen bedeckt, der von weidenden Ziegen kurz gehalten wird.

Ein großartiges Panorama bietet sich von der 570 Meter hohen **Degollada de la Villa,** der „Passhöhe über der Stadt" (1:25 Std.) – gemeint ist damit die alte Inselhauptstadt Betancuria. Lohnenswert ist ein Abstecher nach Süden auf den noch etwas höheren **Morro del Cortijo,** von dem man eine noch weitere Aussicht genießt (hin und zurück zusätzlich 20 Min.). Anschließend steigt man von der Degollada de la Villa auf einem breiten, agavengesäumten Weg in bequemen Kehren zur Straße FV-30 hinab. Wir folgen ihr nach rechts und erreichen nach wenigen Minuten den Ortskern von **Betancuria** (2 Std.).

Wanderung 5**: Palmenhaine, Felsschluchten und ein Fischerdorf

Von Vega de Río Palmas über die Ermita nach Ajuy

- **Charakter:** Die wohl schönste Tour Fuerteventuras führt durch eine palmenbestandene Schlucht, vorbei an einem Stausee und einer Wallfahrtskapelle. Sie endet an einem pechschwarzen Strand mit mehreren Restaurants, wo man sich mit fangfrisch zubereitetem Fisch stärken kann.
- **Ausgangspunkt:** Vega de Río Palmas
- **Zwischenziel:** Ermita de la Peña
- **Endpunkt:** Ajuy
- **Länge:** 8 km (nur Hinweg)
- **Dauer:** 3:15 Std.
- **Höhenunterschied:** 280 m im Abstieg, 30 m im Aufstieg.
- **Einkehr:** Restaurants in Vega de Río Palmas und Ajuy.
- **Anfahrt:** Ausgangs- und Endpunkt sind nur mit dem Auto erreichbar; am besten lässt man sich nach Vega de Río Palmas bringen und in Ajuy zu einem verabredeten Zeitpunkt wieder abholen. Alternativ kann man ab Pájara (Bus 4/9) ein Taxi zum Ausgangspunkt nehmen und es sich nach Ajuy für die Rückfahrt bestellen.

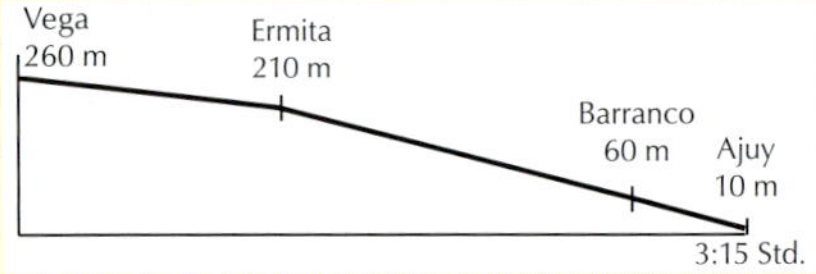

- **Variante:** Wer sich mit einer kurzen Rundtour begnügt, kommt ohne aufwendigen Transfer zum Startpunkt zurück: Von der Ermita de las Peñas läuft man zur Staumauer zurück, quert sie zur gegenüberliegenden Uferseite und läuft von dort erst auf schmalem, dann auf breitem Weg weiter bis zu einer Asphaltpiste, das in 20 Min. ins Ortszentrum von Vega de Río Palmas zurückführt (Gesamtzeit verkürzt sich auf 1:15 Std.).

081fu Foto: gs

Vom Kirchplatz in **Vega de Río Palmas** folgen wir der Straße westwärts, passieren eine Bar und ein Telefonhäuschen. Ca. 80 Meter weiter verlassen wir die Straße auf einer rechts abzweigenden Erdpiste, die in den Talgrund hinabführt. Diesem folgen wir bergab, gehen nach 300 Metern unter einer Brücke hindurch, nach einem weiteren Kilometer unter einer zweiten. Wir laufen durch das felsige Barranco-Bett, weichen schließlich vor einem dichten Tamariskengebüsch auf die rechte Talseite aus und erreichen den Rand des **Stausees Presa de las Peñas** (50 Min.): Nach regenreichen Wintern ist er mit schlammigem Was-

Der Weg verläuft oberhalb der Kapelle

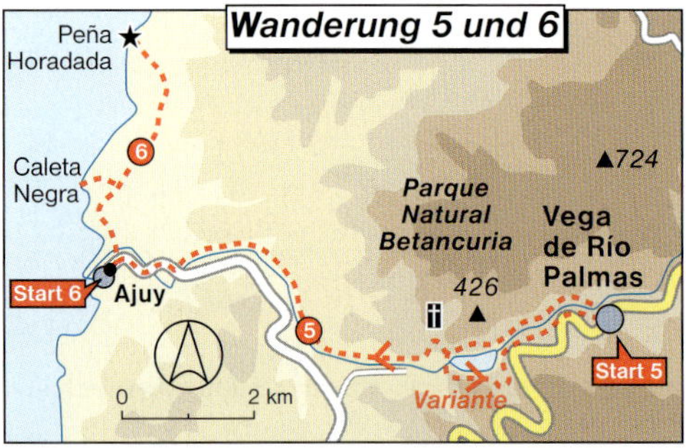

ser gefüllt, bleibt der Regen aus, präsentiert er sich als große Trockenfläche; nur das Schilfrohr weist dann auf die zeitweilige Existenz von Wasser hin. Ein Schild zeigt an: „Aves protegidas en reproducción" (geschützte Vögel an ihrem Brutplatz), gemeint sind u.a. Falken und Geier.

Wir steuern auf die weithin sichtbare, niedrige **Staumauer** zu, wo sich der geschickt in den Fels geschlagene alte Camino fortsetzt. Das Tal verengt sich hier zum Barranco del Mal Paso, aufgrund des glatten, schwer begehbaren Gesteins „Schlucht des schlechten Durchgangs" genannt. Von der Staumauer eröffnet sich ein toller Ausblick auf die dahinter liegende schmale Schlucht mit einzelnen Palmen und sonnenausgeglühten Bergkuppen der Westküste. Der steingepflasterte Weg führt in der Folge an Felswannen vorbei, in denen sich Wasser sammelt. Am Ausgang der Felsschlucht liegt knapp unterhalb des Weges die **Ermita de las Peñas** (1:10 Std.): eine weiße, in den Fels gekerbte Kapelle, die meist offen steht. Der dunkle Raum ist mit Graffiti der zahlreichen Besucher übersät; in einer Nische liegen Heiligenbilder sowie Gästebücher voller Wünsche, Bitten und Danksagungen. Eine Kopie des Gemäldes „Entdeckung der Jungfrau durch den Hl. Dracus" schmückt die Wand, das Original befindet sich im Kirchenmuseum von Betancuria.

Wir folgen dem schön angelegten, in den Fels gehauenen Weg weiter hinab. Die Schlucht weitet sich zu einem Tal, auf dessen Grund hohe Palmen sprießen. In der Nähe eines verlassenen Gehöfts endet der Weg. Nun geht es über ein mit Steinmauer verkleidetes Wasserrohr ins Talbett hinab, dem wir nach rechts folgen. An der linken Hangseite stehen die beiden noch bewirtschafteten und von Hunden bewachten Gehöfte von Buen Paso. Nach gut eineinhalb Kilometern schwenkt der Barranco nach rechts und verläuft parallel zur Straße Richtung Ajuy (FV-621). Nach weiteren knapp zwei Kilometern mündet von rechts der **Barranco de la Madre del Agua:** (2:45 Std.): ein herrlich grüner Flecken mit Schilf und alten Palmen. Um nach Ajuy zu gehen, halten wir uns links und schwenken auf Westkurs ein. Sieht man nach gut 500 Metern rechts am Hang ein Ziegengehöft, geht man über Piste links hinauf zur Straße. Auf dieser erreicht man nach weiteren 1,4 Kilometern das Fischerdorf **Ajuy** (3:15 Std.).

Wanderung 6*: Höhlen und ein „durchlöcherter Fels"

Von Ajuy zur Peña Horadada und zurück

- **Charakter:** Die viel begangene Tour führt über weiße Kalkterrassen zu bizarr durchlöcherten Klippen. Fortwährend hat man Ausblick aufs Meer, das an die Küste brandet. Bei rauer See sollte man nur bis zum Mirador gehen – wegen Rutschgefahr ist der Abstieg zu den Höhlen gefährlich.
- **Ausgangs- und Endpunkt:** Ajuy
- **Zwischenziel:** Peña Horadada
- **Länge:** 3,5 km (hin und zurück)
- **Dauer:** 1:30 Std.
- **Höhenunterschied:** 100 m im An- und Abstieg.
- **Einkehr:** Restaurants in Ajuy.
- **Anfahrt:** Ab Pájara (Bus 4/9) weiter mit Taxi oder per Anhalter, Autos können in Strandnähe abgestellt werden.

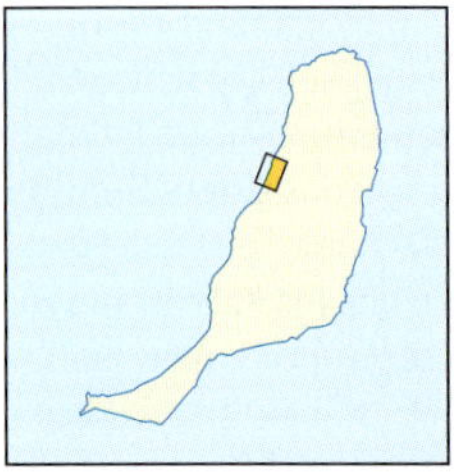

An der **Nordseite der Bucht** steigt ein gut abgesicherter Weg zu einem improvisierten Heiligenschrein an (5 Min.), wo sich ein erster schöner Blick auf die brandungsumtoste Küste bietet. Danach schwenkt der Weg rechts ein und führt an einer kalkweißen, überhängenden Felswand vorbei – das Meer hat sie im Laufe der Zeit freigewaschen. Wie aufgeschlagener, in der Bewegung erstarrter Schaum wirkt das Gestein, weich gerundet ist seine Oberfläche. Nach knapp 15 Minuten ist der **Mirador,** ein gemauertes Plateau mit prächtiger Aussicht, erreicht. Man blickt hinab auf Ajuys ehemaligen Hafen, wo noch in der zweiten Hälfte des 19. Jahrhunderts gebrannter Kalk nach Gran Canaria verschifft wurde. Nach knapp 5 Minuten erreicht man die alte Verladestelle mit den Resten zweier Kalköfen, 10 Minuten später den alten Hafen in der dank dunkler Felsen so genannten **Caleta Negra** („Schwarze Bucht"). Dort kann man über in den Fels geschlagene Treppen zu einer gut gesicherten **Grotte** *(Cueva)* hinabsteigen. Pfeile weisen den Weg zu einer zweiten Höhle, in der man aber ohne Taschenlampe nicht weit kommt.

Wer auf die Klettertour zu den Höhlen verzichtet, läuft vom Mirador parallel zur Küste weiter und verlässt die Steilküste auf einem Fahrweg nach rechts. Nach 200 Metern schwenkt man links in einen zweiten Fahrweg ein und passiert ein Weidetor. Über einen leicht geneigten Hang geht man zum Talgrund hinab, dann 300 Meter links zur Mündung der Schlucht, wo man zur Rechten den 20 Meter hohen Triumphbogen der **Peña Horadada,** des „durchlöcherten Fels", erblickt (45 Min.). Hier, so heißt es, ist der Normanne *Jean de Béthencourt* 1405 mit seinen Truppen gelandet, um die Insel endgültig zu „befrieden". Auf dem vom Hinweg bekannten Weg geht es nach **Ajuy** zurück (1:30 Std.).

263fu Foto: PdF

Abendstimmung am Küstenweg –
im Hintergrund die Bucht von Ajuy

Wanderung 7**: Strandmarathon

Von Jandía zur Costa Calma

- **Charakter:** Keine Wanderung im herkömmlichen Sinn, eher ein sehr langer Spaziergang an Fuerteventuras schönstem Strand. Aber bitte keinen windigen Tag auswählen – wenn Sand herumwirbelt, ist die Tour kein Vergnügen!
- **Ausgangspunkt:** Jandía (⇨Ortsplan S. 300)
- **Endpunkt:** Costa Calma
- **Zwischenziele:** Las Gaviotas, Esquinzo, Los Gorriones
- **Länge:** 18 km (nur Hinweg)
- **Dauer:** 4:45 Std.
- **Einkehr:** mehrere Strandbars.
- **Anfahrt:** Das Hotel Faro Jandía, der Startpunkt der Tour, befindet sich an der Hauptstraße FV-2 (hier: Av. del Saladar); längs der Straße gibt es zahlreiche Parkmöglichkeiten. Alle Busse zwischen Costa Calma und Morro Jable (1, 4, 5, 9 und 10) halten hier.
- **Hinweis:** Am besten unternimmt man die Tour bei Ebbe *(bajamar)*, wenn der Strand breit ist und man an einigen „Engpässen" problemlos vorbeikommt.

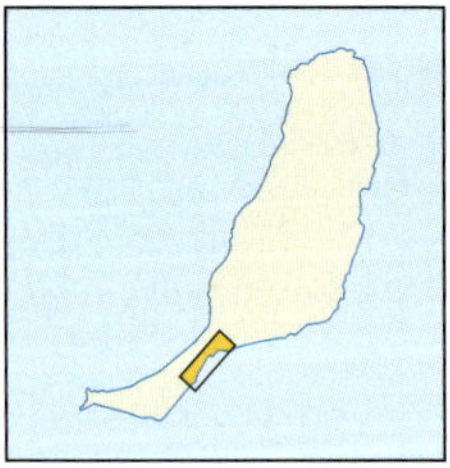

Die Wanderung startet gegenüber vom **Hotel Faro Jandía.** Man verlässt die Hauptstraße auf einem breiten Weg, der – vorbei an blassgrünen Salzwiesen – direkt auf den Leuchtturm *(Faro)* zuläuft. Am Strand hält man sich links und geht – nun stets in Nordostrichtung – die Küste entlang. Nach insgesamt 30 Minuten sind die Ferienanlagen von **Las Gaviotas** erreicht. Die weißen Häuser des Club Aldiana thronen auf niedrigen Klippen, an ihrem Fuß warten Katamarane mit knallbunten Segeln auf Kundschaft. Eine Strandbar *(chiringuito)* bietet Erfrischungen an. Hinter dem Club verengt sich der Strand und man umgeht einige Steinbrocken. An der dunklen Felswand zur Linken kann man oft Atlashörnchen bei ihren Turnübungen zuschauen.

Die nächste Station ist **Esquinzo** (1:30 Std.). Am Strand unterhalb der Feriensiedlung laden erneut *chiringuitos* zu einer Rast ein, auch ein paar Liegen und Sonnenschirme sind aufgereiht. Dann wieder ein kleiner Landvorsprung: Ein kurzer, steiniger Abschnitt muss gequert werden, bevor man abermals einen herrlichen Strand vor sich hat. Im *Barranco del Mal Nombre*, der „Schlucht des bösen Namens", geht es zum Club Tierra Dorada hinauf, eine weitere Strandbar bietet sich zur Einkehr an.

Heller Sand, so weit die Füße tragen ... Wenn sich die Riesendünen von Risco del Paso in wei-

264fu Foto: AdP

tem Bogen zum Meer hinabziehen, naht der Höhepunkt dieser Tour, die türkisfarbene, vier Kilometer lange **Lagune von Playa Barca.** Sie ist durch eine schmale Nehrung vom offenen Meer getrennt und verwandelt sich bei Ebbe in ein riesiges Watt. Auf dem Wasser tummeln sich Dutzende Surfer, wild flitzen ihre bunten Dreieckssegel über die Wellen. Im Sommer werden hier die Ausscheidungswettkämpfe der Surf-Weltmeisterschaft ausgetragen. Die Surfschule René Egli hat neben dem Hotelklotz von **Los Gorriones** ihren Hauptsitz (Pro Center I), angeschlossen ist eine Beachbar (4 Std.). Wer die Tour hier abbrechen will, erkundigt sich an der Rezeption, ob die Haltestelle vor dem Hotel auch weiterhin von Bussen angesteuert wird; ist dies nicht der Fall, muss man vom Hotel der Asphaltpiste 2,5 Kilometer landeinwärts zur FV-2 folgen, wo sich die nächste Haltestelle befindet. Länger, dafür aber schöner ist die Fortsetzung des Weges am Strand entlang zur **Costa Calma** – vorbei an der „Katzenklippe" mit mehreren neuen Großhotels bis hin zur Strandverengung, wo man – vorbei am Centro Comercial Sotavento – zur Bushaltestelle aufsteigt (4:45 Std.).

Wanderung 8**: Aufs Dach der Insel

Von Jandía auf den Pico de la Zarza und zurück

- **Charakter:** Eine aufgrund des langen Anstiegs etwas anstrengende Tour durch vorwiegend eintönige Landschaft: 800 Höhenmeter geht's hinauf und dann auf gleichem Weg wieder zurück und dies bei meist stechender Sonne und starkem Wind. Der Mühe Lohn: ein fantastischer Küstenblick, dazu ringsum felsige Zacken und Grate – ein wildes, „alpines" Gebirgspanorama! Die Tour sollte frühmorgens gestartet werden, in der Gipfelregion bilden sich oft zur Mittagszeit Wolken.
- **Ausgangs- und Endpunkt:** Jandía (Ortsplan S. 300)
- **Zwischenziel:** Pico de la Zarza
- **Länge:** 16 km (hin und zurück)
- **Dauer:** 5:15 Std.
- **Höhenunterschied:** je 800 m im An- und Abstieg.
- **Einkehr:** Unterwegs gibt es keine Bar, darum ausreichend Trinkwasser und Proviant mitnehmen!
- **Anfahrt:** Startpunkt ist das Hotel Barceló Jandía Playa im Ortsteil Vinamar (Jandía). Wer mit dem Bus anreist (Linien 1, 4, 5, 9 und 10), wählt die Haltestelle am Einkaufszentrum Ventura.
- **Hinweis:** Schilder mit Aufschriften wie „Prohibido el paso" (Durchfahrt verboten) gelten nur für Jeeps, nicht für Wanderer!

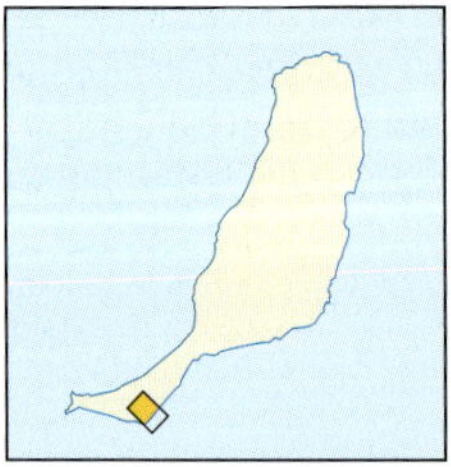

Vom Hotel Barceló Jandía Playa folgt man der aufwärts führenden Straße. Nach 500 Metern ignoriert man die links zum Golfplatz hinabführende Straße und geht weiter bergauf. 250 Meter weiter verlässt man die zum Wasserspeicher hinaufführende Asphaltstraße und folgt einer Schotterpiste hangaufwärts. Oberhalb des betonierten Wasserspeichers geht diese in die eigentliche Wanderpiste über – hier ist die Welt der Zivilisation (endlich) zu Ende. Je höher man kommt, desto schöner der Blick, Wind und Wasser gruben tiefe Schluchten in den Basalt. Und auch die Vegetation wird interessanter: Dürres Dornlattichgestrüpp wird abgelöst von anfangs niedrigen, später größeren Euphorbienbüschen; im Oberlauf des Valle de Vinamar wachsen mächtige Säulenwolfsmilchgewächse. Nicht selten wird man auch wild weidenden Ziegen begegnen.

Am **Pistenende** (2:35 Std.) setzt sich ein Weg gut sichtbar fort und hält steil auf den Gipfel mit Wetterstation und Schutzhütte zu. Am 807 Meter hohen **Pico de la Zarza,** dem „Dornbuschgipfel", ist der höchste Punkt der Insel erreicht (3 Std.). Hier bietet sich das versprochene Panorama: Über lotrecht abfallende Hänge schaut man auf die kilometerlangen Strände von Cofete und Barlovento hinab. Leicht von der Küste zurückversetzt liegt die Villa Winter mit ihrem festungsartigen Turm, links sieht man die *orejas de asno* (Eselsohren), wie man die beiden Kaps am Landvorsprung liebevoll nennt. Bei klarer Sicht erkennt man die Nachbarinsel Gran Canaria und selbst der 3718 Meter hohe Teide, der höchste Berg Teneriffas, soll von hier schon gesichtet worden sein. Freuen können sich auch die Freunde der Botanik: Rund um den Inselgipfel wachsen Kanaren-Margarite und Hahnenfuß, die von Passatwolken befeuchtet werden. Unterhalb des Pico sieht man die vor braunem Hintergrund sattgrün aufleuchtenden Büsche der Euphorbia canariensis. Besonders schön ist die Wanderung im Frühjahr, wenn in gelber Farbe der Goldstern erblüht und aromatische Düfte versprüht. Nach ausgiebiger Rast geht es nach **Jandía** zurück (5:15 Std.).

Wanderung 9**: Von Ost nach West übers Jandía-Massiv

Durchs Gran Valle nach Cofete und zurück

- **Charakter:** Das „große Tal" schlägt eine Bresche ins Jandía-Massiv. Man wandert in grandioser Einsamkeit, nur begleitet von ein paar Ziegen und Schafen. An der 363 m hohen Passhöhe von Cofete bietet sich ein erster Blick hinunter aufs Dorf, zu dem man über gerölliges Gelände hinabsteigt. Der einst viel begangene Weg ist heute nicht mehr in bestem Zustand, Trittsicherheit ist erforderlich.
- **Ausgangs- und Endpunkt:** Gran Valle
- **Zwischenziele:** Degollada de Cofete und Cofete
- **Länge:** 14 km hin und zurück
- **Dauer:** 5 Std.
- **Höhenunterschied:** je 650 m im An- und Abstieg.
- **Einkehr:** Bar-Restaurant in Cofete.
- **Anfahrt:** Der Ausgangspunkt ist nur mit dem Mietwagen erreichbar (Taxis befahren die Piste nicht): In Morro Jable verlässt man die FV-2 auf der nach Punta de Jandía ausgeschilderten Piste. Nach 3 km passiert man einen Wasserspeicher links der Straße; 250 m weiter zweigt rechts eine schmale Piste ab, an der man den Wagen abstellt.
- **Hinweis:** Wer die Tour abkürzen will, begnügt sich mit dem Aufstieg zur Degollada de Cofete; wer bis Cofete wandern, sich aber den Rückweg ersparen will, bittet in der Bar Tagesausflügler, ihn oder sie bis zum Gran Valle mitzunehmen (7,5 km bis zur Gabelung, dann noch 8 km Richtung Morro Jable).

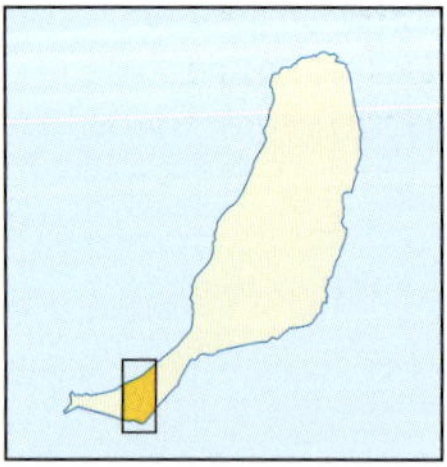

Vom Ausgangspunkt folgt man der **Piste** ins weit geschwungene, trogförmige Tal Gran Valle. Schon nach wenigen Schritten entdeckt man die Jandía-Wolfsmilch *(Euphorbia handiensis)*, die nur auf Fuerteventura, nirgends sonst auf der Welt gedeiht. Sie ist bestens gegen die Sonne gewappnet: Ein dicker Hautpanzer schützt die in ihrem Innern gespeicherte Flüssigkeit vor Verdunstung. Nach 500 Metern passiert man ein

085fu Foto: gs

paar lieblos zusammengezimmerte Ziegenställe und folgt der Piste links hinab ins trockene Bachbett. Ein Schild weist auf das beginnende Naturschutzgebiet von Jandía hin; auf den ausgedörrten Hängen ringsum weiden Ziege und Schafe. Nach insgesamt 1,7 Kilometern nähert man sich einer quer zum Tal verlaufenden **Steinmauer** (25 Min.), ca. 100 Meter vor ihr verlässt man die Piste und läuft nach rechts auf einen Mauerdurchbruch zu.

Atlashörnchen

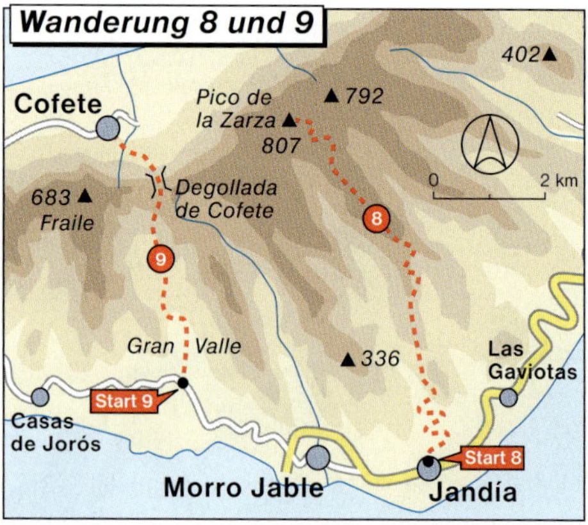

Nachdem man ihn passiert hat, folgt man dem verwachsenen, von einer schwarzen Schlauchleitung begleiteten Weg. An der Ostseite des Gran Valle geht es hinauf, anfangs noch parallel zu der im Talgrund verlaufenden Piste.

Bald verengt sich der Weg zu einem Pfad. Nahe dem Talende erkennt man die verfallenen Häuser eines Weilers, nur die kreisrunden Gehege werden noch genutzt. Den Steinmännchen folgend, die Wanderer freundlicherweise aufgestellt haben, geht es auf einem kürzlich gut ausgebauten Weg in vielen Kehren hinauf zur 363 Meter hohen Pass-

Kandelaberwolfsmilch bei Cofete

höhe **Degollada de Cofete** (1:15 Std.). Wie eine Scharte schneidet sie sich in den gezackten Kamm und bietet einen tollen Blick in die Tiefe auf die Villa Winter, die Häuser von Cofete und die kilometerlangen Sandstrände der Westseite. Links von uns ragt der „Mönch" (Fraile, 663 m), rechts der nicht minder eindrucksvolle „Dornbuschgipfel" (Pico de la Zarza, 807 m) auf – ein guter Platz für ein Picknick, falls der Wind nicht zu stark um die Ohren bläst.

Von der Passhöhe steigt man auf einem gut ausgebauten Weg hinab. Nach einer bei feuchtem Wetter zeitweise rutschigen Partie über verwittertes Lavagestein gelangt man zu einer Gabelung und hält sich links (rechts geht es auf einem teilweise ausgesetzten Pfad zur Villa Winter). An der linken Flanke des gerölligen Barranco läuft man bergab zur Dorfpiste. In der Bar genehmigt man sich einen kühlen Drink, bevor man auf einer einen Kilometer langen Piste zum **Strand von Cofete** hinabläuft (2:30 Std.). Zurück nach **Gran Valle** geht es auf gleichem Weg (4:45 Std.) oder per Anhalter auf der Autopiste.

213fu Foto: gs

303fu Foto: gs

Ausflug zur Nachbarinsel Lanzarote

Insel der Feuerberge

Eine **Tagestour** nach Lanzarote soll Appetit machen auf mehr. Es ist die Insel der Feuerberge, der bizarren Formen und farblichen Kontraste. Während auf Fuerteventura die Vulkane in Millionen von Jahren abgeschliffen wurden, sind sie auf Lanzarote noch jung und vor allem heiß. In den Jahren 1730 bis 1736 hat sich die Erde geöffnet und Feuer gespuckt; glutheiße Lava quoll aus dem Innern und begrub Felder und Dörfer unter sich. Doch der Schoß ist fruchtbar noch, aus dem das kroch – der Boden bildet nur eine dünne Trennwand zur flammenden, in der Tiefe schlummernden Magma.

Über Yaiza zur Weinstraße

Wer keine Hektik mag, beschränkt sich beim Tagesausflug auf die Südwesthälfte der Insel. Die Busverbindungen sind leider nicht gut, deshalb ist es sinnvoll, sich für diesen Tag ein Auto zu mieten (⇨Praktische Tipps). Startpunkt der Tour ist das neue Touristenzentrum **Playa Blanca** mit einer hübschen Meerespromenade, an der sich ein Fischrestaurant ans nächste reiht. Doch typisch für Lanzarote ist dieser Ort nicht, darum bleiben wir nicht lange, sondern machen uns auf den Weg in die in nördlicher Richtung aufscheinenden Feuerberge.

Durch die von der Sonne ausgeglühte, steinübersäte Rubicón-Ebene geht es nach **Yaiza** hinauf, ein Ort mit palmenbepflanzten Straßen und strahlend weißen Häusern, dazu blühenden Gär-

Seite 368/369: Die Playas de Papagayo – Traumstrände im äußersten Süden der Insel

Siesta auf der Plaza von Yaiza

304fu Foto: gs

ten am Rande düsterer Lava. Vor den großen Vulkanausbrüchen hatte man Yaiza als einen „himmlischen Park" voller Obst- und Mandelbäume gerühmt. Doch dann kam der Ascheregen, der weite Teile des Dorfes unter sich begrub. Fast hätte sich die Katastrophe 1824 wiederholt – in diesem Jahr aber flossen die Lavaströme an Yaiza vorbei. Die Bürger der Stadt waren sich einig, dass sich das Wunder dem Wirken der Barmherzigen Jungfrau verdankte: Sie musste es gewesen sein, die die glühenden Wogen ums Dorf herum geleitet hatte. So wurde ihr die Pfarrkirche im Ortszentrum geweiht, die den ganzen Tag über besucht werden kann. An der Westseite des langgestreckten Kirchplatzes steht das schmucke Kulturhaus, in dem wechselnde Kunstausstellungen gezeigt werden. Im Ortskern ist fast rund um die Uhr eine Putzkolonne unterwegs, die noch die kleinsten Krümel vom Boden aufkehrt. Schon zweimal wurde Yaiza zum „schönsten Dorf Spaniens" erwählt und es scheint, als zielte der ganze Ehrgeiz des Bürgermeisters darauf ab, diesen Preis noch ein drittes Mal zu gewinnen.

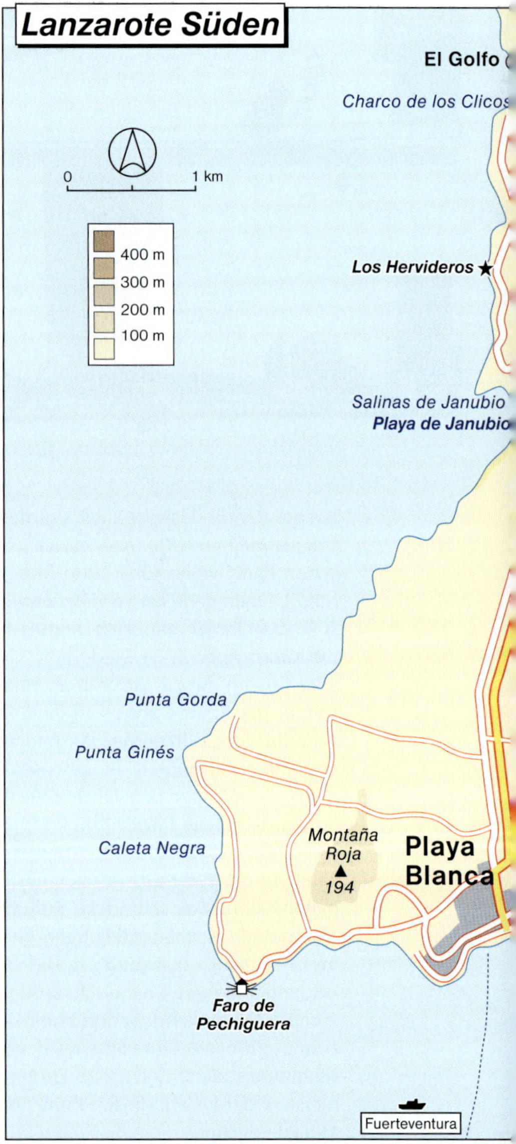
Lanzarote Süden
El Golfo
Charco de los Clicos
0
1 km
400 m
300 m
200 m
100 m
Los Hervideros
Salinas de Janubio
Playa de Janubio
Punta Gorda
Punta Ginés
Caleta Negra
Montaña Roja
194
Playa Blanca
Faro de Pechiguera
Fuerteventura

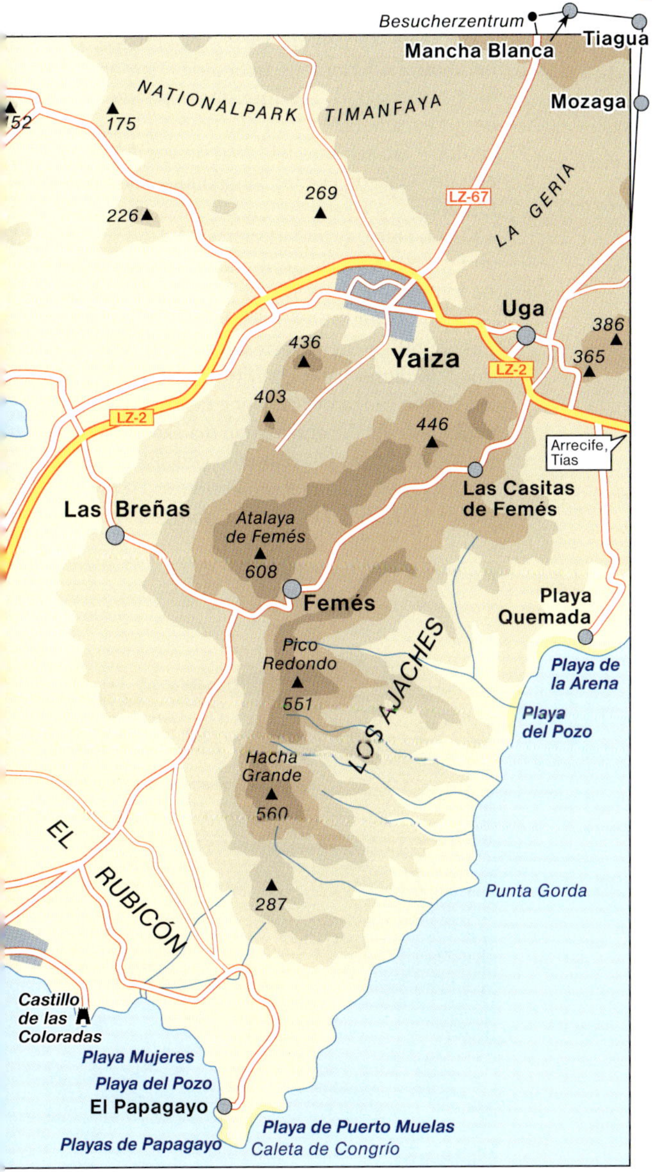
Besucherzentrum
Mancha Blanca
Tiagua
Mozaga
NATIONALPARK TIMANFAYA
175
226
269
LZ-67
LA GERIA
Uga
386
365
Yaiza
436
403
LZ-2
LZ-2
446
Arrecife, Tías
Las Casitas de Femés
Las Breñas
Atalaya de Femés
608
Femés
Playa Quemada
Pico Redondo
551
LOS AJACHES
Playa de la Arena
Playa del Pozo
Hacha Grande
560
Punta Gorda
287
EL RUBICÓN
Castillo de las Coloradas
Playa Mujeres
Playa del Pozo
El Papagayo
Playa de Puerto Muelas
Playas de Papagayo
Caleta de Congrío

Für seine Kamelfarm ist der Nachbarort **Uga** berühmt. Frühmorgens ziehen die Tiere in Richtung Nationalpark, um Touristen durch die Feuerberge zu schaukeln. Am Nachmittag kehren sie zurück – ein schönes Bild, wie sie vor der Silhouette der Vulkane in einer langen Karawane dahintrotten!

Kurz hinter Uga ändert sich wieder die Szenerie und wir betreten **La Geria** – ein weites, gewelltes Tal mit symmetrisch angeordneten Mulden. Wohin man schaut, wurden der Asche grüne, wie mit Zirkel und Lineal abgesteckte Weinfelder abgetrotzt. In dieser Landschaft wachsen die berühmten Weine Lanzarotes. Entlang der Straße folgt eine Bodega auf die andere und man kann alles kosten, was auf dem Vulkanboden gedeiht. Es gibt roten und noch häufiger weißen Wein, schweren, süßen Malvasier ebenso wie süffigen Moscatel

305fu Foto: gs

und leichten Rosé. El Grifo, erkennbar an dem vom Künstler *César Manrique* gestalteten Greifentier, ist die älteste Bodega der Insel und heute Sitz eines Weinmuseums.

An der Kreuzung von **Mozaga** endet die „Weinstraße" – hier lohnt es abermals zu halten. Hinter dem riesigen Fruchtbarkeitsmonument liegt die Casa Museo del Campesino, ein im landestypischen Stil errichtetes Anwesen mit Werkstätten von Webern, Schnitzern und Töpfern (Eintritt frei). Denkmal und Museum wurden vom Künstler César Manrique entworfen, der auch an vielen anderen Orten der Insel seine unverwechselbare Handschrift hinterlassen hat.

Nationalpark Timanfaya

Über Tiagua schlägt man einen weiten Bogen nach **Mancha Blanca** – wie durch ein Wunder blieb auch dieser Ort von den brennenden Lavaströmen verschont. Zu Ehren der „Schmerzensreichen Madonna", die die Bauern gerettet hat, strömen alljährlich am 15. September Tausende von Pilgern zu ihrer Kapelle und feiern ein mehrtägiges Fest.

Knapp südlich des Ortes, bei Km. 11.5 an der Straße nach Yaiza, wurde ein **Besucherzentrum** eingerichtet, in dem man bei freiem Eintritt multimedial in die Welt der Vulkane eingeführt wird. Auf die theoretische Erörterung folgt sogleich die praktische Anschauung: Die Landschaft, die man in den folgenden 20 Minuten durchfährt, wirkt wie von einem andern Stern. Violett schimmernde Kegel wechseln ab mit zertrümmerter Schlacke und aufgerissenen Kratern, steingewordene Flüsse – im Chaos erstarrt. Das einzig wahrnehmbare Zeichen von Leben sind blassgrüne Flechten auf dem Gestein.

Die Menschen von heute lieben es, mit der Katastrophe zu spielen. Über eine Million Besucher sollen es sein, die jedes Jahr an der **Vulkanroute** *(Ruta de los Volcanes)* teilnehmen, einer etwa 30-minütigen Busfahrt durch den spektakulärsten Teil des Nationalparks. Wer dazugehören möchte, löst an der Schranke ein Ticket (ca. 8 €) und fährt zum Parkplatz am Islote de Hilario, wo zur Musik von *Richard Wagner* der kollektive Trip startet. Wer die Landschaft lieber vom Rücken eines Kamels aus erleben möchte, fährt drei Kilometer weiter in Richtung Yaiza: Am Echadero de los Camellos steht eine Karawane bereit, die Touristen eine halbe Stunde lang durch die Feuerberge schaukelt.

Wilde Südwestküste

Den Nachmittag könnte man dann in **El Golfo** am „wütenden" Meer verbringen. Mehrere Fischlokale säumen die schwarze Lavaküste, an der sich fortwährend die Wellen brechen und salzige Gischt die Luft erfüllt. Möwen gleiten heran und beziehen in gebührendem Abstand Stellung, warten geduldig auf ihnen zugeworfene Fischbrocken. Das Dorf besteht eigentlich nur aus einer langen Straße, an der Häuser aufgereiht sind. Es gibt ein winziges, zwischen Felsen verstecktes Naturschwimmbecken und einen dunklen Kiesstrand, an dem die Boote der Fischer liegen. Und dazu ein fantastisches Aussichtsplateau, das über einen in den Fels geschlagenen, geländergesicherten Ascheweg erreichbar ist. Immer wieder werden hier die Kameras gezückt, doch das Farbschauspiel präsentiert sich in der Realität fast immer prachtvoller als im fotografierten Abbild: Ein weites Halbrund zerklüfteter, tiefroter bis ockergelber Felsen umschließt eine pechschwarze Bucht, auf deren Grund eine smaragdgrüne Lagune schimmert. Eine Laune der Natur hat ihre Entstehung möglich gemacht: Ein vor mehreren tausend Jahren entstandener Tuffkrater ist von der Brandung angeschnitten und zur Hälfte vom Atlantik verschlungen worden. Das Meer ist es auch, das unterirdisch die Lagune speist, deren ungewöhnliche grüne Farbe sich einer seltenen, an extrem hohen Salzgehalt angepassten Algenart verdankt.

Man kann die Lagune ebenfalls von Süden aus erreichen, wo eine zum „Charco de los Clicos" (Muschelteich) ausgeschilderte Straße abzweigt. Von einem Parkplatz führt ein kurzer Spazierweg geradewegs zum See, in dem allerdings weder gebadet noch geangelt werden darf.

Auf der Rückfahrt nach Playa Blanca passiert man die „kochenden Kessel" von **Los Hervideros,** wo man auf gesicherten Fußwegen einem imposanten Naturschauspiel beiwohnen kann: Im Takt der Wellen peitscht das Meer seine wilde Gischt durch Felslöcher, meterhoch spritzt das Wasser in die Luft.

Einige Minuten später folgt ein neuer Höhepunkt, denn wir fahren um die **Salinas de Janubio** herum, die „Salzgärten" Lanzarotes. Die schachbrettartig angelegten Tümpel muten im Abendlicht wie ein Landschaftskunstwerk an. Noch heute sind die Salinen in Gebrauch, doch die Bedeutung von Salz ist zurückgegangen. Als Konservierungsmittel ist es nicht mehr gefragt und es findet sich kaum noch ein Arbeiter, der bereit wäre, sich an der schwierigen Salzgewinnung zu beteiligen.

Finale

Die Fahrt endet in **Playa Blanca,** wo sie begonnen hat – und vielleicht hat man vor der Abfahrt des Schiffes noch Zeit für einen kleinen Drink an der Promenade. Lanzarote ist eine Insel, für die man viel Zeit braucht. Man wird zurückkehren müssen, um die Lavawüsten zu durchwandern, ohne ständig auf die Uhr zu schauen. Und man wird dann auch den Norden kennen lernen wollen, der viele weitere Überraschungen birgt und noch nicht vom Pauschaltourismus erobert ist. Gerade wer auf eigene Faust unterwegs ist, entdeckt dort eine ganze Reihe attraktiver Orte, in denen man gern seinen Urlaub verbringen möchte. Da ist z.B. La Caleta de Famara, ein Dorf am Fuß schwindelerregender Klippen, da gibt es Höhlenlabyrinthe und unterirdische Seen, eine alte Kolonialstadt, das „Tal der Tausend Palmen" und natürlich La Graciosa, die vorgelagerte Insel mit sandverwehten Pisten und wunderbaren Stränden.

Praktische Tipps

Fährverbindungen

Autofähren der Linien *Fred Olsen* und *Armas* verkehren stündlich zwischen Corralejo (Fuerteventura) und Playa Blanca (Lanzarote), die Tickets kauft man in den Hafenbüros an der Mole. Die 20–35minütige Überfahrt kostet pro Person hin und zurück knapp 40 €; Studenten und Rentner erhalten Rabatt, Kinder bis 11 Jahre zahlen die Hälfte. Auf beiden Fähren kann man den Mietwagen – sofern die Versicherung mitspielt – gegen Aufpreis mitnehmen. Man achte dabei auch auf günstige *paquetes de ahorro* (Sparpakete), die für Gruppen von drei bis fünf Personen mit Auto gelten. Vorteil einer Fahrt mit Fred Olsen: Diese Linie bietet kostenlosen Bustransfer zwischen Playa Blanca, Puerto del Carmen (C.C. Biosfera) und Arrecife.

Mietwagen

Zu den günstigsten Anbietern von Mietautos auf Lanzarote gehört **Cabrera Medina** im Zentrum des Ankunftsorts Playa Blanca ((Av. Papagayo 2, Reservierung Tel. 928 822900, www.cabreramedina.com).

Essen und Trinken

In El Golfo:

●**Lago Verde** €€, Av. Marítima 46, Tel. 928173311, tgl. außer Do ab 11 Uhr. Beliebtes Lokal mit einer Terrasse am Meer und einem gemütlichen Innenraum, fast am Ende der Küstenstraße. Mit viel Elan serviert Conchi, was Cipri in der Küche zubereitet hat: Fisch und Meeresfrüchte in großzügigen Portionen. Fragen Sie nach der *sugerencia del día,* dem täglich wechselnden Spezialgericht, wer will, kann sich den gewünschten Fisch auch in der Vitrine aussuchen.

●**Casa Torano** €€, Av. Marítima 36, Tel. 928173058, tgl. außer Mo ab 11 Uhr. Bei María Dolores gibt es leckeren Fisch und Paella mit Meeresfrüchten. Ein paar Fleischgerichte sind gleichfalls im Angebot.

306fu Foto: gs

In Playa Blanca:

● **Mamma Rossa** €, Av. Marítima / Limones 51, Tel. 928518032. Den ganzen Tag über gut besuchtes Lokal. Viele Gäste beginnen mit Sandwiches, hausgemachten Backwaren und frisch gepresstem O-Saft und gehen dann zu Pizza und Pasta über. Noch beliebter als die Terrasse an der Promenade ist der große Balkon im Obergeschoss, wo man – von Passanten ungestört – weit übers Meer schauen kann.

● **Casa Pedro** €€, Av. Marítima 17, Tel. 928517965, tgl. ab 11 Uhr. Da Bruder und Schwager von Señor Pedro noch selbst auf Fang gehen, kann man sicher sein, dass der Fisch, der in diesem Promenadenlokal auf den Tisch kommt, wirklich frisch ist. *Pescado del día a la plancha* schmeckt saftig und zart, gereicht wird er mit grüner Mojo-Soße. Wer hungrig ist, bestellt vorneweg die *tosta Florida,* einen köstlichen Toast mit Krebs- und Garnelenfleisch unter geräuchertem Lachs. Bei Pedro gibt es keine Musikberieselung – man kommt zur Ruhe und kann den Blick aufs Meer ungestört genießen.

Im Hafen von Playa Blanca,
dem Ausgangs- und Endpunkt der Tour

250fu Foto: gs

Anhang

Literaturtipps

- *Wulf Göbel/Claudia Gehrke/Alberto Linares* (Hg.): **Kanarisches Lesebuch,** Tübingen 2005 (Konkursbuch Verlag).

  Ein Lese- und Liebhaberbuch für alle Kanarenfreunde: Dichter, Naturwissenschaftler und Journalisten schreiben über ihre „magischen Orte", „Begegnungen" und „Abschiede". Das Buch ist originell bebildert, zeigt Reproduktionen von Aquarellen, Gemälden und historischen Postkarten, dazu aussagekräftige zeitgenössische Fotos.

- *Alberto Vázquez-Figueroa,* **Océano,** München 1998 (Goldmann TB).

  In dem Buch des kanarischen Bestseller-Autors dreht sich alles um Eros und Gewalt, Flucht und Tod. Die Handlung spielt auf den „vergessenen" Ostinseln, auf Fuerteventura, Lobos und Lanzarote sowie in den Weiten des Atlantischen Ozeans. Der Autor versetzt das Geschehen in die Zeit des Franquismus, als Großgrundbesitzer im Verein mit Kirchenfürsten und Guardia Civil alle Fäden in der Hand hielten und über Fischer und Bauern nach Belieben verfügten.

- *Sabas Martín:* **Nacaria,** Tübingen 2009 (Konkursbuch Verlag).

  Überall auf den Kanaren sieht man aufgelassene Kaktusfelder, auf denen einst die Koschenille-Laus, Erzeugerin eines roten Farbstoffs, gezüchtet wurde. Der preisgekrönte, lebendig geschriebene Roman erzählt die Geschichte der Landschaft und ihrer Menschen: Bauer Quintero steigt in das Koschenille-Geschäft ein und hat sogar Erfolg, doch mit Entdeckung synthetischer Anilin-Farben Ende des 19. Jh. bricht sein Exportgeschäft ein. Der Autor, der den Roman auf der fiktiven kanarischen Insel Nacaria spielen lässt, hat sich von den Erinnerungen seines Großvaters inspirieren lassen, was den Schilderungen eine authentische Basis verleiht.

Seite 380/381: Gänsemarsch an der Promenade von Las Playitas

- *Wolfgang Kaes:* **Die Kette,** Reinbek 2005 (Rowohlt Verlag).

Während der Karnevalstage wird in Bonn ein Waffenhändler ermordet, fast zeitgleich auf Fuerteventura eine über die Nazi-Villa Winter recherchierende Lifestyle-Journalistin. Gemeinsam mit seiner Kollegin Antonia Dix und seinem auf Fuerte lebenden Freund Max Maifeld stößt Kommissar Josef Morian auf das, was beide Morde verbindet: eine dubiose Geheimorganisation namens „Die Kette". Der Autor (Jg. 1958) ist vielleicht kein exzellenter Thriller-Autor, aber er weiß doch spannend und mit Tiefgang zu schreiben.

- *Henrike Madest:* **Sonne, Sand und Tod,** Köln 2010 (Emons-Verlag).

Es ist Mode geworden, mit Hilfe von Krimis Erinnerungen an den letzten Urlaub zu beleben. Die bekannten Orte werden zu Schauplätzen einer Handlung, in der es selbstverständlich um Mord und Liebe geht. Doch gar zu düster soll die Story nicht sein, das könnten die Chancen beim Publikum schmälern ...

- *Walter Axmann:* **Wenn Schmetterlinge nicht mehr kribbeln,** Sprakensehl 2009 (Asaro Verlag).

Trennung nach 40 Jahren Ehe – zwei leidende Seelen und ein unverhofftes Wiedersehen auf Fuerteventura, wo zufällig beide zur gleichen Zeit Urlaub machen und ihre neu gewonnene Freiheit genießen. Laut Klappentext ist dies nicht nur ein Roman für die Generation 50+. Es gehe um die Frage: „Kann es für die beiden noch eine gemeinsame Zukunft geben? Und hat eine 40-jährige Ehe eine Chance gegen frischen, jungen Sex?" An Fuertes Stränden wird diese Frage entschieden, und, so viel sei bereits aus dem Klappentext verraten: „Der liebe Gott greift ein und setzt ein Zeichen."

- *Peter und Ingrid Schönfelder:* **Die Kosmos-Kanarenflora,** 2. Aufl., Stuttgart 2005 (Kosmos).

Ein unentbehrlicher Reisebegleiter für alle, die die Pflanzen der Kanarischen Inseln nicht nur sehen und genießen, sondern auch bestimmen wollen.

- **Spanisch für die Kanarischen Inseln – Wort für Wort,** Kauderwelsch Band 161, REISE KNOW-HOW Verlag, Bielefeld.

Spanisch zum Einsteigen und Auffrischen, bestens geeignet für die schnelle Verständigung. Mit Ausspracheregeln, Wörterlisten und wichtigen Redewendungen. Und ganz nebenbei lernt man auch manch sprachliche Besonderheit und erfährt, was im Umgang mit den Kanariern irritierend wirkt. Außerdem ist ein AusspracheTrainer auf CD erhältlich.

SPANISCH SPEZIAL

Die Sprachen Spaniens

O'Niel V. Som
Spanisch
- Wort für Wort

Hans-Ingo Radatz
Katalanisch
- Wort für Wort

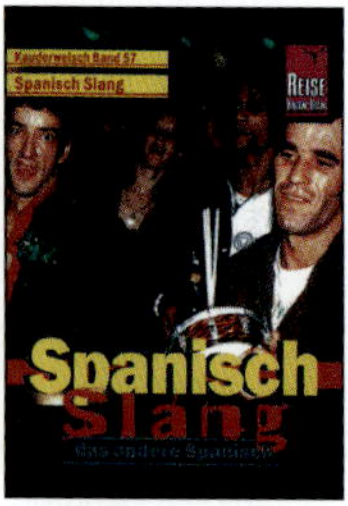

Hans-Jürgen Fründt
Spanisch Slang
- das andere Spanisch

I. Gawin & D. Schulze
Spanisch für die
Kanarischen Inseln
- Wort für Wort

Auch wenn **español** - oder besser gesagt: **castellano** - heute in ganz Spanien den Status der Amtssprache hat, so ist es doch nicht die einzige Sprache im Land: etwa 8 Millionen Spanier sprechen **català** (Katalanisch), ungefähr 2 Millionen **galego** (Galicisch) und gut 700.000 **euskara** (Baskisch) - völlig eigene, selbstständige Sprachen, die sich in Wortschatz, Grammatik und Aussprache vom Spanischen unterscheiden. Aber auch Spanisch ist nicht gleich Spanisch: ein Andalusier redet anders als ein Gomerianer. Die Kauderwelsch-Reihe trägt diesen Feinheiten und sprachlichen Besonderheiten Rechnung. Sie richtet sich an alle, die etwas über typische Bezeichnungen und Ausdrucksweisen in den Regionen Spaniens wissen möchten, um sich im Land entsprechend zu verständigen. Für die Titel Spanisch, Katalanisch sowie Spanisch für die Kanarischen Inseln ist zudem ein **AusspracheTrainer** erhältlich, für Spanisch außerdem ein **Kauderwelsch digital,** mit dem man die Sprache ohne Stress am PC lernen kann.

Reise Know-How Verlag, Bielefeld

Kleine Sprachhilfe

Dieser kleine Sprachführer soll dabei helfen, sich auf Fuerteventura zurechtzufinden: bei der Unterkunftssuche und im Restaurant, bei der Autovermietung und beim Einkaufen. Einige Male mit dem Blick auf die fremden Sätze einschlafen – und schon wird es möglich, durch einen freundlichen Gruß Pluspunkte zu sammeln und mit dem Pensionsbesitzer einen guten Preis auszuhandeln. Damit man beim Essen nichts Falsches bestellt, gibt es am Ende dieses kleinen Führers ein „Gastronomisches Glossar“. Wer länger auf Fuerteventura bleiben will, dem sei der Sprechführer **„Spanisch für die Kanarischen Inseln – Wort für Wort“** aus der Kauderwelsch-Reihe empfohlen oder auch der Band „Spanisch Slang“, mit dem man seine Kenntnisse gut um typische Wendungen der Alltagssprache erweitern kann (⇨Literaturtipps).

Betonung und Aussprache

Bei der **Betonung** gilt es folgende Grundregeln zu beachten:

- Aufeinander folgende Vokale werden getrennt gesprochen, jedoch nicht abgehackt, sondern elegant verschliffen *(s**oy**, b**ai**le)*.
- Mehrsilbige Wörter, die auf Vokal, n oder s enden, werden auf der vorletzten Silbe betont *(**u**no, pes**e**ta, bu**e**nas t**a**rdes)*; Ausnahmen werden mit einem Betonungs-Akzent gekennzeichnet *(adi**ó**s, pensi**ó**n)*.
- Wörter, die auf einen Konsonanten (außer n und s) enden, müssen auf der letzten Silbe betont werden *(hot**e**l, ay**e**r)*.
- Wörter, die auf Vokal plus y enden, werden gleichfalls auf der letzten Silbe betont *(est**o**y)*.

Die **Aussprache** der folgenden Buchstaben(-kombinationen) weicht vom Deutschen ab:

c vor dunklen Vokalen wie k *(casa)*, vor hellen Vokalen wie engl. stimmloses th *(gracias)*
ch wie tsch *(ocho)*
h wird nicht gesprochen *(holá)*
j wie ch in „acht“ *(Juan)*
ll wie j *(valle)*
ñ wie nj *(mañana)*
qu wie k *(queso)*
s wie ss *(casa)*
y wie j *(apoyo)*, am Wortende wie i *(hoy)*
z wie engl. stimmloses th *(diez)*

Das umgedrehte Fragezeichen (¿) vor dem Fragesatz ist eine typisch spanische Besonderheit. Analog wird vor dem Befehlssatz ein umgedrehtes Ausrufezeichen (¡) gesetzt.

Allgemeines	Guten Morgen, guten Tag (vormittags)!	*¡Buenos días!*
	Guten Tag (nachmittags)!	*¡Buenas tardes!*
	Guten Abend, gute Nacht!	*¡Buenas noches!*
	Auf Wiedersehen!	*¡Adiós!*
	Tschüß!	*¡Hasta luego!*
	Vielen Dank!	*¡Muchas gracias!*
	Sprechen Sie Deutsch?	*¿Habla Usted alemán?*
	ja, nein	*sí, no*
	ein wenig	*un poco*
	nichts	*nada*
	Wie geht es Ihnen?	*¿Como está Usted?*
	Entschuldigen Sie!	*¡Perdón!*
	Einen Augenblick, bitte!	*¡Un momento, por favor!*
	Wo liegt ...?	*¿Dónde está ...?*
	Wie heißt ...?	*¿Cómo se llama ...?*
	Wann ist ... geöffnet?	*¿A que hora está abierto ...?*
	Wie spät ist es?	*¿Qué hora es?*
	Haben Sie ...?	*¿Tiene ...?*
	Gibt es ...?	*¿Hay ...?*
	Ich möchte gern ...	*Quisiera ...*
	Ich brauche ...	*Necesito ...*
	rechts/links	*a la derecha/ a la izquierda*
	geradeaus	*todo derecho*
	oben/unten	*arriba/abajo*
	heute	*hoy*
	morgen	*mañana*
	gestern	*ayer*
	von ... bis	*de ... hasta*
	Lassen Sie mich bitte in Ruhe!	*¡Por favor, déjeme en paz!*
	Hau ab!	*¡Lárgate!*
	Hör sofort auf!	*¡Basta ya!*
	Hilfe!	*¡Socorro!*
Wochentage	Montag	*lunes*
	Dienstag	*martes*
	Mittwoch	*miércoles*
	Donnerstag	*jueves*
	Freitag	*viernes*
	Samstag	*sábado*
	Sonntag	*domingo*
Monate	Januar	*enero*
	Februar	*febrero*
	März	*marzo*
	April	*abril*
	Mai	*mayo*
	Juni	*junio*
	Juli	*julio*
	August	*agosto*

	September	*septiembre*
	Oktober	*octubre*
	November	*noviembre*
	Dezember	*diciembre*
Zahlen	1	*uno, una*
	2	*dos*
	3	*tres*
	4	*cuatro*
	5	*cinco*
	6	*seis*
	7	*siete*
	8	*ocho*
	9	*nueve*
	10	*diez*
Unterkunft	Hotel, Apartment, Pension	*hotel, apartamento, pensión*
	Landhaus	*casa rural*
	Haben Sie ein Einzel-/ Doppelzimmer?	*¿Tiene una habitación individual/doble?*
	mit eigenem Bad	*con baño propio*
	Wieviel kostet es?	*¿Cuánto cuesta?*
	mit Frühstück	*con desayuno*
	mit Halb-/Vollpension	*con media pensión/ pensión completa*
	Kann ich das Zimmer sehen?	*¿Puedo ver la habitación?*
Restaurant	Die Speisekarte (Weinkarte), bitte!	*¡La carta (carta de vinos), por favor!*
	Kellner, Kellnerin	*camarero, camarera*
	Hören Sie! (Anrede des Kellners/der Kellnerin)	*¡Oiga, por favor!*
	Ich möchte etwas essen (trinken)	*Quisiera comer (beber) algo.*
	Guten Appetit!	*¡Qué aproveche!*
	Prost!	*¡Salud!*
	Die Rechnung bitte!	*¡La cuenta, por favor!*
	Wo ist die Toilette?	*¿Dónde están los servicios?*
Autoverleih	das Auto	*el coche*
	der Vertrag	*el contrato*
	der Führerschein	*el permiso de conducir*
	der Preis	*el precio*
	die Kreditkarte	*la tarjeta de crédito*
	Benzin bleifrei	*gasolina sin plomo*
	die Tankstelle	*la gasolinera*
	die Straße	*la carretera*
	der Parkplatz	*el aparcamiento*

	Wo kann man ein Auto mieten?	*¿Dónde se puede alquilar un coche?*
Einkaufen	Wo ist der Markt?	*¿Dónde está el mercado?*
	Gibt es auch eine Fischhalle?	*¿Hay también una pescadería?*
	Laden	*tienda*
	Bäckerei	*panadería*
	Apotheke	*farmacia*
	Wieviel kostet das?	*¿Cuánto cuesta?*
	Das ist teuer/billig.	*¡Es caro/barato!*
	Das gefällt mir!	*¡Esto me gusta!*
	Das ist alles!	*¡Más nada!*
	Kann ich mit Kreditkarte bezahlen?	*¿Puedo pagar con tarjeta de crédito?*

Gastronomisches Glossar

aceite – Öl
aceitunas – Oliven
agua mineral – Mineralwasser
  - *con gas* – mit Kohlensäure
  - *sin gas* – ohne Kohlensäure
aguacate – Avocado
aguardiente – Schnaps
ahumado – geräuchert
ajo – Knoblauch
al ajillo – mit Knoblauch zubereitet
al salmorejo – in pikanter Weinsoße
albaricoque – Aprikose
albóndigas- Fleischklöße
alcachofas – Artischocken
alfajores majoreros – Honigmandelgebäck
almejas – Herzmuscheln
almendras – Mandeln
almendrados – Mandelmakronen
anchoas – Sardellen
arepas – gefüllte Teigtaschen
arroz – Reis
asado – gebraten
atún – Thunfisch
aves – Geflügel
azafrán – Safran
azúcar – Zucker
bacalao – Kabeljau
batata – Süßkartoffel
bebida – Getränk
berro – Kresse
besugo – Seebrasse
bien hecho – ganz durch

bienmesabe – Mandelmus
bistec – Beefsteak
bizcochos – süßes Gebäck
bocadillo – belegtes Brötchen
bonito – kleiner Thunfisch
bogavante – Hummer
boquerones – Sardellen
buey – Rind-, Ochsenfleisch
buñuelo – Krapfengebäck
caballa – Makrele
cabrito en adobo – pikant eingelegtes Zickleinfleisch
café solo – Espresso
café cortado – Espresso mit etwas Milch
café con leche – Milchkaffee
calamares a la romana – panierte Tintenfischringe
calamares en su tinta – Tintenfisch in eigener Soße
caldo – Brühe
caldo de pescado – Fisch- und Meeresfrüchtesuppe
camarones – Garnelen
caña – Bier vom Fass
cangrejo – Krebs
carajillo – Espresso mit Brandy
carne – Fleisch
carne de buey – Ochsenfleisch
carne de cabra – Ziegenfleisch
carne de cerdo – Schweinefleisch
carne de cordero – Lammfleisch
carne de ternera – Kalbfleisch
carne de vaca – Rindfleisch
casero – hausgemacht
cazuela – Fischgericht mit Kartoffeln
cebolla – Zwiebel
cereza – Kirsche
cerveza – Flaschenbier
chicharrones – in *gofio* gewälzte Speckgrieben
chorizo – Paprikawurst
chuleta – Kotelett
churros con chocolate – frittierte Hefekringel mit heißer Schokolade
clacas – einheimische Muschelart
ciruela – Pflaume
cochinillo – Spanferkel
cocido – 1. gekocht, 2. Fleisch- und Gemüseeintopf
coliflor – Blumenkohl
conejo – Kaninchen
consomé – Kraftbrühe
corvina – Schattenfisch
crema – Creme, Suppe
crudo – roh
dulces – Süßigkeiten
embutido – Wurst

empanada – gefüllte Teigtasche
ensalada – Salat
entrecot – Rumpsteak
escaldón – Brühe mit *gofio*
escalope – Schnitzel
espárragos – Spargel
espinacas – Spinat
estofado – Schmorbraten
fideos – Fadennudeln
flan – Karamelpudding
fresa – Erdbeere
fresco – frisch
frito – gebacken
fruta del mar – Meeresfrüchte
fruta – Obst
gallina – Huhn
gambas – Garnelen
garbanzos – Kichererbsen
gazpacho – kalte Gemüsesuppe
gofio – Mehl aus geröstetem Getreide
guisado – Schmorfleisch mit Soße und Kartoffeln
guisantes – Erbsen
helado – Speiseeis
hielo – Eis (zum Kühlen)
hierbas – Kräuter
higado – Leber
hongo – Pilz
huevo – Ei
huevo duro – hartes Ei
huevo pasado – weiches Ei
huevo frito – Spiegelei
huevos revueltos – Rührei
jamón – gekochter Schinken
jamón serrano – luftgetrockneter Schinken
judías – Bohnen
jugo – Saft
langosta – Languste
langostinos – Königskrabben
lapa – Napfschnecke
leche – Milch
leche condensada – Büchsenmilch
lechuga – grüner Salat
legumbres – Gemüse, Hülsenfrüchte
lenguado – Seezunge
lentejas – Linsen
licor – Likör
limón – Zitrone
lomo – Rückenstück
mantequilla – Butter
manzana – Apfel
mariscos – Meeresfrüchte

media ración – halbe Portion
medio hecho – halb durch
mejillones – Miesmuscheln
melocotón – Pfirsich
menú del día – Tagesmenü
merluza – Seehecht
mero – Zackenbarsch
miel – Honig
mojo rojo – rote Soße mit Chilischoten und Knoblauch
mojo verde – grüne Soße mit Koriander und Knoblauch
morcilla – Blutwurst
morcilla dulce – Blutwurst mit Mandeln und Rosinen
mostaza – Senf
mousse au chocolat – Schokoladenmus
naranja – Apfelsine
nata – Schlagsahne
nueces – Nüsse
paella – Reisgericht mit Meeresfrüchten, Fleisch und Gemüse
pan – Brot
panecillo – Brötchen
papas – Kartoffeln
papas fritas – Pommes frites
papas arrugadas – Kartöffelchen mit Salzkruste
parrillada – Grillplatte
pastel – Kuchen, Torte
pata de cerdo – zartes Schweinefleisch
pechuga – Brust
pepinillo – saure Gurke
pepino – Salatgurke
pera – Birne
percebes – Entenmuscheln
perdiz – Rebhuhn
perejil – Petersilie
pescado – Fischgericht
pez – Fisch
pez espada – Schwertfisch
pimienta – Pfeffer
pimiento – Paprikaschote
pincho, pinchito – Spieß
piña – Ananas
plátano – Banane
pollo – Hähnchen
polverones – leichte Gebäckstücke
potaje – Gemüseeintopf
puchero – Eintopf aus Fleisch und Gemüse
pulpo – Krake, Oktopus
queso ahumado – geräucherter Käse
queso curado / duro – reifer Käse
queso semicurado / semiduro – halbreifer Käse

queso tierno – Frischkäse
queso a la brasa – gegrillter Ziegenkäse
queso de almendras – Mandelkuchen
queso del país majorero – Käse aus Fuerteventura
ración – große Portion
rape – Seeteufel
ron miel – Rum mit Honig
ropa vieja – herzhaftes Fleischgericht mit Kichererbsen
sal – Salz
salchichas – Würstchen
salchichón – Salami
salsa – Soße
sama – Rotbrasse
salmón – Lachs
sancocho – Fisch mit Süßkartoffeln und Gemüse
sangría – Rotweinbowle mit Zitrusfrüchten
sardinas en aceite – Ölsardinen
setas – Speisepilze
solomillo – Filetsteak
sopa – Suppe
sopa de garbanzos – Kichererbsensuppe
sopa de verdura – Gemüsesuppe
tapa – kleines Tellergericht, Zwischenmahlzeit
tarta – Torte
té – Tee
tiburón – Haifisch
tocino – Speck
tollo – Trockenfisch
tortilla española – Omelett mit Kartoffelstücken
tortilla francesa – Omelett
trucha con batatas – Gebäck mit Süßkartoffelmus
truchas con cabello de ángel – Gebäck mit Fasermelonenkonfitüre
turrón – feste, süße Masse aus Mandeln und Eiern
uvas – Weintrauben
vegetariano – vegetarisch
verdura – Gemüse
vieja – karpfenähnlicher Fisch
vinagre – Essig
vino – Wein
vino blanco – Weißwein
vino rosado – Roséwein
vino tinto – Rotwein
vino dulce – süßer Wein
vino semiseco – halbtrockener Wein
vino seco – trockener Wein
vino de la casa – Tafelwein
zanahorias – Möhren
zarzuela – Fischeintopf
zumo – Saft

Anhang

HILFE!

Dieses Reisehandbuch ist gespickt mit unzähligen Adressen, Preisen, Tipps und Infos. Nur vor Ort kann überprüft werden, was noch stimmt, was sich verändert hat, ob Preise gestiegen oder gefallen sind, ob ein Hotel, ein Restaurant immer noch empfehlenswert ist oder nicht mehr, ob ein Ziel noch oder jetzt erreichbar ist, ob es eine lohnende Alternative gibt usw.

Unsere Autoren sind zwar stetig unterwegs und versuchen, alle zwei Jahre eine komplette Aktualisierung zu erstellen, aber auf die Mithilfe von Reisenden können sie nicht verzichten.

Darum: Schreiben Sie uns, was sich geändert hat, was besser sein könnte, was gestrichen bzw. ergänzt werden soll. Nur so bleibt dieses Buch immer aktuell und zuverlässig. Wenn sich die Infos direkt auf das Buch beziehen, würde die Seitenangabe uns die Arbeit sehr erleichtern. Gut verwertbare Informationen belohnt der Verlag mit einem Sprechführer Ihrer Wahl aus der über 220 Bände umfassenden Reihe „Kauderwelsch" (siehe unten).

Bitte schreiben Sie an: REISE KNOW-HOW Verlag Peter Rump GmbH, Postfach 140666, D-33626 Bielefeld, E-mail: info@reise-know-how.de

Danke!

Kauderwelsch-Sprechführer – sprechen und verstehen rund um den Globus

Afrikaans ● Albanisch ● Amerikanisch – *American Slang, More American Slang,* Amerikanisch oder Britisch? ● Amharisch ● Arabisch – Hocharabisch, für Ägypten, Algerien, Golfstaaten, Irak, Jemen, Marokko, ● Palästina & Syrien, Sudan, Tunesien ● Armenisch ● *Bairisch* ● Balinesisch ● Baskisch ● Bengali ● *Berlinerisch* ● Brasilianisch ● Bulgarisch ● Burmesisch ● Cebuano ● Chinesisch – Hochchinesisch, kulinarisch ● Dänisch ● Deutsch – *Allemand, Almanca, Duits, German, Nemjetzkii, Tedesco* ● *Elsässisch* ● Englisch – *British Slang, Australian Slang, Canadian Slang, Neuseeland Slang,* für Australien, für Indien ● Färöisch ● Esperanto ● Estnisch ● Finnisch ● Französisch – für Restaurant & Supermarkt, für den Senegal, für Tunesien, *Französisch Slang, Franko-Kanadisch* ● Galicisch ● Georgisch ● Griechisch ● Guarani ● Gujarati ● Hausa ● Hebräisch ● Hieroglyphisch ● Hindi ● Indonesisch ● Irisch-Gälisch ● Isländisch ● Italienisch – *Italienisch Slang,* für Opernfans, kulinarisch ● Japanisch ● Javanisch ● Jiddisch ● Kantonesisch ● Kasachisch ● Katalanisch ● Khmer ● Kirgisisch ● Kisuaheli ● Kinyarwanda ● *Kölsch* ● Koreanisch ● Kreol für Trinidad & Tobago ● Kroatisch ● Kurdisch ● Laotisch ● Lettisch ● Lëtzebuergesch ● Lingala ● Litauisch ● Madagassisch ● Mazedonisch ● Malaiisch ● Mallorquinisch ● Maltesisch ● Mandinka ● Marathi ● Mongolisch ● Nepali ● Niederländisch – *Niederländisch Slang,* Flämisch ● Norwegisch ● Paschto ● Patois ● Persisch ● Pidgin-English ● *Plattdüütsch* ● Polnisch ● Portugiesisch ● Punjabi ● Quechua ● *Ruhrdeutsch* ● Rumänisch ● Russisch ● *Sächsisch* ● *Schwäbisch* ● Schwedisch ● *Schwiizertüütsch* ● *Scots* ● Serbisch ● Singhalesisch ● Sizilianisch ● Slowakisch ● Slowenisch ● Spanisch – *Spanisch Slang,* für Lateinamerika, für Argentinien, Chile, Costa Rica, Cuba, Dominikanische Republik, Ecuador, Guatemala, Honduras, Mexiko, Nicaragua, Panama, Peru, Venezuela, kulinarisch ● Tadschikisch ● Tagalog ● Tamil ● Tatarisch ● Thai ● Tibetisch ● Tschechisch ● Türkisch ● Twi ● Ukrainisch ● Ungarisch ● Urdu ● Usbekisch ● Vietnamesisch ● Walisisch ● Weißrussisch ● *Wienerisch* ● Wolof ● Xhosa

sound)))trip®
in cooperation with
(((piranha)))
Musik im
Reise Know-How Verlag
Reise Know-How
Northern Africa
The Andes
Argentina
Australia
The Balkans
Barbados
Oriental Belly Dance
Northeast Brazil
Canada
Chile
China
Cuba
Finland
Iceland
India
Ireland
Japan
Mexico
New Zealand
Norway
Russia, St. Petersburg
Scotland
South Africa
Switzerland
Turkey
Uruguay
Baltic States
NEU
Israel
NEU
Colombia
NEU ab Sept.
East Africa
NEU ab Sept.
Die Compilations der CD-Reihe sound)))trip stellen aktuelle, typische Musik eines Landes oder einer Region vor.
Im Buchhandel erhältlich | Unverbindl. Preisempf.:
EURO 15,90 [D]
Kostenlose Hörprobe im Internet.
www.reise-know-how.de

Register

Bildnachweis

Die Kürzel an den Abbildungen stehen für folgende Personen, Firmen und Einrichtungen:

AdP	Ayuntamiento de Pájara
bd	Burghard Drews
CdT	Concejalía de Turismo de Puerto del Rosario
gs	Izabella Gawin, Dieter Schulze
GSPGR	Golf & Spa Playitas Grand Resort
kr	Kerstin Reiger
PCRE	Pro Center René Egli
PdF	Patronato de Fuerteventura
SC	Subcat

Wir bedanken uns für die freundliche Abdruckgenehmigung, für die Neuauflage ganz besonders bei Jens Pögel (Pro Center René Egli) und Idaira Saavedra Brito (Concejalía de Turismo de Puerto del Rosario).

159gc Foto: sg

Der Autor

Dr. Dieter Schulze (1946), Buchautor und Fotograf, verbringt die Wintermonate regelmäßig auf den Kanarischen Inseln. Er durchstreifte Fuerteventura zu Fuß, per Rad und mit Auto, testete Unterkünfte und Restaurants. Viele Reise- und Wanderbücher hat er schon geschrieben, bei Reise Know-How erschienen die Bände „Lanzarote“ und „Gran Canaria“ sowie in der Kauderwelsch-Reihe der Titel „Spanisch für die Kanarischen Inseln“.